**Kohlhammer**

Kohlhammer Edition Marketing

Begründet von:        Prof. Dr. Dr. h.c. Dr. h.c. Richard Köhler
Universität zu Köln

Prof. Dr. Dr. h.c. mult. Heribert Meffert
Universität Münster

Herausgegeben von: Prof. Dr. h.c. Hermann Diller
Universität Erlangen-Nürnberg

Prof. Dr. Dr. h.c. Dr. h.c. Richard Köhler
Universität zu Köln

Thomas Werani

# Business-to-Business-Marketing

## Ein wertbasierter Ansatz

Verlag W. Kohlhammer

Alle Rechte vorbehalten
© 2012 W. Kohlhammer GmbH Stuttgart
Umschlag: Gestaltungskonzept Peter Horlacher
Gesamtherstellung:
W. Kohlhammer Druckerei GmbH + Co. Stuttgart
Printed in Germany

ISBN 978-3-17-021370-8

# Vorwort der Herausgeber

Die „Kohlhammer Edition Marketing" stellt eine Buchreihe dar, die in 25 Einzelbänden die wichtigsten Teilgebiete des Marketing behandelt. Jeder Band soll in kompakter Form (und in sich geschlossen) eine Übersicht zu den Problemstellungen seines Themenbereichs geben und wissenschaftliche sowie praktische Lösungsbeiträge aufzeigen. Als Ganzes bietet die Edition eine Gesamtdarstellung der zentralen Führungsaufgaben des Marketing-Managements. Ebenso wird auf die Bedeutung und Verantwortung des Marketing im sozialen Bezugsrahmen eingegangen.

Als Autoren dieser Reihe konnten namhafte Fachvertreter an den Hochschulen gewonnen werden. Sie gewährleisten eine problemorientierte und anwendungsbezogene Veranschaulichung des Stoffes. Angesprochen sind mit der Kohlhammer Edition Marketing zum einen die Studierenden an den Hochschulen. Ihnen werden die wesentlichen Stoffinhalte des Faches möglichst vollständig – aber pro Teilgebiet in übersichtlich komprimierter Weise – dargeboten. Zum anderen wendet sich die Reihe auch an die Institutionen, die sich der Aus- und Weiterbildung von Praktikern auf dem Spezialgebiet des Marketing widmen, und nicht zuletzt unmittelbar an Führungskräfte des Marketing. Der Aufbau und die inhaltliche Gestaltung der Edition ermöglichen es ihnen, einen raschen Überblick über die Anwendbarkeit neuer Ergebnisse aus der Forschung sowie über Praxisbeispiele aus anderen Branchen zu gewinnen.

Der vorliegende Band „Business-to-Business-Marketing – Ein wertbasierter Ansatz" stellt die Grundlagen des Marketing für Geschäftskunden, also insbesondere industrielle Abnehmer sowie gewerbliche Dienstleistungs- und Handelsunternehmen, in einer kompakten und gut verständlichen Weise vor. In der deutschen Wirtschaft sind solche Kunden für die meisten Firmen die Regel. Wie das einführende Kapitel 1 des Buches gut verdeutlicht, ist das Kaufverhalten hier im Gegensatz zum Endkunden- oder Business-to-Consumer-Marketing rationaler und wertbewusster, so dass es folgerichtig ist, wenn der Verfasser einen wertbasierten Theorieansatz wählt, bei dem der Kundennutzen, der Preis und die Kosten der Wertschöpfung die zentralen Stellgrößen für den Markterfolg bilden. Aus ihnen lassen sich alle Komponenten für entsprechende komparative Konkurrenzvorteile ableiten. Zudem werden Effektivitäts- und Effizienzziele gleichermaßen bedient. Sehr lehrreich wird so herausgearbeitet, wie es im Business-to-Business-Marketing um einen Ausgleich der Netto-Nutzenstiftung beim Kunden und der Gewinnansprüche der Anbieter geht und mit welchen Stellhebeln dieser Abgleich erfolgen kann.

Diese außergewöhnlich zeitgemäße Konzeption wird durch eine Prozessorientierung im Detail sinnvoll ergänzt. Die Prozesse des Wertmanagements gliedern sich in die Steuerung der Werttreiber (Nutzen, Preis, Kosten) im Kap. 3.2 und jene der Wertrealisierung (Kommunikation, Distribution und Verkauf) im Kap. 3.3. Eingebettet sind diese direkten Wertmanagement-Prozesse in strategische Basisentscheidungen (Kap. 3.1) bzw. Kontrollmechanismen (Kap. 3.4). Werani stellt die entsprechenden Prozessabläufe samt ihrer Bezüge zu den Wertpotenzialen systematisch und kompakt dar. Ausgewiesen werden bei Bedarf auch jeweils die Besonderheiten in spezifischen

Angebotssituationen des Business-to-Business-Marketing, etwa dem Produkt-, Anlagen-
oder Zuliefergeschäft.

Der Autor baut zahlreiche Fallbeispiele und persönliche Praxiserfahrungen in die sys-
tematisierenden Ausführungen ein, so dass die Lektüre stets anschaulich und inspirierend
bleibt. Für Studierende dürfte diese Einführung in das Business-to-Business-Marketing
deshalb eine ebenso hilfreiche wie interessante Lektüre bieten. Sie ist damit für einschlä-
gige Bachelor- und Masterkurse sowie für Weiterbildungsveranstaltungen sehr gut geeignet, bietet aber auch dem interessierten Laien einen lehrreichen Einblick in die Hintergründe des Marktgeschehens auf gewerblichen Märkten.

Nürnberg und Köln, April 2012                           Hermann Diller, Richard Köhler

# Vorwort

Die Bedeutung des Business-to-Business-Marketing ist in der jüngeren Vergangenheit sowohl in der Unternehmenspraxis als auch der Marketingforschung erheblich gestiegen, was letztlich auch in einer wachsenden Zahl einschlägiger Lehrbücher seinen Niederschlag findet. Angesichts der Tatsache, dass auf dem Lehrbuchsektor mit Werken wie insbesondere dem von *Backhaus/Voeth* (2010) durchaus schon Standards bestehen, stellt sich die Frage nach der Positionierung des vorliegenden Bands der Kohlhammer Edition Marketing.

Wie aus dem Untertitel ersichtlich, verfolgt dieses Buch einen wertbasierten Marketingzugang. Dieser Ansatz ist allerdings nicht als Lippenbekenntnis in dem Sinne zu verstehen, dass das Wort „Wert" zwar auftaucht, ansonsten aber keine Konsequenzen nach sich zieht. Vielmehr stellt das in Kapitel 1.4 entwickelte Wertverständnis den roten Faden durch das gesamte Buch dar. Die Schaffung von Wert wird dabei nicht nur aus der Perspektive des Kunden, sondern auch aus der des Anbieters betrachtet. Dies erscheint angesichts der Tatsache, dass das Marketing zwar den Kunden in den Mittelpunkt, deshalb aber nicht die Interessen des Anbieters in den Hintergrund stellen sollte, als unbedingte Notwendigkeit.

Eine weitere Besonderheit dieses Werks liegt darin, dass es das Business-to-Business-Marketing als einen durchgängigen Prozess modelliert. Nicht etwa weil dies modern ist, sondern weil letztlich nur durch entsprechend koordinierte Prozesse sichergestellt werden kann, dass sowohl für den Kunden als auch den Anbieter ausreichend Wert geschaffen wird.

Schon der Seitenumfang signalisiert, dass es darum geht, eine kompakte Einführung in das Business-to-Business-Marketing vorzulegen. Dies zwingt zur Fokussierung auf die essenziellen Punkte, beugt aber andererseits einer häufig vorzufindenden „Bauchladenmentalität" vor. Ziel ist es, einen in sich geschlossenen Ansatz des Business-to-Business-Marketing zu entwickeln, anstatt dem Leser eine Vielzahl unverbunden aneinandergereihter Konzepte zur Auswahl zu überlassen.

Viele der in diesem Buch vorgestellten Ideen gehen auf in Projekten mit verschiedensten Unternehmen gesammelte Erfahrungen und Anregungen zurück. Andererseits aber zeigt sich auch, dass die Marketingpraxis nicht das volle Potenzial ausschöpft, das sich auf Basis der Erkenntnisse der Marketingforschung ergibt. Insofern soll dieses Buch auch einen Beitrag zu einer noch stärkeren Verknüpfung von Marketingforschung und Marketingpraxis leisten.

Das Schreiben eines Buchs ist eine Entdeckungsreise. Vieles wurde zwar entdeckt, so manches aber ist noch offen oder wurde übersehen. Insofern bin ich für jegliche Anregungen und Verbesserungsvorschläge dankbar, am besten unter folgender E-Mail-Adresse: thomas.werani@jku.at.

Aus Gründen einer besseren Lesbarkeit wird im gesamten Text auf eine geschlechterspezifische Formulierung verzichtet. Selbstverständlich sind Frauen und Männer aber stets gleichermaßen angesprochen.

Das vorliegende Werk hätte ohne Unterstützung von verschiedenen Seiten nicht entstehen können. Mein Dank gilt zunächst Herrn Em. Prof. Dr. Dr. h.c. Hermann Diller, der nicht nur den Anstoß zu dieser Publikation gegeben, sondern mich durch einige Diskussionen und Emails dazu veranlasst hat, schon fest eingetretene Pfade wieder zu verlassen und nach besseren Wegen zu suchen. Herrn Dr. Uwe Fliegauf vom Verlag Kohlhammer danke ich dafür, dass er trotz so mancher Verzögerung nicht die Geduld verloren hat und stets für Fragen aller Art zur Verfügung stand. Einen wichtigen Beitrag zur Entstehung dieses Buchs hat Frau DI (FH) Ingrid Griesmayr geleistet. Ihr danke ich sowohl für inhaltliche Inputs als auch für zahlreiche formale Arbeiten am Buch. Frau Dr. Petra Martinek-Kuchinka und Herr Mag. Bernhard Freiseisen haben Teile des Manuskripts kritisch durchgesehen und mit ihren Anmerkungen zu Verbesserungen beigetragen. Dafür gilt ihnen mein Dank. In bewährter Art und Weise hat meine Frau Andrea den gesamten Text korrekturgelesen und so manchen Fehler nächtlicher Arbeit eliminiert. Ihr und meinen Kindern Luca und Cara widme ich dieses Buch.

Altenberg, im März 2012                                                    Thomas Werani

# Inhaltsverzeichnis

# 1 Begriffliche und konzeptionelle Grundlagen

## 1.1 Umfang und Relevanz des Business-to-Business-Marketing

Fragen der Vermarktung von Produkten und Leistungen an Unternehmen bzw. allgemein Organisationen werden unter verschiedenen Begriffen wie z. B. Industriegütermarketing (*Backhaus/Voeth* 2010), Investitionsgütermarketing (*Engelhardt/Günter* 1981), industrielles Marketing-Management (*Plinke* 2000a) und Business-to-Business-Marketing (*Werani et al.* 2006) diskutiert. Somit stellt sich die Frage, ob diese Begriffe als Synonyme zu sehen sind oder unterschiedliche inhaltliche Schwerpunktsetzungen zum Ausdruck bringen. Die Antwort lautet: Während Industriegütermarketing, Investitionsgütermarketing und industrielles Marketing-Management inhaltlich weitgehend deckungsgleich sind, umfasst das Business-to-Business-Marketing insofern ein breiteres Feld, als dieses sich nicht nur auf direkte oder indirekte – beispielsweise durch Zwischenschaltung des Produktionsverbindungshandels – Geschäftsbeziehungen zwischen Herstellern bzw. Herstellern und anderen Organisationen (wie staatlichen Einrichtungen) bezieht, sondern auch Vermarktungsansätze gegenüber Handelsunternehmen, die auf die Befriedigung konsumtiver Endkunden ausgerichtet sind, einschließt (*Backhaus/Voeth* 2010, S. 5 f.). Während letztgenannten Ansätzen in der einschlägigen Marketingliteratur unter dem Titel „Geschäftsbeziehungen in Marketingkanälen" bzw. „Channel Relationships" einerseits eigenständige Bedeutung zukommt (*Homburg* 1995, S. 132), ist andererseits *Kleinaltenkamp* (2000a, S. 174) zuzustimmen, der darauf verweist, dass die zwischen Konsumgüterherstellern und -händlern existierenden Beziehungsstrukturen große Ähnlichkeiten mit denen aufweisen, die unter dem engeren Begriffsverständnis des Industriegüter-, Investitionsgüter- und industriellen Marketing behandelt werden. Im Interesse einer möglichst umfassenden Betrachtung von Geschäftsbeziehungen zwischen Organisationen soll daher diesem Buch das breitere Begriffsverständnis des Business-to-Business-Marketing zugrunde gelegt werden. Als Resultat der bisherigen Ausführungen befasst sich dieser spezifische Marketingansatz mit **Absatzprozessen**, die sich auf **Unternehmen** und **sonstige Organisationen** (Institutionen, staatliche Einrichtungen) richten (*Kleinaltenkamp* 1994, S. 77).

In der breiten Öffentlichkeit wird der Begriff „Marketing" in aller Regel mit Marken wie Coca-Cola, Nokia oder Disney in Verbindung gebracht und damit mit Konsumgüterbzw. Business-to-Consumer-Marketing gleichgesetzt. Dies ist vor dem Hintergrund des durch solche Marken auf die Konsumenten ausgeübten Werbedrucks zwar durchaus nachvollziehbar, allerdings führt Abbildung 1-1 deutlich vor Augen, dass gemessen am Umsatz Vermarktungsprozesse in Industriegütermärkten wesentlich bedeutender sind als solche in Konsumgütermärkten. Verständlich werden die dargestellten Umsatzrelationen dadurch, dass in Industriegütermärkten **viel mehr Wertschöpfungsstufen** involviert sind, als dies in Konsumgütermärkten der Fall ist (*Backhaus/Voeth* 2004, S. 5 f.).

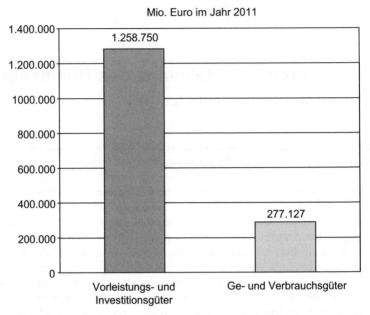

**Abb. 1-1:** Umsätze in Industrie- und Konsumgütermärkten (*Statistisches Bundesamt* 2012, S. 43)

Die Tatsache, dass ausgehend von Abbildung 1-1 der Stellenwert des Business-to-Business-Marketing, welches im Kern die Vermarktung von Vorleistungs- und Investitionsgütern umfasst, ein erheblicher sein müsste, fand lange Zeit weder in der Marketingpraxis noch in der Marketingwissenschaft entsprechenden Niederschlag. Diese Situation hat sich in der jüngeren Vergangenheit jedoch substanziell geändert. Diskutierten vor Jahren nur Konsumgüterhersteller über Markenstrategien, so stellt dieses Thema heute auch für Anlagenbauer und Stahlproduzenten eine wichtige Herausforderung dar, um nur ein Beispiel aus der Marketingpraxis zu nennen. Forschungsseitig hat sich das Business-to-Business-Marketing als eigenständige Disziplin im Marketing etabliert, auch wenn gegenüber dem Konsumgütermarketing immer noch Nachholbedarf besteht (*Büschken et al.* 2007; *LaPlaca/Katrichis* 2009). Nicht zuletzt aber schlägt sich die Bedeutungszunahme des Business-to-Business-Marketing auch in einer wachsenden Zahl einschlägiger Lehrbücher nieder (*Backhaus et al.* 2004; 2007).

# 1.2 Charakteristika von Business-to-Business-Märkten

## 1.2.1 Überblick

Business-to-Consumer- und Business-to-Business-Märkte lassen sich anhand einer Reihe von **Merkmalen mit jeweils spezifischen Ausprägungen** differenzieren. Abbildung 1-2 nimmt eine solche Differenzierung vor und zeigt exemplarische Besonderheiten auf, die sich für den Vermarktungsprozess in Business-to-Business-Märkten ergeben.

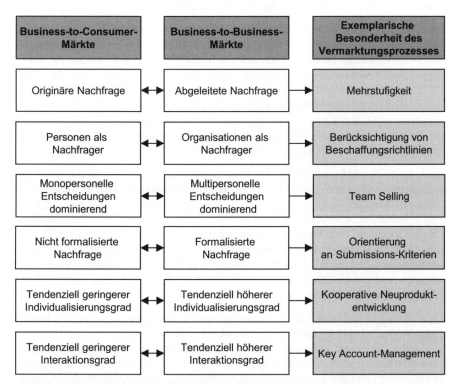

**Abb. 1-2:** Business-to-Consumer- vs. Business-to-Business-Märkte (in Anlehnung an *Backhaus/Voeth* 2004, S. 8; *Homburg/Krohmer* 2009, S. 1005; *Kleinaltenkamp/Saab* 2009, S. 1 ff.)

Während die Nachfrage in Konsumgütermärkten originären Charakter aufweist, handelt es sich bei der Nachfrage in Business-to-Business-Märkten um eine **abgeleitete Nachfrage**. Dies bedeutet, dass deren Ausmaß durch die Nachfrage in nachgelagerten Märkten determiniert wird. Somit sind in Business-to-Business-Märkten neben Marketingaktivitäten, welche die direkt bedienten Märkte betreffen, häufig auch solche notwendig, die sich auf die indirekt bedienten Märkte beziehen. Die dadurch implizierte **Mehrstu-**

figkeit des **Vermarktungsprozesses** kommt beispielsweise darin zum Ausdruck, dass ein Hersteller von Computer-Prozessoren unmittelbar mit (potenziellen) Endkunden kommuniziert, um eine entsprechende Nachfrage für mit seinen Prozessoren ausgestattete Computer auszulösen („Pull-Effekt").

In Business-to-Business-Märkten treten als Nachfrager **Organisationen** wie Unternehmen und staatliche Einrichtungen auf. Deren Kaufentscheidungen laufen jedoch anders ab als die von Personen in Konsumgütermärkten. So haben sich Unternehmen bei ihren Kaufentscheidungen häufig an **Beschaffungsrichtlinien** zu orientieren, die wiederum auf den Vermarktungsprozess des Anbieters Einfluss nehmen. Als Beispiel können in diesem Zusammenhang die Vergaberichtlinien für Bauleistungen der öffentlichen Hand genannt werden, in denen genau spezifiziert ist, welche beschaffungsrelevanten Entscheidungen wie zu treffen sind (*Backhaus/Voeth* 2004, S. 9).

Aus der Tatsache, dass Beschaffungsentscheidungen in Business-to-Business-Märkten von Organisationen getroffen werden, ergibt sich unmittelbar, dass diese Entscheidungen überwiegend **multipersonalen Charakter** aufweisen. In der Regel kommt es zu umfangreichen Abstimmungsprozessen im sogenannten Buying Center (*Webster/Wind* 1972, S. 78 ff.), welches alle am Beschaffungsprozess beteiligten Personen (gedanklich) zusammenfasst. Um der Multipersonalität im Buying Center Rechnung zu tragen, bietet es sich an, dieses auf der Anbieterseite in einem **Verkaufsteam** zu spiegeln. Beruht der Vermarktungsprozess auf einem solchen Team Selling-Ansatz, so lassen sich die Bedürfnisse organisationaler Kunden präziser adressieren (*Arnett et al.* 2005).

Um konkurrierende Leistungsangebote besser vergleichen zu können, ist die Nachfrage in Business-to-Business-Märkten zumeist stärker **formalisiert** als die in Business-to-Consumer-Märkten. Konkret bedeutet dies, dass organisationale Nachfrager zur Leistungsbeschaffung beispielsweise auf Ausschreibungen zurückgreifen und die Auftragsvergabe somit auf dem Wege der **Submission** erfolgt. Da Ausschreibungen für alle Anbieter klare Vergabekriterien definieren, muss sich der Vermarktungsprozess an diesen Kriterien orientieren. Dies kann beispielsweise dazu führen, dass nicht mehr eine leistungs-, sondern eine preisbezogene Profilierung den Kern der Vermarktungsstrategie bildet (*Backhaus/Voeth* 2004, S. 9).

Zwar ist auch in Konsumgütermärkten auf verschiedenen Ebenen ein Trend zur **Individualisierung** erkennbar, allerdings spielt dieses Phänomen in Business-to-Business-Märkten nicht zuletzt aufgrund der größeren Bedeutung der Auftragsfertigung eine besondere Rolle. Um in Business-to-Business-Märkten beispielsweise den vom Kunden gewünschten Grad der Leistungsindividualisierung zu erreichen, muss der Vermarktungsprozess häufig in der Form **kooperative Elemente** integrieren, dass der Kunde in die Neuproduktentwicklung mit einbezogen wird.

In unmittelbarem Zusammenhang mit einem auf kooperativen Elementen beruhenden Vermarktungsprozess steht der vergleichsweise hohe Grad der **Interaktion** zwischen Anbieter und Nachfrager in Business-to-Business-Märkten. Von zentraler Bedeutung für den Erfolg einer Geschäftsbeziehung ist hier insbesondere, dass der Anbieter für eine personelle Kontinuität der Interaktion sorgt. Diese Kontinuität lässt sich organisatorisch durch die Installation eines **Key Account-Managements** realisieren, welches den Dreh- und Angelpunkt des Vermarktungsprozesses bildet.

Die bisherigen Ausführungen haben deutlich gemacht, dass Vermarktungsprozesse in Business-to-Business-Märkten so spezifisch sind, dass es notwendig ist, diese im Rahmen eines **eigenständigen Marketingansatzes** – dem Business-to-Business-Marketing – zu behandeln.

## 1.2.2 Organisationales Beschaffungsverhalten

Die vorangegangenen Ausführungen haben gezeigt, dass Kaufentscheidungen in Business-to-Business-Märkten von Organisationen getroffen werden und daher überwiegend multipersonalen Charakter aufweisen. Wie bereits erwähnt wird die Gesamtheit aller an einer Kaufentscheidung beteiligten Personen unter dem Begriff des **Buying Centers** (*Webster/Wind* 1972, S. 78 ff.) zusammengefasst. Gerade bei der Beschaffung komplexer oder mit hohen Investitionsvolumina verbundener Leistungen können die Mitglieder des Buying Centers aus verschiedensten Unternehmensbereichen stammen oder sogar unternehmensfremd sein (z. B. Berater). Jede dieser Personen besitzt dabei aufgrund ihrer Stellung im Buying Center einen mehr oder weniger großen Einfluss auf die Kaufentscheidung. Ein Buying Center – vor dem Hintergrund der die Beteiligten eines Beschaffungsprozesses verbindenden Beziehungen wird auch vom **Buying Network** gesprochen (*Bristor/Ryan* 1987, S. 256) – kann **formelle** oder **informelle Strukturen** aufweisen (*Backhaus/Voeth* 2010, S. 45). In der Praxis überschneiden sich diese Strukturen jedoch häufig. Zum einen gibt es Personen, die aufgrund ihrer Position in der Organisation (z. B. Einkäufer) formell dem Buying Center angehören. Zum anderen aber führen informelle Beziehungs- und Einflussstrukturen dazu, dass Personen, die nicht formell Teil des Buying Centers sind, ebenso den Kaufentscheidungsprozess beeinflussen können und folglich auch dem Buying Center zuzurechnen sind.

Entscheidend ist nun, dass das Ausmaß des anbieterseitigen Wissens über die Buying Center bestehender und potenzieller Kunden den Marketingerfolg maßgeblich beeinflusst, da erst dieses Wissen eine effektive und effiziente Gestaltung von Marketingprogrammen erlaubt. Nur auf Basis eines fundierten Wissens können kaufentscheidungsrelevante Personen erkannt und in der Folge zielgerecht angesprochen bzw. mit den richtigen Informationen versorgen werden (*Diller* 2001, S. 201). Die Aneignung eines solchen Wissens erfordert eine systematische **Buying Center-Analyse** unabhängig davon, ob ein Buying Center formell verankert ist oder nicht (*Kindermann* 2006, S. 23).

**CTR** (*Zur Erläuterung dieses Symbols vgl. Kap. 2)* In der einschlägigen Literatur werden verschiedene Aspekte der Analyse von Buying Centern diskutiert (vgl. z. B. *Diller* 2001, S. 201; *Kindermann* 2006, S. 23 ff.; *Sieck/Goldmann* 2007, S. 71 ff.; *Backhaus/ Voeth* 2010, S. 44 ff.; *Eckardt* 2010, S. 30 ff.). Strukturiert man diese Aspekte anwendungsorientiert, so ergeben sich folgende Ebenen einer Buying Center-Analyse, die anschließend näher betrachtet werden:

- Zusammensetzung des Buying Centers (Umfang des Buying Centers und Charakteristika der Buying Center-Mitglieder);
- individuelles Informations- und Entscheidungsverhalten der Buying Center-Mitglieder;
- Struktur des Buying Centers (Kommunikationsflüsse und Einflussstrukturen);
- Gruppenentscheidungen im Buying Center.

Angemerkt sei, dass es sich zur Unterstützung des Vertriebs anbietet, die zentralen Ergebnisse einer Buying Center-Analyse etwa in Form eines **Buying Center-Kompasses** (*Oberstebrink* 2009, S. 63 ff.) zusammenzufassen.

## 1.2.2.1 Zusammensetzung des Buying Centers

### 1.2.2.1.1 Umfang des Buying Centers

Für alle weiteren Schritte der Buying Center-Analyse ist es Grundvoraussetzung, den Umfang des jeweiligen Buying Centers zu bestimmen und somit alle Personen zu kennen, die in den Kaufprozess involviert sind. Im Fall eines formellen, institutionalisierten Buying Centers ist es naheliegend, dessen Mitglieder über den **Außendienst** zu identifizieren, da dieser aufgrund seines unmittelbaren Kundenkontakts über den besten Informationsstand verfügen sollte. Weitaus schwieriger gestaltet sich die Bestimmung des Umfangs nicht institutionalisierter Buying Center. Zwar wird der Außendienst auch Informationen über informelle Abläufe beim Kunden besitzen (*Kindermann* 2006, S. 23 f.), doch da diese nicht notwendigerweise vollständig sind, bietet sich (ergänzend) der Rückgriff auf das beispielsweise auch in den Studien von *Johnston/Bonoma* (1981) und *McQuiston* (1989) eingesetzte **Schneeballverfahren** (*Hüttner* 1989, S. 97; *von der Grün/Wolfrum* 1994, S. 191; *Werani* 2006, S. 83) an. Vorgehensweise ist, in allen relevanten Unternehmen zunächst eine Person zu kontaktieren, von der bekannt ist, dass sie mit Beschaffungsentscheidungen befasst ist (z. B. den Einkäufer), und diese zu bitten, weitere in den jeweiligen Beschaffungsprozess involvierte Personen zu nennen. Diese werden anschließend kontaktiert und ersucht, wiederum die aus ihrer Sicht für die Beschaffungsentscheidung relevanten Personen bekanntzugeben. Das Schneeball-Prinzip wird dabei so lange fortgesetzt, bis das Konvergenz-Kriterium erfüllt ist, dass keine neuen Buying Center-Mitglieder mehr genannt werden.

Es ist naheliegend, dass die Notwendigkeit der Analyse des Umfangs eines Buying Centers für einen Anbieter vor allem dann gegeben ist, wenn es sich um einen **Neukunden** handelt. Dies impliziert allerdings nicht, dass sich nicht auch das Buying Center eines bestehenden Kunden aufgrund von Personalmaßnahmen im Zeitablauf ändern könnte. Daher empfiehlt es sich, die personelle Zusammensetzung eines einmal identifizierten Buying Centers laufend im Auge zu behalten.

Die Zeitdimension spielt allerdings auch noch in anderer Hinsicht eine Rolle, und zwar mit Blick auf die Zusammensetzung des Buying Centers in den verschiedenen **Phasen eines Beschaffungsprozesses**. Unabhängig davon, welches Phasenkonzept einem solchen Prozess zugrunde gelegt wird (für einen Überblick vgl. *Backhaus/Voeth* 2010, S. 43), ist davon auszugehen, dass nicht alle identifizierten Mitglieder eines Buying Centers auch in allen Phasen des Beschaffungsprozesses eine Rolle spielen. Insofern wird der Umfang eines Buying Centers phasenspezifisch variieren, was beispielsweise hinsichtlich der Informationsversorgung der einzelnen Buying Center-Mitglieder entsprechend zu berücksichtigen ist.

Ein weiterer Faktor, der den Umfang eines Buying Centers beeinflusst, ist der **Wiederholungsgrad des Beschaffungsprozesses**. So zeigt sich etwa in der Studie von *Doyle et al.* (1979), dass bei einem reinen Wiederholungskauf das Buying Center kleiner ist als bei einem Neukauf oder modifizierten Wiederholungskauf. Dies impliziert ausgehend von den Erkenntnissen des Kaufklassenansatzes (*Robinson et al.* 1967, S. 23 ff.), dass sich mit zunehmender Vertrautheit mit dem jeweiligen Beschaffungsproblem das Buying Center des Kunden reduziert, was maßnahmenseitig vom Anbieter wiederum entsprechend berücksichtigt werden muss.

### 1.2.2.1.2 Charakteristika der Buying Center-Mitglieder

Die Klärung der Frage, wie das Buying Center eines Kunden zusammengesetzt ist, darf sich nicht nur auf die Identifikation der in eine Beschaffungsentscheidung involvierten Personen beschränken, sondern muss auch die Ermittlung wesentlicher Charakteristika der identifizierten Buying Center-Mitglieder einschließen. Als solche Charakteristika können insbesondere **Funktionen**, **Rollen** und **Einstellungen** gegenüber dem Anbieter gelten.

**(1) Funktionen**
Die Kenntnis der Funktionen der einzelnen Buying Center-Mitglieder ist deshalb bedeutsam, da davon auszugehen ist, dass Personen mit unterschiedlichen Funktionen im Unternehmen einen unterschiedlichen **Informationsbedarf** aufweisen, der wiederum durch die jeweiligen **Nutzenerwartungen** bedingt ist. So wird ein Einkäufer primär ökonomische Nutzenerwartungen haben (niedriger Preis), während der Produktionsleiter beispielsweise auf bestimmte technische Eigenschaften des zugelieferten Materials Wert legt. Somit lassen sich aus den Funktionen der jeweiligen Buying Center-Mitglieder zumindest Grobkategorien von Nutzenerwartungen ableiten, die der Vertrieb durch eine individuelle Informationsversorgung und Ansprache der einzelnen Buying Center-Mitglieder adressieren kann (vgl. auch *Narayandas* 2005).

**(2) Rollen**
Das Wissen um die Rollen der in den einzelnen Phasen eines Beschaffungsprozesses involvierten Personen ermöglicht es, deren Verhalten besser antizipieren zu können. Rollenkonzepte stellen ein elementares Bestimmungselement von Gruppen dar. Innerhalb einer Gruppe hat jedes Mitglied Erwartungen an sich selbst sowie an die anderen Gruppenmitglieder. Aus diesen Erwartungshaltungen leitet sich ein bestimmtes Rollenverhalten ab. Demzufolge bieten Rollenkonzepte eine Möglichkeit zur Beschreibung und Erklärung der Beziehungen der Buying Center-Mitglieder untereinander (*Backhaus/ Voeth* 2010, S. 50 f.). In der einschlägigen Literatur wird eine Reihe von Rollenkonzepten diskutiert, deren Unterschiede in verschiedenen Schwerpunktsetzungen liegen. Besondere Erwähnung finden in diesem Zusammenhang das Rollenkonzept von *Webster/ Wind* (1972) sowie das Promotoren-/Opponenten-Modell nach *Witte* (1973; 1976).

Das *Webster/Wind*-**Rollenkonzept** (1972, S. 78 ff.) unterscheidet die folgenden fünf Rollen im Buying Center:

- **Verwender (User):** Hierbei handelt es sich um die Buying Center-Mitglieder, die nach dem Kauf mit dem jeweiligen Produkt oder der Dienstleistung auch tatsächlich arbeiten müssen. Verwender sind aufgrund ihrer Erfahrung mit Anwendungsproblemen häufig Initiatoren eines Beschaffungsprozesses. Darüber hinaus prädestiniert sie ihr Anwendungswissen als „Einflugschneise" für eine nutzenbasierte Argumentation des Anbieters: Wer, wenn nicht der Verwender, sollte am besten wissen, wo die Vorteile einer verbesserten Leistung liegen? Zufriedene Verwender werden aber auch positive Multiplikatoren sein, was den Stellenwert einer entsprechenden Kontaktpflege durch den Anbieter weiter unterstreicht. Nicht zuletzt aber sollte der Verwender schon deshalb vom Anbieter proaktiv in den Beschaffungsprozess integriert werden, um einen Oppositions-Effekt (z. B. Verzögerung oder Verhinderung der Entscheidung für den Anbieter, Widerstand bei der Leistungsnutzung) zu vermeiden.

- **Beeinflusser (Influencer)** sind Personen, die den Prozess der Beschaffung einer bestimmten Leistung durch ein direktes oder indirektes Einbringen von Informationen und Bewertungskriterien beeinflussen. Sie können sowohl innerhalb als auch außerhalb des beschaffenden Unternehmens (z. B. externe Berater) angesiedelt sein und ihren Einfluss durch ihre hierarchische Position oder eine gute informelle Vernetzung geltend machen.
- **Einkäufer (Buyer)** sind dadurch charakterisiert, dass sie den formalen Auftrag besitzen, potenzielle Lieferanten auszuwählen, mit diesen Verhandlungen zu führen und Kaufverträge abzuschließen. Bei routinisierten Beschaffungsentscheidungen können Einkäufer häufig völlig eigenständig agieren und nehmen somit gleichzeitig auch die Rolle des Entscheiders ein. Bei komplexeren Entscheidungen hingegen ist der Einkäufer hauptsächlich für die Koordination und Abwicklung formaler Beschaffungsvorgänge zuständig (*Eckardt* 2010, S. 32). Die bisher skizzierte Einkäufer-Rolle findet sich primär im operativen Einkauf. Vertreter des hierarchisch zumeist höher angesiedelten strategischen Einkaufs nehmen hingegen hauptsächlich die Rolle von Entscheidern ein (*Backhaus/Voeth* 2010, S. 51 f.).
- **Entscheider (Decider)** sind die Buying Center-Mitglieder, die aufgrund ihrer Machtposition die Kaufentscheidung treffen und somit bestimmen, an wen der Auftrag letztlich vergeben wird. Entscheider sind in der Regel hierarchisch höher angesiedelt und verfügen über die notwendige Budgethoheit. Aufgrund ihrer hierarchischen Position werden diese Personen entscheidungsvorbereitende Schritte zumeist an nachrangige Hierarchieebenen delegieren, was gerade bei wichtigen Entscheidungen zu Unsicherheit führt. Somit besteht eine wichtige Aufgabe für den Vertrieb darin, Entscheidern gegenüber geeignete unsicherheitsreduzierende Maßnahmen zu setzen (*Backhaus/Voeth* 2010, S. 53).
- **Informationsselektierer (Gatekeeper)**, wie beispielsweise Assistenten von Entscheidungsträgern, steuern und kontrollieren den qualitativen und quantitativen Informationsfluss im und in das Buying Center. Zwar ist ihr Einfluss auf die Beschaffungsentscheidung eher indirekt, allerdings können sie diese durch die bewusste Auswahl oder gar Manipulation von Informationen durchaus entscheidend beeinflussen.

Das *Webster/Wind*-Rollenkonzept wird von *Bonoma* (1982, S. 113 ff.) um eine sechste Rolle, die des **Initiators**, ergänzt. Dieser bringt einen Beschaffungsprozess dadurch in Gang, dass er beispielsweise Probleme mit Leistungen bestehender Lieferanten aufzeigt, Mängel veralteter Anlagen erkennt oder auf Rationalisierungspotenziale durch die Beschaffung anderer Lösungen hinweist. Der Initiator muss dabei nicht notwendigerweise aus dem eigenen Unternehmen kommen, sondern kann z. B. auch ein Anbieter sein, der durch ein entsprechendes Marketing den Blick auf eine alternative Problemlösung lenkt (*Eckardt* 2010, S. 32).

Anzumerken ist, dass die oben beschriebenen Rollen nicht überschneidungsfrei sind, da eine Person zu einem Zeitpunkt oder in den verschiedenen Phasen eines Beschaffungsprozesses mehrere Rollen innehaben kann. Darüber hinaus können auch mehrere Personen die gleiche Rolle einnehmen (*Foscht/Swoboda* 2011, S. 303).

Das **Promotoren-/Opponenten-Modell** von *Witte* (1973; 1976) wurde ursprünglich im Kontext von Innovationsentscheidungen entwickelt bzw. empirisch geprüft und geht der Frage nach, welche Kräfte unternehmerische Entscheidungsprobleme treiben, die durch multipersonale und multioperationale Arbeitsabläufe gekennzeichnet sind (*Witte* 1976, S. 319). Aus dieser Fragestellung erklärt sich, dass das Modell in der Folge auch auf andere Arten der Entscheidung in Unternehmen übertragen wurde und insbesondere auch Erklärungsbeiträge für Entscheidungen im Buying Center liefern kann (vgl. auch *Walter* 1998, S. 101).

Entsprechend seiner Bezeichnung liegt dem Modell eine zweidimensionale Strukturierung in **Promotoren** und **Opponenten** zugrunde, wobei Erstere (übertragen auf ein Buying Center) den Beschaffungsprozess aktiv und intensiv fördern, während Letztere diesen Prozess behindern und verzögern (*Witte* 1973, S. 16).

Die Promotoren lassen sich nach den Quellen ihres Prozessförderungspotenzials in Macht- und Fachpromotoren unterscheiden (*Witte* 1999, S. 16 ff.):

- Der **Machtpromotor** fördert im Buying Center den Beschaffungsprozess durch sein hierarchisches Potenzial und somit durch seine formale Macht. Entscheidend ist somit nicht das fachliche Wissen, als vielmehr die Möglichkeit, Opponenten einer Beschaffungsentscheidung mit Sanktionen zu belegen und deren Befürworter zu schützen.
- Der **Fachpromotor** hingegen verfügt über ein objektspezifisches Fachwissen, das er unabhängig von seiner hierarchischen Position einsetzen kann, um gegen die Opponenten einer Beschaffungsentscheidung zu argumentieren.

Die empirischen Befunde von *Witte* (1976, S. 322 ff.) verweisen darauf, dass Beschaffungsentscheidungen wesentlich effizienter, d. h. schneller und mit höherer Entscheidungsqualität, durchgesetzt werden können, wenn diese nicht von einem Promotorentyp allein, sondern von einem **Promotorengespann** aus Macht- und Fachpromotor getrieben werden. Folglich sollte ein Anbieter daran interessiert sein, beide Promotoren zu identifizieren und rollenspezifisch zu adressieren.

Die Promotorentypen von *Witte* wurden in weiterer Folge durch einen dritten Typ, den **Prozesspromotor**, ergänzt, der den Beschaffungsprozess weder durch formale Macht noch durch spezifisches Fachwissen, sondern durch Organisationskenntnis und Kommunikationspotenziale fördert. Konkret verknüpft und koordiniert der Prozesspromotor Macht- und Fachpromotoren auf der Informations-, Kommunikations- und Aktivitätsebene (*Hauschildt/Chakrabarti* 1988, S. 383 ff.).

Analog zur Differenzierung in Macht- und Fachpromotoren untergliedert *Witte* (1976, S. 324 f.) die Opponenten nach den Quellen ihres Prozesshemmungspotenzials in Macht- und Fachopponenten. Als **Machtopponenten** können dabei Buying Center-Mitglieder verstanden werden, die einen Beschaffungsprozess durch ihr hierarchisches Potenzial behindern und verzögern, während **Fachopponenten** auf Basis fachlicher Argumente gegen diesen Prozess arbeiten. Diese zwei Opponententypen können wiederum gemeinsam als **Opponentengespann** auftreten.

Wichtig ist, dass Opponenten in der Regel nicht das grundsätzliche Ziel verfolgen, Neues zu verhindern, sondern gleichsam ein Gegengewicht zu den Promotoren bilden, da sie deren Vorwärtsdrang Risikobewusstsein und Sicherheitsstreben entgegensetzen (*Witte* 1976, S. 321 und 324 f.). Somit erfüllen Opponenten im Beschaffungsprozess insofern eine **positive Funktion**, als sie die Promotoren zu einem kritischen Überdenken der eigenen Positionen zwingen. Daraus ergibt sich, dass Beschaffungsprozesse gerade dann besonders effizient abgewickelt werden können, wenn (kräftemäßig ausbalancierte) **Promotoren- und Opponentengespanne aufeinandertreffen** (*Witte* 1976, S. 325 f.).

*Backhaus/Voeth* (2010, S. 56) verweisen darauf, dass Opponenten häufig nur schwer identifizierbar sind, da sie nur selten offenen Widerstand zeigen. Allerdings ist es naheliegend, dass gerade Anbieter innovativer Leistungen alles daran setzen sollten, Opponenten eines Beschaffungsvorhabens frühzeitig zu identifizieren, ihre diesbezüglichen Beweggründe zu analysieren und entsprechende Gegenmaßnahmen zu setzen.

Zusammenfassend ist hinsichtlich der skizzierten Rollenkonzepte zu konstatieren, dass diese für die Marketingpraxis vor allem deshalb ein hohes Potenzial besitzen, da die Zuordnung von Rollen im Buying Center für jedes Buying Center-Mitglied die **Prognose eines spezifischen rollenkonformen Verhaltens** ermöglicht (*Backhaus/Voeth* 2010, S. 53). Das Wissen um dieses Verhalten wiederum hilft insbesondere dem Vertrieb, rollenspezifische Aktivitäten zur proaktiven und gezielten Beeinflussung des Buying Centers zu setzen und so die Wahrscheinlichkeit einer Auftragserteilung zu erhöhen.

**(3) Einstellungen gegenüber dem Anbieter**
Die Einstellung stellt insofern eine der zentralen Variablen zur Erklärung des Konsumentenverhaltens dar, als von einem unmittelbaren Zusammenhang zwischen Stärke und Richtung der Einstellung und der Kaufwahrscheinlichkeit ausgegangen wird (*Foscht/Swoboda* 2011, S. 73). Da sich Einstellungen auf der Einzelpersonenebene bilden und das Buying Center als Gesamtheit aller in eine Kaufentscheidung involvierten Personen verstanden wird, liegt es nahe, das Einstellungskonzept auch auf organisationale Beschaffungsentscheidungen zu übertragen und die Buying Center-Mitglieder zusätzlich nach ihren Einstellungen gegenüber dem Anbieter zu charakterisieren. Die Einstellung gegenüber einem Anbieter kann dabei in Anlehnung an *Foscht/Swoboda* (2011, S. 69) als wahrgenommene Eignung eines Anbieters zur Befriedigung von Motiven definiert werden. Wichtig ist, dass die Einstellung als **funktions- und rollenunabhängiges Konzept** zu verstehen ist. So kann beispielsweise ein Promotor, der den Beschaffungsprozess einer bestimmten Anlage fördert, für oder gegen einen spezifischen Anbieter eingestellt sein und auch ein Opponent kann gegenüber einem Anbieter eine positive Einstellung aufweisen, wenn er nicht diesen, sondern die Sinnhaftigkeit des Beschaffungsprojekts als solches hinterfragt.

Aus praxisorientierter Sicht bietet es sich an, die Mitglieder eines Buying Centers hinsichtlich ihrer Einstellungen gegenüber dem Anbieter in die folgenden fünf Kategorien einzuordnen (*Sieck/Goldmann* 2007, S. 81 ff.):

- **Positive Einstellung – proaktives Verhalten:** Solche Personen („Unterstützer") helfen einem Anbieter aktiv, den Auftrag zu gewinnen, etwa weil sie sich dadurch in ihrer eigenen Organisation Vorteile erhoffen (z. B. Möglichkeit, ein einfacher zu bedienendes CRM-System zu nutzen).

- **Positive Einstellung – reaktives Verhalten:** Im Gegensatz zum Unterstützer fördern diese Buying Center-Mitglieder einen Anbieter nicht proaktiv. Nach ihrer Meinung gefragt, werden sie sich jedoch positiv zu diesem Anbieter äußern.
- **Neutrale Einstellung – passives Verhalten:** Neutral eingestellte Personen zeichnen sich durch ein weitgehend passives Verhalten aus und weisen keine anbieterspezifischen Präferenzen auf.
- **Negative Einstellung – reaktives Verhalten:** Solche Buying Center-Mitglieder werden sich zwar nicht proaktiv gegen den betreffenden Anbieter stellen, sich aber auf entsprechende Nachfrage negativ zu diesem äußern.
- **Negative Einstellung – proaktives Verhalten:** Diese „Feinde" eines Anbieters bzw. Freunde konkurrierender Unternehmen wollen Letztere gewinnen sehen und unterstützen diese daher aktiv. Die (gegebenenfalls auch nicht objektiven) Argumente für die negative Einstellung sind für einen Anbieter häufig kaum zu entkräften, weshalb es sinnvoll ist, „Feinde" zu umgehen und im Gegenzug positiv eingestellte Buying Center-Mitglieder möglichst gut zu unterstützen.

Zur Erfassung von Einstellungen werden verschiedene **ein- und mehrdimensionale Methoden** vorgeschlagen (für einen Überblick vgl. *Foscht/Swoboda* 2011, S. 76 ff.), die sich in ihrer Komplexität unterscheiden. Da mit Blick auf die oben skizzierte pragmatische Klassifizierung in positiv, neutral und negativ eingestellte Buying Center-Mitglieder auch einfache Messansätze als ausreichend zu erachten sind, bieten sich insbesondere **eindimensionale Verfahren** an. Um Ergebnisverzerrungen zu vermeiden, sollte die Einschätzung der Einstellung nicht durch den Anbieter (Fremdeinstufung), sondern unmittelbar durch die **Mitglieder des Buying Centers** (Selbsteinstufung) erfolgen. Da allerdings bei einer direkten Abfrage der Einstellung („Wie schätzen Sie Ihre Einstellung gegenüber Anbieter A ein?") insbesondere im Fall einer negativen Einstellung mit Antwortverweigerungen oder nicht wahrheitsgemäßen Antworten zu rechnen sein wird, sollte eher auf (eindimensionale) Ansätze zurückgegriffen werden, welche die Einstellung **indirekt** über das Ausmaß der Zustimmung zu bzw. der Ablehnung von einstellungsrelevanten Positiv- und Negativ-Statements erfassen.

### 1.2.2.2 Individuelles Verhalten der Buying Center-Mitglieder

Resultate von Entscheidungsprozessen im Buying Center sind grundsätzlich das Ergebnis individuellen Verhaltens und seiner auf Basis der jeweiligen Buying Center-Struktur erfolgenden Aggregation zur Gruppenentscheidung (*Corfman/Lehmann* 1987). Insofern soll zunächst auf das individuelle Informations- und Entscheidungsverhalten der Buying Center-Mitglieder eingegangen werden, um in der Folge Buying Center-Strukturen und Gruppenentscheidungen im Buying Center näher zu beleuchten.

#### 1.2.2.2.1 Informationsverhalten

Entscheidungen im Buying Center werden auf Basis von Informationen, welche von Individuen gesucht und verarbeitet werden, getroffen. Somit bildet eine gezielte und proaktive Informationsversorgung der Buying Center-Mitglieder eine unabdingbare Voraussetzung für eine erfolgreiche Auftragsakquisition. Hinsichtlich der vom Anbieter zur Verfügung zu stellenden Informationen sind insbesondere die folgenden Aspekte zu berücksichtigen:

**(1) Informationsart**

Welche Informationen von einem Anbieter zur Verfügung gestellt werden sollten, hängt maßgeblich von den in Kap. 1.2.2.1.2 aufgezeigten **Charakteristika der Buying Center-Mitglieder** ab. So wird, um einige Beispiele zu nennen, ein Buying Center-Mitglied in der Funktion des Einkäufers primär wirtschaftliche Informationen erwarten, während für die Funktion des Produktionsleiters technische Informationen relevant sein werden. Ein Fachpromotor wird auf objektspezifische Fachinformationen Wert legen, während ein Machtpromotor eher an allgemeinen Informationen interessiert sein wird, die ihm eine generelle Meinungsbildung ermöglichen. Ein positiv eingestelltes Buying Center-Mitglied wiederum wird lediglich meinungsbestätigende Informationen benötigen, während bei negativer Einstellung Informationen mit dem Potenzial zur Meinungsänderung, wie etwa Testimonials zufriedener Nutzer, ausschlaggebend sind.

**(2) Informationsquellen**

Wie Abbildung 1-3 zeigt, variiert die Nutzung möglicher Informationsquellen zwischen verschiedenen **Entscheidergruppen**. Insofern sollte ein Anbieter sich Gedanken machen, über welche Wege seine Informationen die jeweiligen Buying Center-Mitglieder am besten erreichen.

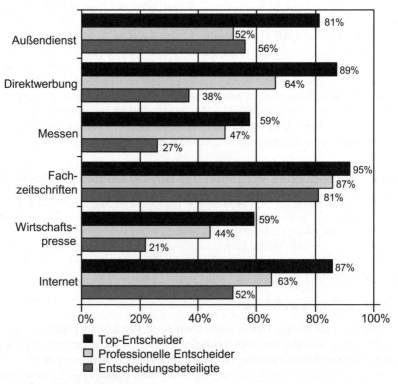

**Abb. 1-3:** Entscheidergruppen und genutzte Informationsquellen (in Anlehnung an *Scheffler et al.* 2001, S. 10)

**(3) Informationszeitpunkt**

Ein Beschaffungsprozesses lässt sich in verschiedene Phasen unterteilen (*Backhaus/ Voeth* 2010, S. 42 ff.), in denen ein unterschiedliches Informationsverhalten zu erwarten ist. Tendenziell ist davon auszugehen, dass in **früheren Phasen** weniger detaillierte Informationen aus eher allgemeinen Quellen relevant sind, während in **späteren Phasen** Detailinformationen (wie z. B. genaue technische Spezifikationen und Zahlungskonditionen) aus unternehmensinternen Quellen (z. B. dem Vertrieb) an Bedeutung gewinnen. Zusammen mit der bereits erwähnten Tatsache, dass der Umfang eines Buying Centers phasenspezifisch variieren wird, besteht die Herausforderung für einen Anbieter somit darin, zum **richtigen Zeitpunkt** den **richtigen Personen** die **richtigen Informationen** aus den **richtigen Informationsquellen** zukommen zu lassen.

**(4) Informationsmenge**

Zu ergänzen sind die bisherigen Überlegungen zum Informationsverhalten durch den Aspekt der Informationsmenge. Zum einen zeigt das Beispiel aus Abbildung 1-3, dass Top-Entscheider viel mehr Informationsquellen und damit auch mehr Informationen nutzen als insbesondere Entscheidungsbeteiligte, was impliziert, dass **unmittelbaren Entscheidungsträgern** tendenziell die **meisten Informationen** zur Verfügung gestellt werden sollten. Zum andern aber ist davon auszugehen, dass die Informationsmenge auch mit dem **Wiederholungsgrad des Beschaffungsprozesses** variiert. Ausgehend vom Kaufklassenansatz (*Robinson et al.* 1967, S. 23 ff.) bedeutet dies, dass bei einem reinen Wiederholungskauf von einem wesentlich kleineren Informationsbedarf auszugehen ist als bei einem modifizierten Wiederholungskauf oder gar einem Neukauf.

Um die Komplexität des Informationsverhaltens im Buying Center auf einige grundlegende Verhaltenstypen zu reduzieren, entwickelt *Strothmann* (1979) eine Typologie, die nach dem Informationssuchverhalten und dem Informationsverarbeitungsverhalten differenziert und zusätzliche Anhaltspunkte für eine gezielte und proaktive Informationsversorgung der Buying Center-Mitglieder liefert. Hinsichtlich des **Informationssuchverhaltens** werden die folgenden drei Typen unterschieden (*Strothmann* 1979, S. 93 ff.):

- Der **literarisch-wissenschaftliche Typ** legt größten Wert auf fundierte Informationen in schriftlicher Form, durch die er ein umfassendes und detailliertes Wissen über das jeweilige Beschaffungsobjekt erlangen möchte. Als Informationsquellen bevorzugt er Fachzeitschriften und Fachbücher und tritt dem Anbieter gegenüber daher mit einem erheblichen Vorwissen auf. In der Unternehmenspraxis zeigt sich dieser Typ eher selten und ist dann vorwiegend in Bereichen mit wissenschaftlich-analytischer Orientierung (z. B. F&E-Abteilungen) vorzufinden.
- Der **objektiv-wertende Typ** verhält sich bei der Informationssuche rational, nimmt Informationsquellen aber pragmatisch in Anspruch und orientiert sich dabei an den Phasen des Beschaffungsprozesses. Während er zu Beginn dieses Prozesses häufig auf allgemeine Informationen aus Anzeigen zurückgreift, gewinnt er in späteren Phasen dann weiterführende Informationen aus Prospekten und Fachzeitschriften oder sogar durch konkrete Objektbesichtigungen. Im Gegensatz zum literarisch-wissenschaftlichen Typ werden auch persönliche Informationen etwa vom Vertrieb des Anbieters akzeptiert, sofern diese unmittelbar für die Beschaffungsentscheidung relevant sind. In der Praxis spielt der objektiv-wertende Typ eine relativ große Rolle.

- Der **spontane, passive Typ** sucht nicht aktiv nach Informationen, sondern beschränkt sich auf die Informationen, die in der jeweiligen Situation gerade zugänglich sind. Um seinen eigenen Aufwand zu minimieren, greift er frühzeitig auf persönliche Informationen, wie z. B. anlässlich von Besuchen des Anbieter-Außendiensts oder Messen, zurück. Insgesamt betrachtet repräsentiert der spontane, passive Typ das genaue Gegenteil der beiden vorgenannten Typen.

Ebenfalls zu drei Typen gelangt *Strothmann* (1979, S. 99 f.) bei der Klassifikation des **Informationsverarbeitungsverhaltens**:

- Der **Fakten-Reagierer** verarbeitet für eine Beschaffungsentscheidung umfassende, möglichst vollständige Informationen und versucht damit, das mit der Entscheidung einhergehende wahrgenommene Risiko zu reduzieren.
- Der **Image-Reagierer** entscheidet auf Basis weniger, subjektiv als wesentlich erachteter Informationen, die zu einem Gesamtbild verdichtet werden, allerdings keinen konkreten Bezug zum spezifischen Beschaffungsproblem haben müssen. Emotionale Aspekte spielen bei seiner Entscheidung eine große Rolle.
- Der **Reaktionsneutrale** vereinigt die Eigenschaften der zwei anderen Typen in sich. Zu Reaktionsneutralität kann es dann kommen, wenn Image-Reagierer aufgrund von Beschaffungsrichtlinien gezwungen sind, Detailinformationen einzuholen, oder wenn Fakten-Reagierer sich aufgrund von Zeitdruck bei der Informationsverarbeitung einschränken müssen.

### 1.2.2.2.2 Entscheidungsverhalten

Entscheidungen von Individuen im Buying Center beziehen sich zumeist auf Situationen, bei denen es um Wahlentscheidungen zwischen **Alternativen** geht. In diesem Fall wird die Entscheidung maßgeblich, aber – wie etwa aufgrund budgetärer Restriktionen – nicht ausschließlich (*Gutsche* 1995, S. 43), durch **Präferenzen** determiniert. Unter Präferenz wird dabei ein (eindimensionaler) Indikator verstanden, der das **Ausmaß der Vorziehenswürdigkeit** alternativer Beurteilungsobjekte für eine bestimmte Person während eines bestimmten Zeitraums zum Ausdruck bringt (*Böcker* 1986, S. 556). Präferenzen sind das Ergebnis eines **informationsbasierten**, auf Kriterien wie z. B. das **Nutzenempfinden** abstellenden **Bewertungsvorgangs** (vgl. *Foscht/Swoboda* 2011, S. 84), womit der Zusammenhang zwischen individuellem Informations- und Entscheidungsverhalten deutlich wird. Vor dem Hintergrund der Bedeutung von Präferenzen für das individuelle Entscheidungsverhalten im Buying Center ist es naheliegend, sich mit Verfahren auseinanderzusetzen, die einem Anbieter die Möglichkeit geben, die Präferenzen von Buying Center-Mitgliedern möglichst genau zu analysieren. In diesem Zusammenhang ist insbesondere die **Conjoint-Analyse** von Relevanz, die eine in der Markforschung weithin akzeptierte und gleichzeitig praxisrelevante Methodik der Präferenzanalyse darstellt.

Die klassische Conjoint-Analyse ist ein mathematisch-statistisches Verfahren zur **Dekomposition globaler Präferenzurteile**, d. h. sie zielt darauf ab, auf Basis der global ermittelten Vorziehenswürdigkeit alternativer Objekte (z. B. Produkte), die sich aus jeweils unterschiedlichen Ausprägungen mehrerer Eigenschaften zusammensetzen und im Rahmen eines experimentellen Designs konstruiert werden, die partiellen Beiträge der einzelnen Eigenschaftsausprägungen für das Zustandekommen des Gesamtpräferenzurteils zu bestimmen. Dies geschieht über die Schätzung sogenannter Teilnutzenwerte (*Weisenfeld* 1989, S. 1; *Mengen* 1993, S. 70 f.; *Backhaus et al.* 2011, S. 458 ff.). Bei der Durchführung einer Conjoint-Analyse sind die folgenden sechs Schritte zu durchlaufen:

**(1) Bestimmung der Eigenschaften und Eigenschaftsausprägungen**
Diesem Schritt kommt insofern besondere Bedeutung zu, als die Festlegung der Objekteigenschaften und Eigenschaftsausprägungen die **Validität und Reliabilität** der gesamten Untersuchungsergebnisse entscheidend beeinflusst (*Schubert* 1991, S. 176).

**(2) Auswahl des Präferenzmodells**
Mit der Entscheidung für ein bestimmtes Präferenzmodell wird der funktionale Zusammenhang zwischen Eigenschaftsausprägungen und Präferenz hergestellt und somit eine Schätzung der Teilnutzenwerte ermöglicht (*Mengen* 1993, S. 76). In der einschlägigen Literatur (z. B. *Hahn* 1997, S. 50 ff.) werden mit dem Idealvektormodell, dem Idealpunktmodell, dem Anti-Idealpunktmodell und dem Teilnutzenwertmodell vier Präferenzmodelle diskutiert, wobei das Teilnutzenwertmodell gegenüber den anderen Präferenzmodellen insofern eine Sonderstellung einnimmt, als dieser Ansatz einen flexiblen Funktionsverlauf zwischen Eigenschaftsausprägungen und Präferenz zulässt (*Mengen* 1993, S. 77).

**(3) Festlegung des Erhebungsdesigns**
In diesem Kontext ist zunächst die Entscheidung zu treffen, ob zur Datengewinnung die **Profil-** oder die multiple **Zwei-Faktor-Methode** herangezogen werden soll. Der zentrale Unterschied zwischen beiden Verfahren besteht darin, dass bei der Profilmethode die Auskunftspersonen vollständige Objekte unter Einbeziehung aller beurteilungsrelevanten Eigenschaften zu bewerten haben, wogegen die Zwei-Faktor-Methode (Trade-Off-Analyse) nur ein Präferenzurteil über mögliche Kombinationen der Ausprägungen von jeweils zwei Eigenschaften verlangt (*Hahn* 1997, S. 54).

Da der Einsatz der dem realen Präferenzbildungsprozess am nächsten kommenden Profilmethode bei steigender Zahl von Eigenschaften und Eigenschaftsausprägungen einen überproportionalen Befragungsaufwand mit sich bringt, wenn alle kombinatorisch möglichen Objekte berücksichtigt werden, ist eine vollständige Erhebungsform (**vollständiges Design**) in der Regel nicht realisierbar. Daher ist es notwendig, aus der Menge aller möglichen zu beurteilenden Objekte eine Teilmenge auszuwählen, welche ein **reduziertes Design** bildet. Ein solches reduziertes Design soll das vollständige Design möglichst gut repräsentieren, den Befragungsaufwand in vertretbaren Grenzen halten und gleichzeitig die Berechnung aller Teilnutzenwerte ermöglichen (*Hahn* 1997, S. 57 f.).

Im Hinblick auf die Präsentation der zu beurteilenden Objekte kommen bei der Profilmethode im Wesentlichen die **verbale, visuelle und physische Objektgestaltung** in Frage, die auch kombiniert eingesetzt werden können (*Schubert* 1991, S. 218 ff.).

**(4) Bewertung der Objekte**
Schließt man beim Einsatz der Profilmethode vor dem Hintergrund fehlender Redundanzfreiheit und eines relativ hohen Zeitbedarfs die Variante der paarweisen Bewertung der Objekte aus, so kommen bei **gleichzeitiger Objektbeurteilung** insbesondere die

Verfahren des **Ranking** und des **Rating** zur Ermittlung der von Conjoint-Analysen als Inputdaten benötigten **Präferenzurteile** in Frage. Während beim Ranking die Auskunftspersonen aufgefordert werden, die zu beurteilenden Objekte nach ihrer Vorziehenswürdigkeit in eine eindeutige und vollständige Rangfolge zu bringen, werden beim Rating zur Präferenzerfassung mehrstufige Ratingskalen herangezogen. Dabei besteht einerseits die Möglichkeit, alle Objekte auf einer gemeinsamen Skala zu positionieren, andererseits kann aber auch eine monadische Bewertung jedes einzelnen Objekts auf einer eigenen Skala erfolgen (*Mengen* 1993, S. 90 ff.).

**(5) Schätzung der Nutzenwerte**
Die im vorangegangenen Schritt ermittelten Präferenzurteile bilden die Basis zur Schätzung von **Teilnutzenwerten** für alle Eigenschaftsausprägungen, wozu in der einschlägigen Literatur (z. B. *Green/Srinivasan* 1978, S. 112 ff.; *Thomas* 1979, S. 206 ff.; *Schweikl* 1985, S. 59 ff.; *Gustafsson et al.* 2000, S. 22 ff.) eine Reihe von Verfahren vorgeschlagen wird. Aus den geschätzten Teilnutzenwerten lassen sich sowohl **Gesamtnutzenwerte** für alle Objektalternativen als auch **relative Wichtigkeiten** für die einzelnen Objekteigenschaften berechnen (*Backhaus et al.* 2011, S. 469).

**(6) Aggregation der Nutzenwerte**
Die Conjoint-Methodik zielt von ihrer Anlage her darauf ab, Präferenzstrukturen **einzelner Auskunftspersonen** zu analysieren. Stehen also bei einer spezifischen Problemstellung personenbezogene Ergebnisse im Vordergrund, so bildet die Schätzung und anschließende Interpretation **individueller Nutzenwerte** den Abschluss einer Conjoint-Analyse. In vielen Anwendungsfällen der Conjoint-Analyse sind allerdings weniger die Präferenzbildungsprozesse auf der Individual-, sondern vielmehr die auf **Gruppenebene** von Interesse – gesucht sind **aggregierte Teilnutzenwerte**. Zu deren Gewinnung stehen grundsätzlich zwei Methoden zur Verfügung. Zum einen ist es möglich, zunächst für jede Auskunftsperson eine Individualanalyse durchzuführen, die geschätzten Teilnutzenwerte zu normieren und anschließend die normierten individuellen Teilnutzenwerte je Eigenschaftsausprägung durch Mittelwertbildung über alle Auskunftspersonen zu aggregieren (*Backhaus et al.* 2011, S. 478). Zum anderen aber kann eine gemeinsame Conjoint-Analyse durchgeführt werden, in welcher die Auskunftspersonen als Replikationen des Untersuchungsdesigns aufgefasst werden. Die Berechnung der Teilnutzenwerte erfolgt dann nicht mehr individuell, sondern simultan für alle Befragten (*Hahn* 1997, S. 82).

Neben der skizzierten klassischen Conjoint-Analyse existieren mittlerweile zahlreiche alternative conjoint-analytische Verfahren (für einen Überblick vgl. *Backhaus et al.* 2011, S. 498 ff.). Bereits an dieser Stelle sei auf die in Kap. 3.2.2.3 behandelte **Limit Conjoint-Analyse** verwiesen, die eine unmittelbare Variante der klassischen Conjoint-Analyse darstellt und insbesondere auch zur **Erhebung von Preisbereitschaften** herangezogen werden kann.

### 1.2.2.3 Struktur des Buying Centers

#### 1.2.2.3.1 Kommunikationsflüsse

Eine erste Möglichkeit, die Struktur eines Buying Centers zu beschreiben, stellt die Analyse der Kommunikationsstrukturen mittels eines **Kommunikationsflussbildes** dar (vgl. auch *Backhaus/Voeth* 2010, S. 69 f.). Ein solches Bild erlaubt es dem Anbieter zu erkennen, welche Buying Center-Mitglieder aufgrund des Ausmaßes und der Art ihrer kommunikativen Vernetzung mit anderen Buying Center-Mitgliedern über einen besonders guten **Informationszugang** verfügen und/oder in der Lage sind, durch entsprechende kommunikative Maßnahmen **präferenz- und verhaltensbeeinflussend** zu wirken. Dieses Wissen kann der Anbieter nutzen, um dem Buying Center gegenüber eine möglichst effektive und effiziente Kommunikationsstrategie zu entwickeln.

Die direkten und indirekten Kommunikationsflüsse im Buying Center repräsentieren ein **Kommunikationsnetzwerk**. Somit bietet es sich an, zu deren Visualisierung Verfahren der Analyse **sozialer Netzwerke** heranzuziehen. Abbildung 1-4 zeigt exemplarisch das mittels des Softwarepakets UCINET erstellte Kommunikationsflussdiagramm des (anonymisierten) Buying Centers eines großen europäischen Automobilherstellers. Dieses Diagramm lässt sich nach folgenden Gesichtspunkten analysieren:

- **Positionen der Buying Center-Mitglieder:** Die Mitglieder eines Netzwerks können verschiedene Positionen (vgl. dazu *Fließ* 2000, S. 342 ff.), wie beispielsweise die des „**Isolierten**" (ist höchstens mit einer anderen Person verbunden), der „**Liaison**" (verbindet zwei oder mehr Netzwerkregionen, die sogenannten Cliquen, ohne selbst deren Mitglied zu sein) oder der „**Brücke**" (verbindet zwei oder mehr Cliquen und ist selbst Mitglied zumindest einer Clique), einnehmen. Letztere Position besetzen im Buying Center des Automobilherstellers die Personen Lahm, Rederer, Rehm und Herder, die in der Lage sind, den Informationsfluss zwischen den verschiedenen Netzwerk-Cliquen zu steuern (die Kommunikationsflüsse zwischen den Cliquen-Mitgliedern auf der linken Seite von Abbildung 1-4 sind der Übersichtlichkeit halber nicht visualisiert).
- **Zentralität der Buying Center-Mitglieder:** Akteure in einem Netzwerk werden dann als zentral bezeichnet, wenn sie an **vielen Beziehungen** im Netzwerk beteiligt sind. Im Fall des Buying Centers des Automobilherstellers beruht die Zentralität auf dem „**Betweenness**"-Kriterium, d. h. dass die Buying Center-Mitglieder als zentral gelten, die häufig auf den kürzesten Verbindungen aller Akteurpaare liegen (*Götzenbrucker* 2005, S. 90 ff.). In Abbildung 1-4 wird eine größere Zentralität durch entsprechend größere Rechtecke symbolisiert. Konkret bedeutet dies, dass aus dem Blickwinkel der Kommunikationsflüsse insbesondere die vorgenannten Buying Center-Mitglieder mit Brückenposition als zentral anzusehen sind und vom Anbieter entsprechend adressiert werden sollten. Andererseits aber gibt es offensichtlich auch Buying Center-Mitglieder ohne Brückenposition (z. B. Grau und Müller), die eine relativ starke kommunikative Vernetzung aufweisen.

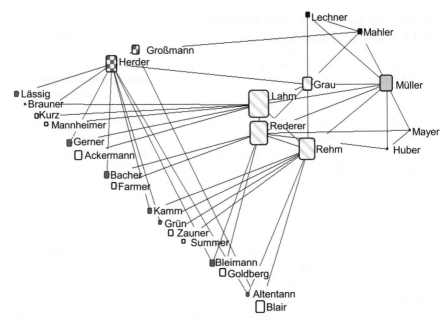

**Abb. 1-4:** Exemplarisches Kommunikationsflussdiagramm (*Cetin et al.* 2011, S. 111)

## 1.2.2.3.2 Einflussstrukturen

Aufgrund des zumeist multipersonalen Charakters von Buying Center-Entscheidungen ist die Frage, wer sich letztlich gegen die anderen Buying Center-Mitglieder durchsetzen wird, für die Gruppenentscheidung von zentraler Bedeutung. Angesprochen ist damit der Aspekt der Einflussstrukturen im Buying Center. Die Stärke des Einflusses eines Buying Center-Mitglieds auf die jeweilige Kaufentscheidung wird dabei in der Regel mit dem Konstrukt der **Macht** in Verbindung gebracht (*Fließ* 2000, S. 329). Folgt man den Überlegungen von *Corfman/Lehmann* (1987, S. 2), dann besteht zwischen Macht und Einfluss insofern ein **kausaler Zusammenhang**, als Macht Einfluss begründet. Während **Macht** vor dem Hintergrund einer kombinierten potenzial- und ergebnisorientierten Sichtweise (vgl. dazu z. B. *Brinkmann* 2006, S. 23 f.) als die auf entsprechenden **Machtquellen** beruhende **potenzielle oder aktiv eingesetzte Fähigkeit** einer Person, andere Personen zu beeinflussen, verstanden werden kann, stellt das Konzept des **Einflusses** auf die **tatsächliche Präferenz- bzw. Verhaltensbeeinflussung** ab *(Backhaus/Voeth* 2010, S. 65). Einfluss hat im Buying Center somit derjenige, der aufgrund der grundsätzlich möglichen oder effektiv ausgeübten Macht die Präferenzen bzw. das Verhalten anderer Buying Center-Mitglieder tatsächlich zu seinen Gunsten beeinflussen kann. Zu beachten ist dabei, dass der Einfluss eines Buying Center-Mitglieds je nach **Kaufobjekt** und **Kaufphase** variieren kann (vgl. *Foscht/Swoboda* 2011, S. 289 f.). Ist in einer bestimmten Kaufphase kein Einfluss gegeben, so führt dies (ceteris paribus) zu einer Reduktion des Umfangs des Buying Centers.

Aus den vorangegangenen Ausführungen ergibt sich, dass das Ausmaß des Einflusses im Buying Center von der Möglichkeit des Zugriffs auf entsprechende Machtquellen bzw. Machtbasen abhängt, wobei davon auszugehen ist, dass der Einfluss dann um so höher sein wird, je größer **Zahl und Stärke** der zur Verfügung stehenden Machtbasen ausfallen (*French/Raven* 1959, S. 165; *Schneider* 1977, S. 27; *Bacharach/Lawler* 1980, S. 20). Als Machtbasen kommen dabei insbesondere in Frage (*French/Raven* 1959, S. 156 ff.; *Crott* 1979, S. 172 ff.; *Fließ* 2000, S. 331 ff.; *Brinkmann* 2006, S. 24 ff.):

- **Belohnungsmacht:** Basiert auf der Fähigkeit einer Person, andere Personen zu belohnen bzw. Unangenehmes von ihnen fernzuhalten, und hängt von der Einschätzung der Relevanz und Glaubwürdigkeit der jeweiligen Belohnung ab.
- **Bestrafungsmacht:** Beruht auf der Fähigkeit einer Person, das Verhalten anderer Personen zu sanktionieren, und hängt analog zur Belohnungsmacht vom subjektiven Empfinden der Relevanz und Wahrscheinlichkeit der jeweiligen Bestrafung ab.
- **Legitimationsmacht:** Ermöglicht dem Machtinhaber, aufgrund des Glaubens an die Rechtmäßigkeit seiner Machtausübung andere Personen zu beeinflussen. Legitimation kann dabei beispielsweise in der hierarchischen Position, dem Alter oder den geistigen Fähigkeiten des Machtinhabers begründet sein.
- **Identifikationsmacht:** Personen, die über diese Machtquelle verfügen, können deshalb auf andere Personen Einfluss ausüben, da sich diese mit ihnen identifizieren. Je stärker die Identifikation, desto größer wird dabei die ausübbare Macht ausfallen.
- **Expertenmacht:** Beruht auf Fähigkeiten und Kenntnissen einer Person, welche diese in den Augen anderer Personen zur Einflussnahme berechtigen. Entscheidend ist dabei weniger das tatsächliche, als vielmehr das subjektiv wahrgenommene Expertentum.
- **Informationsmacht:** Diese Form der Macht ist dann gegeben, wenn eine Person entweder Zugang zu als relevant erachteten Informationen besitzt oder deren Verteilung kontrollieren kann.
- **Abteilungsmacht:** Jemand besitzt Abteilungsmacht, wenn er aufgrund seiner Zugehörigkeit zu einer bestimmten Organisationseinheit über Ressourcen verfügt, die es ihm erlauben, Einfluss auszuüben. Macht entsteht in diesem Fall durch Übertragung von einer Organisationseinheit auf ein einzelnes Mitglied.

Auf Basis einer Untersuchung von *Venkatesh et al.* (1995) zeigt sich, dass Machtausübung bei organisationalen Entscheidungen primär auf **Identifikations-, Informations-** und **Expertenmacht** beruht. Dass die Informationsmacht eine bedeutende Machtbasis darstellt verdeutlicht dabei, dass bereits die im vorigen Kapitel thematisierten Strukturen eines Kommunikationsnetzwerks einen ersten Hinweis auf die im Buying Center vorliegenden Einflussstrukturen geben können (vgl. auch *Johnston/Bonoma* 1981).

Zur **Messung der Einflussstärke** werden in der einschlägigen Literatur eine Reihe von Methoden vorgeschlagen, die sich danach unterscheiden lassen, ob ihnen ein direkter, ergebnisbezogener, prozessbezogener, Indikator- oder multidimensionaler Ansatz zugrunde liegt. Tabelle 1-1 gibt einen Überblick zu ausgewählten Vertretern dieser Ansätze.

Die einzelnen Messansätze lassen sich wie folgt charakterisieren (*Voeth/Brinkmann* 2004, S. 357 ff.):

- **Direkte Ansätze:** Hier erfolgt die Einflussmessung über eine direkte Befragung, die unmittelbar Bezug auf die Einflussdimension nimmt. Als Messinstrumente dominieren **Rating- und Konstantsummenskalen**, aber auch das nur selten eingesetzte **Paarvergleichsverfahren** (*Prem* 2009, S. 84 ff.) kommt als Messansatz in Frage.

- **Ergebnisbezogene Ansätze:** Im Gegensatz zur direkten Einflussmessung wird bei diesen Verfahren nicht unmittelbar bei der Einflussdimension angesetzt, sondern es steht das Resultat der Einflussnahme im Mittelpunkt: Die Einflusswerte werden indirekt über die **Veränderungen von Präferenzen** operationalisiert. In Frage kommt dabei einerseits der Vergleich von individuellen Präferenzen, wie sie vor einer Gruppeninteraktion bestehen, mit der kollektiven Präferenz nach der Interaktion und andererseits der Vergleich individueller Präferenzen vor und nach der Gruppeninteraktion.
- **Prozessbezogene Ansätze:** Diese Ansätze unterscheiden sich insofern von den ergebnisbezogenen Ansätzen, als nicht am Resultat der Einflussnahme angeknüpft wird, sondern Einfluss über die **Analyse der Gruppeninteraktion** während der Entscheidungsfindung operationalisiert wird.
- **Indikator-Ansätze:** Anknüpfungspunkt von Indikatoren ist, ähnlich wie bei den prozessbezogenen Ansätzen, ein mit der Einflussnahme verbundenes Phänomen. Die verwendeten Indikatoren, wie z. B. die Anzahl der Entscheidungsstufen im Beschaffungsprozess, an denen ein Gruppenmitglied beteiligt ist, dienen dabei als **Ersatz-Untersuchungsgegenstand**.
- **Multidimensionale Ansätze:** Diese Ansätze sind dadurch charakterisiert, dass zur Einflussmessung auf eine **Kombination** der vorgenannten Ansätze zurückgegriffen wird.

**Tab. 1-1:** Methoden zur Einflussmessung und ausgewählte Vertreter (in Anlehnung an *Brinkmann/Voeth* 2007, S. 1001; *Prem* 2009, S. 79)

| Methoden zur Einflussmessung | Ausgewählte Vertreter |
|---|---|
| Direkte Ansätze | • *Barzilai/Lootsma* (1997)<br>• *Corfman/Lehmann* (1987)<br>• *Crow/Lindquist* (1985)<br>• *Cunningham/Green* (1974)<br>• *Dadzie et al.* (1999)<br>• *Davis* (1970; 1976)<br>• *Dawes et al.* (1998)<br>• *Filiatrault/Ritchie* (1980)<br>• *Fombrun* (1983)<br>• *Hempel* (1974)<br>• *Kohli* (1989)<br>• *McQuiston* (1989)<br>• *McQuiston/Dickson* (1991)<br>• *Naumann et al.* (1984)<br>• *Szybillo et al.* (1977; 1979)<br>• *Venkatesh et al.* (1995) |
| Ergebnisbezogene Ansätze | • *Arora/Allenby* (1999)<br>• *Böcker/Thomas* (1983)<br>• *Dellaert et al.* (1998)<br>• *Krishnamurthi* (1988)<br>• *Thomas* (1982)<br>• *Wind* (1976) |
| Prozessbezogene Ansätze | • *Lee/Marshall* (1998) |

**Tab. 1-1:** Methoden zur Einflussmessung und ausgewählte Vertreter (in Anlehnung an *Brinkmann/Voeth* 2007, S. 1001; *Prem* 2009, S. 79) (Fortsetzung)

| Methoden zur Einflussmessung | Ausgewählte Vertreter |
|---|---|
| Indikator-Ansätze | • *LaForge/Stone* (1989)<br>• *Lilien/Wong* (1984)<br>• *Lynn* (1987)<br>• *Steckel* (1985) |
| Multidimensionale Ansätze | • *Bristor* (1993)<br>• *Kohli/Zaltman* (1988) |

Wie *Voeth/Brinkmann* (2004, S. 357 ff.) zeigen, weisen alle skizzierten Ansätze Schwächen auf. Allerdings sollte dem direkten Verfahren des **Paarvergleichs** (vgl. dazu das Fallbeispiel) besonderes Augenmerk gelten, da bei diesem die sonst hinsichtlich direkter Ansätze geäußerten Validitätszweifel (vgl. z. B. *Kohli/Zaltman* 1988, S. 198; *Arora/Allenby* 1999, S. 477) relativiert werden können und darüber hinaus eine einfache Anwendbarkeit in der Marketingpraxis gegeben ist (*Prem* 2009, S. 107).

---

**Fallbeispiel: Einflussmessung mittels Paarvergleichsverfahrens (*Prem* 2009)**

Um für ein großes österreichisches Industrieunternehmen die Einflussstrukturen ausgewählter Buying Center mit einem in der Praxis einsetzbaren und gleichzeitig ein Mindestmaß an Validität sicherstellenden Verfahren zu analysieren, wurde auf die von *Saaty* (1980) im Rahmen des Analytischen Hierarchieprozesses (AHP) vorgeschlagene Methodik zur Erhebung und Konsistenzprüfung paarweiser Urteile zurückgegriffen. Die vorab mittels Schneeballverfahrens (vgl. dazu Kap. 1.2.2.1.1) identifizierten jeweiligen Buying Center-Mitglieder wurden dabei gebeten, alle Mitglieder des Buying Centers – einschließlich sich selbst – hinsichtlich der Einflussnahme auf die endgültige Kaufentscheidung paarweise anhand der nachfolgend abgebildeten modifizierten *Saaty*-Skala miteinander zu vergleichen.

Durch Aggregation der (auf Konsistenz geprüften) individuellen Paarvergleichsurteile und Eigenvektor-Berechnung wurden abschließend die in Summe 100 Prozent ergebenden Einflussgewichte der jeweiligen Buying Center-Mitglieder ermittelt. Auf Basis der Ergebnisse dieser Einflussmessung können von dem Industrieunternehmen nicht nur entsprechende Buying Center-spezifische Maßnahmen gesetzt werden, sondern es lassen sich auch die folgenden allgemeinen Erkenntnisse ableiten:

- **Funktionsbereiche mit dem höchsten Einfluss:** Über alle betrachteten Buying Center hinweg ergibt sich, dass nicht notwendigerweise der Einkauf den Funktionsbereich mit dem höchsten Einfluss auf die Kaufentscheidung repräsentiert. Konkret weist dieser nur in 28 Prozent der Fälle, in denen er im Buying Center repräsentiert ist, den höchsten Einfluss auf, während für die Geschäftsführung, die Produktion und den Vertrieb die entsprechenden Werte 56, 43 und 40 Prozent lauten.
- **Primäre Ansprechperson und Einfluss im Buying Center:** Diesbezüglich zeigt sich, dass in lediglich 35 Prozent aller Fälle die primäre Ansprechperson für das Unternehmen den größten Einfluss auf die Kaufentscheidung ausübt.

Diese generellen Erkenntnisse führen zum Schluss, dass a) der Fokus eines Anbieters nicht allein auf dem Einkauf liegen darf und b) die einfachste „Einflugschneise" zum Kunden sich schnell als Irrweg erweisen kann.

## 1.2.2.4 Gruppenentscheidungen im Buying Center

Zur Beantwortung der Frage, wie Entscheidungen im Buying Center (bzw. generell in Gruppen) zustande kommen, werden verschiedene Modelle vorgeschlagen, die sich danach unterscheiden lassen, ob eine prozess- oder ergebnisorientierte Perspektive eingenommen wird *(Brinkmann* 2006, S. 10 f.). Während **prozessorientierte Modelle** dadurch einen Erklärungsbeitrag für multipersonale (Kauf-)Entscheidungen liefern, dass phasenspezifische Vorgänge im Vorfeld der eigentlichen Entscheidung, wie z. B. Informationssuche und -verteilung, Bewältigung von Konflikten oder Veränderungen individueller Präferenzen, analysiert werden *(Brinkmann* 2006, S. 11), beschäftigen sich **ergebnisorientierte Modelle** mit der tatsächlichen Entscheidung als Resultat vorangegangener Prozesse *(Büschken* 1994, S. 18). Im Zentrum ergebnisorientierter Modelle steht dabei die Frage, wie sich aus den als gegeben angenommenen Individualpräferenzen der Gruppenmitglieder die finale Gruppenentscheidung ableiten lässt *(Bossert/Stehling* 1990, S. 11 ff.). Einen wichtigen Anhaltspunkt liefert in diesem Zusammenhang die **soziale Kombinatorik**, die davon ausgeht, dass jede Gruppe, die eine Entscheidung trifft, irgendeine explizite oder implizite Entscheidungsregel anwendet, ausgenommen alle Gruppenmitglieder wären von vornherein einer Meinung *(Crott* 1979, S. 100). Von den in diesem Kontext diskutierten Modellen sind vor dem Hintergrund einer Buying Center-Entscheidung letztlich nur **Gewichtungsmodelle** relevant, da diese von unterschiedlich verteilten und damit entsprechend zu gewichtenden Möglichkeiten der Präferenzdurchsetzung ausgehen, wie sie im Buying Center beispielsweise aufgrund unterschiedlicher hierarchischer Positionen regelmäßig gegeben sind *(Büschken* 1994, S. 41 ff.).

Da in der Marketingpraxis weniger die Frage relevant ist, wie es im Buying Center zu einer Gruppenentscheidung kommt, als vielmehr, welche Entscheidung getroffen wird, sollten **ergebnisorientierte Gewichtungsmodelle** wie das von *Corfman/Lehmann* (1987) in den Fokus der Betrachtung rücken. *Corfman* und *Lehmann* fassen Kaufentscheidungsprozesse einer Gruppe von Personen als sachbezogene **Konflikte** auf, die sich als Konsequenz unterschiedlicher Aufgabenbereiche und Zielvorstellungen und der daraus resultierenden divergierenden Präferenzen ergeben. Zur Konflikthandhabung können unterschiedliche Strategien eingesetzt werden, die von Konfliktvermeidung über die Suche nach alternativen Problemlösungen bis hin zum Einsatz von Macht reichen, wobei Letztere im Zentrum der Überlegungen von *Corfman* und *Lehmann* steht. Gruppenentscheidungen sind in ihrem Modell somit in der Regel nicht das Ergebnis einer harmonischen, sondern machtbasierten Konfliktlösung, bei der es darum geht, die **eigenen Präferenzen** durch **Machtausübung** durchzusetzen (*Corfman/Lehmann* 1987, S. 2 ff.; *Fließ* 2000, S. 350). Abbildung 1-5 zeigt das *Corfman/Lehmann*-Modell in vereinfachter Form für den Fall einer Zwei-Personen-Entscheidung.

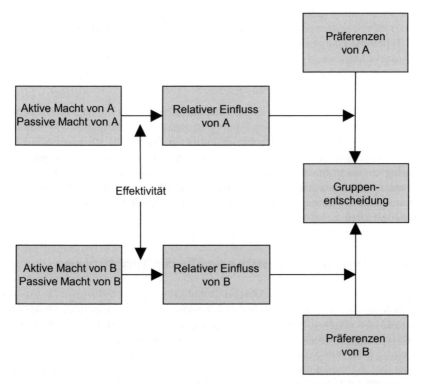

**Abb. 1-5:** Ergebnisorientiertes *Corfman/Lehmann*-Gewichtungsmodell (in Anlehnung an *Corfman/Lehmann* 1987, S. 2)

Wie in Abbildung 1-5 dargestellt, wird die Gruppenentscheidung durch die Präferenzen von A und B beeinflusst. Besitzen beide dieselben Präferenzen, so wäre der Sonderfall einer nicht-konfliktären Entscheidung gegeben. Sobald aber unterschiedliche Präferenzen vorliegen, ergibt sich die Gruppenentscheidung dadurch, dass sowohl A als auch B ihren relativen, d. h. am Gegenüber zu messenden, Einfluss geltend machen. Wie stark dieser Einfluss jeweils ausfällt, hängt dabei von der Effektivität der aktiv eingesetzten und passiv vorhandenen Machtressourcen ab. Insgesamt betrachtet stellt die Gruppenentscheidung bzw. -präferenz somit eine Funktion der **im Ausmaß des jeweiligen Einflusses gewichteten Individualpräferenzen** dar *(Corfman/Lehmann* 1987, S. 2). In Kap. 3.2.2.3 findet sich ein auf dem *Corfman/Lehmann*-Modell beruhendes Fallbeispiel zur Messung von Preisbereitschaften im Buying Center.

# 1.3 Typologien von Business-to-Business-Transaktionen

Verglichen mit Konsumgütermärkten sind Transaktionen in Business-to-Business-Märkten wesentlich variantenreicher. Die Vermarktungsprozesse der einzelnen Güter und Dienstleistungen unterscheiden sich teils erheblich voneinander, weshalb die Konzeption eines allgemein gültigen Marketingprogramms nicht zielführend ist. Da andererseits Effizienzüberlegungen gegen ständig wiederkehrende Einzelfallbetrachtungen sprechen, sind **Typologien** notwendig, welche die unterschiedlichen Transaktionen in Business-to-Business-Märkten zu relativ homogenen Gruppen mit ähnlichen Problemkonstellationen zusammenfassen, um so transaktionstypenspezifische Marketingprogramme entwerfen zu können (*Kleinaltenkamp* 1994, S. 78; *Backhaus/Voeth* 2010, S. 185).

Wählt man einen pragmatischen Zugang und gliedert die in der Literatur zum Business-to-Business-Marketing vertretenen Typologien nach den berücksichtigten Marktparteien, so kann zwischen **primär angebotsorientierten Typologien**, die hauptsächlich auf leistungs- und produktbezogenen Kriterien beruhen, **primär nachfrageorientierten Typologien**, die insbesondere auf beschaffungsverhaltensrelevante Aspekte abstellen, und **marktseiten-integrierenden Typologien**, welche die beiden erstgenannten Ansätze miteinander kombinieren, differenziert werden (*Kleinaltenkamp* 1994, S. 79; *Backhaus/Voeth* 2010, S. 187).

## 1.3.1 Primär angebotsorientierte Typologien

Eine erste, allerdings nicht unter Marketing-Zielsetzung entwickelte angebotsorientierte Typologie von Business-to-Business-Transaktionen stammt von *Riebel* (1965) und unterscheidet zwischen Leistungen, die für einen anonymen Markt oder für einzelne Kunden produziert werden. *Riebel* spricht von **Marktproduktion**, wenn Güter für einen anonymen Markt hergestellt werden, und von **Kundenproduktion**, wenn sich Art, Menge und zeitliche Verteilung der Produktion nach einem konkreten Kundenauftrag richten. Ein wesentliches Unterscheidungsmerkmal dieser beiden **Produktionstypen** ist, dass sich die Leistungen für einen anonymen Markt an den Erwartungen der Entwicklung der Kundenwünsche orientieren, während sich die Kundenproduktion an realen Kundenaufträgen ausrichtet und neue Produkte hier auch zusammen mit dem Kunden entwickelt werden (*Riebel* 1965, S. 666 ff.).

Eine zweite angebotsorientierte Typologie wurde vom Arbeitskreis „Marketing in der Investitionsgüter-Industrie" der Schmalenbach-Gesellschaft entworfen. In diesem Ansatz werden in Abhängigkeit von der **Gutskomplexität** drei Typen von Transaktionen unterschieden (*Arbeitskreis* 1975, S. 758):

- **Produktgeschäft** (Komponenten): Charakterisiert durch das Zusammenwirken von Know-how der Entwicklung, der Konstruktion und der Produktionstechnik.
- Klassisches **Anlagengeschäft** (Einzelanlagen): Umfasst die Vermarktung von Funktionseinheiten aus Komponenten und dem Engineering für Kombinationstechnik.

- **Systemgeschäft:** Besteht in der Zusammenfassung von Funktionseinheiten zu komplexen Systemen mit Hilfe des Engineering für Kombinationstechnik sowie des Projektmanagements.

Hervorzuheben ist, dass die Arbeitskreis-Typologie explizit auf Dienstleistungen Bezug nimmt, die mit der Vermarktung der betreffenden Sachleistungen verbunden sind (*Arbeitskreis* 1975, S. 758 f.). Allerdings ist die Beschränkung auf vermarktungsrelevante Potenzialfaktoren im Produktionsprozess als Nachteil des Ansatzes zu sehen.

Die steigende Bedeutung, die Dienstleistungen im Business-to-Business-Marketing zukommt, führte dazu, dass *Engelhardt et al.* (1993) eine Leistungstypologie entwickelten, die als Fortführung des Arbeitskreis-Ansatzes verstanden werden kann. Es handelt sich um einen umfassenden Zugang, der keine strikte Trennung von Sach- und Dienstleistungen vornimmt. Die Gliederung in **Leistungstypen** erfolgt auf Grundlage von **Leistungsergebnissen**, die in unterschiedlichem Umfang **materielle und immaterielle** Komponenten enthalten, und **Leistungserstellungsprozessen**, die in variierender Intensität sowohl **autonom** als auch unter **Integration eines externen Faktors** durchgeführt werden (*Engelhardt et al.* 1993, S. 416 f.). Abbildung 1-6 illustriert exemplarisch einige konkrete Leistungstypen.

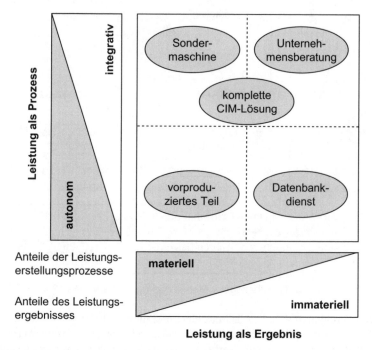

**Abb. 1-6:** Leistungstypologie (*Engelhardt et al.* 1993, S. 417)

*Plinke* (1991, S. 175) entwickelt eine Typologie für Business-to-Business-Transaktionen, die sich mit der Transaktionssituation aus Anbietersicht befasst und Managementaspekte mit einbezieht. Konkret unterscheidet er die folgenden drei Wettbewerbsschauplätze bzw. „**Arenen**", zwischen denen ein Anbieter zur Abwicklung einer Transaktion wählen kann und die gleichzeitig seine Marketingstrategie determinieren:

- Marketing in **anonymen Märkten** bzw. **Marktsegmenten**,
- Marketing in längerfristigen **Geschäftsbeziehungen** und
- Marketing beim **einzelnen Auftrag**.

An diesen Überlegungen knüpft *Plinke* (1992, S. 841 ff.) an, indem er den mit dem Begriff der Geschäftsbeziehung verbundenen Zeitaspekt differenzierter betrachtet und in der Folge das Typologisierungskriterium der **Transaktionshäufigkeit** neben das des **Individualisierungsgrads des Leistungsangebots** stellt. Auf Basis der Extremausprägungen von Transaktionshäufigkeit (Einzeltransaktion vs. Wiederkauf) und Individualisierungsgrad (Einzelkunden-Angebot vs. anonymer Markt bzw. Marktsegment, vergleichbar dem Ansatz von *Riebel* (1965)) kommt *Plinke* zu den vier in Abbildung 1-7 dargestellten transaktionstypenbezogenen Marketingprogrammen.

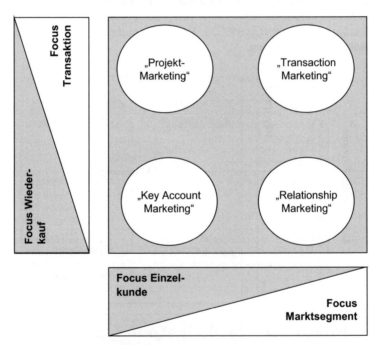

**Abb. 1-7:** Transaktionstypenbezogene Marketingprogramme (*Plinke* 1992, S. 841)

Jedes Marketingprogramm ist Ausdruck einer bestimmten Definition der Wettbewerbsarena, die sich aus der Struktur, dem Prozess und dem Ergebnis des Wettbewerbs ergibt. Je nach Wahrnehmung der Wettbewerbssituation und seinen Wettbewerbszielen definiert der Anbieter seine Wettbewerbsarena und damit eines der folgenden Marketingprogramme (*Plinke* 1992, S. 842):

- „**Transaction Marketing**": Wird für mehrere Kunden gemeinsam entwickelt und ist strikt auf eine Einzeltransaktion bezogen.

- „**Relationship Marketing**": Wird für mehrere Kunden gemeinsam entwickelt und bezieht das Wiederkaufverhalten der Kunden in die Programmplanung mit ein.
- „**Key Account Marketing**": Wird spezifisch für Einzelkunden entwickelt und stellt eine längerfristige Geschäftsbeziehung in den Mittelpunkt der Marketingbemühungen.
- „**Projekt-Marketing**": Wird spezifisch für Einzelkunden entwickelt und ist auf einen singulären Bedarfsfall fokussiert.

*Plinke* (1992, S. 842) verweist darauf, dass es sich bei den genannten Programmen um Extremfälle theoretischer Natur handelt und somit in der Marketingpraxis ein Mix der verschiedenen Programme auftreten kann und wird.

Tabelle 1-2 fasst die dargestellten primär angebotsorientierten Typologien von Business-to-Business-Transaktionen zusammen.

**Tab. 1-2:** Primär angebotsorientierte Typologien von Business-to-Business-Transaktionen

| Autoren | Typologisierungskriterien | Transaktionstypen |
|---|---|---|
| *Riebel* (1965) | Produktionstyp | • Marktproduktion<br>• Kundenproduktion |
| *Arbeitskreis* (1975) | Gutskomplexität | • Produktgeschäft<br>• Anlagengeschäft<br>• Systemgeschäft |
| *Engelhardt et al.* (1993) | • Materialitätsgrad des Leistungs-ergebnisses<br>• Integrativitätsgrad des Leistungser-stellungsprozesses | Exemplarische Leistungstypen |
| *Plinke* (1991) | Wettbewerbsarena | • Anonyme Märkte bzw. Marktsegmente<br>• Geschäftsbeziehung<br>• Einzelauftrag |
| *Plinke* (1992) | • Transaktionshäufigkeit<br>• Individualisierungsgrad des Leistungsangebots | • Transaction Marketing<br>• Relationship Marketing<br>• Key Account Marketing<br>• Projekt-Marketing |

## 1.3.2 Primär nachfrageorientierte Typologien

Den im vorangegangenen Kapitel beschriebenen angebotsorientierten Typologien von Business-to-Business-Transaktionen können nachfrageorientierte Typologien gegenübergestellt werden, die sich mit den Besonderheiten der Transaktionssituation aus der Nachfragersicht beschäftigen.

Ein früher Ansatz stammt von *Kutschker* (1972) und fasst den Beschaffungsvorgang als Problemlösungsprozess auf, der sich je nach Wert des Investitionsguts, der Neuartigkeit des Problems und dem Grad des organisationalen Wandels in unterschiedlicher Intensität und Komplexität darstellt. Während die aus der Nachfragerperspektive betrachtete **Neuartigkeit der Problemdefinition** festlegt, ob es sich um einen Erst- oder Wiederholungskauf handelt, geben die Dimensionen des **organisationalen Wandels** und des **Werts des Investitionsguts** darüber Aufschluss, mit welchen Risiken der Beschaffungsprozess für den Nachfrager verbunden ist (*Kleinaltenkamp* 1994, S. 80 f.). Das eine Extrem einer Transaktion markiert der durch IT-gestützte Vernetzung von Lieferant und Abnehmer vollständig routinisierte Kauf geringwertiger Investitionsgüter, das andere Extrem stellt ein einmaliger, hochkomplexer und gegebenenfalls mehrere Jahre dauernder Beschaffungsprozess einer industriellen Anlage dar (*Plinke* 1991, S. 173). Insgesamt ergeben sich die in Abbildung 1-8 dargestellten **Transaktionstypen A, B und C**, wobei Typ B zwischen A und C liegende Mischformen umfasst.

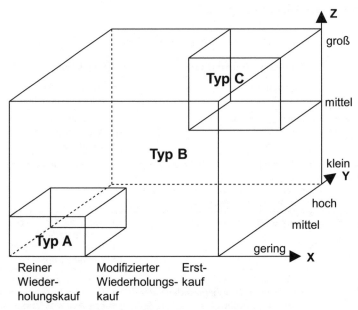

X = Neuartigkeit der Problemdefinition für den Verwender
Y = Organisationaler Wandel beim Verwender
Z = Wert des Investitionsguts für dessen Verwender

**Abb. 1-8:** Beschaffungskomplexitätsbezogene Transaktions-Typologie (*Kutschker* 1972, S. 47)

Einer der ersten Versuche, eine nachfrageorientierte Typologie von Business-to-Business-Transaktionen auch in Marketingprogramme umzusetzen, findet sich bei *Backhaus* (1982), der zwischen Individual- und Routinetransaktionen differenziert. Erstere sind durch Einzelkundenorientierung, geringe Wiederholungshäufigkeiten und individuell kontrahierte Leistungen charakterisiert, während sich Letztere durch eine hohe Wiederholungshäufigkeit von Leistungs- und Transaktionsprozessen auszeichnen. Prototypisch für eine Individualtransaktion ist das industrielle Anlagengeschäft und eine typische Routinetransaktion liegt beim Kauf von Produkten vor, die in Serien- und

Massenfertigung erzeugt werden (*Backhaus* 1982, S. 93). Die Individualtransaktion weist dabei deutliche Parallelen zum Transaktionstyp C von *Kutschker* auf, wohingegen dessen Transaktionstyp A im Wesentlichen mit der *Backhaus*schen Routinetransaktion identisch ist.

Die zunehmende Verbreitung von Systemtechnologien führte allerdings dazu, dass *Backhaus* (1990) die Dichotomie von Individual- und Routinetransaktionen – in der Folge bei weitgehender inhaltlicher Deckungsgleichheit als **Anlagen-** und **Produktgeschäft** bezeichnet – aufbrach und mit dem **Systemgeschäft** zu einem **Geschäftstypenansatz** ausbaute (*Kleinaltenkamp* 1994, S. 81; *Backhaus/Voeth* 2010, S. 192). Das Systemgeschäft ist hierbei dadurch charakterisiert, dass sukzessive Leistungen gekauft werden, die auf Basis einer Systemarchitektur miteinander verknüpft sind. Somit besteht ein Verbund zwischen einer langfristig wirkenden Systementscheidung und einer durch kurzfristige Lebenszyklen gekennzeichneten Komponentenbeschaffung. Letztlich manifestiert sich im Systemgeschäft der einzeltransaktionsübergreifende Aspekt einer technologisch bedingten Geschäftsbeziehung (*Backhaus* 1990, S. 205 f.). Als Resultat ist festzuhalten, dass durch die Hinzunahme des Systemgeschäfts als dritter Transaktionstyp nun auch Beschaffungsentscheidungen mit „innerem Kaufverbund" berücksichtigt werden, wie sie für das Anlagen- und Produktgeschäft untypisch sind.

Eine weitere nachfrageorientierte Transaktions-Typologie, die jedoch nicht vor einem expliziten Business-to-Business-Hintergrund entwickelt wurde, stammt von *Weiber* und *Adler* (1995) und ist informationsökonomisch fundiert. In dieser Typologie wird davon ausgegangen, dass sich jede Beschaffungsentscheidung über das Ausmaß von Such-, Erfahrungs- und Vertrauenseigenschaften des involvierten Transaktionsobjekts charakterisieren lässt.

Als **Sucheigenschaften** werden solche Eigenschaften eines Leistungsangebots bezeichnet, die aus der subjektiven Sicht des Nachfragers durch Inspektion oder entsprechende Informationssuche bereits vor einer Transaktion vollständig beurteilt werden können bzw. deren Beurteilbarkeit als hoch eingestuft wird. **Erfahrungseigenschaften** hingegen sind dadurch charakterisiert, dass aus dem Blickwinkel des Nachfragers die Fähigkeit zu ihrer Beurteilung erst nach der Beschaffungsentscheidung vorliegt bzw. als hoch eingeschätzt wird. **Vertrauenseigenschaften** wiederum zeichnen sich dadurch aus, dass sie in der subjektiven Wahrnehmung des Nachfragers weder vor noch nach einer Transaktion vollständig beurteilt werden können bzw. in keiner dieser Phasen die Beurteilbarkeit als hoch eingestuft wird (*Weiber/Adler* 1995, S. 54; *Weiber* 2004, S. 94 f.).

Auf Basis der Logik, dass sich bei jeder Beschaffungsentscheidung die Anteile der drei Eigenschaftskategorien auf 100 Prozent ergänzen müssen, ist es möglich, den in Abbildung 1-9 dargestellten dreidimensionalen Raum von Transaktionstypen aufzuspannen, der durch die drei **Extremtypen reiner Such-, Erfahrungs- und Vertrauenskäufe** begrenzt wird (*Weiber* 2004, S. 95 f.).

Anzumerken ist, dass sich der weiter oben erläuterte Geschäftstypenansatz von *Backhaus* auch informationsökonomisch argumentieren lässt (*Backhaus* 1992, S. 782 ff.), wodurch die Parallelitäten zwischen Suchkäufen und Produktgeschäft, Erfahrungskäufen und Anlagengeschäft sowie Vertrauenskäufen und Systemgeschäft deutlich werden.

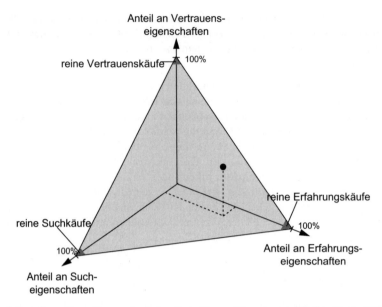

**Abb. 1-9:** Informationsökonomisch fundierte Transaktionstypen (*Weiber/Adler* 1995, S. 61)

Tabelle 1-3 stellt die skizzierten primär nachfrageorientierten Typologien von Business-to-Business-Transaktionen zusammenfassend dar.

**Tab. 1-3:** Primär nachfrageorientierte Typologien von Business-to-Business-Transaktionen

| Autoren | Typologisierungskriterien | Transaktionstypen |
|---|---|---|
| *Kutschker* (1972) | • Neuartigkeit der Problemdefinition<br>• Organisationaler Wandel<br>• Wert des Investitionsguts | • Typ A<br>• Typ B<br>• Typ C |
| *Backhaus* (1982; 1990) | Geschäftstyp | • Anlagengeschäft<br>• Produktgeschäft<br>• Systemgeschäft |
| *Weiber/Adler* (1995) | • Sucheigenschaften<br>• Erfahrungseigenschaften<br>• Vertrauenseigenschaften | • Suchkauf<br>• Erfahrungskauf<br>• Vertrauenskauf |

## 1.3.3 Marktseiten-integrierende Typologien

Die Tatsache, dass Business-to-Business-Transaktionen in der Regel durch Interaktionsprozesse zwischen Anbieter und Nachfrager zustande kommen (*Backhaus/Büschken* 1996), legt nahe, für eine möglichst realitätsnahe Transaktions-Typologie Anbieter- und Nachfragerperspektive zu integrieren.

Ein erster diesbezüglicher Ansatz stammt von *Kleinaltenkamp* (1994, S. 83 ff.), der ausgehend von einer Analyse verschiedener Typologien zum Schluss kommt, dass diesen im Kern die folgenden drei sowohl anbieter- als auch nachfragerseitig relevanten und informationsökonomisch begründbaren Dimensionen zugrunde liegen:

* Individualisierungsgrad der Leistungen,
* Intensität der Anbieter-Nachfrager-Beziehung und
* Materialitätsgrad der Leistungsergebnisse.

In einer späteren Veröffentlichung gibt *Kleinaltenkamp* (1997, S. 755 ff.) die dritte Dimension auf und klassifiziert Business-to-Business-Transaktionen anhand der zwei Dimensionen **Integrativität** und **Intensität der Geschäftsbeziehungen**. Die erstgenannte Dimension bezieht sich darauf, dass Anbieter und Nachfrager in Business-to-Business-Märkten in unterschiedlichem Ausmaß zusammenarbeiten. Die Tatsache, dass eine solche Zusammenarbeit die Voraussetzung einer Leistungsindividualisierung bildet, verdeutlicht dabei den inhaltlichen Konnex zur (ursprünglichen) Dimension des Individualisierungsgrads der Leistungen. In Kombination mit der Dimension der Intensität der Geschäftsbeziehungen, welche das Ausmaß aufeinander folgender Transaktionen zwischen Anbieter und Nachfrager beschreibt, ergibt sich die in Abbildung 1-10 dargestellte Typologie.

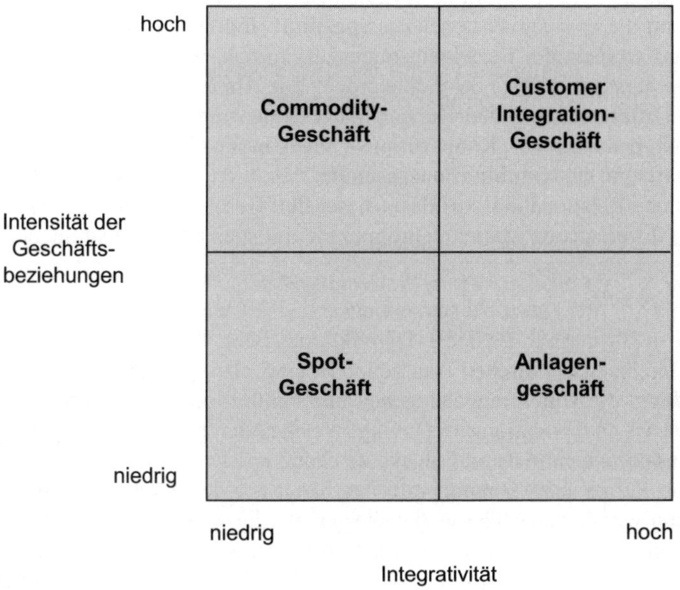

**Abb. 1-10:** Typologie von Business-to-Business-Transaktionen (*Kleinaltenkamp* 1997, S. 757)

**Spot-Geschäfte** liegen immer dann vor, wenn die entsprechenden Produkte äußerst homogen und somit austauschbar sind. Dies führt einerseits dazu, dass Lieferanten beliebig gewechselt werden können, weshalb sich nur Geschäftsbeziehungen mit geringer Intensität ergeben. Andererseits besteht aber jedoch auch kein Anreiz, dass Anbieter und Nachfrager eng kooperieren. Das **Anlagengeschäft** unterscheidet sich vom Spot-Geschäft dadurch, dass es durch ein hohes Maß an Integrativität gekennzeichnet ist, ohne dass es im Zeitablauf zu wiederholten Transaktionen zwischen Anbieter und Nachfrager kommt – die Zusammenarbeit bleibt auf ein einzelnes Projekt beschränkt. Anlagen- und Spot-Geschäft ist daher der Fokus auf Einzeltransaktionen gemeinsam (*Backhaus/Voeth* 2010, S. 194).

Im **Commodity-Geschäft** werden zwar wie im Spot-Geschäft homogene und damit austauschbare Produkte vermarktet, die keine engere Zusammenarbeit zwischen Anbieter und Nachfrager bedingen. Allerdings ergibt sich insofern eine hohe Intensität der Geschäftsbeziehung, als mit Blick auf die Verwendung bzw. Weiterverarbeitung dieser Produkte Zusatzleistungen wie z. B. anwendungstechnische Beratung oder Kundendienst erbracht werden (müssen), welche ein entsprechendes Kundenbindungspotenzial aufweisen. Das **Customer Integration-Geschäft** schließlich ist dadurch gekennzeichnet, dass die angebotenen Leistungen auf individuelle Kundenbedürfnisse zugeschnitten sind (Aspekt hoher Integrativität), wobei die Individualisierung gleichzeitig auch Folgetransaktionen auslöst (*Kleinaltenkamp* 1997, S. 758 f.). Den gemeinsamen Nenner von Customer Integration- und Commodity-Geschäft bildet somit die Verknüpfung von Einzeltransaktionen zu einer längerfristigen Geschäftsbeziehung.

*Richter* (2001, S. 153 ff.) greift zur Typologisierung von Business-to-Businesss-Transaktionen auf die zwei Dimensionen der **Spezifität** (Individualisierungsaspekt) und **Relationalität** (Aspekt der Beziehungsintensität) zurück, womit Parallelen zum Ansatz von *Kleinaltenkamp* (1997) deutlich werden. Wie Abbildung 1-11 zeigt, ergeben sich durch die Differenzierung niedriger und hoher Dimensions-Ausprägungen zunächst die vier Grundtypen **Kunden-**, **Kooperations-**, **Mengen-** und **Komplexgeschäfte**; ein fünfter Geschäftstyp, die **Kombinationsgeschäfte**, resultiert aus der Kombination mittlerer Spezifität und Relationalität. Auf Basis dieser fünf Geschäftstypen leitet *Richter* (2001, S. 157 ff.) differenzierte Marketingprogramme mit spezifischen Instrumentalkombinationen ab.

*Plinke* (1997, S. 9 ff.) setzt bei seinen transaktionskostenökonomisch fundierten Überlegungen zu Business-to-Business-Transaktionen beim Kaufverhalten der Kunden an. Dabei differenziert er zwischen Transaction Buying, also dem Fall einer isolierten Kaufentscheidung, die von vorangegangenen und zukünftigen Transaktionen vollständig entkoppelt ist, und Relationship Buying, welches durch einen inneren Verbund von Einzeltransaktionen und damit Folgekäufe charakterisiert ist. Ob ein Kunde ein Transaction oder Relationship Buying präferiert, hängt von der Höhe der mit der jeweiligen Transaktion verbundenen Transaktionskosten ab, die wiederum durch die Häufigkeit, Unsicherheit und Spezifität der Transaktion (*Williamson* 1985, S. 60 f.) determiniert werden. Hierbei gilt, dass mit steigender Häufigkeit, Unsicherheit und Spezifität für den Kunden ein Relationship Buying immer vorteilhafter wird, während ein Transaction Buying mit abnehmender Transaktionshäufigkeit, -unsicherheit und -spezifität an Bedeutung gewinnt.

Entscheidend für einen Anbieter ist nun, dass dieser sein **Verhaltensprogramm** an den Erwartungen des Kunden ausrichtet und daher einem Transaction Buying ein Transaction Selling und einem Relationship Buying ein Relationship Selling gegenüberstellt. Ersteren Fall bezeichnet *Plinke* als Transaction Marketing, während in zweiterem Fall ein Relationship Marketing vorliegt.

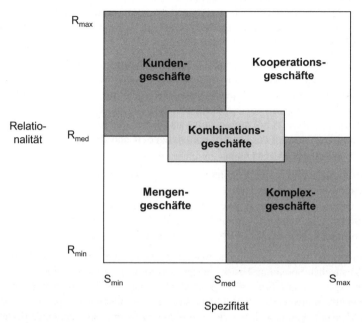

**Abb. 1-11:** Geschäftstypen des Investitionsgütermarketing (*Richter* 2001, S. 155)

Sowohl Transaction als auch Relationship Marketing können entweder einen sehr engen (einzelner Kunde) oder sehr weiten (Gesamtmarkt bzw. Marktsegment) **Anbieterfokus** aufweisen. Somit ergeben sich, wie in Abbildung 1-12 dargestellt, mit dem **Markt(segment)- und Projekt-Management** zwei Unterfälle des Transaction Marketing, während das Relationship Marketing entweder als **Kundenbindungs-** oder **Key Account Management** auftreten kann (*Plinke* 1997, S. 19).

| | | Anbieterfokus | |
| | | Markt(segment) | Einzelkunde |
|---|---|---|---|
| Verhaltens- | Transaction Marketing | **Markt(segment)- Management** | **Projekt- Management** |
| programm des Anbieters | Relationship Marketing | **Kundenbindungs- Management** | **Key Account Management** |

**Abb. 1-12:** Praktische Erscheinungsformen von Business-to-Business-Transaktionen (*Plinke* 1997, S. 19)

Vergleicht man den Typologisierungsansatz von *Plinke* mit den bereits vorgestellten marktseiten-integrierenden Typologien von *Kleinaltenkamp* und *Richter*, welche ihrerseits Parallelitäten aufweisen, so zeigen sich trotz unterschiedlicher theoretischer Zugänge doch große Ähnlichkeiten. Denn Transaction und Relationship Marketing finden ihre Entsprechung in Geschäftsbeziehungen unterschiedlicher Intensität (*Kleinaltenkamp*) bzw. Relationalität (*Richter*), während die Fokussierung auf den einzelnen Kunden oder den Gesamtmarkt bzw. das Marktsegment Ausdruck unterschiedlicher Integrativität (*Kleinaltenkamp*) bzw. Spezifität (*Richter*) ist.

Auf Basis institutionenökonomischer Überlegungen differenziert *Kaas* (1995a, S. 23 f.) zwischen Austauschgütern, Kontraktgütern und Geschäftsbeziehungen. Die sich damit ergebenden drei Transaktionstypen erfordern jeweils unterschiedliche Marketingprogramme, erheben jedoch auch den Anspruch, über Business-to-Business-Märkte hinaus Gültigkeit zu besitzen. Als Typologisierungskriterien zieht *Kaas* (1995b, S. 7) im Kern die Art und das Ausmaß der **Qualitätsunsicherheit** und die möglichen Varianten **opportunistischen Verhaltens** heran.

**Austauschgüter** sind dadurch charakterisiert, dass sie aufgrund ihrer Standardisierung für den anonymen Markt und auf Vorrat hergestellt werden. Da alle mit der Transaktion solcher Güter verbundenen Aspekte bereits ex ante bekannt und vertraglich regelbar sind, spielen Qualitätsunsicherheiten keine Rolle und die opportunistisch nutzbaren Handlungsspielräume (*Kaas* 1995a, S. 26) sind gering.

Für **Kontraktgüter** gilt, dass zumindest einer der beiden Transaktionspartner erheblichen opportunistischen Spielraum besitzt, beispielsweise weil sein Gegenüber spezifische Investitionen getätigt hat (*Kaas* 1995a, S. 26 f.). Die entsprechenden Transaktionen beziehen sich nicht auf bereits realisierte Produkte, sondern auf Leistungsversprechen. Somit werden Verträge notwendig, welche sich auf unsichere Zukunftsentwicklungen beziehen und festlegen, unter welchen Bedingungen welcher Transaktionspartner welche Rechte hat.

In **Geschäftsbeziehungen** kommt es zu einer nicht zufälligen Folge von Transaktionen mit innerem Zusammenhang (*Plinke* 1989, S. 307 f.), wobei sowohl Austausch- als auch Kontraktgüter den Transaktionsgegenstand bilden können. Entscheidend ist, dass die Transaktionspartner im Verlauf der Beziehung Erfahrungen miteinander machen und zueinander Vertrauen fassen, was ihre Beziehung stabilisiert und opportunistisches Verhalten grundsätzlich eindämmt (*Kaas* 1995a, S. 27).

Wie *Kaas* (1995a, S. 24 f.) selbst anmerkt, ähnelt seine Typologie trotz unterschiedlicher theoretischer Begründung der (primär nachfrageorientierten) Typologie von *Backhaus* (1990), welche wiederum – wie bereits erläutert – deutliche Parallelen zur Typologie von *Weiber* und *Adler* (1995) aufweist.

Eine letzte marktseiten-integrierende Typologie, der auf Überlegungen von *Backhaus et al.* (1994) zurückgehende Geschäftstypenansatz, strukturiert Business-to-Business-Transaktionen auf Basis eines transaktionskostentheoretischen Zugangs. Von den drei die Wahl der transaktionskostenminimalen Koordinationsform ökonomischer Aktivitäten determinierenden Faktoren der Ressourcenspezifität, Transaktionshäufigkeit und Unsicherheit (*Williamson* 1985, S. 60 f.) rücken dabei Letztere und Erstere in den Mittelpunkt der Betrachtungen.

Hinsichtlich der Unsicherheit ist zwischen ex ante- und ex post-Unsicherheit zu differenzieren (*Backhaus et al.* 1994, S. 22 f.). Die **ex ante-Unsicherheit** stellt auf den Teil der Transaktionsunsicherheit ab, der durch gegebenenfalls kostenintensive Suchprozesse vor Vertragsabschluss beseitigt werden kann. Sie wird dann schlagend, wenn bei einer Transaktion keine spezifischen Investitionen involviert sind, die nach Vertragsabschluss zu abhängigkeitsinduzierter Unsicherheit führen können (*Backhaus et al.* 2008, S. 222). Kommt es ausschließlich auf die Reduktion von ex ante-Unsicherheit durch Bereitstellung von Informationen über die jeweilige Preis-Leistungs-Performance des Anbieters an, so liegt der Fall des **Produktgeschäfts** vor. Nach Vertragsabschluss existiert hier nur allgemeine Qualitätsunsicherheit (*Backhaus/Voeth* 2010, S. 200).

**Ex post-Unsicherheit** tritt dann auf, wenn ein Akteur spezifisch in einen Transaktionspartner investiert. Quelle der Unsicherheit ist in diesem Fall die Tatsache, dass die nach Vertragsabschluss bzw. getätigter Investition vorliegende ökonomische Abhängigkeit durch den jeweiligen Transaktionspartner opportunistisch ausgebeutet werden könnte. Konkret besteht die Gefahr, dass bei einem Abbruch der Geschäftsbeziehung ein nichttrivialer Teil der Rendite, die aus der an einen spezifischen Verwendungszweck gebundenen Investition erwartet wird – in Anlehnung an *Marshall* (1961) als **Quasirente** bezeichnet –, verloren geht (*Aufderheide/Backhaus* 1995, S. 51 ff.). Unter ex post-Unsicherheit werden somit solche Unwägbarkeiten subsumiert, die erst nach einem Kauf Relevanz erhalten, jedoch bereits vorher im Entscheidungskalkül berücksichtigt werden (*Backhaus et al.* 2008, S. 222). Tritt die durch die Quasirente operationalisierte ökonomische Abhängigkeit lediglich beim Nachfrager auf, so wird dieser Transaktionstyp als **Systemgeschäft** bezeichnet. Ein **Anlagengeschäft** dagegen liegt dann vor, wenn die Quasirente nur beim Anbieter anfällt. Entsteht die Quasirente in etwa gleichem Maß sowohl nachfrager- als auch anbieterseitig, dann liegt der Transaktionstyp des **Zuliefergeschäfts** vor (*Backhaus/Voeth* 2010, S. 204). Abbildung 1-13 stellt die transaktionskostentheoretisch begründete Abgrenzung von Business-to-Business-Transaktionen zusammenfassend dar.

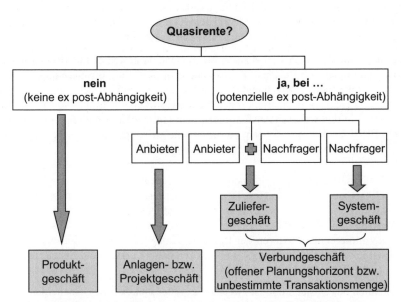

**Abb. 1-13:** Theoriebasierte Abgrenzung von Business-to-Business-Transaktionen (*Backhaus/Voeth* 2010, S. 205)

Über die aufgezeigte theoretisch fundierte Abgrenzung hinaus lassen sich die vier Typen von Business-to-Business-Transaktionen auch auf Basis **pragmatischer Kriterien** systematisieren. Gemeinsames Merkmal des Zuliefer- und des Systemgeschäfts aus praktischer Sicht ist das Vorhandensein eines zeitlichen Kaufverbunds. Dieser resultiert aus der beziehungsspezifischen Investition des Nachfragers und seiner somit abzusichernden Quasirente. Im Anlagen- und im Produktgeschäft hingegen tritt auf Seiten des Nachfragers keine Quasirente auf, wodurch aus dieser Perspektive kein Anreiz für Verbundkäufe existiert. Als ein erstes pragmatisches Systematisierungskriterium lässt sich daher die bereits aus der primär angebotsorientierten Typologie von *Plinke* (1992) bekannte **Transaktionshäufigkeit** (Fokus Einzeltransaktion vs. Fokus Kaufverbund) identifizieren.

Sowohl im Zuliefer- als auch im Anlagengeschäft erstellt der Anbieter seine Leistung speziell für einen Einzelkunden. Charakteristisch ist in beiden Fällen, dass der Vermarktungsprozess in zeitlichem Vorlauf zum Fertigungsprozess erfolgt und die damit einhergehende kundenspezifische Ausrichtung eine anbieterseitige Quasirente bewirkt. Im Gegensatz hierzu richten sich das System- und das Produktgeschäft auf einen mehr oder weniger anonymen Markt, sodass bedingt durch das Prinzip der Vor- und Mehrfachfertigung (mit erst anschließend erfolgender Vermarktung) anbieterseitig keine Quasirente auftritt. Damit kann als zweites pragmatisches Systematisierungskriterium der abermals bereits aus der Typologie von *Plinke* (1992) bekannte **Individualisierungsgrad des Leistungsangebots** (Fokus Einzelkunde vs. Fokus anonymer Markt bzw. Marktsegment) herangezogen werden.

Als Konsequenz der vorangegangenen Ausführungen werden in Abbildung 1-14 Business-to-Business-Transaktionen simultan anhand theoriebasierter und pragmatischer Kriterien systematisiert. Die Kriterienausprägungen weisen dabei keinen dichotomen Charakter auf, sondern sind als Extrempole des jeweiligen Kontinuums zu verstehen. Die Übergänge zwischen den vier identifizierten Geschäftstypen sind somit fließend und in der Realität können auch Mischformen dieser Typen auftreten.

Vergleicht man die in Tabelle 1-4 zusammenfassend dargestellten marktseiten-integrierenden Typologien von Business-to-Business-Transaktionen, so weisen diese teilweise erhebliche inhaltliche Überschneidungen auf und unterscheiden sich weniger in grundlegender, als vielmehr in theoriebezogener und begrifflicher Hinsicht. Von diesen Typologien wird in den weiteren Ausführungen dem Geschäftstypenansatz von *Backhaus/ Voeth* (2010) der Vorzug gegeben, da dieser eine stringente theoretische Begründung mit einem hohen Maß an Praxisrelevanz verknüpft.

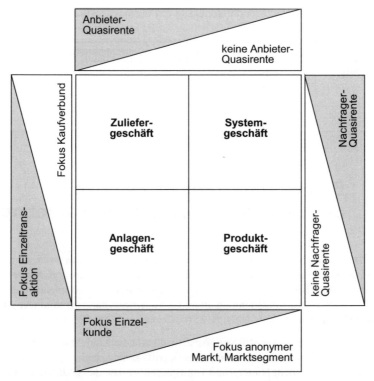

**Abb. 1-14:** Integrierte theoriebasierte und pragmatische Abgrenzung von Business-to-Business-Transaktionen (*Backhaus/Voeth* 2010, S. 206)

**Tab. 1-4:** Marktseiten-integrierende Typologien von Business-to-Business-Transaktionen

| Autoren | Typologisierungskriterien | Transaktionstypen |
|---|---|---|
| *Kleinaltenkamp* (1997) | • Integrativität<br>• Intensität der Geschäftsbeziehungen | • Commodity-Geschäft<br>• Spot-Geschäft<br>• Customer Integration-Geschäft<br>• Anlagengeschäft |
| *Richter* (2001) | • Spezifität<br>• Relationalität | • Kundengeschäft<br>• Mengengeschäft<br>• Kooperationsgeschäft<br>• Komplexgeschäft<br>• Kombinationsgeschäft |
| *Plinke* (1997) | • Anbieterfokus<br>• Verhaltensprogramm des Anbieters | • Markt(segment)-Management<br>• Kundenbindungs-Management<br>• Projekt-Management<br>• Key Account Management |
| *Kaas* (1995a, b) | • Qualitätsunsicherheit<br>• Opportunistisches Verhalten | • Austauschgüter<br>• Kontraktgüter<br>• Geschäftsbeziehungen |

**Tab. 1-4:** Marktseiten-integrierende Typologien von Business-to-Business-Transaktionen (Fortsetzung)

| Autoren | Typologisierungskriterien | Transaktionstypen |
|---|---|---|
| *Backhaus/Voeth* (2010) | • Anbieter-Quasirente<br>• Nachfrager-Quasirente<br>• Transaktionshäufigkeit<br>• Individualisierungsgrad des Leistungsangebots | • Zuliefergeschäft<br>• Anlagengeschäft<br>• Systemgeschäft<br>• Produktgeschäft |

# 1.4 Das Wertkonzept als Leitidee des Business-to-Business-Marketing

Ob ein Unternehmen langfristig erfolgreich ist, hängt ursächlich davon ab, ob es in der Lage ist, Kunden vom eigenen Leistungsangebot zu überzeugen und entsprechende Käufe auszulösen (*Belz/Bieger* 2004, S. 38). Als das in diesem Zusammenhang entscheidende Kriterium wird der Ausrichtung dieses Buchs entsprechend der durch ein Angebot **gestiftete Kundenwert** (*Gale* 1994, S. 25 ff.; *Cornelsen* 2000, S. 33 ff.) gesehen.

Während die Relevanz des gestifteten Kundenwerts für die Kaufentscheidung unstrittig ist, herrscht hinsichtlich der Definition dieses Begriffs keine Einigkeit (*Belz/Bieger* 2004, S. 95). Geht man vor dem Hintergrund von Business-to-Business-Märkten vom unternehmensbezogenen Wertbegriff in der Betriebswirtschaftslehre aus, so kann zunächst festgehalten werden, dass Wert großteils als Beziehung zwischen Subjekt und Objekt angesehen wird (*Kuhn* 1968, S. 2). *Engels* (1962) präzisiert diese Subjekt-Objekt-Relation vor einem entscheidungstheoretischen Hintergrund und entwickelt so das **Konzept des gerundiven Werts**. Dessen Ausgangspunkt ist die Feststellung, dass der Wert eines Wirtschaftsguts nie eine diesem immanente Qualität darstellt, die – wie beispielsweise eine physikalische Eigenschaft – objektiv existiert und von der bewertenden Person unabhängig ist. Andererseits aber ist dieser Wert auch nie das Resultat einer rein subjektiven Bewertung im Sinne einer isolierten Relation zwischen Wertendem und zu bewertendem Gut. Der Wert eines Wirtschaftsguts ist vielmehr stets das Ergebnis eines **rationalen Kalküls** des Bewertenden vor dem Hintergrund gegebener **Ziele, Alternativen und Umweltvariablen** und ist damit ein **Maß der Vorziehenswürdigkeit** (*Engels* 1962, S. 12; *Stützel* 1976, Sp. 4410; *Wöhe* 1986, S. 945 f.; *Roeb* 1994, S. 35). Da Alternativen und Umweltvariablen als Datum anzusehen sind, verbleiben als variable Determinanten des Werts die Ziele, welche mit Hilfe des jeweiligen Wirtschaftsguts erreicht werden sollen. Diese Ziele sind subjektiv bestimmt und Axiome in dem Sinne, dass sie nicht weiter hinterfragt werden (*Engels* 1962, S. 12; *Roeb* 1994, S. 35). Während der gerundive Wert somit in dieser Hinsicht subjektiven Charakter aufweist, ist er dem rein subjektiven Wert andererseits diametral entgegengesetzt. Denn er stellt insofern einen objektiven Wert dar, als er bei Kenntnis der entsprechenden Zielfunktion, Alternativen und Umweltvariablen intersubjektiv überprüfbar, d. h. von jedem kalkulierbar, ist (*Engels* 1962, S. 12).

Wird zusammenfassend unter gerundivem Wert ein **aus einer spezifischen Entscheidungssituation resultierendes Maß für die Vorziehenswürdigkeit einer bestimmten Alternative** verstanden, so stellt sich unmittelbar die Frage nach der adäquaten Operationalisierung dieses Maßes. Da aus Sicht eines auf Basis des ökonomischen Prinzips handelnden Unternehmens jede in einer bestimmten Entscheidungssituation in Frage kommende Alternative hinsichtlich **der eingesetzten Mittel und des resultierenden Nutzens** zu beurteilen ist (*Löffelholz* 1967, S. 54), ergibt sich für den gerundiven Wert in Anlehnung an *Mühleder* (1996, S. 26 f.) folgende Definition:

$$\text{Wert = Nutzen – Kosten} \qquad (1.1).$$

Unter Nutzen soll dabei die Fähigkeit der betrachteten Alternativen verstanden werden, die jeweils vorliegenden **Bedürfnisse und Wünsche** zu befriedigen. Aus einem gegebenen Set an Alternativen wird grundsätzlich diejenige vorzuziehen sein, für die sich bei relativer Betrachtung die **größte Differenz zwischen Nutzen und Kosten** ergibt. Geht man davon aus, dass sich auch der Nutzen in Geldeinheiten erfassen lässt, so ist evident, dass absolut gesehen nur Alternativen ökonomisch vorteilhaft sind, deren **Nutzen die Kosten übersteigt**. Wird nun der gestiftete Kundenwert über Gleichung (1.1) operationalisiert, so gilt zudem, dass **unter einem bestimmten Nutzenniveau** (Basisfunktionalität nicht erfüllt) eine Alternative **trotz niedrigster Kosten nicht präferiert** wird. Umgekehrt kann über einem bestimmten Nutzenniveau (Überfunktionalität gegeben) vom Kunden **keine Bereitschaft** mehr erwartet werden, **zusätzliche Kosten** in Kauf zu nehmen (*Belz/Bieger* 2004, S. 97). Somit ergibt sich für den gestifteten Kundenwert der in Abbildung 1-15 dargestellte grau schraffierte Geltungsbereich.

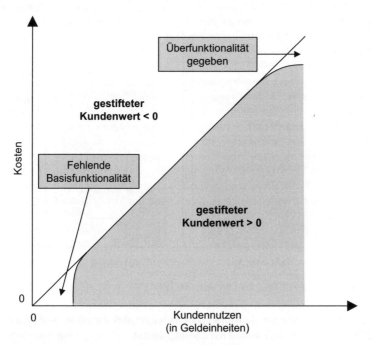

**Abb. 1-15:** Geltungsbereich des gestifteten Kundenwerts

Das Konzept des gerundiven Werts lässt sich auch zur Operationalisierung des Werts eines Leistungsangebots **aus Anbietersicht** heranziehen. Was sich gegenüber dem Wert eines Angebots aus Nachfragersicht (gestifteter Kundenwert) ändert, ist die **Rolle des Preises**. Denn während dieser beim gestifteten Kundenwert die Kostenkomponente widerspiegelt, stellt er aus Anbietersicht die Nutzenkomponente dar (vgl. auch *Plinke/ Söllner* 1995, S. 835 f.). Die Tatsache, dass der Preis somit die Schnittstelle zwischen kunden- und anbieterseitigem Wert bildet, macht deutlich, dass diese beiden Wertpers-pektiven **untrennbar miteinander verbunden** sind: Wert für einen Anbieter lässt sich erst dann generieren, wenn der Kunde den durch ein Leistungsangebot gestifteten Wert akzeptiert, was sich in der Zahlung des entsprechenden Kaufpreises niederschlägt. Folg-lich ist der gestiftete Kundenwert – wie schon eingangs dieses Kapitels angemerkt – Basis für den Unternehmenserfolg und somit auch den Shareholder Value (*Wayland/ Cole* 1997, S. 5 ff.; *Doyle* 2008, S. 74 ff.).

Wie bereits erwähnt liegt der Wertgleichung (1.1) das Verständnis zugrunde, dass sich auch der Nutzen in **Geldeinheiten** messen lässt. Dies ist einerseits machbar, was in Kap. 3.2.2.3 anhand der Methodik der Limit Conjoint-Analyse zu zeigen sein wird, andererseits aber auch notwendig: „Economists may care about „utils", but we have never met a manager who did" (*Anderson et al.* 2009, S. 6).

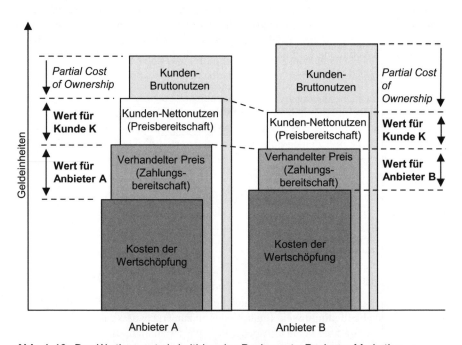

**Abb. 1-16:** Das Wertkonzept als Leitidee des Business-to-Business-Marketing

Zieht man das skizzierte Wertkonzept als **Leitidee für das Business-to-Business-Mar-keting** heran, so ergibt sich unter Zugrundelegung einer Verhandlungssituation, wie sie in allen Geschäftstypen angetroffen werden kann (*Voeth/Rabe* 2004a, S. 1017), das in

Abbildung 1-16 dargestellte Bild. Anbieter *A* bietet Kunde *K* eine bestimmte Leistung an, die ein spezifisches Kundenbedürfnis erfüllt und dadurch einen Kundennutzen stiftet. Dieser Nutzen stellt insofern einen **Bruttonutzen** dar, als *K* sich darüber bewusst sein muss, dass im Hinblick auf die Anschaffung und Implementierung, Nutzung und am Ende des Lebenszyklus notwendige Entsorgung der Leistung entsprechende Kosten anfallen, die als Total Cost of Ownership (TCO) bezeichnet werden (*Anderson et al.* 2009, S. 103) und diesen Bruttonutzen reduzieren. Da es sinnvoll erscheint, den eigentlichen Kaufpreis als unmittelbaren Verhandlungsgegenstand zwischen Anbieter und Nachfrager analytisch separat zu behandeln, sollen die um den verhandelten Preis reduzierten TCO als **Partial Cost of Ownership** (**PCO**) bezeichnet werden. Nach Abzug dieser PCO (vgl. dazu Kap. 3.2.1.2.1 bzw. Tabelle 3-6) verbleibt *K* ein **Nettonutzen**, der gleichzeitig seine **Preisbereitschaft** – und somit seine absolute Preisobergrenze – reflektiert. Da *K* in einer Verhandlungssituation jedoch immer bestrebt sein wird, den durch das Leistungsangebot gestifteten **Kundenwert zu maximieren**, wird seine im **verhandelten Preis** zum Ausdruck kommende tatsächliche **Zahlungsbereitschaft** möglichst weit unter seiner Preisbereitschaft liegen. Der verhandelte Preis wiederum stellt aus Sicht von Anbieter *A* den realisierten **Nutzen** dar, welchen er seinen **Kosten der Wertschöpfung** gegenüberstellen muss. Da *A* ein Interesse besitzt, diese Nutzen-Kosten-Differenz und damit den aus der Leistungstransaktion erzielbaren **Wert zu maximieren**, wird er an einem verhandelten Preis interessiert sein, der die Preisbereitschaft von *K* möglichst ausreizt, jedenfalls aber seine Kosten übersteigt. Insgesamt betrachtet wird es somit, wie schon im Kontext der Wertgleichung (1.1) konstatiert, bei Vorliegen ökonomischer Rationalität nur dann zu einer Transaktion zwischen Anbieter und Nachfrager kommen, wenn sich durch diese für jeden der beiden ein positiver Wert ergibt.

Entsprechend den Überlegungen zur Wertgleichung (1.1) wird diese Bedingung in einer Wettbewerbssituation allerdings nicht ausreichend sein. Denn in diesem Fall wird Anbieter *A* einen Nachfrager nur dann für sich gewinnen können, wenn er diesem im Vergleich zur Konkurrenz einen **höheren Kundenwert** stiftet. In Abbildung 1-16 trifft dies für *A* trotz gegenüber Konkurrenzanbieter *B* höheren Preises und geringeren Kunden-Bruttonutzens aufgrund der niedrigeren PCO zu.

Unter der Annahme ökonomischer Rationalität manifestiert sich das Wertkonzept somit in folgenden drei für das Zustandekommen einer Transaktion grundlegenden **Wertprinzipien** als Leitidee des Business-to-Business-Marketing:

(1) Wert der Transaktion für Anbieter *A* > 0.
(2) Durch Anbieter *A* gestifteter Kundenwert > 0.
(3) Durch Anbieter *A* gestifteter Kundenwert > durch Anbieter *B* gestifteter Kundenwert.

Darüber hinaus gelten hinsichtlich des gestifteten Kundenwerts die in Abbildung 1-15 dargestellten **Nebenbedingungen**. Ergänzend ist anzumerken, dass das **erste Wertprinzip** eine **notwendige**, aber **keine hinreichende** Voraussetzung für das Zustandekommen einer Transaktion bildet. Denn ein Anbieter könnte auch Konstellationen vorfinden, die es ihm ermöglichen (Situation eines Verkäufermarkts) oder ihn zwingen (Situation der Ressourcenknappheit), nur die **vorteilhaftesten Transaktionen** durchzuführen.

Das hier vertretene Wertverständnis weist Parallelen zum Ansatz von *Anderson et al.* (2009) auf. Allerdings setzen diese Wert einerseits mit Nutzen und andererseits mit gestiftetem Kundenwert gleich: „More formally, **value in business markets** is the worth in monetary terms of the [...] benefits a customer firm receives in exchange for the price it pays for a market offering" (*Anderson et al.* 2009, S. 6). Nachteilig an der Gleichsetzung von Wert und Nutzen ist, dass damit gegenüber der Wertgleichung (1.1) die Funktion des Werts als **das** zentrale Prinzip der Steuerung von Business-to-Business-Transaktionen (Wert als Resultante von Nutzen und Kosten) verloren geht. Darüber hinaus leistet die Reduzierung von Wert auf den Aspekt des für den Kunden gestifteten Werts in analoger Argumentation zu *Backhaus/Voeth* (2010, S. 12 ff.) einer **einseitigen Fokussierung** des Marketing auf den **Effektivitätsaspekt** Vorschub. Denn die Tatsache, dass ein Anbieter **effektiv** ist, da er im Vergleich zur Konkurrenz einen **höheren** und gleichzeitig **positiven Kundenwert** stiftet, lässt die Frage offen, ob diese Effektivität insofern **effizient** gestaltet wird, dass auch für den **Anbieter selbst entsprechender Wert** geschaffen wird. Insofern bedarf es einer **simultanen Betrachtung** von anbieter- und kundenseitigem Wert, wie sie in den oben genannten Wertprinzipien zum Ausdruck kommt.

Wichtig ist nun, dass anbieter- und kundenseitiger Wert sich ceteris paribus **gegenläufig** verhalten, wenn der Preis als Werttreiber eingesetzt wird. Eine Preissenkung führt dazu, dass zum einen der gestiftete Kundenwert gesteigert, zum anderen aber der Wert für den Anbieter reduziert wird (Abbildung 1-17). Wird andererseits der Preis erhöht, dann kommt es zu einer Wertsteigerung für den Anbieter, während der gestiftete Kundenwert reduziert wird (Abbildung 1-18).

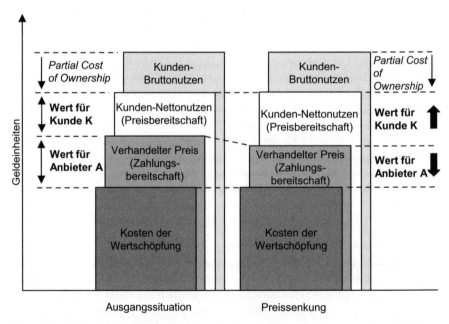

**Abb. 1-17:** Wirkung einer Preissenkung auf den anbieter- und kundenseitigen Wert

Vor diesem Hintergrund stellt sich aus Anbietersicht die generelle Frage, ob der kunden- oder aber der anbieterseitige Wert priorisiert werden sollte. Ausgehend von der bereits

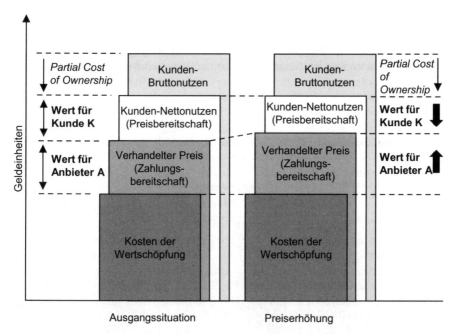

**Abb. 1-18:** Wirkung einer Preiserhöhung auf den anbieter- und kundenseitigen Wert

weiter oben getroffenen Feststellung, dass der gestiftete Kundenwert die Basis des Unternehmenserfolgs darstellt, ist zunächst festzuhalten, dass der für den Kunden geschaffene Wert keinesfalls aus den Augen verloren werden darf. Allerdings darf auch nicht vergessen werden, dass der gestiftete Kundenwert nie Selbstzweck, sondern letztlich **Mittel zum Zweck** ist: „Ziel des Marketing ist Gewinn, sonst nichts" (*Simon* 2004, S. 9). Dies führt unmittelbar zur Folgerung, dass in Analogie zur Argumentation von *Backhaus/Voeth* (2010, S. 17 ff.) nicht mehr der gestiftete Kundenwert, sondern der **Wert für den Anbieter die zu maximierende Größe** darstellt. Die notwendige **Nebenbedingung** für die anbieterseitige Wertmaximierung lautet dabei, gerade noch so viel Kundenwert zu stiften, dass der Kunde sich für den jeweiligen Anbieter entscheidet. Illustriert am Beispiel von Abbildung 1-19 bedeuten diese Überlegungen, dass Anbieter *A* sich fragen muss, ob der in der Ausgangssituation gestiftete Kundenwert tatsächlich so hoch sein muss, damit Kunde *K* das Angebot dem des Konkurrenzanbieters *B* vorzieht. Da der von *A* gestiftete Kundenwert deutlich über dem von *B* liegt, sollte *A* versuchen, den verhandelten **Preis** so weit in die Höhe zu treiben, bis *K* gegenüber Anbieter *B* nur noch ein **marginaler Wertgewinn** (❶) bleibt. Dies führt umgekehrt dazu, dass der für Anbieter *A* aus der Transaktion resultierende **Wert deutlich gesteigert** wird (❷).

Eine Steigerung des anbieterseitigen Werts, die beim gestifteten Kundenwert ansetzt, ist jedoch nicht nur preisseitig, sondern auch durch **kostenseitige Effekte** möglich. So liegt in Abbildung 1-20 der Fall vor, dass in der Ausgangssituation Anbieter *A* gegenüber Anbieter *B* einen wesentlich höheren Kunden-Nettonutzen stiftet. Reduziert *A* beispielsweise die angebotenen Produktfunktionalitäten, so ermöglicht dies einerseits eine Senkung der Kosten der Wertschöpfung, die für *A* einen entsprechenden **Wertgewinn (❷)** mit sich bringt. Andererseits aber verbleibt Kunde *K* verglichen mit dem Angebot von *B* eine **kleine positive Wertdifferenz (❶)**, welche *K* trotz gegenüber der Ausgangssituation reduzierten Kunden-Nettonutzens dazu veranlasst, Anbieter *A* zu präferieren.

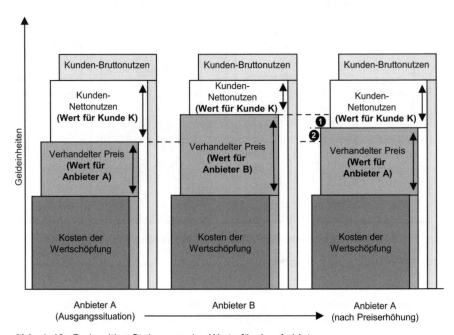

**Abb. 1-19:** Preisseitige Steigerung des Werts für den Anbieter

Der Perspektivenwechsel von der traditionell das Marketing dominierenden Fokussierung auf den Kunden, die sich beispielsweise in den Konzepten der Kundenorientierung (*Deshpandé et al.* 1993) und Kundennähe (*Homburg* 1995) widerspiegelt, hin zu einer **Priorisierung der Wertgenerierung für den Anbieter** birgt jedoch auch **Probleme** (*Backhaus/Voeth* 2010, S. 19). Da der Kunde auf Basis des dritten Wertprinzips den geschaffenen Wert stets vor dem Hintergrund konkurrierender Angebote beurteilt, hängt der von einem Anbieter zu stiftende Mindest-Kundenwert vom Verhalten konkurrierender Unternehmen ab. Weil diese in der Regel dynamisch auf die Marketingaktivitäten anderer Marktteilnehmer reagieren, ist der zu stiftende Kundenwert nicht am gegenwärtigen, sondern am vermutlich in **Zukunft** zu erwartenden Konkurrenzangebot auszurichten. Eine solche Prognose ist allerdings schwierig und mit Unsicherheit behaftet. Daher bietet es sich an, eine entsprechende „Sicherheitsreserve" einzukalkulieren.

Zusammenfassend kann festgehalten werden, dass über das **Zusammenspiel der drei Wertprinzipien** der **dauerhafte wirtschaftliche Erfolg** eines Unternehmens determiniert wird. Zwar könnte kein Unternehmen existieren, wenn es nicht in der Lage wäre, seinen Kunden gegenüber der Konkurrenz einen entsprechenden Mehrwert zu stiften (Effektivitätsaspekt), allerdings wird sich ökonomischer Erfolg erst dann einstellen, wenn zusätzlich auch für das Unternehmen selbst Wert generiert wird (Effizienzaspekt). Die Verknüpfung von Effektivitäts- und Effizienzaspekt durch die drei Wertprinzipien macht dabei deutlich, dass sich der von *Backhaus* geprägte Begriff des den Unternehmenserfolg bestimmenden **komparativen Konkurrenzvorteils** (vgl. z. B. *Backhaus/Schneider* 2009, S. 22 ff.; *Backhaus/Voeth* 2010, S. 12 ff.) auch durchgängig auf Basis des hier vertretenen gerundiven Wertverständnisses argumentieren lässt.

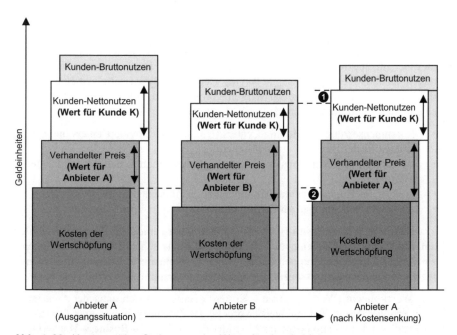

**Abb. 1-20:** Kostenseitige Steigerung des Werts für den Anbieter

Das Wertkonzept als Leitidee des Business-to-Business-Marketing lenkt den Blick allerdings nicht nur auf den kunden- und anbieterseitigen Wert als Determinanten des Unternehmenserfolgs, sondern auch auf die einzelnen **Werttreiber**. Hierbei gilt, dass die Unternehmen im Vorteil sein werden, die es verstehen, nicht nur einzelne Tasten, sondern die gesamte Klaviatur der drei Werttreiber des mehrdimensionalen Kundennutzens (einschließlich der Partial Cost of Ownership), des Preises und der Kosten der Wertschöpfung zu beherrschen.

# 1.5    Zusammenfassung

Das Business-to-Business-Marketing befasst sich mit Absatzprozessen, die sich auf Unternehmen und sonstige Organisationen richten, und weist gemessen am Umsatz eine wesentlich größere Bedeutung auf als das Konsumgütermarketing. Die Spezifität der Vermarktungsprozesse in Business-to-Business-Märkten macht dabei einen **eigenständigen Marketingansatz** notwendig.

Dieser Ansatz muss insbesondere auch dem organisationalen Beschaffungsverhalten und hier im Speziellen dem Aspekt nachfragerseitiger Buying Center Rechnung tragen. Denn erst eine umfassende **Buying Center-Analyse** ermöglicht eine effektive und effiziente Gestaltung von Marketingprogrammen. Folgende Analyseebenen sind in diesem Zusammenhang zu berücksichtigen:

- Zusammensetzung des Buying Centers (Umfang des Buying Centers und Charakteristika der Buying Center-Mitglieder);
- individuelles Informations- und Entscheidungsverhalten der Buying Center-Mitglieder;
- Struktur des Buying Centers (Kommunikationsflüsse und Einflussstrukturen);
- Gruppenentscheidungen im Buying Center.

Transaktionen in Business-to-Business-Märkten weisen eine große Variantenvielfalt auf. Daher sind **Typologien** notwendig, welche die unterschiedlichen Transaktionen zu relativ homogenen Gruppen mit ähnlichen Problemkonstellationen zusammenfassen, um so transaktionsspezifische Marketingprogramme entwerfen zu können.

Das **Wertkonzept** (Wert = Nutzen – Kosten) manifestiert sich unter der Annahme ökonomischer Rationalität in folgenden drei für das Zustandekommen einer Transaktion grundlegenden **Wertprinzipien** als **Leitidee des Business-to-Business-Marketing:**

(1) Wert der Transaktion für Anbieter $A > 0$.
(2) Durch Anbieter $A$ gestifteter Kundenwert $> 0$.
(3) Durch Anbieter $A$ gestifteter Kundenwert $>$ durch Anbieter $B$ gestifteter Kundenwert.

Das erste Wertprinzip stellt dabei eine **notwendige**, aber **keine hinreichende** Bedingung für das Zustandekommen einer Transaktion dar.

Aufgabe des Marketing ist es, den **Wert für den Anbieter unter der Nebenbedingung zu maximieren**, dass gerade so viel Kundenwert gestiftet wird, dass der Kunde beim jeweiligen Anbieter kauft. Über den **dauerhaften wirtschaftlichen Erfolg** eines Unternehmens entscheidet letztlich das **Zusammenspiel der drei Wertprinzipien**. Zwar könnte kein Unternehmen existieren, wenn es nicht in der Lage wäre, seinen Kunden gegenüber der Konkurrenz einen entsprechenden Mehrwert zu schaffen (**Effektivitätsaspekt**), allerdings wird sich ökonomischer Erfolg erst dann einstellen, wenn zusätzlich auch für das Unternehmen selbst Wert generiert wird (**Effizienzaspekt**).

# 2 Ein generischer Prozess des wertbasierten Business-to-Business-Marketing

Marketinglehrbücher stehen häufig deshalb im Widerspruch zur Marketingpraxis, da sie das Marketing als **statische Toolbox** darstellen, während die **Marketingrealität** durch **dynamische Prozesse** gekennzeichnet ist. Zwar wird es aufgrund der gegebenen Komplexität nie gelingen, alle Marketingprozesse der Realität entsprechend in einem Lehrbuch abzubilden, andererseits aber verhindert eine rein statische Betrachtung des Marketing den Blick auf dessen wesentliche Stellgrößen und deren Zusammenhänge. Vor diesem Hintergrund geht dieses Buch den Weg, das **Business-to-Business-Marketing** als einen **generischen Prozess** zu modellieren, dessen Aufgabe in der systematischen Steuerung der Stellhebel liegt, die zur Umsetzung des in Kap. 1.4 entwickelten wertbasierten Marketingverständnisses in der Unternehmenspraxis notwendig sind. Um der Marketingrealität möglichst nahe zu kommen, baut dieser generische Prozess wiederum auf einer Reihe (interdependenter) Teilprozesse (wie z. B. dem Prozess des Managements von Kundennutzen) auf. Abbildung 2-1 visualisiert den vorgeschlagenen Prozess des wertbasierten Business-to-Business-Marketing, der dem weiteren Verlauf dieses Buchs zugrunde liegt.

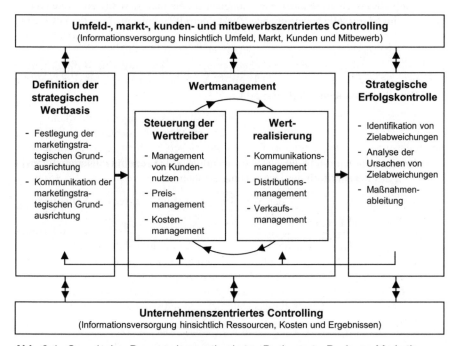

**Abb. 2-1:** Generischer Prozess des wertbasierten Business-to-Business-Marketing

In der ersten Prozessphase des wertbasierten Business-to-Business-Marketing, der **Definition der strategischen Wertbasis**, wird die **marketingstrategische Grundausrichtung festgelegt** und innerhalb und außerhalb des Unternehmens **kommuniziert**.

Durch die Definition der strategischen Wertbasis wird ein strategisch verankerter Anknüpfungspunkt für das **Wertmanagement** geschaffen, welches die Steuerung der Werttreiber und die Wertrealisierung umfasst. Entsprechend den Überlegungen in Kap. 1.4 stellen der mehrdimensionale **Kundennutzen** (einschließlich der Partial Cost of Ownership), der **Preis** und die **Kosten** der Wertschöpfung die drei **Werttreiber** dar, die es so zu steuern gilt, dass der Wert für den Anbieter unter der Nebenbedingung maximiert wird, gerade so viel Kundenwert zu stiften, dass der Kunde beim jeweiligen Anbieter kauft. An die Steuerung der Werttreiber schließt sich die **Wertrealisierung** an. Diese zielt auf die Realisierung von **Wert für die Kunden** ab, wodurch als unmittelbare Konsequenz zugleich auch Wert für den Anbieter generiert wird. Wertrealisierung bedeutet dabei, den durch eine entsprechende Steuerung der Werttreiber geschaffenen **potenziellen Wert für die Kunden** dadurch in einen **tatsächlichen Wert** zu transformieren, dass dieser Wert bekannt gemacht wird (**Kommunikationsmanagement**), die Kunden erreicht (**Distributionsmanagement**) und von diesen akzeptiert wird (**Verkaufsmanagement**). Wie in Abbildung 2-1 dargestellt, ist es nicht ausreichend, die Steuerung der Werttreiber und die Wertrealisierung lediglich als sequenzielle Phasen des Wertmanagements zu verstehen. Vielmehr sind die Steuerung der Werttreiber und die Wertrealisierung wechselseitig miteinander verflochten, worauf in Kap. 3.3 näher eingegangen wird.

Der Prozess des wertbasierten Business-to-Business-Marketing wird durch eine **strategische Erfolgskontrolle** abgeschlossen. Diese überprüft, ob die im Zuge der Festlegung der marketingstrategischen Grundausrichtung definierten **strategischen Marketingziele** erreicht wurden. Werden negative **Zielabweichungen** identifiziert, so erfordert dies auf Basis einer entsprechenden **Ursachenanalyse** die **Ableitung von Maßnahmen** in einzelnen oder mehreren der Erfolgskontrolle vorgelagerten Prozessphasen (vgl. die Rückkoppelungspfeile in Abbildung 2-1).

Zur Steuerung des Prozesses des wertbasierten Business-to-Business-Marketing und seiner Teilprozesse ist eine **systematische Informationsversorgung** notwendig, die durch ein informationsorientiertes **Controlling** sichergestellt wird. Dieses hat seine Anknüpfungspunkte **außerhalb** (umfeld-, markt-, kunden- und mitbewerbszentriertes Controlling) und **innerhalb** des Unternehmens (unternehmenszentriertes Controlling). Unabhängig von diesen Anknüpfungspunkten tritt die Informationsversorgung dabei sowohl in Form eines **prozessunterstützenden** als auch **ergebnisbezogenen** Controllings auf. Während Letzteres immer in eigenen Kapiteln behandelt wird, werden die Instrumente des prozessunterstützenden Controllings im Text mit dem Symbol CTR hervorgehoben.

# 3 Entscheidungstatbestände und Teilprozesse des wertbasierten Business-to-Business-Marketing

## 3.1 Definition der strategischen Wertbasis

Wie in Abbildung 3-1 dargestellt, bildet die Definition der strategischen Wertbasis den Ausgangspunkt des wertbasierten Business-to-Business-Marketing.

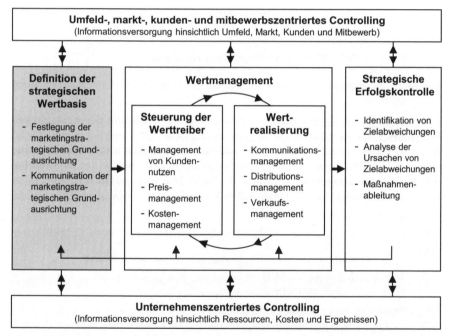

**Abb. 3-1:** Definition der strategischen Wertbasis und wertbasiertes Business-to-Business-Marketing

Entsprechend Abbildung 3-2 ist die Definition der strategischen Wertbasis als integrierender Bestandteil einer langfristig ausgerichteten **strategischen Unternehmensführung** zu verstehen. Letztere orientiert sich idealerweise an der **Unternehmensvision**, welche sowohl den auf längere Sicht gültigen Unternehmenszweck als auch die grundlegenden Wertvorstellungen eines Unternehmens widerspiegelt. Die Unternehmensvision bildet die Grundlage für die Ableitung und Festlegung konkreter **Unternehmenszie-**

le, welche wiederum die Basis für die Formulierung der **Unternehmensstrategie** darstellen. Die Ziel- und Strategieformulierung erfolgen hierbei auf Ebene der Gesamtunternehmung sowie auf der Ebene einzelner Unternehmens- und Geschäftsbereiche (*Werani/Prem* 2009a, S. 33).

**Abb. 3-2:** Definition der strategischen Wertbasis und strategische Unternehmensführung

Ausgehend von der Unternehmensstrategie erfolgt die **Definition der strategischen Wertbasis**. Die dazu notwendige Vorgehensweise ist in Abbildung 3-3 dargestellt. Im ersten Schritt erfolgt die **Festlegung der marketingstrategischen Grundausrichtung** (Kap. 3.1.1). Hierzu bedarf es zunächst einer **strategischen Analyse der Ist-Situation** und der **Identifikation entsprechender Wertschaffungspotenziale**. Auf dieser Basis kommt es zur **Festlegung der strategischen Marketingziele**. Damit diese Ziele erreicht

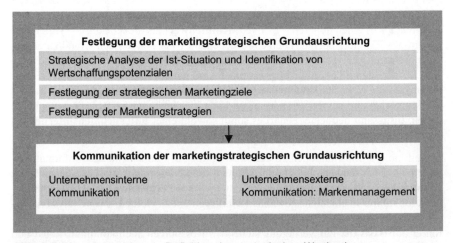

**Abb. 3-3:** Vorgehensweise zur Definition der strategischen Wertbasis

werden können, sind geeignete **Marketingstrategien** abzuleiten, welche den Handlungsrahmen für ein wertbasiertes Marketing vorgeben. Im zweiten Schritt geht es um die **Kommunikation der marketingstrategischen Grundausrichtung** (Kap. 3.1.2), durch welche die Definition der strategischen Wertbasis sicht- und greifbar gemacht wird. Dies impliziert einerseits eine entsprechende **unternehmensinterne Kommunikation**, andererseits aber auch die **unternehmensexterne Kommunikation** der marketingstrategischen Grundausrichtung durch ein adäquates **Markenmanagement**.

# 3.1.1 Festlegung der marketingstrategischen Grundausrichtung

## 3.1.1.1 Strategische Analyse der Ist-Situation und Identifikation von Wertschaffungspotenzialen

Die Festlegung der marketingstrategischen Grundausrichtung erfordert umfassende Informationen zur spezifischen Situation, in der sich ein Unternehmen befindet (*Blythe/ Zimmerman* 2005, S. 33 ff.; *Bruhn* 2009, S. 41 ff.). Aus diesen Informationen lassen sich in weiterer Folge grundlegende Potenziale zur nachfrager- und anbieterseitigen Wertschaffung ermitteln.

### 3.1.1.1.1 Informationsfelder der Situationsanalyse

Wie in Abbildung 3-4 dargestellt, besteht die Aufgabe der Situationsanalyse einerseits in der Sammlung, Analyse, Aufbereitung und Kommunikation von Informationen zum **Status Quo des eigenen Unternehmens** und zur relevanten **Unternehmensumwelt** (Nachfrager, Mitbewerb, Markt, Marktumfeld). Andererseits aber beinhaltet die Situationsanalyse auch die Ableitung **zukünftiger Entwicklungen** (*Benkenstein/Uhrich* 2009, S. 22; *Walsh et al.* 2009, S. 131).

Ziel der Situationsanalyse ist es, erste Anhaltspunkte dafür zu erhalten, ob das eigene Unternehmen in der Lage ist, den (potenziellen) Kunden insofern einen **Vorteil** zu verschaffen, als es einen höheren (positiven) **Kundenwert** als die Konkurrenz stiftet, und andernfalls (Anbieternachteil) den entsprechenden Ursachen auf den Grund zu gehen. Aber nicht nur Analysen im Dreieck Nachfrager, Mitbewerb und eigenes Unternehmen sind für die Identifikation nachfragerseitiger und darauf aufbauender anbieterseitiger Potenziale zur Wertschaffung von zentraler Bedeutung, sondern auch das Screening des Marktumfelds und seiner Veränderungen kann diesbezüglich wichtige Ansatzpunkte bieten. Insgesamt betrachtet bedarf es somit sowohl einer **unternehmensinternen** als auch **unternehmensexternen Analyse** der Ist-Situation.

Ohne fundierte Informationen zu den in Abbildung 3-4 aufscheinenden Informationsfeldern ist es nur schwer möglich, eine adäquate marketingstrategische Grundausrichtung zu formulieren. Bevor sich ein Industrieunternehmen beispielsweise das Ziel setzt, Innovationsführer in einem ausgewählten Marksegment zu werden, muss analysiert werden, wie sich die relevanten Konkurrenten positionieren, ob die Rolle als Innovationsführer auf Basis der zur Verfügung stehenden Ressourcen auch kommunizierbar und glaubwürdig ist oder ob ein Konkurrent aufgrund seiner Ressourcen (z. B. neueste

Technologie, gute Zugänge zu renommierten Forschungsinstitutionen) eine bessere Ausgangsbasis für die Rolle als Innovationsführer hat. Ebenso muss vorab hinterfragt werden, ob die Rolle des Innovationsführers vom Nachfrager überhaupt als wertstiftend wahrgenommen wird, da nur dann auch ein anbieterseitiges Wertschaffungspotenzial gegeben ist.

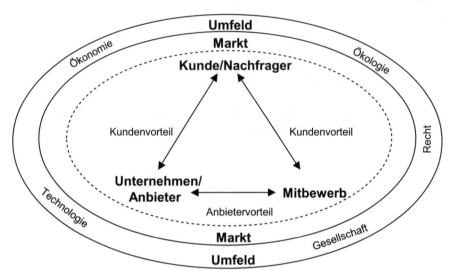

**Abb. 3-4:** Informationsfelder der Situationsanalyse

### 3.1.1.1.2 SWOT-Analyse

Die Situationsanalyse ist durch ein hohes Maß an Komplexität gekennzeichnet. Wie bereits anhand der Informationsfelder der Situationsanalyse deutlich wurde, muss eine Vielzahl von Faktoren berücksichtigt werden, welche auf die Festlegung der marketingstrategischen Grundausrichtung einwirken. Diese Faktoren beeinflussen sich zudem gegenseitig und die Unsicherheit über zukünftige Entwicklungen verstärkt die zu bewältigende Komplexität zusätzlich. Um diese Komplexität beherrschbar zu machen, ist es erforderlich, ein Instrument zur **systematischen Strukturierung** der Ist-Situation einzusetzen (*Benkenstein/Uhrich* 2009, S. 42 f.).

[CTR] In der einschlägigen Literatur wird häufig die **SWOT-Analyse** als eben solches Instrument genannt. Diese ist aufgrund ihres einfachen Prinzips und der leichten Anwendbarkeit auch in der Marketingpraxis weit verbreitet.

Der Abkürzung „SWOT" steht für die Begriffe „Strengths", „Weaknesses", „Opportunities" und „Threats", also für Stärken, Schwächen, Chancen und Risiken. Diese vier Analyseelemente sind wie folgt gruppiert (vgl. Abbildung 3-5): Die **Chancen und Risiken** werden im Zuge der Analyse der **Unternehmensumwelt** herausgearbeitet, während die **Stärken und Schwächen** durch die Analyse des **eigenen Unternehmens** ermittelt werden. Durch die Gegenüberstellung von Chancen/Risiken und Stärken/Schwächen wird ein prägnantes Bild der Ist-Situation geschaffen und es lassen sich geeignete Maßnahmen ableiten. Ziel ist es, sogenannte „**strategische Fenster**" zu erkennen, d. h. jene Potenziale zu identifizieren, die gegenwärtig nur vom eigenen Unternehmen, nicht aber von Mitbewerbern realisiert werden können (*Bruhn* 2009, S. 41 ff.; *Homburg/Krohmer 2009*, S. 479 f.; *Walsh et al.* 2009, S. 152 ff.). Als Ergebnis der SWOT-Analyse sind somit die strategischen Ansatzpunkte zur **nachfrager- und anbieterseitigen Wertschaffung** identifiziert.

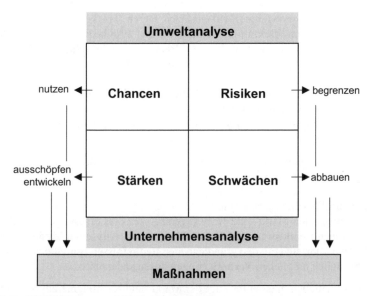

**Abb. 3-5:** SWOT-Analyse und Maßnahmenableitung

### 3.1.1.1.2.1 Analyse der Unternehmensumwelt: Chancen und Risiken

Chancen und Risiken ergeben sich als Konsequenz der spezifischen Konstellation **unternehmensexterner Faktoren**, deren Ausprägungen im Zuge der Analyse der Unternehmensumwelt ermittelt werden. In diesem Zusammenhang ist es essenziell, strategische Diskontinuitäten, d. h. Umweltzustände aufzudecken, die schwer vorhersehbar sind, aber für das Unternehmen entsprechende Chancen oder Risiken bergen.

Die Analyse der Unternehmensumwelt gliedert sich in die drei Bereiche **Umfeldanalyse**, **Markt- und Nachfrageranalyse** sowie **Mitbewerbsanalyse:**

**(1) Umfeldanalyse**
Durch die Umfeldanalyse werden unternehmensexterne Faktoren, die sowohl quantitativer als auch qualitativer Natur sein können und den relevanten Markt beeinflussen, erfasst. Diese Faktoren können vom Unternehmen selbst nicht bzw. nur in sehr eingeschränktem Maß gesteuert werden. **Quantitative Faktoren** umfassen beispielsweise generelle Preisentwicklungen, während **qualitative Faktoren** sich z. B. auf die Technologiedynamik, den Wertewandel oder veränderte Rechtslagen beziehen. Die Auswirkungen von Umfeldveränderungen dürfen keinesfalls unterschätzt werden. So kann z. B.

die Veränderung gesellschaftlicher Werte (etwa Trends in der Architektur von Privathäusern) das Entstehen neuer Endkundenmärkte bedingen, deren Bedürfnisstrukturen in vorgelagerten Business-to-Business-Märkten die Ansatzpunkte zur Wertschaffung entscheidend verändern können. Um solche Entwicklungen zu antizipieren und zeitgerecht Maßnahmen zu planen, muss daher das relevante Marktumfeld in **regelmäßigen Abständen** analysiert werden.

Zur Unterstützung einer systematischen Sammlung von Umfeldinformationen lassen sich **Frühaufklärungssysteme** (FAS) einsetzen. Durch diese können zeitgerecht wichtige Veränderungen im Marktumfeld erkannt werden. FAS bedienen sich eines breiten Spektrums an Methoden und Verfahren zur Beobachtung der relevanten Indikatoren, zur Auswertung bedeutender Informationsquellen und zur systematischen Kombination der gewonnen Informationen (*Homburg/Krohmer* 2009, S. 455 f.; *Walsh et al.* 2009, S. 137). Für ein automatisiertes Medienmonitoring können verschiedene Softwareprodukte wie beispielsweise Meltwater NEWS (www.meltwater.com), System One Radar (www.systemone.net/de) oder TechMeter (www.techmeter.at) zum Einsatz kommen.

CTR Einen Überblick zu ausgewählten Instrumenten der Umfeldanalyse gibt Tabelle 3-1 (vgl. Kap. 3.1.1.1.2.3).

**(2) Markt- und Nachfrageranalyse**
Ziel der strategischen Markt- und Nachfrageranalyse ist es einerseits, den relevanten **Markt** in seinen **Strukturen und Entwicklungen** zu analysieren. Andererseits aber geht es auch darum, sich mit den grundlegenden **Bedürfnissen (potenzieller) Kunden** und diesbezüglich möglichen **Veränderungen** auseinanderzusetzen.

Welche Informationen müssen im Zuge der Markt- und Nachfrageranalyse konkret erhoben werden? Zunächst gilt, dass sowohl **qualitative** als auch **quantitative Daten** über den Markt und die (potenziellen) Kunden die Grundlage für die Ableitung strategischer Marketingziele und konkreter Marketingstrategien bilden (*Walsh et al.* 2009, S. 137 ff.). Die Informationssammlung beginnt hierbei bei den **generellen Marktcharakteristika**. Folgende exemplarische Fragen gilt es zu beantworten (vgl. auch *Homburg/Krohmer* 2009, S. 460):

• Wie groß sind das Marktvolumen, das derzeitige Marktwachstum und das künftige Marktwachstum?
• Welche Gewinne können gegenwärtig von Anbietern im Markt erzielt werden? Wie sieht die Gewinnsituation in Zukunft aus?
• Wie groß sind die Marktanteile der wichtigsten Anbieter?
• Welche Veränderungen und Entwicklungen werden die Marktbearbeitung beeinflussen (z. B. neue Marktakteure)?
• Welche strukturellen Merkmale kennzeichnen den Markt (z. B. Unternehmensgrößen, geografische Verteilung der Mitbewerber)?

Bei der **Analyse auf Nachfragerebene** sind insbesondere die folgenden Fragen zu stellen (vgl. auch *Homburg/Krohmer* 2009, S. 460):

• Wer sind die relevanten Nachfrager im Markt?
• Welche grundlegenden Bedürfnisse haben die (potenziellen) Kunden?

- In welche Richtung werden sich die grundlegenden Kundenbedürfnisse verändern?
- Welche Veränderungen sind im Kundenverhalten zu erwarten?

Eine detaillierte Nachfrageranalyse auf der Ebene des Kundennutzens erfolgt jedoch erst später und zwar im Rahmen des Managements von Kundennutzen (vgl. Kap. 3.2.1).

**CTR** Im Zuge der Markt- und Nachfrageranalyse kann eine Reihe von Instrumenten eingesetzt werden. Eine Auswahl solcher Instrumente findet sich in Tabelle 3-1 (vgl. Kap. 3.1.1.1.2.3).

**(3) Mitbewerbsanalyse**
Im Rahmen der Mitbewerbsanalyse ist zunächst die Frage zu stellen, wer die relevanten Konkurrenten im Markt sind. Im Hinblick auf die Formulierung von Marketingstrategien ist zudem das Wissen entscheidend, ob neue Konkurrenten in den Markt eintreten bzw. bestehende Konkurrenten diesen verlassen. Eng damit verknüpft ist die Frage, wie sich die Wettbewerbsintensität im Markt entwickeln wird (*Homburg/Krohmer* 2009, S. 461 f.).

In der Mitbewerbsanalyse ist allerdings nicht nur eine Auseinandersetzung mit der eben angesprochenen **Struktur der Wettbewerbslandschaft**, sondern auch mit **einzelnen Konkurrenten** notwendig. Somit sind zusätzlich folgende Fragen zu beantworten (vgl. auch *Homburg/Krohmer* 2009, S. 460):

- Wie stark ist die Marktposition der jeweiligen Konkurrenten und wie verändert sich diese?
- Welche Stärken und Schwächen weisen die Konkurrenten auf?
- Welche Strategien werden von den Mitbewerbern verfolgt?

**CTR** Tabelle 3-1 (vgl. Kap. 3.1.1.1.2.3) zeigt ausgewählte Instrumente, durch welche sich die Mitbewerbsanalyse unterstützen lässt.

### 3.1.1.1.2.2 Unternehmensanalyse: Stärken und Schwächen

Stärken und Schwächen sind das Resultat **unternehmensinterner Ressourcenkonstellationen**. Ob durch die Ausprägungen gegenwärtiger oder zukünftig vorhandener Ressourcen – **CTR** entsprechende Analyseinstrumente finden sich in Tabelle 3-1 (vgl. Kap. 3.1.1.1.2.3) – Stärken oder Schwächen indiziert werden, kann allerdings nur durch eine **Gegenüberstellung** mit den Ressourcen der **Hauptkonkurrenten** beurteilt werden (*Benkenstein/Uhrich* 2009, S. 45 f.). Als Konsequenz einer Unternehmensanalyse sollten erkannte **Stärken genutzt** bzw. **weiterentwickelt** werden, während identifizierte **Schwächen** weitestgehend zu **reduzieren** sind. Denn nur so kann adäquat auf die in der Unternehmensumwelt bestehenden Chancen und Risiken reagiert und sowohl für die Kunden als auch das eigene Unternehmen Wert geschaffen werden.

**CTR** Das Ergebnis der Unternehmensanalyse kann in einem **Ressourcenprofil** (vgl. Abbildung 3-6) zusammengefasst werden. Dieses erlaubt einerseits eine **absolute Bewertung** der vorhandenen Leistungspotenziale. Durch deren Vergleich mit den Leistungspotenzialen des stärksten Konkurrenten ergeben sich andererseits die **relativen Stärken und Schwächen** des eigenen Unternehmens.

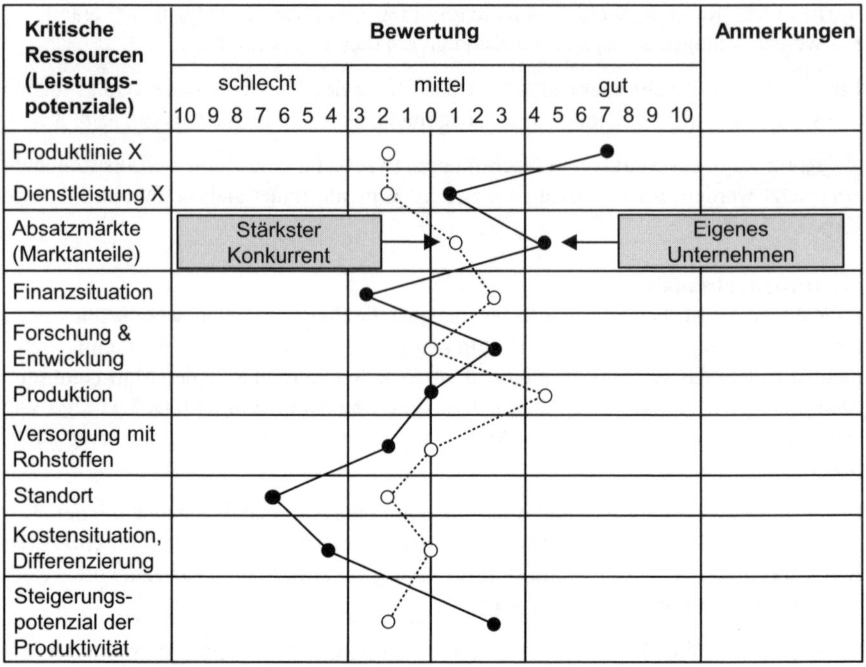

| Kritische Ressourcen (Leistungs- potenziale) | Bewertung | | | Anmerkungen |
|---|---|---|---|---|
| | schlecht<br>10 9 8 7 6 5 4 | mittel<br>3 2 1 0 1 2 3 | gut<br>4 5 6 7 8 9 10 | |
| Produktlinie X | | | | |
| Dienstleistung X | | | | |
| Absatzmärkte (Marktanteile) | Stärkster Konkurrent | | Eigenes Unternehmen | |
| Finanzsituation | | | | |
| Forschung & Entwicklung | | | | |
| Produktion | | | | |
| Versorgung mit Rohstoffen | | | | |
| Standort | | | | |
| Kostensituation, Differenzierung | | | | |
| Steigerungs- potenzial der Produktivität | | | | |

**Abb. 3-6:** Ressourcenprofil (in Anlehnung an *Benkenstein/Uhrich* 2009, S. 46)

### 3.1.1.1.2.3 Ausgewählte Analyseinstrumente

[CTR] Die SWOT-Analyse stellt einen generellen Bezugsrahmen zur systematischen Strukturierung der Ist-Situation dar. Zur Analyse der einzelnen Themenfelder der SWOT-Analyse steht eine Vielzahl an Instrumenten zur Verfügung. Tabelle 3-1 gibt einen Überblick zu ausgewählten Instrumenten, ordnet diese den jeweiligen Analysefeldern zu und gibt exemplarische Literaturhinweise.

**Tab. 3-1:** Ausgewählte Instrumente der SWOT-Analyse

| Instrumente | Analyse ... | | | | | Exemplarische Literaturquellen |
|---|---|---|---|---|---|---|
| | des Umfelds | des Markts | der Nachfrager | des Mitbewerbs | des Unternehmens | |
| **Benchmarking** | | | | x | x | • *Benkenstein/Uhrich* (2009, S. 47 ff.)<br>• *Homburg/Krohmer* (2009, S. 477 f.) |
| **Delphi-Methode** | x | x | x | x | | • *Häder* (2009)<br>• *Homburg/Krohmer* (2009, S. 456) |

**Tab. 3-1:** Ausgewählte Instrumente der SWOT-Analyse (Fortsetzung)

| Instrumente | Analyse ... | | | | | Exemplarische Literaturquellen |
|---|---|---|---|---|---|---|
| | des Umfelds | des Markts | der Nachfrager | des Mitbewerbs | des Unternehmens | |
| Erfahrungskurvenanalyse | | | | | x | • *Benkenstein/Uhrich* (2009, S. 64 ff.) |
| Frühaufklärungssysteme | x | x | x | x | | • *Homburg/Krohmer* (2009, S. 455 f.)<br>• *Walsh et al.* (2009, S. 137) |
| Marktforschungstechniken | x | x | x | x | | • *Backhaus/Voeth* (2010, S. 158 ff.)<br>• *Berekoven et al.* (2006)<br>• *Werani* (2006) |
| Marktlebenszyklusanalyse | | x | | | | • *Benkenstein/Uhrich* (2009, S. 55 ff.) |
| Means-End-Analyse | | | x | | | • *Reynolds/Olson* (2010) |
| PESTLE-Analyse/<br>Umfeldanalyse | x | | | | | • *Backhaus/Voeth* (2010, S. 144 f.)<br>• *Walsh et al.* (2009, S. 132 f.) |
| Portfolio-Ansätze | | x | x | x | x | • *Homburg/Krohmer* (2009,<br>S. 514 ff./1154 ff.)<br>• *Walsh et al.* (2009, S. 147 ff.)<br>• *Busch et al.* (2008, S. 103 ff.)<br>• *Kotler et al.* (2007, S. 96 ff.)<br>• *Godefroid* (2003, S. 134 ff.) |
| Produktlebenszyklusanalyse | | | | x | x | • *Eckardt* (2010, S. 82 ff.)<br>• *Benkenstein/Uhrich* (2009, S. 53 ff.) |
| Szenariotechnik | x | x | x | x | x | • *Homburg/Krohmer* (2009, S. 457 ff.) |
| Technologielebenszyklusanalyse | x | | | x | x | • *Benkenstein/Uhrich* (2009, S. 58 ff.) |
| Wertschöpfungskettenanalyse | | | x | x | x | • *Homburg/Krohmer* (2009, S. 475 ff.)<br>• *Kotler et al.* (2007, S. 75 ff.) |

## 3.1.1.2 Festlegung der strategischen Marketingziele

Die in der Situationsanalyse gewonnenen Erkenntnisse bilden die Basis zur Ableitung adäquater strategischer Marketingziele. *Walsh et al.* (2009, S. 154) definieren Ziele als „Aussagen über erwünschte Zustände, die als Ergebnis wirtschaftlichen Handelns eintreten sollen". Die im Zuge der Festlegung der marketingstrategischen Grundausrichtung definierten Ziele spielen insofern eine zentrale Rolle, als sie den Bezugspunkt der Ableitung adäquater Marketingstrategien (vgl. Kap. 3.1.1.3) und der strategischen Erfolgskontrolle (vgl. Kap. 3.4) bilden.

Damit Ziele zur Steuerung, Führung und Kontrolle unternehmerischen Handelns einsetzbar sind, müssen diese nach Inhalt, Ausmaß und Zeitbezug festgelegt werden (*Becker* 2006, S. 23; *Eckardt* 2010, S. 94; *Esch et al.* 2011, S. 159 f.):

- **Zielinhalt:** Was soll erreicht werden? Beispiel: Steigerung des Marktanteils im europäischen Industrierobotermarkt.
- **Zielausmaß:** Wie viel soll erreicht werden? Beispiel: Steigerung des Marktanteils im europäischen Industrierobotermarkt von fünf auf sieben Prozent.
- **Zielperiode:** In welchem Zeitraum soll das Ziel erreicht werden? Beispiel: Steigerung des Marktanteils im europäischen Industrierobotermarkt von fünf auf sieben Prozent im Geschäftsjahr 2012.

Strategische Marketingziele müssen stets im Kontext der in Abbildung 3-7 dargestellten **Unternehmens-Zielhierarchie** betrachtet werden. Diese verdeutlicht, dass Ziele in einem Unternehmen auf unterschiedlichen Ebenen definiert werden, wobei der genaue Aufbau eines Zielsystems von der Organisationsstruktur des jeweiligen Unternehmens abhängt. Die einzelnen Zielebenen können generell nie isoliert betrachtet werden, da diese zueinander in einer **Mittel-Zweck-Beziehung** stehen. Folglich erfordert beispielsweise das Erreichen der Unternehmensziele unter anderem ein Erreichen der strategischen Marketingziele. Diese sind wiederum abhängig von der Erreichung (operativer) Instrumentalziele, die auf den Ebenen der Steuerung der Werttreiber und der Wertrealisierung angesiedelt sind. Die jeweiligen (strategischen) **Funktionalziele** (Marketing, Produktion, Entwicklung etc.) können in Abhängigkeit von den Zielen **strategischer Geschäftseinheiten** (SGE) variieren. SGE stellen organisatorische Einheiten im Unternehmen mit eigenständiger Marktaufgabe und einem gewissen strategischen Entscheidungsspielraum dar und können quasi als „Unternehmen im Unternehmen" gesehen werden. Die Ziele von SGEs orientieren sich wiederum an den Zielen der Gesamtunternehmung (*Benkenstein/Uhrich* 2009, S. 89 f.; *Homburg/Krohmer* 2009, S. 416 ff.).

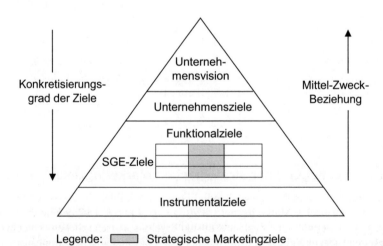

**Abb. 3-7:** Strategische Marketingziele und Unternehmens-Zielhierarchie (in Anlehnung an *Becker* 2006, S. 28; *Benkenstein/Uhrich* 2009, S. 89; *Homburg/Krohmer 2009*, S. 417)

Strategische Marketingziele lassen sich in potenzialbezogene, markterfolgsbezogene und wirtschaftliche Ziele unterscheiden. Diese drei Gruppen von Marketingzielen stehen allerdings in einem kausalen Zusammenhang. Die Erfüllung der potenzialbezogenen Marketingziele ist die Voraussetzung für die Erreichung der markterfolgsbezogenen Marketingziele und diese stellen wiederum die Basis für die Realisierung der wirtschaftlichen Marketingziele dar (*Homburg/Krohmer* 2009, S. 418 ff.):

- **Potenzialbezogene Marketingziele** sind dem tatsächlichen Verhalten von Kunden kausal vorgelagert und schaffen somit das Potenzial für Markterfolg. So verkörpern beispielsweise Zielgrößen wie der **Bekanntheitsgrad eines Unternehmens**, das **Image des Leistungsangebots** oder die **Kundenzufriedenheit** ein Potenzial zur Absatzsteigerung (markterfolgsbezogenes Marketingziel).
- **Markterfolgsbezogene Marketingziele** bilden den Erfolg eines Unternehmens bzw. einer SGE im Markt auf Basis des tatsächlichen Verhaltens von Kunden ab. Somit geht es um Zielgrößen wie **Absatz**, **Marktanteil** oder **Kundenbindung**, die auf die Realisierung von Potenzialen abstellen.
- Zu den **wirtschaftlichen Marketingzielen** zählen alle Zielsetzungen, die ökonomische Erfolgsgrößen darstellen und sich in der Gewinn- und Verlustrechnung eines Unternehmens niederschlagen (z. B. **Umsätze, Marketingkosten, Deckungsbeiträge**).

### 3.1.1.3 Festlegung der Marketingstrategien

Das systematische Erreichen strategischer Marketingziele („Wo wollen wir hin?") ist an das konsequente Verfolgen adäquater Marketingstrategien gebunden. Diese zeigen die grundsätzlichen Wege und Muster zur Zielrealisierung auf („Wie kommen wir dahin?") und legen gleichzeitig Regeln und Grundsätze für die Steuerung der Werttreiber und die Wertrealisierung fest („Was müssen wir dafür tun?"). Insofern stecken Marketingstrategien den **Handlungsrahmen** („Route") für ein wertbasiertes Marketing ab (vgl. auch *Becker* 2006, S. 137).

Das Fehlen von Marketingstrategien oder allein schon deren mangelhafte Kommunikation bergen die Gefahr, dass sich die Marketingaktivitäten eines Unternehmens in unterschiedliche Richtungen entwickeln und Arbeiten doppelgleisig durchgeführt werden. Den gesetzten Maßnahmen wird es daher an Effektivität fehlen und verfügbare Ressourcen werden nicht effizient genutzt (*Esch et al.* 2011, S. 169).

Zur Erreichung strategischer Marketingziele stehen zahlreiche Strategieoptionen zur Verfügung, die abhängig von der Unternehmensumwelt und situativen Gegebenheiten ausgewählt und möglichst konsistent kombiniert werden müssen. Um letzterem Aspekt Rechnung zu tragen, definiert *Becker* (2006, S. 147 ff.) unter Rückgriff auf bestehende Ansätze ein marketingstrategisches Grundraster, das sich in vier **abnehmergerichtete Strategieebenen** gliedert. *Eckardt* (2010, S. 102 f.) ergänzt diese vier Ebenen um eine **konkurrenzgerichtete Strategieebene**, sodass sich das in Abbildung 3-8 dargestellte Marketingstrategie-System ergibt, welches in den folgenden Kapiteln vorgestellt wird.

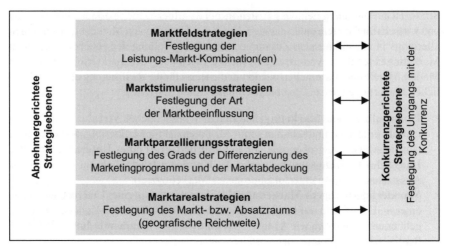

**Abb. 3-8:** Marketingstrategie-System (in Anlehnung an *Eckardt* 2010, S. 103)

### 3.1.1.3.1 Marktfeldstrategien

Marktfeldstrategien stellen eine zentrale strategische Handlungsebene dar, durch welche die strategische Stoßrichtung hinsichtlich der Entwicklung und des Wachstums eines Unternehmens determiniert wird. Durch die Gegenüberstellung von gegenwärtigen und neuen Märkten mit gegenwärtigen und neuen Leistungen (im Sinne von Produkten und Dienstleistungen) eröffnen sich für ein Unternehmen vier grundlegende **marktfeld-strategische Optionen** (*Becker* 2006, S. 148 ff.).

| | | **Leistungen** | |
|---|---|---|---|
| | | gegenwärtig | neu |
| **Märkte** | gegenwärtig | **Markt-durchdringung** | **Leistungs-entwicklung** |
| | neu | **Markt-entwicklung** | **Diversifikation** |

**Abb. 3-9:** Grundlegende marktfeld-strategische Optionen eines Unternehmens (in Anlehnung an *Becker* 2006, S. 148)

Abbildung 3-9 stellt diese Optionen dar, die sich wie folgt charakterisieren lassen (*Becker* 2006, S. 148 ff.; *Walsh et al.* 2009, S. 163 ff.; *Eckardt* 2010, S. 102 ff.; *Diller et al.* 2011, S. 240 ff.; *Esch et al.* 2011, S. 171 f.):

• Die **Marktdurchdringung** strebt einen erhöhten Absatz gegenwärtiger Leistungen auf den aktuell fokussierten Märkten an. Das Potenzial gegenwärtiger Märkte soll dabei mit einem möglichst geringen Mitteleinsatz vollständig ausgeschöpft werden, um steigende Umsätze und Gewinne zu generieren. Die Marktdurchdringung kann durch die **Intensivierung der Leistungsverwendung** bei bestehenden Kunden, das **Abwerben von Kunden**, die gegenwärtig Leistungen der Konkurrenz beziehen, sowie die **Gewinnung von Kunden**, welche die betreffende Leistung bisher noch nicht verwendet haben, erreicht werden.

• Die **Marktentwicklung** verfolgt das Ziel, neue Märkte auf Basis des gegenwärtigen Leistungsportfolios zu erschließen. Dieser Ansatz stellt insbesondere für Unternehmen, die ihre Position in bestehenden Märkten nicht weiter ausbauen können, eine geeignete strategische Handlungsweise dar.

• Die Wahl der **Leistungsentwicklung** als marktfeld-strategische Option liegt in neuen Bedürfnissen und Wünschen bestehender Kunden und folglich der Notwendigkeit, entsprechende Leistungen zu entwickeln, begründet. Die Lancierung von Innovationen in bestehenden Märkten stellt für viele Unternehmen eine wesentliche Strategieoption dar, da bei dieser Strategieoption keine neuen Märkte aufgebaut werden müssen, sondern bestehende Kunden durch neue Leistungen an das Unternehmen gebunden werden können. Speziell in Märkten, in denen Produkte bzw. Dienstleistungen aufgrund schnell wechselnder Kundenanforderungen rasch das Ende ihres Lebenszyklus erreichen, müssen Unternehmen eine **systematische Innovationspolitik** umsetzen, um bisherige Marktanteile halten bzw. ausbauen zu können. Die Leistungsentwicklung weist einen engen Bezug zu den **Timingstrategien** auf, die festlegen, zu welchem Zeitpunkt der Markteintritt im Vergleich zur Konkurrenz erfolgen sollte. In diesem Zusammenhang können die Pionier-, Frühe-Folger- und Späte-Folger-Strategie unterschieden werden (*Diller et al.* 2011, 253 f.).

• Der Ansatz der **Diversifikation** basiert auf der Entwicklung neuer Leistungen für neue Märkte und ist aufgrund des Neuheitsgrads von Markt und Leistung die mit dem höchsten Risiko verbundene marktfeld-strategische Option. Zur Auswahl stehen die horizontale, vertikale und laterale Diversifikation. Bei der **horizontalen Diversifikation** erweitert ein Unternehmen sein Leistungsprogramm für einen „neben" seinen bestehenden Märkten liegenden, d. h. den bisherigen Märkten zumindest verwandten bzw. ähnlichen, Markt. Die **vertikale Diversifikation** führt zum Angebot von Leistungen in vorgelagerten (Rückwärtsintegration) oder nachgelagerten (Vorwärtsintegration) Märkten. Schließlich bedeutet **laterale Diversifikation**, in völlig neue Leistungs- und Marktbereiche vorzustoßen, die in keinem sachlichen Zusammenhang mit den bisherigen Geschäftstätigkeiten stehen.

### 3.1.1.3.2 Marktstimulierungsstrategien

Die zweite abnehmergerichtete Strategieebene nach *Becker* (2006, S. 179 ff.) befasst sich mit der **Art der Marktbeeinflussung**. Konkret wird in diesem Zusammenhang zwischen zwei Ausprägungen der Marktstimulierung, der Präferenz- und der Preis-Mengen-Strategie, unterschieden.

Die **Präferenzstrategie** nach *Becker* entspricht im Prinzip der **Differenzierungsstrategie** nach *Porter* (1990, S. 65 f.). Bei Wahl dieser Strategieoption müssen die Produkte und Dienstleistungen eines Unternehmens ein gegenüber der Konkurrenz überlegenes Angebot repräsentieren und somit in den für die Kunden relevanten Dimensionen einen **einzigartigen Kundennutzen** bieten. Durch diese Einzigartigkeit relativieren sich in der kundenseitigen Wahrnehmung auch höhere Preise – die Präferenzstrategie adressiert somit „Markenkäufer" im **oberen und mittleren Wertsegment** (vgl. auch *Becker* 2006,

S. 180 f.). Aus diesen Ausführungen ergibt sich, dass eine Strategie der Differenzierung, die auch als **Qualitätsführerschaftsstrategie** bezeichnet wird (*Diller et al.* 2011, S. 247 ff.), auf dem (kombinierten) Einsatz aller **nicht-preislichen Aktionsparameter** des Marketing beruht.

*Becker* (2006, S. 180 f.) stellt der Präferenz- die **Preis-Mengen-Strategie** gegenüber, in deren Mittelpunkt die Realisierung möglichst **niedriger Preise** steht. Diese Strategie richtet sich an Preiskäufer im **unteren Wertsegment**, für die der Preis bei Vorliegen eines bestimmten Mindestnutzens den kaufentscheidenden Faktor darstellt (*Diller et al.* 2011, S. 247). Der anbieterseitige Ansatzpunkt für diese Strategie liegt in einer **günstigen Kostenposition**, die in der Folge niedrige Preise und hohe Mengen erlaubt, wobei Letztere über die damit verbundenen Skaleneffekte die Kostenposition stabilisieren oder sogar weiter verbessern. Entgegen der Auffassung von *Becker* (2006, S. 180) ist daher aus anbieterseitiger Perspektive die Preis-Mengen-Strategie mit der Strategie der **Kostenführerschaft** nach *Porter* (1990, S. 63 f.) gleichzusetzen (vgl. auch *Eckardt* 2010, S. 110).

*Diller et al.* (2011, S. 249 f.) verweisen darauf, dass die qualitäts- und preisseitige Marktstimulierung in einer **hybriden Wettbewerbsstrategie** (Outpacing-Strategie) vereinigt werden können. In der Regel kann eine solche Strategie allerdings nicht bereits beim Markteintritt besetzt werden, sondern entwickelt sich **sukzessive** entweder ausgehend von einer reinen Qualitäts- oder einer reinen Preis-Mengen-Strategie. Wie das folgende Fallbeispiel zeigt, kommt es in der Marketingpraxis aber auch zum **parallelen Einsatz** der zwei Marktstimulierungsstrategien, ohne dass diese im Sinne einer Hybridstrategie miteinander verschmolzen werden.

---

**Fallbeispiel: Parallele Qualitäts- und Kostenführerschaftsstrategie bei der Miba Bearing Group**

Die Miba Bearing Group (Miba Gleitlager-Gruppe) produziert Gleitlagerhalbschalen, Büchsen und Anlaufringe für Diesel- und Gasmotoren, Kompressoren sowie Turbinen. Das Leistungsspektrum dieser Maschinen reicht von rund 250 bis 40.000 Kilowatt. Das global aufgestellte Unternehmen produziert in Österreich (Laakirchen), den USA (McConnelsville) und China (Suzhou) und deckt mit seinem Produktsortiment den sogenannten metallischen Gleitlagerbereich ab, welcher von schweren Nutzfahrzeugmotoren bis hin zu Zweitakt-Schiffsdieselmotoren reicht und einen Lagerdurchmesserbereich von zirka 90 bis 900 Millimeter umfasst. Neben der Produktion und dem Vertrieb von Gleitlagern spielt insbesondere eine enge Zusammenarbeit mit den Kunden, welche sich in der Anwendungsberatung, der Konstruktion, der Weiterentwicklung und Versuchen am Motor widerspiegelt, eine große Rolle, um als Produktführer in den verschiedenen Marktsegmenten von den Kunden wahrgenommen zu werden.

Im Sinne dieser **Produkt-** bzw. **Qualitätsführerschaftsstrategie** bietet die Miba Bearing Group den jeweiligen Kunden individuelle, innovative Gleitlagerlösungen an, die ein ausgewogenes Verhältnis aus Funktion, Zuverlässigkeit sowie kunden- und anbieterseitig anfallenden Kosten darstellen. Die Lösungen sind technisch optimal auf die jeweilige Anwendung abgestimmt, um dem Nachfrager hohe Qualität, Funktionalität und Lebensdauer bieten zu können. Die vom Unternehmen entwickelten

Hightech-Materialvarianten werden dabei als **Premiumprodukte** vermarktet. Andererseits aber bedarf es zur Komplementierung dieser Premiumprodukte auch **einfacher, kostengünstiger Lösungen** für niedrig belastete Lagerstellen.

Eine solche **parallele Qualitäts- und Kostenführerschaftsstrategie** verfolgt die Miba Bearing Group beispielsweise im Segment der Nutzfahrzeugmotoren. In diesem Segment kommt es somit zur Entwicklung und Fertigung relativ einfacher und kostengünstiger Lagerbauarten, die den Kunden zusätzlich zu den Hightech-Produkten angeboten werden, um deren Bedürfnisse optimal zu erfüllen. Durch diese Standardprodukte können dem Kunden ergänzend Leistungen zu attraktiven Preisen geboten werden. Der hohe Miba-Qualitätsanspruch wird den Abnehmern allerdings grundsätzlich bei allen Produkten garantiert.

Mit der erfolgreichen Umsetzung dieser parallelen Qualitäts- und Kostenführerschaftsstrategie hat sich die Miba Bearing Group zu einem international anerkannten Entwicklungs- und Lieferpartner für Kunden in verschiedenen Marktsegmenten entwickelt.

### 3.1.1.3.3 Marktparzellierungsstrategien

Der Entscheidungskomplex der Marktparzellierung umfasst zum einen die Festlegung des **Grads der Differenzierung des Marketingprogramms** und zum anderen die Bestimmung des **Grads der Marktabdeckung** (*Becker* 2006, S. 237 ff.). In der Marketingpraxis wird dabei in der Regel zunächst die Frage der Differenzierung des Marketingprogramms geklärt, wobei hier zwischen einer **Massenmarktstrategie (undifferenziertes Marketingprogramm)** und einer **Marktsegmentierungsstrategie (differenziertes Marketingprogramm)** unterschieden werden kann. Während in ersterem Fall Standardleistungen angeboten werden, welche sich an der Bedürfnisbefriedigung von Durchschnittskäufern ausrichten, steht in letzterem Fall die Bedürfnisbefriedigung spezifischer Käufergruppen bzw. -segmente durch ein entsprechend differenziertes Marketingprogramm im Mittelpunkt. Die zweite grundlegende Entscheidung betrifft schließlich den Grad der Marktabdeckung, wobei hier unabhängig vom Differenzierungsgrad des Marketingprogramms festgelegt wird, ob der gesamte Markt (**vollständige Marktabdeckung**) oder nur ein Marktausschnitt (**teilweise Marktabdeckung**) bedient werden soll. Insgesamt betrachtet ergeben sich somit die in Abbildung 3-10 aufgezeigten vier Strategieoptionen der Marktparzellierung.

| | **Grad der Marktabdeckung** | |
|---|---|---|
| | vollständig (total) | teilweise (partial) |
| **Differenzierungs-grad des Marketing-programms** undifferenziert | **undifferenziertes Marketing** | **konzentriert-undifferenziertes Marketing** |
| differenziert | **differenziertes Marketing** | **selektiv-differenziertes Marketing** |

**Abb. 3-10:** Strategieoptionen der Marktparzellierung (in Anlehnung an *Becker* 2006, S. 237)

Für alle vier Strategieoptionen ist es eine unabdingbare Voraussetzung, vorab den **relevanten Gesamtmarkt zu definieren** und abzugrenzen, was in **sachlicher**, **räumlicher** und **zeitlicher** Hinsicht erfolgen sollte (*Backhaus/Voeth* 2010, S. 126 ff.).

### 3.1.1.3.3.1 Marktsegmentierung

Aus den vorangegangenen Ausführungen ergibt sich, dass die Entscheidung für eine differenzierte Marktbearbeitung im Gegensatz zu einer Massenmarktstrategie eine **Segmentierung des relevanten Markts** voraussetzt. Generell ist zu konstatieren, dass heute in vielen Business-to-Business-Märkten die Notwendigkeit einer segmentspezifischen und somit differenzierten Marktbearbeitung gegeben ist. Diese Notwendigkeit ist durch **quantitative Sättigungserscheinungen** begründet, welche nach mehr **qualitativem Wachstum** verlangen. Ein solches Wachstum setzt das Angebot von Leistungen voraus, welche die Kundenbedürfnisse besser erfüllen als vergleichbare Leistungen von Mitbewerbern (*Busch et al.* 2008, S. 85). Ziel des Marketing muss es daher sein, durch einen **segmentspezifischen Ansatz** für den Kunden letztlich einen höheren **Wert** zu schaffen.

Das sogenannte **STP** (segmenting, targeting, positioning)-**Marketing** stellt eine Systematik dar, welche die **gezielte Bearbeitung ausgewählter Marktsegmente** ermöglicht (*Blythe/Zimmerman* 2005, S. 86; *Kotler et al.* 2007, S. 356). Dadurch kann einerseits gewährleistet werden, dass für den Kunden höchstmöglicher Wert geschaffen wird, andererseits aber wird auch der Notwendigkeit der anbieterseitigen Wertgenerierung Rechnung getragen. Den ersten Schritt des STP-Ansatzes bildet die **Marktsegmentierung**. Hier kommt es zur Untergliederung eines Markts in abgegrenzte Marktsegmente, die jeweils spezifische Leistungen zur Befriedigung der Kundenbedürfnisse erfordern und somit auch den Einsatz eines spezifischen Marketinginstrumentariums notwendig machen. Im zweiten Schritt erfolgt die Festlegung der **Zielsegmente** auf Basis einer Attraktivitätsabschätzung (vgl. Kap. 3.1.1.3.3.2), gefolgt vom dritten und letzten Schritt, der **Positionierung von Leistungen**. Diese zielt auf den Aufbau einer tragfähigen und eindeutig abgrenzbaren Wettbewerbsposition in den jeweiligen Zielsegmenten ab und erfolgt im Zuge der **Leistungskonzeption** (vgl. Kap. 3.2.1.5.2).

Die Marktsegmentierung erfordert ein Durchlaufen der folgenden zwei Schritte:

**(1) Auswahl von Marktsegmentierungskriterien**
Zur Ermittlung von Marktsegmenten bedarf es geeigneter Segmentierungskriterien. Diese müssen in der Lage sein, die Marktsegmente so voneinander zu trennen, dass sich die Mitglieder eines Marktsegments im Hinblick auf ihr Kaufverhalten möglichst ähnlich sind (**Homogenität innerhalb der Segmente**), sich andererseits aber von den Mitgliedern anderer Marktsegmente diesbezüglich möglichst stark unterscheiden (**Heterogenität zwischen den Segmenten**). Die so gebildeten Segmente rechtfertigen den Einsatz eines segmentspezifischen Marketinginstrumentariums, welches sowohl dem Effektivitätskriterium (Wertschaffung für den Kunden) als auch dem Effizienzkriterium (Wertschaffung für das Unternehmen) Rechnung trägt. Entscheidend ist wie oben angesprochen, dass Marktsegmentierungskriterien einen engen Bezug zum Kaufverhalten der Nachfrager aufweisen und somit **kaufverhaltensrelevant** sind (*Kleinaltenkamp* 2000b, S. 194). Dadurch erhöht sich die Aussagekraft der gebildeten Segmente für die zu set-

zenden Marketingmaßnahmen. Darüber hinaus sollten Segmentierungskriterien aber auch den folgenden Anforderungen genügen (*Kotler et al.* 2007, S. 386; *Freter* 2008, S. 90 ff.; *Anderson/Narus* 2009, S. 48; *Homburg/Krohmer* 2009, S. 463 f.):

- **Erreichbarkeit:** Die eingesetzten Segmentierungskriterien müssen es ermöglichen, die Nachfrager auch tatsächlich zu erreichen bzw. anzusprechen.
- **Messbarkeit:** Die zur Marktsegmentierung herangezogenen Kriterien sollten hinlänglich gut messbar sein. Diesbezüglich zeigt sich, wie auch beim Kriterium der Erreichbarkeit, ein Widerspruch zur oben formulierten Anforderung der Kaufverhaltensrelevanz, woraus eine grundlegende Schwierigkeit bei der praktischen Anwendung von Marktsegmentierungsansätzen resultiert (*Kleinaltenkamp* 2000b, S. 195).
- **Zeitliche Stabilität:** Die gewählten Kriterien müssen gewährleisten, dass die jeweiligen Segmente über eine gewisse Zeit hinweg in ihrer Zusammensetzung konstant bleiben, da andernfalls eine ökonomische Segmentbearbeitung nicht möglich ist.
- **Wirtschaftlichkeit:** Die jeweiligen Marktsegmentierungskriterien sind so zu bestimmen, dass a) ihre Erfassung und b) die Bearbeitung der auf Basis dieser Kriterien gebildeten Segmente nicht höhere Kosten verursachen als Nutzen gestiftet wird. Einerseits wird durch eine besonders feine Marktsegmentierung zwar mehr Kundennähe erreicht, andererseits aber steigen mit zunehmender Segmentierung des Markts auch die Komplexitätskosten an.

**Tab. 3-2:** Marktsegmentierungskriterien für Business-to-Business-Märkte (*Kleinaltenkamp* 2000b, S. 195)

| Erfassung der Merkmale | Merkmale der Nachfragerorganisation | |
|---|---|---|
| | **allgemeine Merkmale** | **kaufspezifische Merkmale** |
| **direkt beobachtbar** | • *Organisationsbezogene Merkmale:* Unternehmensgröße, Organisationsstruktur, Standort, Betriebsform, Finanzrestriktionen, u. a. | • *Organisationsbezogene Merkmale:* Abnahmemenge bzw. -häufigkeit, Wertschöpfungsprozesse, Anwendungsbereich der nachgefragten Leistung, Neu-/Wiederholungskauf, Marken-/Lieferantentreue, Verwenderbranche/Letztverwendersektor |
| | • *Buying Center-bezogene Merkmale:* demografische und sozioökonomische Merkmale der Buying Center-Mitglieder (z. B. Ausbildung, Beruf, Alter, Stellung im Unternehmen) | • *Buying Center-bezogene Merkmale:* Größe und Struktur des Buying Centers |
| **indirekt beobachtbar/abgeleitet** | • *Organisationsbezogene Merkmale:* Unternehmensphilosophie, Zielsystem des Unternehmens | • *Organisationsbezogene Merkmale:* organisatorische Beschaffungsregeln |
| | • *Buying Center-bezogene Merkmale:* Persönlichkeitsmerkmale der Buying-Center-Mitglieder (z. B. Know-how, Risikoneigung, Entscheidungsfreudigkeit, Selbstvertrauen, Life-Style der Buying Center-Mitglieder) | • *Buying Center-bezogene Merkmale:* Kaufmotive, individuelle Zielsysteme, Anforderungsprofile, Entscheidungsregeln der Kaufbeteiligten, Kaufbedeutung in der Einschätzung der Kaufbeteiligten, Einstellungen/Erwartungen gegenüber Produkt/Lieferanten, **Präferenzen** |

**CTR** Die zur Marktsegmentierung in Business-to-Business-Märkten zur Verfügung stehenden Kriterien lassen sich zum einen danach unterscheiden, ob diese **allgemein** oder **kaufspezifisch** ausgerichtet sind, und zum anderen im Hinblick darauf, wie sie erfasst werden können, d. h. ob es sich um **direkt** oder nur **indirekt beobachtbare Merkmale** handelt (*Kleinaltenkamp* 2000b, S. 196). Berücksichtigt man überdies, dass Kaufentscheidungen in Business-to-Business-Märkten sowohl von Bestimmungsfaktoren der **Nachfragerorganisation** als auch von Einflüssen determiniert werden, die in den **Mitgliedern und Strukturen von Buying Centern** (vgl. dazu Kap. 1.2.2) begründet liegen, so ergibt sich die in Tabelle 3-2 dargestellte Systematisierung von Marktsegmentierungskriterien für Business-to-Business-Märkte.

Von besonderem Interesse vor dem Hintergrund des hier vertretenen wertbasierten Marketingverständnisses ist das rechts unten in Tabelle 3-2 genannte Segmentierungskriterium der **Präferenzen**, da diese insbesondere auch durch den vom Kunden wahrgenommenen **Nutzen** des jeweiligen Leistungsangebots determiniert werden (vgl. dazu Kap. 1.2.2.2.2). Angesprochen ist somit der Ansatz der **nutzenbasierten Marktsegmentierung** (*Kotler et al.* 2007, S. 377 ff.).

**CTR** Methodisch unterstützen lässt sich die nutzenbasierte Marktsegmentierung durch die Conjoint-Analyse (vgl. z. B. *Steiner/Baumgartner* 2004), deren Grundidee in Kap. 1.2.2.2.2 skizziert wurde.

**(2) Bildung von Marktsegmenten**
**CTR** Die in Tabelle 3-2 aufgezeigten Marktsegmentierungskriterien lassen sich wie folgt zur Bildung von Marktsegmenten einsetzen (*Backhaus/Voeth* 2010, S. 120 ff.; *Eckardt* 2010, S. 68 ff.):

• **Einstufige Ansätze:** Bei diesen Ansätzen erfolgt die Segmentierung auf Basis von **Einzelkriterien**. In der Regel werden einstufige Segmentierungsansätze der Komplexität von Kaufentscheidungsprozessen in Business-to-Business-Märkten nicht gerecht, sodass wichtige kaufverhaltensbestimmende Faktoren unberücksichtigt bleiben. Dies kann in weiterer Folge zu einer Fehlsteuerung der Marketingaktivitäten mit entsprechend negativen Erfolgswirkungen führen (*Kleinaltenkamp* 2000b, S. 200 f.).

• **Mehrstufige Ansätze:** Ziel mehrstufiger Segmentierungsansätze ist es, in einem stufenweisen **Filterungsprozess** Einflussfaktoren des organisationalen Beschaffungsverhaltens, wie sie die Kriterien aus Tabelle 3-2 repräsentieren, für Segmentierungszwecke zu prüfen. Allen mehrstufigen Ansätzen ist gemeinsam, dass die Kriterien zur Marktsegmentbildung nicht isoliert betrachtet, sondern **kombiniert** eingesetzt werden. Unterschiede bestehen allerdings in der Zahl der zu durchlaufenden Segmentierungsstufen.

• **Mehrdimensionale Ansätze:** Im Gegensatz zu den mehrstufigen Ansätzen wird hier **keiner Baumstruktur** gefolgt, die linear abzuarbeiten ist, sondern verschiedene Kriterien können **simultan** zur Marktsegmentbildung herangezogen werden.

### 3.1.1.3.3.2 Festlegung von Zielsegmenten

Nach der Bildung von Marktsegmenten erfolgt deren Bewertung und darauf aufbauend die Festlegung von Zielsegmenten. In diesem Zusammenhang stellt sich die Frage, für welche der identifizierten Marktsegmente tatsächlich ein segmentspezifisches Angebot erstellt werden sollte. Ziel ist es, jene Marktsegmente herauszufiltern, deren Bearbeitung für den Anbieter **höchstmöglichen Wert** generiert.

CTR Die Bewertung von Marktsegmenten sollte aus **zwei Perspektiven** erfolgen. Zum einen geht es um das generelle **Potenzial**, das ein Segment mit Blick auf die **anbieterseitige Wertschaffung** aufweist, wobei hier weiter zwischen quantitativen und qualitativen Kriterien zu differenzieren ist. Als **quantitative Bewertungskriterien** kommen hierbei insbesondere in Frage (*Kleinaltenkamp* 2000b, S. 216):

- Segmentvolumina und -potenziale hinsichtlich Menge und Wert;
- erreichbare segmentbezogene Marktanteile;
- erzielbare Preisniveaus;
- Kosten der Erschließung und Erhaltung der jeweiligen Marktsegmente;
- erwartbare segmentspezifische Erfolgssituation (Deckungsbeitrag, Gewinn).

**Qualitative Kriterien** zur Bewertung des anbieterseitigen Wertschaffungspotenzials umfassen beispielsweise segmentspezifische Entwicklungstendenzen hinsichtlich Nachfrage, Wettbewerb und Umfeld (Technologie, Ökologie etc.), den Grad der gegebenen und/oder erzielbaren Kundenbindung und sich aus der Bearbeitung der jeweiligen Marktsegmente ergebende innerbetriebliche Synergieeffekte (*Kleinaltenkamp* 2000b, S. 217).

Die zweite Bewertungsperspektive betrifft die **Zielsetzungen und Ressourcen** des eigenen Unternehmens (*Kotler et al.* 2007, S. 387). Auch wenn ein Marktsegment für den Anbieter ein generelles Wertschaffungspotenzial aufweist, so ist zunächst zu hinterfragen, ob dessen Bearbeitung mit den langfristigen Zielsetzungen des Unternehmens kompatibel ist. Zudem muss ein Unternehmen aber auch abwägen, ob es über die notwendigen Ressourcen bzw. Fähigkeiten verfügt, die möglichen Wertschaffungspotenziale zu realisieren. Dieser Aspekt beinhaltet auch die Frage, ob gegenüber der Konkurrenz spezifische Wettbewerbsvorteile erarbeitet werden können.

Auf Grundlage des Bewertungsergebnisses ist dann die Entscheidung zu treffen, welche Marktsegmente die Zielsegmente des Unternehmens bilden sollen. Falls **alle identifizierten Marktsegmente** aus den genannten Perspektiven als attraktiv bewertet werden, so liegt entsprechend den Ausführungen in Kapitel 3.1.1.3.3 die Strategieoption des **differenzierten Marketing** vor. Fällt die Entscheidung, nur einen **Teil der identifizierten Marktsegmente** zu bearbeiten, dann wird die Strategieoption des **selektiv-differenzierten Marketing** verfolgt.

### 3.1.1.3.4 Marktarealstrategien

Die letzte abnehmergerichtete Strategieebene wird durch die Marktarealstrategien repräsentiert, welche den **Markt- bzw. Absatzraum** eines Unternehmens bestimmen (*Becker* 2006, S. 299 ff.). Durch die Wahl einer Marktarealstrategie erfolgt die Festlegung der **räumlichen Ausdehnung** des Absatzgebiets eines Unternehmens.

Einem Unternehmen stehen zwei generelle marktareal-strategische Optionen zur Verfügung. Zum einen kann die Wahl auf eine **nationale Marktarealstrategie** fallen, die sich weiter in eine lokale, regionale, überregionale und nationale Markterschließung differenzieren lässt. Alternativ kann aber auch eine übernationale Marktarealstrategie verfolgt werden, mit welcher eine multinationale, internationale oder weltweite Markterschließung einhergeht (*Becker* 2006, S. 301).

### 3.1.1.3.5 Konkurrenzgerichtete Strategien

Wie bereits dargestellt, bedarf es neben abnehmergerichteten Marketingstrategien auch strategischer Festlegungen hinsichtlich des Umgangs mit der Konkurrenz. *Eckardt* (2010, S. 117) betont allerdings, dass allein schon durch die Kombination der Ausprägungen der abnehmergerichteten Strategieoptionen ein spezifischer Auftritt gegenüber der Konkurrenz gegeben ist und folglich eine klare Abgrenzung zwischen abnehmer- und konkurrenzgerichteten Strategien nicht möglich ist.

Hinsichtlich der Ausrichtung gegenüber der Konkurrenz ist die grundlegende Frage zu klären, ob sich ein Unternehmen **aktiv** (wettbewerbsstellend) oder **passiv** (wettbewerbsvermeidend) bzw. **innovativ** oder **imitativ** verhalten sollte. Aus der Kombination dieser Verhaltensweisen ergeben sich die folgenden vier konkurrenzgerichteten Strategien (*Meffert et al.* 2008, S. 308 ff.; *Eckardt* 2010, S. 119; *Diller et al.* 2011, S. 252 f.):

- **Konfliktstrategie:** Bei Wahl dieser Strategie suchen Unternehmen **aktiv** die Konfrontation mit Konkurrenten, um durch **innovatives Verhalten** Marktanteile zu gewinnen und gegebenenfalls die Marktführerschaft zu erreichen.
- **Kooperationsstrategie:** Unternehmen, die mit Konkurrenten kooperieren, verhalten sich **wettbewerbsstellend**, aber **imitativ**. Die Notwendigkeit einer Kooperation mit Konkurrenten kann sich aufgrund spezifischer situativer Bedingungen, mit welchen sich ein Unternehmen konfrontiert sieht, ergeben. Diese Strategie wird insbesondere dann verfolgt, wenn ein Unternehmen über **keinen deutlichen Wettbewerbsvorteil** oder **nicht über ausreichende Ressourcen** verfügt.
- **Anpassungsstrategie:** Wie bei der Kooperationsstrategie wird hier das Verhalten der Konkurrenz **imitiert**, allerdings **wettbewerbsvermeidend** agiert. Charakteristisch für eine Anpassungsstrategie ist die Nachahmung erfolgreicher Wettbewerber (**Me-too-Ansatz**). In der Regel ist es gleichzeitig notwendig, eine **Kostenführerschaftsstrategie** (vgl. Kap. 3.1.1.3.2) einzuschlagen, um sich durch niedrigere Preise vom imitierten Mitbewerb abzugrenzen.
- **Ausweichstrategie:** Wenn Unternehmen diese strategische Option verfolgen, dann versuchen sie, durch **innovative Aktivitäten** den **Wettbewerb zu vermeiden**. Gesucht werden **Marktnischen**, die von der Konkurrenz bisher noch nicht bedient werden. Voraussetzung für eine Ausweichstrategie ist somit ein **selektiv-differenziertes Marketing** (vgl. Kap. 3.1.1.3.3). Entscheidend ist, dass für die Konkurrenz frühzeitig Markteintrittsbarrieren aufgebaut werden, um die Profitabilität der gewählten Marktnische abzusichern.

Eine weitere konkurrenzgerichtete Strategieoption stellt die **Rückzugsstrategie** dar (*Eckardt* 2010, S. 120). Kann sich eine Leistung nicht mehr gegen den Wettbewerb behaupten, so muss ein Unternehmen systematisch seinen Rückzug aus dem jeweiligen Markt bzw. Marktsegment planen, um negative ökonomische Effekte zu vermeiden.

## 3.1.2 Kommunikation der marketingstrategischen Grundausrichtung

Durch die Kommunikation der marketingstrategischen Grundausrichtung soll die Definition der strategischen Wertbasis unternehmensintern und -extern sicht- und greifbar gemacht werden. Aus dieser Perspektive bildet der Kommunikationsaspekt einen integrierenden Bestandteil der Definition der strategischen Wertbasis.

### 3.1.2.1 Unternehmensinterne Kommunikation

Die Effektivität der Strategieumsetzung hängt letztlich von den Mitarbeitern eines Unternehmens ab. Sie sind es, die auf Basis der marketingstrategischen Grundausrichtung die drei Werttreiber Kundennutzen, Preis und Kosten steuern und darauf aufbauend für die Wertrealisierung verantwortlich zeichnen. Insofern ist es für das Management unabdingbar, den Mitarbeitern die marketingstrategische Grundausrichtung in geeigneter Art und Weise zu kommunizieren. *Bruhn* (2009, S. 47) empfiehlt grundsätzlich eine möglichst **frühzeitige Einbindung** der Mitarbeiter bei der Festlegung der marketingstrategischen Grundausrichtung. Dies impliziert neben deren aktiver Mitwirkung bei der Erarbeitung der marketingstrategischen Grundausrichtung auch eine frühzeitige Informationsversorgung. Denn durch geeignete Kommunikationsmaßnahmen, die bereits im Zuge der Entwicklung der marketingstrategischen Grundausrichtung erfolgen, lassen sich das Verständnis, die Akzeptanz und die Identifikation mit der marketingstrategischen Grundausrichtung entscheidend fördern.

Die unternehmensinterne Kommunikation der marketingstrategischen Grundausrichtung durch das Management sollte allerdings nicht im Sinne einer Einwegkommunikation, sondern in **interaktiver Form** erfolgen, um ein möglichst hohes Strategie-Commitment der Mitarbeiter zu erzielen. Die Kommunikation muss dabei auf folgenden zwei Ebenen erfolgen (*Bruhn* 1999, S. 29 f.):

- **Institutionalisierte Ebene:** Hier gilt es, die verschiedenen Formen der **schriftlichen** und **mündlichen** Kommunikation einzusetzen.
- **Nicht-institutionalisierte Ebene:** Diese Ebene bezieht sich auf die **nonverbale Kommunikation**, die sich im Verhalten des Managements manifestiert. Läuft die nonverbale Kommunikation der institutionalisierten Kommunikation zuwider, so kann Letztere auch bei noch so systematischem Vorgehen nicht erfolgreich sein.

CTR Methodische Unterstützung hinsichtlich der unternehmensinternen Kommunikation der marketingstrategischen Grundausrichtung bietet der Einsatz einer **Balanced Scorecard** (vgl. auch Kap. 3.4.1.1). Diese operationalisiert die strategische Grundausrichtung anhand konkreter Ziele, sowohl quantitativer als auch qualitativer Kennzahlen und strategischer Maßnahmen (*Kaplan/Norton* 1996; *Gaubinger* 2006, S. 289 ff.; *Meffert et al.* 2008, S. 800 f.; *Benkenstein/Uhrich* 2009, S. 224 f.). Durch diese Operationalisierung wird die unternehmensinterne Strategiekommunikation wesentlich erleichtert, was wiederum eine bessere Strategieumsetzung ermöglicht.

### 3.1.2.2 Unternehmensexterne Kommunikation: Markenmanagement

Die unternehmensexterne Kommunikation der marketingstrategischen Grundausrichtung soll (potenziellen) Kunden deutlich machen, **wofür ein Unternehmen steht**. Um die marketingstrategische Grundausrichtung möglichst effektiv und effizient nach außen zu kommunizieren, bietet sich der Rückgriff auf das Konzept der **Marke** an. Diese definiert sich über den Markenkern und die Markierung (*Backhaus* 2010, S. 171). Während dem **Markenkern** (vgl. auch *Pförtsch/Schmid* 2005, S. 85 f.) die Aufgabe der **inhaltlichen Kommunikation** zukommt („Wofür stehen wir?"), erfüllt die **Markierung** den **formalen Zweck**, das Leistungsangebot mit einem Namen, Zeichen, Symbol, Design oder einer Kombination dieser Elemente zu kennzeichnen und damit für den Nachfrager identifizierbar zu machen. Markenkern und Markierung bedingen sich dabei **wechselseitig**: Ohne Markierung kann die vom Markenkern gesandte Botschaft keinem Anbieter zugeordnet werden, während andererseits eine Markierung ohne Koppelung an inhaltliche Aussagen als weder effektive noch effiziente „Grafikübung" zu qualifizieren ist. Die unternehmensexterne Kommunikation der marketingstrategischen Grundausrichtung erfolgt in der Regel über eine **Unternehmensmarke**. Dies schließt allerdings nicht aus, dass ein Unternehmen auch – mit der Unternehmensmarke konsistente – **Produktmarken** führt, welche auf der Leistungsangebotsebene die fokussierte Kommunikation der Positionierung von Leistungen (vgl. dazu Kap. 3.2.1.5.2) übernehmen.

Warum aber sollte die unternehmensexterne Kommunikation der marketingstrategischen Grundausrichtung markengestützt erfolgen? Zum einen sind Marken in der Lage, beim (potenziellen) Kunden **Vertrauen** zu schaffen. Dieses Vertrauen entsteht dadurch, dass der Aufbau einer Marke eine **spezifische Investition** darstellt, die der Markeninhaber nicht verlieren möchte, die jedoch verloren wäre, würde er das mit der Marke verbundene Leistungsversprechen nicht einlösen. Denn in diesem Fall würden sich die Kunden von der Marke abwenden und diese in der Folge wertlos werden. Durch die spezifische Investition des Anbieters in eine Marke hält der Nachfrager somit ein „Faustpfand" in der Hand, das ihm die Sicherheit gibt, dass er auf die Einlösung des gegebenen Leistungsversprechens vertrauen kann (*Voeth/Rabe* 2004b, S. 86 f.). Konkret bedeutet dies, dass durch eine entsprechende markenbasierte Kommunikation die marketingstrategische Grundausrichtung erheblich an **Glaubwürdigkeit** gewinnt.

Zum anderen aber wird durch Marken eine Steigerung der **Informationseffizienz** bewirkt (*Caspar et al.* 2002, S. 23). Dies bedeutet, dass durch die Bündelung bzw. Komprimierung von Informationen im Markenkern die Informationsverarbeitung für den Nachfrager wesentlich erleichtert wird. Eine markengestützte Kommunikation der marketingstrategischen Grundausrichtung führt somit beim Nachfrager zu einer erheblichen **informationsseitigen Entlastung**. Vor dem Hintergrund der für Business-to-Business-Märkte typischen Buying Center-Situation weist die Marke zudem insofern einen **koordinierenden Effekt** auf, als alle Buying Center-Mitglieder in denselben Informationsstand versetzt werden, was Entscheidungsprozesse beschleunigt (*Caspar et al.* 2002, S. 24).

Die unternehmensexterne Kommunikation der marketingstrategischen Grundausrichtung zielt zwar auf die (potenziellen) Kunden eines Unternehmens ab, hat aber durchaus auch eine Wirkung auf die eigenen **Mitarbeiter** (vgl. auch *Bruhn* 2005b, S. 1280). So werden durch die zur inhaltlichen „Aufladung" des Markenkerns gesetzten Kommunikationsmaßnahmen (z. B. Schaltungen in Fachzeitschriften, Messeauftritte) auch die eigenen Mitarbeiter erreicht. Folglich ist aus Mitarbeitersicht die **Durchgängigkeit der unternehmensexternen und -internen Kommunikation** für die Glaubwürdigkeit der marketingstrategischen Grundausrichtung und die Identifikation mit dieser eine wesentliche Voraussetzung.

## 3.1.3 Zusammenfassung

Die Definition der strategischen Wertbasis bildet den Ausgangspunkt des wertbasierten Business-to-Business-Marketing. Sie erfolgt einerseits über die Festlegung der marketingstrategischen Grundausrichtung und andererseits über deren unternehmensinterne und -externe Kommunikation.

Zur **Festlegung der marketingstrategischen Grundausrichtung** sind die folgenden Schritte zu durchlaufen:

(1) Strategische Analyse der Ist-Situation und Identifikation von Wertschaffungspotenzialen;
(2) Festlegung der strategischen Marketingziele;
(3) Festlegung der Marketingstrategien.

Die Aufgabe der **strategischen Analyse der Ist-Situation** liegt einerseits in der Sammlung, Analyse, Aufbereitung und Kommunikation von Informationen zum Status Quo des eigenen Unternehmens und zur relevanten Unternehmensumwelt (Nachfrager, Mitbewerb, Markt, Marktumfeld). Andererseits aber umfasst die Situationsanalyse auch die Ableitung zukünftiger Entwicklungen. Die Situationsanalyse ist durch ein hohes Maß an Komplexität gekennzeichnet, die sich durch Einsatz der SWOT-Analyse beherrschen lässt. Diese ermöglicht die Identifikation strategischer Ansatzpunkte zur **nachfrager- und anbieterseitigen Wertschaffung**.

Die Erkenntnisse der Situationsanalyse bilden die Basis zur Ableitung adäquater **strategischer Marketingziele**. Diese Ziele spielen insofern eine zentrale Rolle, als sie den Bezugspunkt der Ableitung geeigneter Marketingstrategien und der strategischen Erfolgskontrolle bilden.

**Marketingstrategien** zeigen die grundsätzlichen Wege und Muster zur Realisierung strategischer Marketingziele auf und definieren gleichzeitig Regeln und Grundsätze für die Steuerung der Werttreiber und die Wertrealisierung. Marketingstrategische Festlegungen sind einerseits abnehmergerichtet (Marktfeld-, Marktstimulierungs-, Marktparzellierungs- und Marktarealstrategien) und andererseits konkurrenzgerichtet zu treffen.

Durch die **Kommunikation der marketingstrategischen Grundausrichtung** soll die Definition der strategischen Wertbasis sicht- und greifbar gemacht werden. Dies impliziert zum einen eine entsprechende **unternehmensinterne Kommunikation**, zum anderen aber auch die **unternehmensexterne Kommunikation** der marketingstrategischen Grundausrichtung durch ein adäquates Markenmanagement.

# 3.2    Steuerung der Werttreiber

Um der Prämisse des wertbasierten Business-to-Business-Marketing, den Wert für den Anbieter unter der Nebenbedingung zu maximieren, dass gerade so viel Kundenwert gestiftet wird, dass der Kunde sich für den jeweiligen Anbieter entscheidet (vgl. Kap. 1.4), Rechnung zu tragen, müssen zum einen die Werttreiber des **Kundennutzens** und des **Preises** entsprechend gesteuert werden. Andererseits aber lässt sich der maximale Wert für den Anbieter erst dann realisieren, wenn zusätzlich auch der Werttreiber der **Kosten** direkt – und nicht nur über den Umweg des Kundennutzens (vgl. dazu Kap. 1.4. bzw. Abbildung 1-20) – gesteuert wird. Das zur Wertmaximierung notwendige möglichst niedrige Kostenniveau kann dabei durch eine Reduktion von Material- und Fertigungskosten, Forschungs- und Entwicklungskosten, Kosten der Wertrealisierung (vgl. Kap. 3.3) und Kosten der allgemeinen Verwaltung erreicht werden.

Die Steuerung der Werttreiber knüpft an der Definition der strategischen Wertbasis an und bildet gleichzeitig die erste Phase des Wertmanagements (vgl. Abbildung 3-11). Im Einzelnen sind im Kontext der Steuerung der Werttreiber die folgenden Fragen zu beantworten:

*   Wie muss das Management von Kundennutzen gestaltet sein, um den Kunden den erwarteten Nutzen zu stiften (Kap. 3.2.1)?
*   Wie muss im Preismanagement vorgegangen werden, um einen für den Anbieter optimalen Preis zu erzielen (Kap. 3.2.2)?
*   Wie ist das Kostenmanagement auszurichten, um eine möglichst niedrige Kostenbasis zu realisieren (Kap. 3.2.3)?

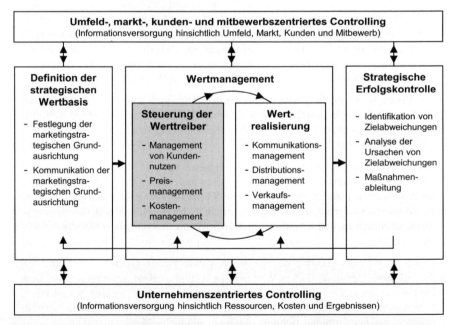

**Abb. 3-11:** Steuerung der Werttreiber und wertbasiertes Business-to-Business-Marketing

Die zur Steuerung der drei Werttreiber notwendigen Prozesse sind in hohem Maße **interdependent**. Um ein Beispiel zu nennen: Die Realisierung eines bestimmten Kundennutzens verursacht im Unternehmen entsprechende Kosten, welche wiederum Rückwirkungen auf den zu erzielenden Preis haben. Ist Letzterer dem Kunden aber zu hoch, so kann dies wiederum die Notwendigkeit einer Kosten- und/oder Nutzenreduktion nach sich ziehen. Insgesamt bedeutet dies, dass für einen Anbieter die Herausforderung im **simultanen Management** von Kundennutzen, Preis und Kosten liegt.

## 3.2.1 Der Prozess des Managements von Kundennutzen

Der in Abbildung 3-12 dargestellte Prozess des Managements von Kundennutzen startet mit der **Zielfestlegung** (Kap. 3.2.1.1), an die sich die **Identifikation von Kundennutzen** (Kap. 3.2.1.2) anschließt. In diesem Zusammenhang ist zunächst der Kundennutzen aus **Anbietersicht** zu strukturieren, um so einen Überblick zu den eigenen Nutzenstiftungspotenzialen zu erhalten. Parallel dazu sind die Nutzenstiftungspotenziale der relevanten **Konkurrenten** zu ermitteln und mit den eigenen Potenzialen abzugleichen. Ziel dieser zwei Teilschritte ist es, zu einer möglichst umfassenden und strukturierten Bestandsaufnahme von Nutzenstiftungspotenzialen zu gelangen, die anschließend aus **Kundensicht** hinterfragt werden. Hierbei geht es zunächst darum herauszufinden, ob definierte Nutzenstiftungspotenziale für den Kunden irrelevant sind bzw. wichtige Nutzenstiftungspotenziale nicht berücksichtigt wurden. Anschließend sind die somit vorliegenden endgültigen Nutzenstiftungspotenziale durch die Kunden zu quantifizieren, womit gleichzeitig die Basis für die nutzenbasierte Kundensegmentierung vorliegt.

Eine **nutzenbasierte Kundensegmentierung** (Kap. 3.2.1.3) ist sinnvoll, da ein Anbieter dadurch die Möglichkeit erhält, Kundensegmente, die relativ homogene Nutzenstrukturen aufweisen, hinsichtlich des Kundennutzens spezifisch anzusprechen. Somit kann einerseits **kundenseitig höherer Wert** geschaffen werden, andererseits aber steigt auch der **anbieterseitige Wert**, da Unternehmensressourcen gezielter eingesetzt werden können. Wird die Kundensegmentierung nicht in atomistischer Weise (jeder Kunde bildet ein eigenes Segment) betrieben, lassen sich zudem erhebliche **Synergiepotenziale bei der Kundenbearbeitung** (z. B. im Rahmen der Leistungskonzeption, der Kommunikation und der Gestaltung des Distributionssystems) realisieren, die sich abermals positiv auf den anbieterseitigen Wert auswirken.

An die nutzenbasierte Kundensegmentierung schließen sich die **Kundenbewertung und -priorisierung** (Kap. 3.2.1.4) an. Die Kundenbewertung zielt unabhängig von den gebildeten Nutzensegmenten darauf ab, die Kunden nach ihrem **Wert für den Anbieter** zu klassifizieren und führt somit zu einer **erfolgspotenzialbasierten Kundensegmentierung**. Ziel der Kundenpriorisierung wiederum ist es, knappe Unternehmensressourcen für die **erfolgversprechendsten** und somit wichtigsten Kundensegmente zu verwenden und dadurch das Potenzial zur **anbieterseitigen Wertsteigerung** zu nutzen. So bietet es sich beispielsweise an, ein Selling Team (*Kriechbaumer et al.* 2006) nur für A-Kunden zu installieren, während weniger bedeutende Kunden durch einen klassischen Vertrieb betreut werden. Der Schritt der Kundenbewertung und -priorisierung impliziert, dass trotz homogener Nutzenstrukturen in einem (nutzenbasierten) Kundensegment nicht notwendigerweise allen Kunden in diesem Segment derselbe Nutzen gestiftet werden muss. Auch kann der Fall auftreten, dass aufgrund der Ergebnisse der Kundenbewertung bestimmte Kunden nicht mehr bearbeitet werden.

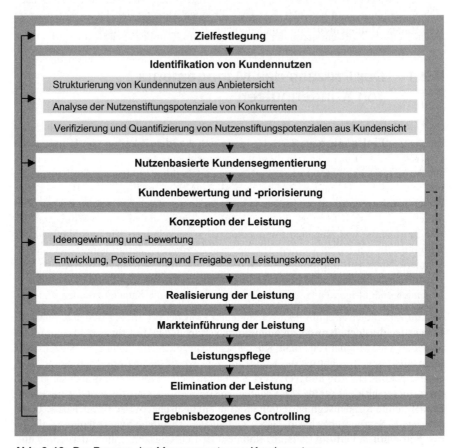

**Abb. 3-12:** Der Prozess des Managements von Kundennutzen

Die **Leistungskonzeption** (Kap. 3.2.1.5) erfolgt grundsätzlich für das jeweilige **Zielsegment** bzw. den jeweiligen **Zielmarkt**, wobei die auf der Ebene bestehender Kunden gewonnenen Erkenntnisse zu **Nutzenstiftungspotenzialen** wesentliche Anhaltspunkte für die Leistungsgestaltung bieten. Ziel dieser Prozessphase ist es, systematisch **Ideen** für neue Leistungen bzw. für die Pflege bestehender Leistungen zu generieren und in entsprechende **Leistungskonzepte** umzusetzen. Welche **Leistungen** letztlich **realisiert** werden (Kap. 3.2.1.6), wird dabei auf Basis geeigneter Bewertungsverfahren entschieden.

Die **Markteinführung der Leistung** (Kap. 3.2.1.7) steht in unmittelbarem Zusammenhang mit der zweiten Phase des Wertmanagements, der **Wertrealisierung** (vgl. Abbildung 3-11), da die Markteinführung zwangsläufig mit der Kommunikation, Distribution und dem Verkauf der Leistung einhergeht.

Jede einmal eingeführte Leistung muss darauf hin überprüft werden, ob sie im Zielsegment bzw. -markt noch ausreichenden Kundennutzen stiftet. Ist das nicht der Fall, so kann diese einerseits im Rahmen der **Leistungspflege** (Kap. 3.2.1.8) **variiert** oder **differenziert** werden. Falls die Leistungspflege nicht (mehr) zielführend erscheint, kann andererseits die Notwendigkeit der **Leistungselimination** bestehen (Kap. 3.2.1.9).

Abgeschlossen wird der Prozess des Managements von Kundennutzen durch ein **ergebnisbezogenes Controlling** (Kap. 3.2.1.10), das aufzeigt, ob die zu Beginn des Prozesses festgelegten Ziele erreicht wurden, und gegebenenfalls zu entsprechenden Maßnahmen führt.

### 3.2.1.1  Zielfestlegung

Das grundlegende Ziel des Managements von Kundennutzen besteht darin, Kunden den **Nutzen** zu stiften, den diese sich **erwarten**. Dies impliziert zum einen, dass ein Anbieter die Frage beantwortet, welche **Nutzenkategorien** für die Kunden grundsätzlich von Relevanz sind (vgl. Kap. 3.2.1.2). Zum anderen aber muss sich ein Anbieter im Zuge der Leistungskonzeptentwicklung (vgl. Kap. 3.2.1.5.2) auch Gedanken über den in den jeweiligen Nutzenkategorien zu stiftenden **Mindestnutzen** machen. Entsprechend der Prämisse, mit Blick auf die Wertmaximierung für den Anbieter kundenseitig nur den notwendigen Wert zu stiften, kann es allerdings nicht Ziel sein, diesen Mindestnutzen möglichst weit zu übertreffen, um dadurch beim Kunden vermeintlich bessere Karten zu haben. Vielmehr muss es darum gehen, nur so weit über dem Mindestnutzen zu liegen, dass im Zusammenspiel mit dem verhandelten Preis der gestiftete Kundenwert gerade so hoch ist, dass der Anbieter im Konkurrenzvergleich den Zuschlag erhält.

### 3.2.1.2  Identifikation von Kundennutzen

Kunden entscheiden sich für das Angebot, das ihnen einen entsprechenden Wert bietet. **Ursächlich** für diesen Wert ist, dass dem Kunden durch das Angebot ein **Nutzen** gestiftet wird, der in weiterer Folge zu einer Zahlungsbereitschaft und damit einem bestimmten Preis führt. Aus dieser Perspektive bildet der Kundennutzen die **notwendige Voraussetzung**, um überhaupt Wert für den Kunden generieren und in der Folge auch anbieterseitig Wert schaffen zu können. Allerdings zeigt sich in der Marketingpraxis, dass Kundennutzenanalysen trotz ihrer klar auf der Hand liegenden Bedeutung nur selten auch tatsächlich durchgeführt werden (*Homburg/Beutin* 2000, S. 2).

Nutzen für den Kunden entsteht nicht ausschließlich durch Produkte. Die Erfüllung von Kundenbedürfnissen und -wünschen erfordert vielmehr neben **materiellen Leistungen** auch **immaterielle Leistungen bzw. Maßnahmen** (wie z. B. Services, optimierte Prozesse der Auftragsabwicklung oder die aktive Unterstützung von Kundenansprechpartnern). *Anderson et al.* (2009, S. 6) betonen in diesem Zusammenhang, dass jedes Angebot als "set of economic, technical, service, and social benefits a customer firm receives" betrachtet werden muss. Wenn also in weiterer Folge im Kontext des Managements von Kundennutzen von „**Leistungen**" gesprochen wird, so steht dieser Begriff für alle **Produkte, Dienstleistungen** und **Maßnahmen**, die auf verschiedenen Ebenen ein **Nutzenstiftungspotenzial** aufweisen können.

*Backhaus* (2003, S. 8) sieht nicht zuletzt aufgrund schneller und diskontinuierlicher Marktveränderungen in Business-to-Business-Märkten die Notwendigkeit, in Kategorien des Kundennutzens zu denken. Diese Marktveränderungen führen dazu, dass eine technische Überlegenheit allein keinen nachhaltigen Wettbewerbsvorteil darstellt. Fokussieren Unternehmen ihre Überlegungen dennoch ausschließlich auf den produktbezogenen Kundennutzen, wie dies in der Praxis noch immer häufig zu beobachten ist, können sich als Ergebnis der Vernachlässigung weiterer Dimensionen des Kundennutzens sogar negative Auswirkungen auf die Kaufentscheidung ergeben. So bedarf es ergänzend zu einem hochqualitativen Produkt gegebenenfalls auch einer anbieterseitigen Flexibilität bei der Produktbestellung und -lieferung sowie einer entsprechenden Kundenbetreuung während der Leistungsnutzung, damit ein potenzieller Kunde das Produkt nicht vorzeitig aus seinen Überlegungen ausschließt. Insgesamt betrachtet sind Anbieter somit gefordert, Maßnahmen zu ergreifen, die am **gesamten Spektrum** möglicher Nutzenkategorien ansetzen.

Wie breit dieses Spektrum tatsächlich ist, darf allerdings nicht nur aus der Anbieterperspektive beantwortet werden, sondern erfordert zusätzlich sowohl eine Analyse der Aktivitäten von Konkurrenten als auch der Nutzenstiftungspotenziale aus Kundensicht.

### 3.2.1.2.1 Strukturierung von Kundennutzen aus Anbietersicht

Ein Blick in die Marketingpraxis zeigt, dass Anbieter sich häufig nicht bewusst sind, welchen Kundennutzen sie bereits stiften oder stiften könnten. Insofern bietet es sich an, die in der einschlägigen Literatur vorgeschlagenen Ansätze zur Strukturierung von Kundennutzen als „kritischen Spiegel" der eigenen Situation heranzuziehen. Hierbei sollte keine Einschränkung auf Business-to-Business-spezifische Ansätze erfolgen, um das Blickfeld nicht zu früh einzuengen.

[CTR] Hinsichtlich der Strukturierung von Kundennutzen kann zwischen **eindimensionalen** und **mehrdimensionalen Ansätzen** unterschieden werden. Eindimensionale Ansätze beziehen sich dabei in der Regel auf den Aspekt des ökonomischen Nutzens. Da dieser wiederum häufig mit dem Preis gleichgesetzt wird, würde dies implizieren, dass sich stets der Anbieter mit dem niedrigsten Preis am Markt durchsetzt, was aber nicht der Realität entspricht (*Gärtner/Riegler-Klinger* 2009, S. 24). Folglich sollten nur mehrdimensionale Ansätze, die verschiedene Ebenen des Kundennutzens betrachten, berücksichtigt werden. Allerdings ist zu konstatieren, dass hinsichtlich der relevanten Nutzenebenen in der Literatur kein Konsens besteht (*Beutin* 2000, S. 30). Dies deutet darauf hin, dass die Strukturierung von Kundennutzen branchen- und kundenspezifisch **erheblich variieren** kann.

Eine erste (mehrdimensionale) Strukturierung von Kundennutzen bezieht sich auf die Differenzierung zwischen **Grund-** bzw. **Zweck-** und **Zusatznutzen**. Dieser Ansatz geht auf *Vershofens* (1959) Nutzentheorie zurück, die besagt, dass Produkte dem Kunden neben einem Grundnutzen, dem stofflich-technischen Nutzen, grundsätzlich auch einen Zusatznutzen (Geltungsnutzen und Erbauungsnutzen) stiften (*Vershofen* 1959, S. 86 ff.; *Homburg/Beutin* 2000, S. 5). Keine Berücksichtigung findet bei diesem Ansatz allerdings die Strukturierung des Grundnutzens. Und auch wenn der Zusatznutzen mehrere Ebenen umfasst, so bleiben diese doch auf einem sehr abstrakten Niveau.

In vielen Ansätzen wird Nutzen mit **Qualität** in Verbindung gebracht, welche dann weiter untergliedert wird. Während qualitätsbezogene Aspekte für die Stiftung von Kundennutzen sicherlich von zentraler Bedeutung sind, ist andererseits aber davon auszugehen, dass eine Einschränkung auf diese Aspekte eine Verkürzung der Realität darstellt. Tabelle 3-3 gibt einen Überblick zu **qualitätsorientierten Ansätzen** der Strukturierung von Kundennutzen.

**Tab. 3-3:** Qualitätsorientierte Ansätze zur Strukturierung von Kundennutzen (*Gärtner/ Riegler-Klinger* 2009, S. 29)

| Autoren | Nutzenebenen |
|---|---|
| *Baker et al.* (2002) | • Produktqualität<br>• Servicequalität |
| *Grisaffe/Kumar* (1998) | • Absolute Qualität<br>• Relative Qualität |
| *Heskett et al.* (1994) | • Interne und externe Servicequalität (Ergebnisse für den Kunden)<br>• Prozessqualität |
| *Kerin et al.* (1992) | • Einkaufserfahrung: Atmosphäre, Service, Personal<br>• Produktqualität |
| *Sirohi et al.* (1998) | • Produktqualität<br>• Servicequalität: Geschäftsbetrieb, äußeres Erscheinungsbild, Service |
| *Sweeney et al.* (1999) | • Produktqualität<br>• Servicequalität |

Gerade in Business-to-Business-Märkten spielen (langfristige) **Geschäftsbeziehungen** eine bedeutende Rolle und es ist naheliegend, dass auch aus Geschäftsbeziehungen per se für den Kunden Nutzen entstehen kann. Entscheidend ist dabei, dass Geschäftsbeziehungen über den Produktaspekt hinausgehen und beispielsweise auch Kommunikations- und Distributionsleistungen, die vom Anbieter im Laufe der Geschäftsbeziehung erbracht werden, nutzenstiftend wirken (*Gärtner/Riegler-Klinger* 2009, S. 29). Tabelle 3-4 gibt einen Überblick zu **beziehungsorientierten Ansätzen** der Strukturierung von Kundennutzen.

**Tab. 3-4:** Beziehungsorientierte Ansätze zur Strukturierung von Kundennutzen (in Anlehnung an *Gärtner/Riegler-Klinger* 2009, S. 32 f.)

| Autoren | Nutzenebenen |
|---|---|
| *Gassenheimer et al.* (1998) | • Sozialer Nutzen<br>• Ökonomischer Nutzen |
| *Gwinner et al.* (1998) | • Sozialer Nutzen<br>• Psychologischer Nutzen (Vertrauen)<br>• Ökonomischer und individualisierter Nutzen (besondere Behandlung) |

**Tab. 3-4:** Beziehungsorientierte Ansätze zur Strukturierung von Kundennutzen (in Anlehnung an *Gärtner/Riegler-Klinger* 2009, S. 32 f.) (Fortsetzung)

| Autoren | Nutzenebenen |
|---|---|
| *Hennig-Thurau et al.* (2000; 2002) | • Sozialer Nutzen<br>• Vertrauen<br>• Besondere Behandlung |
| *Ravald/Grönroos* (1996) | • Ökonomischer Nutzen<br>• Strategischer Nutzen<br>• Sicherheit<br>• Glaubwürdigkeit<br>• Geborgenheit<br>• Kontinuität<br>• Vertrauen |
| *Reynolds/Beatty* (1999) | • Sozialer Nutzen (Interaktion mit Mitarbeitern, Vertrauen, besondere Behandlung)<br>• Funktionaler Nutzen (Zeitersparnis, Beratung) |
| *Ulaga/Eggert* (2006) | • Kernangebot (Nutzen durch Produktqualität, Lieferperformance)<br>• Beschaffungsprozess (Nutzen durch Serviceunterstützung, persönliche Interaktion)<br>• Kundenaktivitäten (Nutzen durch Time-to-Market, Know-how des Lieferanten) |
| *Werani* (1998) | • Aufbau strategischer Wettbewerbspotenziale<br>• Produktbezogene Interaktion<br>• Ökonomische Effekte<br>• Persönliche Interaktion |

Während die qualitäts- und beziehungsorientierten Ansätze zur Strukturierung von Kundennutzen hinsichtlich der Quelle des Kundennutzens (Qualität, Beziehung) einen klaren Fokus besitzen, gibt es eine ganze Reihe weiterer Ansätze, die keine solche Schwerpunktsetzung aufweisen. Wenn diese in weiterer Folge als **„umfassende Ansätze"** bezeichnet werden, so bezieht sich dies nicht auf deren Detailliertheitsgrad. Vielmehr soll durch diesen Begriff zum Ausdruck gebracht werden, dass diese Ansätze über Qualitäts- und Beziehungsaspekte hinausgehen, was aber nicht ausschließt, dass sie solche auch beinhalten (*Gärtner/Riegler-Klinger* 2009, S. 33). Die in Tabelle 3-5 aufgelisteten umfassenden Ansätze gehen sowohl auf rein konzeptionelle Überlegungen als auch auf empirische Untersuchungen zurück und unterscheiden sich in Art und Zahl der betrachteten Nutzenebenen teilweise erheblich. Allerdings wurden nur solche Ansätze berücksichtigt, die relativ konkrete **inhaltliche Hinweise** zur Strukturierung von Kundennutzen geben.

Die in den Tabellen 3-4 und 3-5 auftretenden Begriffe des ökonomischen Nutzens, finanziellen Nutzens und Wirtschaftlichkeitsnutzens verweisen darauf, dass dem Kunden auch dadurch ein Nutzen erwachsen kann, dass dieser **Kosten einspart.** Kundennutzen entsteht somit nicht nur durch **bereichernde,** sondern auch durch **entlastende Effekte** (*Plinke* 2000b, S. 13). Während der **Bereicherungs-Aspekt** mit dem Begriff des **Bruttonutzens** deckungsgleich ist, entspricht der **Entlastungs-Aspekt** einer **Reduktion der Partial Cost of Ownership** (PCO) und führt daher zu einem **höheren Nettonutzen** (vgl. Kap. 1.4). Somit muss sich ein Anbieter auch mit der Frage auseinandersetzen, welche **Ebenen der PCO** Stellhebel zur Steigerung des Kundennutzens darstellen. Die PCO als Ansatzpunkt der Entlastung des Kunden umfassen dabei definitionsgemäß nicht den Preis der Leistung, weshalb dieser aus den weiteren Überlegungen ausgeklammert werden kann.

**Tab. 3-5:** Umfassende Ansätze zur Strukturierung von Kundennutzen (in Anlehnung an *Gärtner/Riegler-Klinger* 2009, S. 35 und 41 ff.)

| Autoren | Nutzenebenen | Autoren | Nutzenebenen |
|---|---|---|---|
| *Anderson et al.* (1993) *Chacour/ Ulaga* (1998) *Bartsch* (2005) *Anderson et al.* (2009) | • Ökonomischer Nutzen<br>• Technischer Nutzen<br>• Servicenutzen<br>• Sozialer Nutzen | *Lai* (1995) | *Produktnutzen:*<br>• funktional<br>• sozial<br>• emotional<br>• epistemisch<br>• ästhetisch<br>• hedonistisch<br>• situationsbezogen<br>• holistisch<br>*Logistiknutzen:*<br>• Komfort beim Kauf<br>• Bestellzeit<br>• Ersatzteile und Nachschub<br>• After-Sales-Service |
| *Belz/Bieger* (2004a) | • Emotion<br>• Beziehung<br>• Erklärung<br>• Individualisierung<br>• Entlastung und Sicherheit<br>• Qualität<br>• Innovation<br>• Wirtschaftlichkeit<br>• Geschwindigkeit<br>• Koordination | *Lapierre* (2000) | • Produktnutzen: alternative Lösungen, Qualität, Produktanpassung<br>• Servicenutzen: Reaktionsfähigkeit, Flexibilität, Zuverlässigkeit, technische Kompetenz<br>• Beziehungsnutzen: Image des Lieferanten, Vertrauen, Verbundenheit |
| *Churchill/ Peter* (1998) | • Funktionaler Nutzen<br>• Sozialer Nutzen<br>• Personeller Nutzen<br>• Experimenteller Nutzen | *Long/ Schiffman* (2000) | • Funktionaler Nutzen<br>• Sozialer Nutzen<br>• Emotionaler Nutzen<br>• Epistemischer Nutzen<br>• Situationsbedingter Nutzen |
| *Heinonen* (2004) | • Technischer Nutzen<br>• Funktionaler Nutzen<br>• Zeitlicher Nutzen<br>• Räumlicher Nutzen | *Maas/ Graf* (2008) | • Unternehmensnutzen<br>• Produktnutzen<br>• Nutzen durch Service und Mitarbeiter<br>• Beziehungsnutzen<br>• Sozialer Nutzen |
| *Holbrook* (1994) | • Effizienz<br>• Qualität<br>• Erfolg<br>• Reputation<br>• Spaß<br>• Ästhetik<br>• Moral<br>• Spiritualität | *Petrick* (2002) | • Nutzen durch Servicequalität<br>• Emotionaler Nutzen<br>• Nutzen durch Reputation |

**Tab. 3-5:** Umfassende Ansätze zur Strukturierung von Kundennutzen (in Anlehnung an *Gärtner/Riegler-Klinger* 2009, S. 35 und 41 ff.) (Fortsetzung)

| Autoren | Nutzenebenen | Autoren | Nutzenebenen |
|---|---|---|---|
| *Homburg/ Beutin* (2000) | • Qualität/Funktionalität <br> • Schnelligkeit <br> • Sicherheit <br> • Wettbewerbsfähigkeit <br> • Soziale Anerkennung <br> • Abwechslung <br> • Emotion <br> • Hedonismus/Spaß <br> • Selbstverwirklichung | *Plinke* (2000b) | • Nutzen aus Vertragsgegenstand: Nutzenbündel des Produkts <br> • Transaktionsnutzen: Knowhow-Zuwachs, Sicherheit <br> • Nutzen aus Folgewirkungen des Austauschs: Sicherheit, Kostensenkung |
| *Hundacker* (2005) | • Funktionaler (Basis-)Nutzen <br> • Beziehungsnutzen <br> • Markennutzen | *Schauenburg* (1999) | • Technischer Produktnutzen: z. B. Erfüllung von Normen, Qualität <br> • Kommerzieller Produktnutzen: z. B. Preis <br> • Operationeller Produktnutzen: z. B. Service, Schulung, Einsatzzuverlässigkeit |
| *Hutt/Speh* (1998) | • Funktionaler Nutzen <br> • Operationaler Nutzen <br> • Finanzieller Nutzen <br> • Personeller Nutzen | *Tewes* (2003) | • Objektbezogener Nutzen <br> • Funktionaler Nutzen <br> • Materieller Nutzen <br> • Nutzen aufgrund Markenbildungsmaßnahmen <br> • Transaktionsnutzen <br> • Ökonomischer Nutzen |
| *Kotler/ Bliemel* (2001) | • Produktnutzen <br> • Servicenutzen <br> • Mitarbeiternutzen <br> • Imagenutzen | *Wildemann* (2003) | • Markennutzen <br> • Materialqualität <br> • Beziehungsnutzen <br> • Liefertreue <br> • Kurze Lieferzeit <br> • Montagegerechte Anlieferung <br> • Prozessoptimierung <br> • Produktoptimierung <br> • Serviceorientierung |

Zur Strukturierung der PCO bietet sich unter Rückgriff auf die Überlegungen von *Picot* (1982, S. 270), *Albach* (1988, S. 1160), *Beutin* (2000, S. 53) und *Anderson et al.* (2009, S. 103) eine Untergliederung nach den Phasen des **Beschaffungs- und Nutzungsprozesses einer Leistung** an. Folglich werden in Tabelle 3-6 die für einen Nachfrager relevanten PCO **phasenbezogenen Kostenkategorien** zugeordnet. Die angeführten PCO sind dabei als exemplarisch zu verstehen, da diese nachfragerspezifisch variieren.

**CTR** Da nicht davon ausgegangen werden kann, dass die in der einschlägigen Literatur diskutierten Ansätze zur Strukturierung von Kundennutzen auch in der Unternehmenspraxis bekannt sind, besteht eine Möglichkeit zur Strukturierung von Kundennutzen darin, dass mit der relevanten Literatur vertraute Experten gemeinsam mit Unternehmensvertretern aus Marketing und Vertrieb einen **Workshop** durchführen. In diesem werden das (gegebenenfalls schon vorab zielorientiert aufbereitete) **Experten-**

**wissen** und die **Erfahrungen der Unternehmensvertreter** aus ihren Kundenkontakten **integriert.** Für eine möglichst strukturierte Vorgehensweise im Rahmen des Workshops bietet es sich an, dass alle Teilnehmer ihre Ideen zu Kundennutzenpotenzialen im Sinne eines **Brainwriting** auf Karten schreiben, welche anschließend unter Experten-Moderation auf einer Pinnwand so lange **(aus-)sortiert bzw. geclustert** werden, bis für alle Teilnehmer ein adäquates Modell zur Strukturierung von Kundennutzen vorliegt. Dieses Modell kann gegebenenfalls auch noch durch Gespräche bzw. Interviews mit weiteren Unternehmensvertretern, die nicht am Workshop teilgenommen haben und damit einen unvoreingenommenen Blickwinkel besitzen, validiert werden (**interne „Rüttelstrecke"**).

**Tab. 3-6:** Strukturierung der Partial Cost of Ownership

| Kostenkategorien | Exemplarische PCO |
|---|---|
| **Anschaffungs- und Implementierungskosten** | • Anbahnungskosten: z. B. Informationssuche und Beschaffung<br>• Entscheidungskosten<br>• Vereinbarungskosten: z. B. Vertragsverhandlung und -gestaltung<br>• Kosten der Abwicklung der Beschaffung<br>• Kontrollkosten: z. B. Überprüfung der Einhaltung von Termin-, Mengen-, Qualitäts- und Preisvereinbarungen<br>• Installationskosten |
| **Leistungsnutzungskosten** | • Nutzungs- und Betriebskosten<br>• Anpassungskosten: z. B. Durchsetzung von Termin-, Qualitäts-, Mengen- und Preisänderungen<br>• Lagerungskosten<br>• Reklamationskosten<br>• Service- und Instandhaltungskosten<br>• Reparaturkosten<br>• Kosten der Qualitätssicherung<br>• Prozessoptimierungskosten |
| **Beziehungskosten** | • Koordinationskosten zwischen Geschäftspartnern<br>• Koordinationskosten innerhalb des anbietenden Unternehmens<br>• Schulungskosten<br>• Beziehungsspezifische Investitionen: z. B. partnerspezifische Prozessanpassungen und Informationssysteme<br>• Kontrollkosten |
| **Leistungsveräußerungskosten** | • Recyclingkosten<br>• Entsorgungskosten<br>• Prozessumstellungskosten |

CTR Das folgende Fallbeispiel illustriert einen methodisch etwas anderen Zugang zur Strukturierung von Kundennutzen.

**Fallbeispiel: Strukturierung von Kundennutzen für die voestalpine Division Stahl (*Gärtner/Riegler-Klinger* 2009)**

Die voestalpine Division Stahl ist einer von fünf Unternehmensbereichen der voestalpine AG. Der Tätigkeitsschwerpunkt dieser Division liegt auf der Erzeugung und Verarbeitung von Flachstahlprodukten für die Automobil-, Hausgeräte- und Bauindustrie. Die Entwicklung des divisionsspezifischen Modells zur Strukturierung von Kundennutzen erfolgte literaturbasiert anhand eines mehrstufigen Prozesses mit anschließender divisionsinterner Validierung.

In einem **ersten Schritt** erfolgte die **Auswahl relevanter, in der Literatur diskutierter Nutzenstrukturierungsansätze**. Für diese Auswahl wurden die folgenden zwei Filterkriterien verwendet:
• Filter 1: Modelle mit Nutzenebenen, die konkrete Kundenbedürfnisse ansprechen;
• Filter 2: Modelle, die über den Qualitätsaspekt hinausgehen.

Durch das erste Filterkriterium wurde sichergestellt, dass nur praxisnahe Modelle zur Nutzenstrukturierung herangezogen wurden. Der zweite Filter sollte gewährleisten, dass Modelle gewählt wurden, die sich nicht nur auf den Qualitätsaspekt beschränken, sondern auch andere mit der Nutzung von Produkten und produktbegleitender Dienstleistungen verbundene Nutzeneffekte thematisieren. Dies inkludierte auch die Berücksichtigung möglicher Nutzenstiftungspotenziale auf der Beziehungsebene.

Ausgehend von den selektierten Modellen wurden in einem **zweiten Schritt** die **relevanten Nutzenebenen aufgrund ihrer inhaltlichen Bedeutung für die voestalpine ausgewählt**. Das erste Kriterium war in diesem Zusammenhang, nur solche Nutzenebenen zu berücksichtigen, die für den Industriegüterbereich relevant sind. Als zweites Kriterium wurde definiert, alle Nutzenebenen, die einen Metacharakter aufweisen, auszuschließen bzw. aufzusplitten. Metacharakter besitzen dabei alle Nutzenebenen, die mehrere andere Nutzenebenen zusammenfassen. Als Beispiel kann der von *Maas/Graf* (2008) angeführte Unternehmensnutzen genannt werden, der sich wiederum aus dem Image-, Reputations- und Markennutzen zusammensetzt.

Alle auf diese Weise identifizierten Nutzenebenen wurden abschließend durch geeignete **Oberkategorien** strukturiert. Beispielsweise wurde die Oberkategorie Unterstützungsnutzen definiert, die unter anderem den Informationsnutzen und den Nutzen durch Know-how beinhaltet.

Das somit vorliegende vorläufige Modell zur Strukturierung von Kundennutzen wurde in der Folge in einem zweistufigen Verfahren durch **fragebogengestützte Interviews** mit ausgewählten Marketing- und Vertriebsmitarbeitern der voestalpine Division Stahl für definierte Kundensegmente **validiert** und auf Basis der Interviewergebnisse in Teilbereichen modifiziert.

Als Ergebnis des skizzierten Entwicklungsprozesses liegt ein Nutzenstrukturierungsmodell mit fünf Nutzen-Oberkategorien vor, die jeweils eine Reihe untergeordneter Nutzenebenen umfassen. Einige dieser Ebenen sind in der nachstehenden Grafik exemplarisch angeführt.

Nutzen-Oberkategorien und
exemplarische Nutzenebenen:

**Produkt-/leistungsbezogener Nutzen**
- Verarbeitungsnutzen

**Wirtschaftlichkeitsnutzen**
- Kurzfristiger Wirtschaftlichkeitsnutzen

**Unterstützungsnutzen**
- Informationsnutzen
- Nutzen durch Know-how

**Strategischer Nutzen**
- Flexibilitätsnutzen

**Nutzen aus der Geschäfts-
beziehung**
- Nutzen durch Partnerschaft
  auf Mitarbeiterebene

### 3.2.1.2.2 Analyse der Nutzenstiftungspotenziale von Konkurrenten

Wirken bei der anbieterseitigen Strukturierung von Kundennutzen etwa im Zuge von Workshops auch Marketing- und Vertriebsmitarbeiter mit, so sollten über deren Kenntnis von Konkurrenzangeboten auch daraus ableitbare (zusätzliche) Nutzenstiftungspotenziale in das zu entwickelnde Nutzenstrukturierungsmodell Eingang finden. Allerdings bietet es sich an, nicht nur auf diesen impliziten Weg der Berücksichtigung von Nutzenstiftungspotenzialen der Konkurrenz zu vertrauen, sondern diese **explizit** zu analysieren und anschließend mit dem anbieterseitig entwickelten Nutzenstrukturierungsmodell abzugleichen.

CTR Methodische Unterstützung bei dieser Analyse bietet das **Benchmarking**. Dieses kann im Rahmen von **Kundenbefragungen** zum Vergleich der eigenen Nutzenstiftungspotenziale mit denen der Konkurrenz eingesetzt werden (*Homburg/Beutin* 2000, S. 14). Aus den Benchmarking-Ergebnissen lassen sich Nutzenstiftungspotenziale ableiten, die bisher im eigenen Unternehmen noch nicht berücksichtigt wurden und daher im zu entwickelnden Modell zur Strukturierung von Kundennutzen Eingang finden sollten. Neben Benchmarks bieten auch Besuche facheinschlägiger **Messen** Unterstützung bei der Gewinnung von Informationen zu Nutzenstiftungspotenzialen der Konkurrenz.

### 3.2.1.2.3 Verifizierung und Quantifizierung von Nutzenstiftungs-
### potenzialen aus Kundensicht

Die auf Basis der vorangegangenen zwei Schritte vorliegende Strukturierung von Kundennutzen ist mit dem Problem verbunden, dass diese – je nach Ausmaß der Auseinandersetzung mit den Nutzenstiftungspotenzialen der Konkurrenz und der Integration von Expertenwissen – mehr oder weniger stark die **Innensicht des Anbieters** auf den Kundennutzen widerspiegelt. Letztlich aber entscheidet der **Kunde** aus der **Außensicht**, welche Nutzenstiftungspotenziale für ihn mit Blick auf die Schaffung eines adäquaten Kundenwerts wichtig sind. In diesem Zusammenhang ist zu konstatieren, dass Unternehmen trotz der grundlegenden **Marketingmaxime, vom Kunden her zu denken**, allzu oft – sei es aus Selbstüberschätzung oder Bequemlichkeit – den Fehler begehen, allein aus ihrer Innensicht zu definieren, was ihren Kunden Nutzen stiftet. Das folgende Fallbeispiel illustriert das Gefahrenpotenzial, das eine rein aus der Innensicht getriebene Einschätzung des Kundennutzens mit sich bringt.

---

**Fallbeispiel: Kundennutzen – Innensicht vs. Außensicht**

Im Vorfeld eines Markenbildungsprozesses für die Industrie-Logistik-Linz (ILL), der die Kommunikation des von der ILL gestifteten Kundennutzens über die Marke zum Ziel hatte, wurde auch die Frage aufgeworfen, ob die Sichtweise des Unternehmens auf den Kundennutzen mit der Sichtweise der Kunden übereinstimmt. Deshalb wurden parallel zur empirischen Erhebung der Relevanz vorab definierter Nutzenstiftungspotenziale bei **Kunden** auch die für diese Kunden zuständigen **Mitarbeiter** der ILL zu ihrer Einschätzung der Relevanz der einzelnen Nutzenstiftungspotenziale für die Kunden befragt. Die nachstehende Grafik zeigt für die vier übergeordneten Kategorien von Kundennutzen, die jeweils weitere Nutzen-Subkategorien umfassen, die prozentualen Wichtigkeiten aus Sicht von drei bedeutenden Kunden und (über den Balken) die daraus berechneten Mittelwerte. Diesen Mittelwerten werden die Mittelwerte gegenübergestellt, die sich aus den Einschätzungen der ILL-Mitarbeiter ergaben.

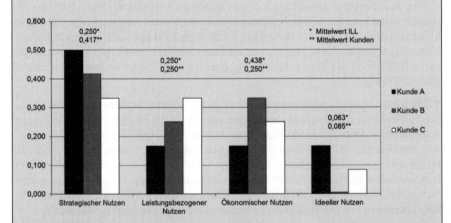

Es wird deutlich, dass in der Durchschnittsbetrachtung die ILL lediglich beim leistungsbezogenen und ideellen Nutzen die Relevanz für die Kunden richtig einschätzt. Die Bedeutung des strategischen Nutzens dagegen wird erheblich **unterschätzt**, während die Bedeutung des ökonomischen Nutzens stark überschätzt wird. Würde die ILL rein aus der Innensicht agieren, so würde dies zu **falschen nutzenbezogenen Prioritäten** führen und die Nutzenkommunikation über die Marke mit einer **falschen Schwerpunktsetzung** erfolgen.

Um die Nutzenstiftungspotenziale aus Kundensicht ermitteln zu können, müssen die Kunden mit den anbieterseitigen Überlegungen zur Nutzenstrukturierung, die wie bereits ausgeführt auch die Nutzenstiftungspotenziale der Konkurrenz berücksichtigen sollten, konfrontiert werden. Konkret sind in diesem Zusammenhang die folgenden zwei Schritte zu durchlaufen:

**(1) Verifizierung von Nutzenstiftungspotenzialen**
Bei der kundenseitigen Verifizierung von Nutzenstiftungspotenzialen geht es im Kern darum herauszufinden, welche der bis dahin definierten Nutzenstiftungspotenziale für den Kunden tatsächlich **relevant** sind und ob **wichtige Nutzenstiftungspotenziale nicht berücksichtigt** wurden. Als Ergebnis dieses Schritts liegt ein **abschließendes Modell zur Strukturierung von Kundennutzen** vor.

**CTR** Als Analyseinstrument kommen in diesem Zusammenhang primär **teilstrukturierte Fragebögen** zum Einsatz, die in Einzelgesprächen mit Kunden abgearbeitet werden. Das folgende Fallbeispiel zeigt, wie ein solcher Fragebogen strukturiert sein kann. Bei der Auswahl der zu befragenden Personen ist darauf zu achten, dass einerseits ein auf Basis geeigneter Kriterien definierter **repräsentativer Querschnitt** der Unternehmenskunden erfasst wird und andererseits die Kunden nicht durch Einzelpersonen abgebildet werden. Vielmehr muss es darum gehen, die Meinungen relevanter **Buying Center-Mitglieder** bei der Verifizierung von Nutzenstiftungspotenzialen einfließen zu lassen.

---

**Fallbeispiel: Aufbau eines Fragebogens zur Verifizierung von Nutzenstiftungspotenzialen**

Das Unternehmen Greiner Packaging International zählt zu den führenden europäischen Verpackungsherstellern. Um sich in Zukunft noch mehr am Kundennutzen ausrichten zu können, wurde im Rahmen von Workshops ein Modell zur Strukturierung von Kundennutzen entwickelt und unternehmensintern durch eine Serie von Interviews validiert. Dieses vorläufige Modell wurde anschließend einer externen Prüfung durch ausgewählte Kunden unterzogen, um so zum endgültigen Modell zur Strukturierung von Kundennutzen zu gelangen. Der dabei eingesetzte teilstrukturierte Fragebogen weist folgenden Aufbau auf:

**(I) Gestützte Abfrage von Nutzenkategorien**
In diesem ersten Teil des Fragebogens wird für jede einzelne Nutzenkategorie des vorläufigen Modells zunächst die Frage nach deren **Relevanz** gestellt. Sowohl für die relevanten als auch die irrelevanten Nutzenkategorien werden die Auskunftspersonen um eine entsprechende **qualitative Begründung** ersucht, um ein inhaltliches Verständnis für die Sichtweise der Kunden zu entwickeln. Abgeschlossen wird die erste Fragebogensektion durch die Frage, welche der als relevant erachteten Nutzenkategorien **Differenzierungspotenziale gegenüber der Konkurrenz** eröffnen oder aber als **Branchenstandard** gelten, dessen Nichterfüllung zu Wettbewerbsnachteilen führt.

**(II) Ungestützte Befragung**
Ziel dieses zweiten Fragebogenabschnitts ist es herauszufinden, ob über die im ersten Teil des Fragebogens gestützt abgefragten Nutzenkategorien hinaus **weitere Nutzen-**

**stiftungspotenziale** bestehen, um die das endgültige Nutzenstrukturierungsmodell zu ergänzen ist. Jede ungestützt genannte Nutzenkategorie ist wiederum **qualitativ zu begründen** und darauf hin abzufragen, ob sie ein **Differenzierungspotenzial gegenüber der Konkurrenz** ermöglicht oder aber einen **Branchenstandard** darstellt.

**(2) Quantifizierung von Nutzenstiftungspotenzialen**
Während zur Verifizierung von Nutzenstiftungspotenzialen auf eine kleinere Zahl von Kunden zurückgegriffen wird, die sich die für die doch relativ aufwändigen Interviews notwendige Zeit nehmen, geht es bei der Quantifizierung von Nutzenstiftungspotenzialen darum, eine möglichst **große Zahl an Kunden und Buying Center-Mitgliedern** zu erreichen, um so zu **generalisierbaren Ergebnissen** zu gelangen. Ziel der Quantifizierung von Nutzenstiftungspotenzialen ist es, Informationen darüber zu erhalten, durch welche Nutzenebenen bzw. -kategorien für den Kunden **besonders viel Nutzen** geschaffen werden kann. Die Quantifizierung kann sich dabei nur auf **solche Nutzenkategorien** beziehen, die auf Basis der Ergebnisse des vorangegangenen Schritts (vgl. dazu das Fallbeispiel) dem Anbieter ein **Differenzierungspotenzial gegenüber der Konkurrenz** eröffnen.

Die Resultate der Quantifizierung von Nutzenstiftungspotenzialen ermöglichen einem Anbieter einerseits, eine **nutzenbasierte Kundensegmentierung** (vgl. Kap. 3.2.1.3) durchzuführen. Andererseits aber geben die Ergebnisse Hinweise darauf, **welche Nutzenkategorien priorisiert werden sollten**, um eine möglichst starke Differenzierung von der Konkurrenz zu erreichen.

CTR Aufgrund der Zielsetzung, möglichst viele Kunden zu erreichen, kommt zur Quantifizierung von Nutzenstiftungspotenzialen insbesondere eine **schriftliche Befragung** in Betracht. Methodisch kann die Quantifizierung entweder über eine direkte Abfrage der **Höhe der Nutzenstiftungspotenziale** auf einer entsprechenden **Ratingskala** oder aber über die Ermittlung von **Wichtigkeiten** der jeweiligen Nutzenkategorien erfolgen. Denn eine Nutzenkategorie wird einem Kunden dann umso wichtiger sein, je größer deren Nutzenstiftungspotenzial ausfällt. Um zu möglichst differenzierten Wichtigkeiten zu kommen, bieten sich **Konstantsummenskalen** (*Parasuraman* 1991, S. 429) und **paarweise Vergleiche** etwa auf Basis der von *Saaty* (1980) vorgeschlagenen Methodik, die gleichzeitig auch eine Konsistenzprüfung der Urteile erlaubt, oder des Verfahrens von *Niklas* (2002) an.

### 3.2.1.3 Nutzenbasierte Kundensegmentierung

Die Segmentierung auf Kundenebene ist von der Marktsegmentierung zu unterscheiden. Wie in Kapitel 3.1.1.3.3.1 dargestellt, gibt es in der Regel nicht „den" Business-to-Business-Markt, sondern Unternehmen müssen aus Effektivitäts- und Effizienzüberlegungen ihre Leistungen auf Marktsegmente ausrichten. Während sich die **Marktsegmentierung** auf der Ebene **aller Teilnehmer eines bestimmten Markts** bewegt und die Grundlage einer (selektiv-)differenzierten Marktbearbeitung bildet, zielt die **nutzenbasierte Kundensegmentierung** auf die Analyse der **Nutzenerwartungen bestehender Kunden** eines Unternehmens in den **bearbeiteten Marktsegmenten** ab. Die Tatsache, dass die Markt- und die Kundensegmentierung somit unterschiedliche Analyseebenen repräsentieren impliziert, dass bei einer **nutzenbasierten Marktsegmentierung** (vgl. Kap. 3.1.1.3.3.1) der Kundennutzen auf einer wesentlich **aggregierteren Ebene** betrachtet wird als dies bei der nutzenbasierten Kundensegmentierung der Fall ist.

Ziel der nutzenbasierten Kundensegmentierung ist es, Kunden mit **ähnlichen Nutzenvorstellungen** zu Segmenten zusammenzufassen, um diese in der Folge mit **spezifischen Leistungen** anzusprechen. Wie in Kap. 3.2.1 angemerkt, ergeben sich dadurch positive Auswirkungen sowohl für den anbieter- als auch kundenseitig geschaffenen Wert.

[CTR] Aus methodischer Sicht bietet sich zur nutzenbasierten Kundensegmentierung die **Clusteranalyse** (*Backhaus et al.* 2011, S. 395 ff.) an. Dieses multivariate Analyseverfahren zielt darauf ab, solche Untersuchungsobjekte zu Gruppen bzw. Clustern zusammenzufassen, die im Hinblick auf die betrachteten Merkmale eine **hohe Homogenität** aufweisen. Gleichzeitig aber sollten die Cluster **untereinander möglichst heterogen** sein, d. h. möglichst geringe Ähnlichkeiten hinsichtlich der betrachteten Merkmale aufweisen. Im Rahmen der nutzenbasierten Kundensegmentierung bilden die **quantifizierten Nutzenstiftungspotenziale** die Gruppierungsmerkmale. Somit werden solche Kunden zu Kundensegmenten zusammengefasst, die statistisch betrachtet ähnliche Nutzenerwartungen aufweisen. Die Clusteranalyse kann um die **Diskriminanzanalyse** (*Backhaus et al.* 2011, S. 187 ff.) ergänzt werden, durch die sich aufzeigen lässt, **welche** der mittels Clusteranalyse gebildeten **Kundensegmente** sich auf Basis **welcher Nutzenstiftungspotenziale** signifikant voneinander unterscheiden. Dadurch wird einem Anbieter das Setzen von Maßnahmenprioritäten innerhalb der jeweiligen Kundensegmente erleichtert.

### 3.2.1.4 Kundenbewertung und -priorisierung

Der Titel *„All customers are equal, but some are more equal"* eines Artikels von *Homburg et al.* (2010) verweist bereits auf die Notwendigkeit einer Bewertung und Priorisierung von Kunden unabhängig von den gebildeten Nutzensegmenten. Denn nicht alle Kunden beeinflussen den Erfolg eines Anbieters im selben Ausmaß. Folglich stellt das Bestreben eines Unternehmens, **alle Kunden gleich zu behandeln**, **keine Strategie der Wertoptimierung** für den Anbieter dar. Dennoch zeigen branchenübergreifende Untersuchungen, dass noch immer viele Unternehmen ihre Marketingbudgets nach dem „Gießkannenprinzip" auf ihre Kunden verteilen, ohne diese nach ihrem **Wert zu klassifizieren** (= **erfolgspotenzialbasierte Kundensegmentierung**) und mit Blick auf einen **differenzierten Ressourceneinsatz** entsprechend zu **priorisieren**. Somit ist die fundamentale Voraussetzung für eine effiziente Kundenbearbeitung nicht gegeben *(Haller* 2005, S. 111; *Bauer et al.* 2006, S. 47 f.; *Freter* 2008, S. 357). Aus den vorangegangenen Ausführungen wird deutlich, dass ein wertbasierter Marketingansatz entsprechend seiner Zielsetzung, Wert für den Kunden **und** den Anbieter zu schaffen, eine **zweidimensionale Kundensegmentierung** auf Basis eines kundenseitigen bzw. exogenen Kriteriums (= Kundennutzen) und eines anbieterseitigen bzw. endogenen Kriteriums (= Erfolgspotenzial des Kunden für den Anbieter) erfordert (vgl. auch *Bruhn* 2001, S. 97 f.).

[CTR] Hinsichtlich der Kundenbewertung und der daraus resultierenden erfolgspotenzialbasierten Kundensegmentierung stellt sich die Frage, welche Bewertungs- und damit gleichzeitig auch Segmentierungskriterien herangezogen werden sollten. Wie in Abbildung 3-13 dargestellt, wird das Erfolgspotenzial eines Kunden für den Anbieter sowohl durch monetäre als auch durch nicht-monetäre Größen determiniert. Insofern sollte die Kundenbewertung über entsprechende **monetäre** und **nicht-monetäre Kriterien** erfolgen.

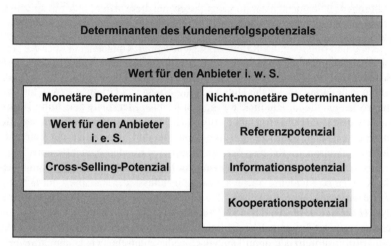

**Abb. 3-13:** Determinanten des Kundenerfolgspotenzials (in Anlehnung an *Tewes* 2003, S. 79)

Als **zentrales Kriterium** ist dabei der durch die Geschäftsbeziehung mit einem Kunden entstehende **Wert für den Anbieter** zu sehen. Denn langfristig betrachtet wird ein Kunde für einen Anbieter nur dann ein Erfolgspotenzial repräsentieren, wenn in der Gesamtbetrachtung aller erbrachten Leistungen der **erzielbare Preis über den Kosten der Wertschöpfung** liegt. Von diesem Wert für den Anbieter **im engeren Sinne** ist der Wert für den Anbieter **im weiteren Sinne** zu unterscheiden. Dieser umfasst auf der monetären Ebene zusätzlich noch das Cross-Selling-Potenzial eines Kunden (das sich bei seiner Realisierung allerdings wiederum im Wert für den Anbieter im engeren Sinne niederschlägt) und auf der nicht-monetären Ebene das Referenz-, Informations- und Kooperationspotenzial eines Kunden (vgl. auch *Cornelsen* 2000, S. 39 ff.; *Tewes* 2003, S. 80 ff.; *Bauer et al.* 2006, S. 48 ff.; *Eggert* 2006, S. 46). Durch diese Erweiterung des anbieterseitigen Werts wird der Tatsache Rechnung getragen, dass Wert für den Anbieter auch durch aus der eigentlichen bzw. ursprünglichen Geschäftsbeziehung resultierende **Folgeeffekte** geschaffen werden kann. Dies ändert aber nichts an der Tatsache, dass bei langfristiger Betrachtung ein **positiver Wert für den Anbieter im engeren Sinne** den eigentlichen **Raison d'Être** einer Geschäftsbeziehung mit einem Kunden darstellen muss.

Wie die über den Wert für den Anbieter im engeren Sinne hinausgehenden Kriterien zur Kundenbewertung definiert sind, wird nachfolgend kurz erläutert:

• Das **Cross-Selling-Potenzial** eines Kunden beschreibt das monetäre Potenzial, das sich durch die Vermarktung **zusätzlicher Leistungsangebote** eines Anbieters, die bisher nicht Gegenstand der Geschäftsbeziehung waren, an diesen Kunden eröffnet. Der Grundgedanke des Cross-Selling besteht somit darin, sich nicht mit dem gegenwärtig ausgeschöpften Teil des Bedarfsvolumens von Kunden zufriedenzugeben, sondern zusätzliche Kundenbedürfnisse durch weitere Leistungsangebote anzusprechen (*Tewes* 2003, S. 87 ff.; *Bauer et al.* 2006, S. 51 ff.).

- Das **Referenzpotenzial** eines Kunden bezieht sich auf die nicht unmittelbar monetär bezifferbaren Vorteile, die einem Anbieter dadurch entstehen, dass er durch diesen Kunden **positiv** an potenzielle Kunden **weiterempfohlen** wird. Eine Objektivierung und Messung des Referenzpotenzials eines Kunden kann über die **Anzahl seiner relevanten Kontakte** sowie die **Stärke seiner Einflussnahme** auf potenzielle Kunden erfolgen. Insbesondere bei **technischen Innovationen**, aber auch bei **Dienstleistungen**, deren Qualität vor Kaufabschluss nur anhand von Erfahrungs- oder Vertrauenseigenschaften (vgl. Kap. 1.3.2) beurteilbar ist, sind Referenzen bestehender Kunden von besonderer Bedeutung. Darüber hinaus gilt es bei Innovationen sogenannte **Lead User**, d. h. Meinungsführer in einem Markt, die sich aufgrund ihrer zukunftsweisenden Bedürfnisse durch eine hohe Innovationsbereitschaft auszeichnen, frühzeitig an das Unternehmen zu binden, um deren Referenzpotenzial für die Gewinnung weiterer Kunden nutzen zu können (*Bauer et al.* 2006, S. 53 ff.; *Hauschildt/Salomo* 2011, S. 165 f.).
- Das **Informationspotenzial** eines Kunden beschreibt die Möglichkeit, dass ein Anbieter durch den jeweiligen Kunden **Informationen** erhält, die zu **positiven Kosten- und Nutzeneffekten** führen. Ermöglichen diese Informationen dem Anbieter die Entwicklung und Vermarktung neuer Leistungen, so kann auch vom **Innovationspotenzial** eines Kunden gesprochen werden (*Cornelsen* 2000, S. 224 ff.; *Tewes* 2003, S. 94 ff.).
- Ein letztes nicht-monetäres Kriterium zur Kundenbewertung stellt das **Kooperationspotenzial** eines Kunden dar. Kooperationen gehen über den Austausch von Informationen hinaus. Sie beschreiben die Bereitschaft von Kunden zu einer – zeitlich begrenzten – Zusammenarbeit mit Anbietern und zu einer **Integration** der jeweiligen **Wertschöpfungsketten** in unterschiedlichem Ausmaß. Dadurch können sich nicht nur kunden-, sondern auch **anbieterseitige Kosten- und Nutzenvorteile** ergeben. Beispielsweise ermöglicht eine enge Kooperation zwischen Kunde und Anbieter Letzterem eine effektivere Leistungsgestaltung und eine effizientere Kundenbetreuung (*Tewes* 2003, S. 106).

## 3.2.1.5 Konzeption der Leistung

Im Rahmen des Managements von Kundennutzen besteht die Aufgabe der Prozessphase der Leistungskonzeption darin, systematisch **Ideen** für neue Leistungen bzw. für die Pflege bestehender Leistungen zu entwickeln und in entsprechende **Leistungskonzepte** umzusetzen. Wie bereits in Kapitel 3.2.1.2 erwähnt, steht der Begriff der Leistung dabei für **alle Produkte, Dienstleistungen und Maßnahmen**, die auf verschiedenen Ebenen ein Nutzenstiftungspotenzial aufweisen können. Die Leistungskonzeption muss sich an den im Rahmen der Festlegung der marketingstrategischen Grundausrichtung definierten **Marketingstrategien** (vgl. Kap. 3.1.1.3) orientieren und erfolgt somit grundsätzlich für das jeweilige **Zielsegment** bzw. den jeweiligen **Zielmarkt**. Da die bestehenden Kunden eines Unternehmens Teil des jeweiligen Zielsegments bzw. -markts sind und aus pragmatischer Sicht letztlich nur von den eigenen Kunden detaillierte Informationen zu **Nutzenstiftungspotenzialen** zu erwarten sind, bieten diese Informationen (vgl. Kap. 3.2.1.2.3 und 3.2.1.3) **wesentliche Anhaltspunkte** für die Leistungskonzeption.

### 3.2.1.5.1 Ideengewinnung und -bewertung

Ausgehend von den identifizierten Nutzenstrukturen der Kunden bzw. den Informationen zu den jeweiligen Zielsegmenten oder -märkten und dem daraus resultierenden Handlungsbedarf können Ideen gewonnen werden, um Leistungen zu realisieren, die den Kundenerwartungen entsprechen. Die Bandbreite möglicher Nutzenstiftungspotenziale macht dabei deutlich, dass sich die Ideengewinnung nicht am aus Unternehmenssicht technologisch Machbaren, sondern an der **Gesamtheit der Nutzenvorstellungen** der (potenziellen) Kunden orientieren muss. *Kotler* (1989, S. 33) merkt dazu treffend an: „»Finde Wünsche und erfülle sie« und nicht »Erfinde Produkte und verkaufe sie«".

**CTR** Ideen müssen sowohl aktiv generiert als auch laufend gesammelt werden. Im Zuge der **Ideensammlung** werden bestehende Ideen aus verschiedensten Quellen (z. B. Kunden, Lieferanten, Mitarbeiter) aufgegriffen, während es bei der **Ideengenerierung** zur aktiven Entwicklung neuer Ansätze kommt (*Rabl/Gaubinger* 2009, S. 61 f.).

Unterstützung für die Bestimmung von Zielrichtungen für die Generierung und Sammlung von Ideen bietet die **Definition von Suchfeldern**. Suchfelder können als Bindeglied zwischen der strategischen Leistungsplanung und der Ideengewinnung betrachtet werden. Ausgehend von der Definition der strategischen Wertbasis, den identifizierten Nutzenstrukturen der Kunden bzw. den Informationen zu den jeweiligen Zielsegmenten oder -märkten können Suchfelder definiert und an die Mitarbeiter kommuniziert werden, um somit eine Ideengewinnung auf breiter und zugleich fokussierter Wissensbasis zu ermöglichen (*Rabl/Gaubinger* 2009, S. 62 f.; *Backhaus/Voeth* 2010, S. 216).

**CTR** Innerhalb der definierten Suchfelder bedarf es neben der Sammlung von Ideen insbesondere auch deren aktiver Generierung. Abhängig davon, ob Ideen für neue Leistungen oder für die Pflege bestehender Leistungen gesucht werden, wird die Komplexität der Ideengenerierung unterschiedlich hoch sein. Methodisch steht für die Ideengenerierung eine Vielzahl von **Kreativitätstechniken** zur Verfügung, die diesen Prozess systematisch gestalten. Entscheidende Erfolgsfaktoren beim Einsatz dieser Methoden sind einerseits eine gute Methodenkenntnis und andererseits entsprechende Anwendungserfahrung. Nur so lässt sich der gewünschte Effekt, die Steigerung der Kreativität bzw. die Systematisierung des kreativen Ideenfindungsprozesses, auch tatsächlich erzielen (*Higgins/Wiese* 1996; *Schlicksupp* 2004; *Disselkamp* 2005; *Gassmann/Sutter* 2008). Tabelle 3-7 gibt einen Überblick zu Kreativitätstechniken und deren Anwendungskontext.

**CTR** Neben Kreativitätstechniken gibt es noch weitere Methoden zur Ideengenerierung, die häufig auf einer gezielten **Zusammenarbeit mit Kunden** basieren. Einige dieser Methoden werden nachfolgend kurz skizziert:

- Der **Lead User-Ansatz** (*von Hippel* 1986; 1988) zielt auf die Integration von Kunden mit zukunftsweisenden Bedürfnissen in die Leistungsentwicklung und die Nutzung von deren Know-how für die Ideengenerierung ab.

- Das **Blueprinting** ist ein Ansatz, der insbesondere die Entwicklung von Dienstleistungen unterstützt, und dient der Abbildung, Analyse und Gestaltung von Prozessen. Die jeweils interessierenden Prozesse werden dabei intern, aber auch gemeinsam mit Kunden oder Lieferanten untersucht. Dadurch können Schwachstellen und Verbesserungsmöglichkeiten identifiziert werden (*Allert/Fließ* 1998, S. 193 ff.).
- In Business-to-Business-Märkten wird der Nutzen von Leistungen maßgeblich im Zuge der Leistungsverwertung bestimmt, etwa weil das erworbene Gut in den Produktionsprozess des Kunden einfließt. Das im Rahmen von **Nutzungsprozessanalysen** (*Ehret* 1998, S. 40 f.) erworbene Wissen über die Prozesse der kundenseitigen Leistungsverwertung kann eine wesentliche Quelle für neue Ideen zur Schaffung von Kundennutzen darstellen.
- **Tiefeninterviews** mit Kunden in Form von **Fokusgruppen** (*Krueger* 1994) stellen eine Möglichkeit dar, Kundenanforderungen zu identifizieren und hinsichtlich ihrer Erfüllung zu hinterfragen. Somit bietet sich auch durch diese Methodik, die auf die Eigendynamik von Gruppendiskussionen setzt, die Möglichkeit, Ideen zur Realisierung von Nutzenstiftungspotenzialen zu generieren.

**Tab. 3-7:** Kreativitätstechniken und Anwendungskontext (in Anlehnung an *Rabl* 2009a, S. 82 f.)

| Problemtyp | Beschreibung | Beispiel | Kreativitätstechnik |
|---|---|---|---|
| **Erkennen und Analyse eines Problems** | Darstellung und Verdeutlichung eines Problems | Qualitätsproblem | • Mind-Mapping<br>• Morphologischer Kasten<br>• Progressive Abstraktion<br>• TRIZ |
| **Vorgehensproblem** | Weg für Ergebniserreichung wird gesucht | Identifizierung relevanter Kundenprobleme | • Brainstorming<br>• Brainwriting |
| **Verbesserungsaufgaben** | Verbesserung einer bestehenden Leistung | Produktrelaunch | • Attribute Listing<br>• Osborn-Checkliste<br>• SIL<br>• TRIZ |
| **Anwendungssuche** | Anwendungsmöglichkeiten einer neuen Technologie werden gesucht | Einsatzgebiete eines neuen Werkstoffs | • Brainstorming<br>• Brainwriting |
| **Technisches Erfindungsproblem** | Technisches Problem soll in neuer Weise gelöst werden | Neues Funktionsprinzip | • Morphologischer Kasten<br>• Reizwortanalyse<br>• TRIZ |
| **Systemkonzeptentwicklung** | Komplexe Probleme, die sich aufgrund des Zusammenwirkens mehrerer Komponenten ergeben, sollen gelöst werden | Softwareentwicklung | • Brainwriting<br>• Morphologischer Kasten<br>• TRIZ |

Parallel zur Gewinnung neuer Ideen müssen diese auch bewertet und selektiert werden. Die **Ideenbewertung** gliedert sich in der Regel in mehrere **Filterphasen**, die mit einem zunehmenden „Reifegrad" der einzelnen Ideen korrespondieren. Für eine effiziente Umsetzung der Ideenbewertung empfiehlt sich abhängig von der Innovationsart (z. B. Produkt-, Service- oder Prozessinnovation) und dem Innovationsgrad (z. B. Neuentwicklung einer Leistung oder Leistungsvariation) die Definition spezifischer Bewertungskriterien, die je Filterphase detaillierter werden, um ineffektive oder nicht realisierbare Ideen möglichst frühzeitig auszuscheiden. Somit kann ein hoher Feinbewertungsaufwand, der mit zunehmendem Konkretisierungsgrad einer Idee anfällt, vermieden werden (*Pleschak/ Sabisch* 1996, S. 172 ff.; *Vahs/Burmester* 2005, S. 187 ff.; *Meffert et al.* 2008, S. 427 ff.; *Rabl/Gaubinger* 2009, S. 70 ff.).

### 3.2.1.5.2 Entwicklung, Positionierung und Freigabe von Leistungskonzepten

Die Entwicklung, Positionierung und Freigabe von Leistungskonzepten stellen strategisch und operativ entscheidende Aktivitäten im Prozess des Managements von Kundennutzen dar. Denn die in diesem Zusammenhang getroffenen Entscheidungen bestimmen maßgeblich sowohl die Wertstiftung für den Kunden als auch die Wertschaffung für den Anbieter (vgl. auch *Schmelzer/Sesselmann* 2002, S. 122; *Werani/Prem* 2009b, S. 103).

**(1) Leistungskonzeptentwicklung**
Den Ausgangspunkt der Definition konkreter Leistungskonzepte bilden die ausgewählten Ideen, die zumeist noch einen relativ hohen Abstraktheitsgrad aufweisen. Im Zuge der Leistungskonzeptentwicklung kommt es zur Verfeinerung dieser Ideen bis schließlich eine detaillierte Beschreibung von Leistungskonzepten möglich ist.

CTR Für die Leistungskonzeptentwicklung sind **vertiefende Analysen** notwendig. Konkret muss im Hinblick auf die Definition eines Leistungskonzepts die Frage beantwortet werden, durch welche konkreten **Leistungsmerkmale** und **Merkmalsausprägungen** der für das jeweilige Zielsegment bzw. den jeweiligen Zielmarkt relevante Kundennutzen realisiert werden kann. Zur methodischen Unterstützung können in diesem Zusammenhang beispielsweise folgende Verfahren herangezogen werden:

- Die **Means-End-Analyse** hinterfragt über mehrstufige **Zweck-Mittel-Ketten**, welche Nutzenkomponenten und Werthaltungen durch spezifische **Leistungsmerkmale** adressiert werden (*Reynolds/Olson* 2001; *Diller et al.* 2011, S. 112 ff.; *Esch et al.* 2011, S. 230 ff.). Daraus kann auf einer qualitativen Ebene abgeleitet werden, ob die jeweiligen Merkmale in der Lage sind, den intendierten Kundennutzen zu stiften.
- **Internetgestützt** können sogenannte **Toolkits** zum Einsatz kommen, durch welche Kunden die Möglichkeit erhalten, Leistungen in einem vordefinierten Merkmalsraum – ähnlich wie bei Produktkonfiguratoren – zusammenzustellen. Anbieter können durch diese qualitative Methodik **präferierte Merkmalskombinationen** von Nachfragern identifizieren (*Reichwald/Piller* 2009, S. 189 ff.).
- Auf einer quantitativen Ebene lassen sich durch die bereits in Kap. 1.2.2.2.2 in ihren Grundzügen erläuterte (klassische) **Conjoint-Analyse** für die beabsichtigten **Ausprägungen von Leistungsmerkmalen** Teilnutzenwerte berechnen. Diese ermöglichen einerseits eine am Kundennutzen ausgerichtete Entscheidung, in **welcher Form** die jeweiligen Leistungsmerkmale realisiert werden sollten. Andererseits aber kann ausgehend von den Teilnutzenwerten die Leistung mit dem größten Gesamtnutzen-

wert und somit die aus Kundensicht **optimale Leistung** ermittelt werden. Darüber hinaus lässt sich für alle Leistungsmerkmale deren relative **Wichtigkeit** berechnen, sodass hinsichtlich des Leistungskonzepts entsprechende Prioritäten gesetzt werden können. Kommt die Verfahrensvariante der **Limit Conjoint-Analyse** (*Voeth/Hahn* 1998; *Backhaus/Voeth* 2010, S. 234 ff.) zum Einsatz, so kann nicht nur die Verbindung zum Preismanagement (vgl. Kap. 3.2.2.3) hergestellt, sondern auch ermittelt werden, welcher **Mindestnutzen** vom Kunden gefordert wird. Dies wird dadurch möglich, dass die Limit Conjoint-Analyse eine Auswahlentscheidung direkt in die klassische Conjoint-Analyse integriert. Diese Verfahrensmodifikation bewirkt, dass zwischen kaufenswerten und nicht kaufenswerten Leistungsvarianten differenziert wird, woraus sich wiederum ableiten lässt, welcher Mindestnutzen vom Kunden hinsichtlich der einzelnen Leistungsmerkmale erwartet wird.

Ein Leistungskonzept definiert die jeweilige Leistung aus der Perspektive des Kunden. Die Anforderungen an die Leistung sollten dabei zwar so umfassend wie möglich, aber nur so detailliert wie nötig beschrieben werden, um im Bedarfsfall einzelne Punkte des Konzepts ändern zu können, ohne dass damit erhebliche Auswirkungen auf die Folgeschritte verbunden sind. Die Konzepterarbeitung erfolgt im Idealfall in einem interdisziplinären Team, das sich aus Vertretern unterschiedlicher Unternehmensbereiche zusammensetzt. Die schriftliche Dokumentation des Leistungskonzepts erfolgt im sogenannten **Lastenheft**. Hierbei handelt es sich im Wesentlichen um eine detaillierte Beschreibung des Anforderungsprofils der Leistung, ohne dass näher auf die technische Umsetzung der einzelnen Anforderungen eingegangen wird. Dieser Schritt erfolgt erst nach der Leistungskonzeptfreigabe im Rahmen der Realisierung der Leistung (vgl. Kap. 3.2.1.6) und wird in einem entsprechenden **Pflichtenheft** dokumentiert (*Werani/ Prem* 2009b, S. 106 f.).

**CTR** Gemäß *Vahs/Burmester* (2005, S. 241) sollte ein Lastenheft folgende Punkte umfassen:

* Beschreibung der Kundenanforderungen an die Leistung;
* wesentliche Leistungsspezifikationen;
* marktseitige und unternehmensinterne Rahmenbedingungen;
* voraussichtliche Kosten der Leistungsrealisierung (Herstellungs- und Projektkosten);
* zeitliche Zielsetzungen und Projekt-Meilensteine;
* vorhandene Risiken und mögliche Alternativen.

Wesentlich ist, dass ein Anbieter sich bereits im Zuge der Lastenheftdefinition mit der Frage der durch die Leistung verursachten **Kosten** befasst (vgl. dazu den in Kap. 3.2.3 behandelten Ansatz des Target Costing), da diese die Entscheidung für das jeweilige Leistungskonzept entscheidend beeinflussen. Denn Leistungen mit zu hohen Herstellungs- und Projektkosten werden Preise verlangen, die am Markt nicht erzielt werden können, was die Realisierung des jeweiligen Konzepts von vornherein unmöglich macht.

### (2) Leistungskonzeptpositionierung

Leistungen sind als Bündel subjektiv wahrgenommener wertstiftender Eigenschaften zu interpretieren. Ein Nachfrager entscheidet sich daher nur dann für eine bestimmte Leistung, wenn ihm diese in der Summe ihrer Eigenschaften einen **positiven Wert** verspricht und gleichzeitig gegenüber den als relevant erachteten Konkurrenzangeboten als überlegen eingeschätzt wird (vgl. Kap. 1.4; ähnlich auch *Trommsdorff* 2002, S. 361). Von entscheidender Bedeutung ist in diesem Zusammenhang, dass jede Leistung in der Wahrnehmung von Nachfragern auch ohne den zielgerichteten Einsatz von Marketinginstrumenten eine bestimmte **Position im Markt** einnimmt (*Haedrich/Tomczak* 1996, S. 136). Im Gegensatz zu diesem weitgehend passiven und ungesteuerten Besetzen einer Position stellt die **Positionierung** von Leistungskonzepten – und damit letztlich von Leistungen – auf ein aktives marketingstrategisches Vorgehen ab. Ziel ist es, Leistungen so in der Wahrnehmung von Nachfragern zu verankern, dass diese ein eigenständiges und unverwechselbares Profil erhalten. Die zur Positionierung herangezogenen Eigenschaften müssen dabei für die Nachfrager **relevant** sein und sich an deren **Präferenzprofil** („Idealleistung") orientieren (*Esch* 1992, S. 10). Zusammenfassend kann unter der Positionierung von Leistungen die an der **subjektiven Wahrnehmung von Nachfragern** und nicht an objektiv prüfbaren Leistungseigenschaften ansetzende **leistungsbezogene Abgrenzung von der Konkurrenz** verstanden werden (*Esch/Levermann* 1995, S. 9). Entsprechend dem STP-Ansatz (vgl. Kap. 3.1.1.3.3.1) muss die Positionierung dabei jeweils **zielsegmentspezifisch** erfolgen. Allerdings ist anzumerken, dass die Thematik der Positionierung nicht nur bei einer differenzierten Marktbearbeitung (STP-Ansatz), sondern auch im Fall einer undifferenzierten **Massenmarktstrategie** von Relevanz ist, um eine entsprechende Abgrenzung gegenüber der Konkurrenz zu erzielen. In letzterem Fall orientiert sich die Positionierung allerdings nicht am Präferenzprofil eines bestimmten Segments, sondern an der **Durchschnittspräferenz** des Gesamtmarkts.

Wenn Leistungen – wie oben angemerkt – als Bündel subjektiv wahrgenommener **wertstiftender** Eigenschaften zu verstehen sind, so verweist dies darauf, dass die Positionierung von Leistungen nicht nur über die **Nutzenseite**, sondern gleichzeitig auch über den **Preis** erfolgt. Somit können Positionierungsentscheidungen nur dann getroffen werden, wenn das Management von Kundennutzen mit dem Preismanagement Hand in Hand geht.

Im Zuge der Festlegung der Positionierung ist die grundsätzliche Frage zu klären, ob das Angebot den Nachfragerpräferenzen oder die Nachfragerpräferenzen dem Angebot angepasst werden sollen (*Wind* 1982, S. 97; *Kroeber-Riel/Weinberg* 2003, S. 219). Erfolgt eine **Anpassung des Angebots an die Nachfragerpräferenzen**, so zielt diese Strategie in der Regel darauf ab, durch eine entsprechende **Leistungsgestaltung** dafür zu sorgen, dass sich die Leistungen in der Wahrnehmung der Nachfrager den jeweiligen Idealvorstellungen annähern. Die wahrgenommene Leistungsposition in einem Zielsegment bzw. -markt kann allerdings auch ohne Leistungsveränderung verschoben werden, und zwar dadurch, dass Nachfrager durch eine **zielgerichtete Kommunikation** dazu gebracht werden, Leistungseigenschaften anders wahrzunehmen, als diese tatsächlich sind. Wird die Strategie der **Anpassung der Nachfragerpräferenzen an das Angebot** gewählt, so ist diese darauf ausgerichtet, durch den gezielten Einsatz von **Kommunikationsinstrumenten** die Vorstellungen der Nachfrager vom idealen Leistungsangebot zu ändern. Beide genannten Strategien stellen letztlich auf eine Verringerung des wahrgenommenen Abstands zwischen Ideal- und Realleistung ab und können auch gemeinsam eingesetzt werden (*Esch* 1992, S. 10).

Die konkreten (nutzenbezogenen) **Positionierungsinhalte** sind auf Basis der jeweiligen Leistungskonzepte festzulegen, wobei besonderes Augenmerk auf die Leistungseigenschaften zu richten ist, die einen Nutzen mit **Differenzierungspotenzial** gegenüber der Konkurrenz adressieren. Hinsichtlich der Ausgestaltung der Positionierungsinhalte sind insbesondere die folgenden Aspekte zu berücksichtigen (vgl. auch *Bausback* 2007, S. 93 f.):

- **Abstraktionsgrad der Inhalte:** Die Bandbreite kann von der Verwendung konkreter Leistungseigenschaften bis hin zum Einsatz abstrakter Wertvorstellungen reichen.
- **Anmutung der Inhalte:** Hier kann unter anderem zwischen rationalen, funktionalen, sachlichen, informativen, emotionalen und erlebnisorientierten Positionierungsinhalten unterschieden werden.

Sind die Positionierungsinhalte definiert, so ist deren Überprüfung anhand folgender Kriterien eine wesentliche Voraussetzung zur **Effektivitäts- und Effizienzsicherung** der Positionierung (*Hüttel* 2008, S. 120):

- **Relevanz:** Die Bedeutung der Positionierungsinhalte für den Nachfrager muss gegeben sein.
- **Konzentration:** Die Vielfalt möglicher Positionierungsinhalte ist zu begrenzen, da der Nachfrager die kommunizierte Positionierung einfach nachvollziehen können soll.
- **Differenzierungsfähigkeit:** Für den Nachfrager muss eine positive Unterscheidung von den Positionierungen der Konkurrenten wahrnehmbar sein.
- **Dauerhaftigkeit:** Die gewählte Positionierung soll für einen längeren Zeitraum Bestand haben können.
- **Zukunftsorientierung:** Die Positionierung sollte möglichst auch auf zukünftige Nutzenstiftungspotenziale Bezug nehmen.

[CTR] Wie bereits aufgezeigt, geht es bei der Positionierung von Leistungen um deren Verankerung in der Wahrnehmung von Nachfragern. Um die Positionen konkurrierender Leistungen in einem entsprechenden Wahrnehmungsraum visualisieren zu können, wird in der Regel auf zwei- oder dreidimensionale **Positionierungsmodelle** zurückgegriffen. Entscheidend dabei ist, dass solche Modelle aufgrund **nachfragerbasierter Marktforschungsinformationen** generiert und nicht aus der Unternehmensinnensicht „konstruiert" werden.

Wie Abbildung 3-14 zeigt, lassen sich Positionierungsmodelle durch **vier Kernelemente** charakterisieren (*Haedrich/Tomczak* 1996, S. 139 f.):

- **Eigenschaftsdimensionen:** Diese werden durch die Achsen des Positionierungsmodells repräsentiert und spannen den relevanten Wahrnehmungsraum des entsprechenden Zielsegments bzw. -markts auf.
- **Positionen von Leistungen:** Sowohl die eigene als auch Konkurrenzleistungen werden entsprechend der von den Nachfragern wahrgenommenen Ausprägungen in den relevanten Eigenschaftsdimensionen im Wahrnehmungsraum positioniert.
- **Position der Idealleistung:** Die Idealleistung spiegelt die Leistungsanforderungen des jeweiligen Zielsegments bzw. -markts auf Basis der relevanten Eigenschaftsdimensionen wider.
- **Distanzen zwischen Positionen von Leistungen und Idealleistung:** Hinsichtlich der zwischen Positionen von Leistungen und Idealleistung bestehenden Distanzen liegen Positionierungsmodellen folgende Hypothesen zugrunde:

(a) Je geringer die Distanz zwischen Real- und Idealleistung, desto größer ist die Präferenz des Nachfragers für die betreffende Leistung.

(b) Gekauft wird die Leistung mit der geringsten Real-Ideal-Distanz.

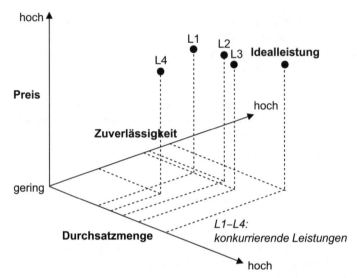

**Abb. 3-14:** Exemplarisches dreidimensionales Positionierungsmodell

Aus methodischer Sicht stehen zur Generierung von Positionierungsmodellen verschiedene Ansätze zur Verfügung, wobei besonders häufig die multivariaten Verfahren der **Faktorenanalyse** und **multidimensionalen Skalierung** genannt werden (*Mayer* 1984, S. 63 ff.; *Trommsdorff* 2002, S. 369). Während bei der Faktorenanalyse der Weg gegangen wird, Leistungspositionen im Wahrnehmungsraum von Nachfragern auf Basis von **Eigenschaftsbeurteilungen der Leistungen** abzuleiten, wird bei der multidimensionalen Skalierung der Wahrnehmungsraum auf Basis der **Beurteilung der Ähnlichkeiten** zwischen den jeweiligen Leistungen aufgespannt. Verglichen mit der Faktorenanalyse bestehen die Vorteile der multidimensionalen Skalierung darin, dass die relevanten Leistungseigenschaften nicht vorab bekannt sein müssen und es somit auch zu keiner durch die Vorgabe von Eigenschaften bewirkten Beeinflussung des Verfahrensergebnisses kommen kann (*Backhaus et al.* 2011, S. 541 f.).

Insgesamt betrachtet verweisen *Kotler et al.* (2007, S. 425 f.) darauf, dass die folgenden vier **Positionierungsfehler** vermieden werden müssen:

- **Unterpositionierung:** Dieser Fall liegt vor, wenn ein Anbieter als einer von vielen gesehen wird. Die Nachfrager haben somit nur eine unklare Vorstellung, wofür der Anbieter bzw. sein Angebot stehen.
- **Überpositionierung:** Hier nehmen die Nachfrager einen Anbieter und sein Leistungsangebot aufgrund einer zu fokussierten Positionierung als zu eng wahr.
- **Unklare Positionierung:** Dieser Positionierungsfehler tritt entweder dann auf, wenn ein Anbieter den Nachfragern ein unklares Bild seiner Leistungen vermittelt, oder (öfters) die Positionierung wechselt.

- **Zweifelhafte Positionierung:** In diesem Fall tritt für den Nachfrager ein Widerspruch zwischen seiner Wahrnehmung der Leistung und der anbieterseitig intendierten Positionierung auf, wodurch diese unglaubwürdig wird.

**(3) Leistungskonzeptprüfung und -freigabe**

Bevor bestimmte Leistungen umgesetzt werden können, müssen die vorliegenden (alternativen) Leistungskonzepte, die Potenziale zur Realisierung des als relevant identifizierten Kundennutzens darstellen, bewertet werden. Dabei geht es einerseits um eine **absolute Betrachtung** und damit die Frage, ob das jeweilige Leistungskonzept die festgelegten Mindestanforderungen erfüllt, andererseits im Fall alternativer Leistungskonzepte aber auch um ein **relatives Abwägen** zwischen den Konzepten, welche die jeweiligen Mindestanforderungen erfüllen. Ziel der Leistungskonzeptprüfung ist es, die Konzepte freizugeben, die eine **maximale Wertstiftung** für **Nachfrager** und **Anbieter** ermöglichen. Dies verweist darauf, dass zum Zeitpunkt der Leistungskonzeptprüfung aus den parallel zum Management von Kundennutzen ablaufenden Prozessen des Preis- und Kostenmanagements (vgl. Kap. 3.2.2 und 3.2.3) bereits entsprechende Informationen zu **Preisen** und **Kosten** verfügbar sein müssen. Anzumerken ist, dass bis zur Leistungskonzeptprüfung stets der Aspekt des Kundennutzens den Mittelpunkt der Überlegungen bildet. Insofern ist davon auszugehen, dass die zur Prüfung anstehenden Leistungskonzepte bereits einen entsprechend hohen Kundennutzen aufweisen. Dennoch sollte die Leistungskonzeptprüfung explizit auch den **Kundennutzen** berücksichtigen, etwa um eine differenzierte Bewertung von Leistungskonzepten mit ähnlichem Nutzenstiftungspotenzial vornehmen zu können oder um den Kundennutzen nicht von Preisaspekten zu entkoppeln.

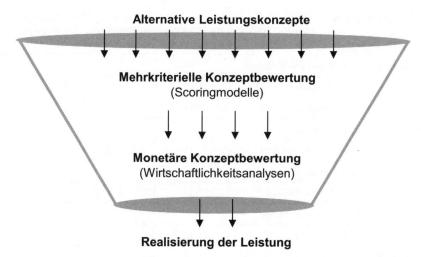

**Abb. 3-15:** Vorgehensweise der Leistungskonzeptprüfung

**CTR** Eine effiziente Leistungskonzeptprüfung lässt sich durch einen **zweistufigen Ansatz** (vgl. Abbildung 3-15) erreichen, der zunächst auf Basis einer **mehrkriteriellen Bewertung** zu einer ersten Attraktivitätsabschätzung der jeweiligen Konzepte führt, bevor die dann noch verbliebenen Konzepte in einem zweiten Schritt **monetär** auf ihre Wirtschaftlichkeit geprüft werden.

Die mehrkriterielle Konzeptbewertung erfolgt häufig mittels **Scoringmodellen**, die auch als Punktbewertungsverfahren oder Nutzwertanalysen bezeichnet werden (*Werani* 2004, S. 69 ff.; *Homburg/Krohmer* 2009, S. 556 ff.; *Diller et al.* 2011, S. 276). Bei diesem Ansatz der Konzeptbewertung kommt es zu einer kombinierten Betrachtung **qualitativer** und **quantitativer** Bewertungskriterien, die sich beispielsweise auf der Unternehmens-, Markt-, Konkurrenz- und Umfeldebene bewegen können (vgl. Tabelle 3-8). Die Durchführung des Scoring-Ansatzes erfolgt dabei in vier Schritten:

(1) Möglichst überschneidungsfreie Definition der erfolgsrelevanten Bewertungskriterien;
(2) Gewichtung der einzelnen Bewertungskriterien nach Maßgabe ihrer Bedeutung für den Leistungserfolg;
(3) Bewertung des jeweiligen Leistungskonzepts hinsichtlich des Erfüllungsgrads der einzelnen Kriterien;
(4) Berechnung eines Gesamtpunktwerts (Score) für das jeweilige Leistungskonzept auf Basis der gewichteten Bewertungen.

Ausgewählt werden die Leistungskonzepte, die einen vorab definierten Mindestscore erfüllen bzw. auf Basis des erreichten Gesamtpunktwerts die beste(n) Alternative(n) repräsentieren.

**Tab. 3-8:** Exemplarisches Scoringmodell zur Bewertung eines Leistungskonzepts (in Anlehnung an *Homburg/Krohmer* 2009, S. 558)

| Bewertungskriterien | Relatives Gewicht des Kriteriums | Bewertung des Kriteriums (1 bis 10 Punkte) | Gewichtete Bewertung |
|---|---|---|---|
| **1. Unternehmensbezogene Kriterien** | | | |
| • Technische Realisierbarkeit | 10 | 8 | 80 |
| • Unterstützung strategischer Ziele | 15 | 5 | 75 |
| **2. Marktbezogene Kriterien** | | | |
| • Sichtbarkeit des Kundennutzens | 15 | 8 | 120 |
| • Preis-Leistung-Verhältnis | 20 | 7 | 140 |
| • Wachstum des Marktsegments | 10 | 6 | 60 |
| **3. Konkurrenzbezogene Kriterien** | | | |
| • Erlangung von Wettbewerbsvorteilen | 15 | 7 | 105 |
| • Schutz vor Nachahmung | 5 | 3 | 15 |
| **4. Umfeldbezogene Kriterien** | | | |
| • Umweltverträglichkeit | 10 | 2 | 20 |
| **Summe** | **100** | | **615** |

Der Vorteil von Scoringmodellen liegt in ihrer **Flexibilität** und **Einfachheit**, weshalb diese in der Praxis häufig eingesetzt werden. Allerdings ist die mit dem Verfahren verbundene **Subjektivität** bei der Auswahl und Gewichtung der Bewertungskriterien sowie der Bewertung der Leistungskonzepte ebenso kritisch zu beurteilen wie die verfahrensimmanente Annahme, dass die einzelnen Bewertungskriterien voneinander **unabhängig** sind (*Homburg/Krohmer* 2009, S. 557).

Auf Basis der sich anschließenden **Wirtschaftlichkeitsanalysen** erfolgt die Freigabe der umzusetzenden Leistungskonzepte. Der relativ späte Einsatz von Wirtschaftlichkeitsanalysen liegt darin begründet, dass dafür Informationen zu den mit den jeweiligen Leistungskonzepten verbundenen Kosten und Erlösen notwendig sind, die erst bei einem hinreichenden Detailliertheitsgrad des Leistungskonzepts verfügbar sind. Zur Durchführung von Wirtschaftlichkeitsanalysen kann auf eine Vielzahl verschiedener Verfahren zurückgegriffen werden, zu denen beispielsweise die **Break-Even-Analyse** und Ansätze der **statischen und dynamischen Investitionsrechnung** zählen (*Werani/Prem* 2009b, S. 110 ff.).

### 3.2.1.6   Realisierung der Leistung

Die freigegebenen Leistungskonzepte bilden den Ausgangspunkt der Leistungsrealisierung. Dies bedeutet, dass es nun um die **Entwicklung und Umsetzung konkreter Leistungen** im Rahmen entsprechender **Projekte** geht. Parallel zur Leistungsrealisierung müssen allerdings die Prozesse des Preis- und Kostenmanagements (vgl. Kap. 3.2.2 und 3.2.3) fortgeführt und die zur Wertrealisierung notwendigen Prozesse des Kommunikations-, Distributions- und Verkaufsmanagements (vgl. Kap. 3.3) initiiert werden. Kommunikations-, Distributions- und Verkaufsaktivitäten besitzen jedoch auch unmittelbar für die Leistungsrealisierung Bedeutung, da sie **Träger spezifischer Nutzenstiftungspotenziale** sein können (vgl. auch *Diller et al.* 2011, S. 112 f.), die im Zuge der Identifikation von Kundennutzen (vgl. Kap. 3.2.1.2) als relevant erkannt wurden. Somit lässt sich erst durch die Entwicklung und Umsetzung dieser Aktivitäten eine **Leistung in ihrer gesamten Bandbreite** realisieren.

Im Zuge der **Projektplanung** sind die **Projektziele** und der **Weg der Leistungsentwicklung und -umsetzung** (Projektinhalte, Projektorganisation, Meilensteinpläne) festzulegen.

[CTR] Große Auswirkung auf den Projekterfolg hat die Überführung des **Lastenhefts** (vgl. Kap. 3.2.1.5.2) in ein **Pflichtenheft**. Diese erfolgt gleich zu Beginn der Phase der Leistungsrealisierung und kann durch die Methodik des **Quality Function Deployment** (*Rabl* 2009b, S. 127 ff.) unterstützt werden. Das Pflichtenheft dient im Zuge der Entwicklung und anschließenden Umsetzung einer Leistung als **Leitfaden zur Leistungsrealisierung** und sichert somit deren Effektivität und Effizienz. Konkret kommt es im Pflichtenheft zur Detaillierung der **technischen Realisierung** einer Leistung. Die Schwierigkeit liegt dabei in der Wahl des angemessenen Detaillierungsgrads der jeweiligen Leistungsanforderungen. Handelt es sich bei der Leistung um ein Produkt, so sind Beschreibungen bis auf die Ebene der Baugruppen und gegebenenfalls der Produkteinzelteile (z. B. Design, Abmessungen, Gewicht, Materialqualität) notwendig. Wichtig ist, dass die Leistungsanforderungen umfassend, aber gleichzeitig auch prägnant und eindeutig beschrieben werden, da aufgrund der Festlegungen des Pflichtenhefts entsprechende Investitionen (z. B. für neue Werkzeuge und Maschinen) getätigt werden (*Vahs/Burmester* 2005, S. 242 ff.).

**CTR** Nach Abschluss der Entwicklung einer Leistung erfolgt deren **Umsetzung**. Abhängig davon, ob es sich um eine **materielle** oder **immaterielle Leistung** handelt, erfordert die Leistungsumsetzung unterschiedliche Herangehensweisen. Bei **Produkten** werden häufig **Prototypen** und **Teststellungen beim Kunden** verwendet, um eine Risikominimierung bzw. eine optimale Anpassung des Produkts an die Erfordernisse des Kunden zu erreichen (*Vahs/Burmester* 2005, S. 245 ff.; *Backhaus/Voeth* 2010, S. 222). Bei **Dienstleistungen** hingegen ist das **Blueprinting**, das Dienstleistungsprozesse visualisiert, analysiert und gestaltet, bei der Leistungsumsetzung und der Gestaltung der entsprechenden Leistungserstellungsprozesse hilfreich (*Fließ* 2009, S. 194 ff.). Das Anwendungsspektrum dieser Methode beschränkt sich somit nicht nur auf die Ideengewinnung (vgl. Kap. 3.2.1.5.1).

Aufgrund der in den Zielsegmenten bzw. -märkten eines Anbieters identifizierten Nutzenerwartungen von (potenziellen) Kunden entsteht in der Regel die Notwendigkeit der parallelen Realisierung materieller und immaterieller Leistungen. Dies verweist darauf, dass die Leistungsrealisierung zumeist mit der Realisierung von **Leistungsbündeln** gleichzusetzen ist.

### 3.2.1.7 Markteinführung der Leistung

Die Phase der Markteinführung einer neuen Leistung beginnt mit deren erstmaliger Verfügbarkeit in einem Zielsegment bzw. -markt. Wann diese Phase beendet ist, ist nicht immer klar abgrenzbar. Häufig wird in diesem Zusammenhang das Erreichen eines stabilen Umsatzwachstums oder der Gewinnschwelle genannt (*Meffert* 1998, S. 329).

Die Markteinführung einer Leistung steht in engem **Zusammenhang** mit der zweiten Phase des Wertmanagements, der **Wertrealisierung** (vgl. Kap. 3.3), da die in dieser Phase zu durchlaufenden Prozesse des Kommunikations-, Distributions- und Verkaufsmanagements die Markteinführung erst möglich machen. Konkret müssen im Rahmen des **Kommunikationsmanagements** die jeweiligen Leistungen im Zielsegment bzw. -markt bekannt gemacht werden und über das **Distributionsmanagement** wird festgelegt, wie die Leistungen den Kunden erreichen. Das **Verkaufsmanagement** schließlich zielt darauf ab, dass tatsächlich Kunden für die Leistungen gewonnen werden und diese auch Wiederkäufe tätigen.

Der **Erfolg** der Markteinführung einer Leistung hängt nicht nur von den im Zuge der Wertrealisierung gesetzten Maßnahmen ab. Vielmehr liegen wesentliche Erfolgsfaktoren der Markteinführung im **Vorfeld** der Wertrealisierung und betreffen insbesondere

- die adäquate Definition der strategischen Wertbasis,
- das fundierte Wissen hinsichtlich des Buying Centers der jeweiligen Kunden,
- die konsequente Orientierung am Kundennutzen im Zuge der Leistungsgestaltung,
- die Schaffung von Wert für den Kunden durch ein simultanes Management von Kundennutzen und Preis und
- die eindeutige Positionierung der Leistungen in den Zielsegmenten bzw. -märkten.

Wie bereits in Kap. 3.2.1.4 konstatiert, beeinflussen nicht alle Kunden den Erfolg eines Anbieters im selben Ausmaß. Im Sinne einer Wertmaximierung für den Anbieter ist daher in der Phase der Markteinführung (aber auch später bei der Leistungspflege, vgl. Kap. 3.2.1.8) zu entscheiden, **welche Kunden welche Leistungen erhalten**, und damit den Ergebnissen der Kundenbewertung und -priorisierung Rechnung zu tragen (vgl. die gestrichelten Pfeile in Abbildung 3-12/Kap. 3.2.1).

Im Rahmen der Markteinführung einer Leistung ist zudem zu klären, wann diese eingeführt werden soll und ob eine Leistungsvorankündigung (Preannouncement) stattfindet. Die Wahl des **Markteinführungszeitpunkts** hängt von der gewählten Timingstrategie (Pionier-, Frühe-Folger-, Späte-Folger-Strategie; vgl. Kap. 3.1.1.3.1) ab. Pioniere müssen sich dabei der Herausforderung stellen, neu entwickelte Leistungen mit hoher Qualität bzw. einer ausgereiften, fehlerfreien Technologie einzuführen. Dies ist nicht immer problemlos möglich, da Entwicklungszyklen immer kürzer werden. Was somit notwendig ist, sind möglichst effektive und effiziente Prozesse der Leistungskonzeption und -realisierung. **Leistungsvorankündigungen** erweisen sich häufig als notwendig, etwa um auf beabsichtigte Innovationen der Konkurrenz zu reagieren oder um Kunden von Investitionen in zukünftig veraltete Technologien abzuhalten. Auch wenn Preannouncements eine raschere Leistungsadoption und -diffusion im Zielsegment bzw. -markt unterstützen können, stellen diese jedoch **keine risikolose Marketingmaßnahme** dar. So bergen frühzeitige Ankündigungen etwa die Gefahr einer schnelleren Imitation durch die Konkurrenz. Ebenso können Probleme aus der Nichterfüllung des angekündigten Leistungsversprechens oder der Nichteinhaltung des angekündigten Zeitpunkts der Markteinführung resultieren (*Pleschak/Sabisch* 1996, S. 241 ff.; *Homburg/Krohmer* 2009, S. 577 ff.; *Walsh et al.* 2009, S. 186 ff.; *Backhaus/ Voeth* 2010, S. 226).

### 3.2.1.8  Leistungspflege

Unter dem Begriff der Leistungspflege sollen alle Maßnahmen subsumiert werden, die dazu beitragen, ausgehend von einer einmal am Markt etablierten Leistung eine **(noch) bessere Ansprache des vom Kunden erwarteten Nutzens** zu erreichen. In diesem Zusammenhang ist zwischen Maßnahmen der Leistungsvariation und der Leistungsdifferenzierung zu unterscheiden.

Die **Leistungsdifferenzierung** zielt darauf ab, eine Leistung durch das zeitlich parallele Angebot mehrerer Leistungsvarianten auf die Nutzenerwartungen unterschiedlicher Zielsegmente abzustimmen. Somit wird eine bereits im Markt eingeführte Leistung hinsichtlich bestimmter Leistungsmerkmale variiert und diese **Mutationen** werden **zusätzlich zur Ausgangsleistung** angeboten (*Meffert* 2000, S. 439).

Bei einer **Leistungsvariation** werden im Gegensatz zur Leistungsdifferenzierung keine zusätzlichen Leistungsvarianten auf den Markt gebracht, sondern die Leistung selbst wird verändert. Nach dieser Modifikation **verschwindet die ursprüngliche Leistung vom Markt** (*Backhaus/Voeth* 2010, S. 227). Die Bandbreite einer Leistungsvariation kann dabei von einer geringfügigen **Leistungsadaption** bis zu einem mit maßgeblichen Leistungsänderungen verbundenen **Leistungsrelaunch** reichen (*Gaubinger* 2009, S. 310).

Eine Leistungsvariation bietet sich immer dann an, wenn die ursprüngliche Leistung am Markt (nutzenbedingt) nicht mehr den gewünschten Erfolg bringt, wofür folgende Gründe verantwortlich sein können (*Büschken/von Thaden* 2002, S. 596):

- **Anspruchsänderungen der Nachfrager:** Die Ansprüche von Nachfragern und damit der erwartete Nutzen können sich im Zeitablauf ändern. In der Regel werden Nachfrager, insbesondere im Fall von Überangebotssituationen, immer anspruchsvoller und zwingen dadurch einen Anbieter zur kontinuierlichen Verbesserung seiner Leistungen.
- **Technischer Fortschritt:** Technologische Entwicklungen können dazu führen, dass eine Leistung nicht mehr den gängigen technischen Anforderungen entspricht und somit eine Leistungsverbesserung notwendig wird.
- **Rechtliche Änderungen:** Auch die Änderung gesetzlicher Bestimmungen, denen eine Leistung genügen muss, kann den Ausgangspunkt einer Leistungsvariation bilden.
- **Konkurrenzaktivitäten:** Kommt die Konkurrenz mit einer ähnlichen oder sogar besseren Leistung auf den Markt, dann gilt es die eigene Leistung so zu verändern, dass diese dem Vergleich mit der Konkurrenz wieder standhält.

Sowohl die Leistungsdifferenzierung als auch die Leistungsvariation erfordern, dass einige Prozessschritte des Managements von Kundennutzen erneut durchlaufen werden. Auch das Preis- und Kostenmanagement rücken wieder in den Vordergrund.

## 3.2.1.9 Elimination der Leistung

Die Entscheidung über die Elimination von Leistungen mit unzureichender Kundennutzenstiftung, für welche auch eine Leistungspflege nicht (mehr) zielführend erscheint, zählt zu den wohl schwierigsten im Prozess des Managements von Kundennutzen. Allerdings wird dieser Entscheidung im Vergleich zu anderen Bereichen des Nutzenmanagements, wie insbesondere der Leistungskonzeption, sowohl in der einschlägigen Literatur als auch in der Unternehmenspraxis **wenig Bedeutung** beigemessen. Gerade die zielgerichtete Elimination bestehender Leistungen kann jedoch erhebliche **positive Wirkungen** auf den für einen Anbieter geschaffenen Wert haben, da die Reduktion einer in keiner Relation zum gestifteten Kundennutzen stehenden Leistungsvielfalt erhebliche Rationalisierungspotenziale (z. B. durch geringeren Zeitaufwand, geringere Lagerbestände und die Vermeidung sonst notwendiger ineffizienter Losgrößen) mit sich bringt (*Backhaus/Voeth* 2010, S. 228 f.).

Die **Gründe**, die zu einer **Vernachlässigung der Elimination** bestehender Leistungen führen, sind vielfältig. Zu nennen sind etwa die emotionale Verbundenheit von Anbietern mit einst erfolgreichen Leistungen, vermutete Verbundwirkungen zwischen einzelnen Leistungen, die real aber nicht vorhanden sind, ebenso wie die Annahme, dass Nachfrager die Leistungsfähigkeit eines Anbieters über die Zahl der angebotenen Leistungen definieren (*Backhaus/Voeth* 2010, S. 228).

Während durch das Fehlen innovativer Leistungen entgangene Umsatzchancen meist unmittelbar als Schaden für das Unternehmen wahrgenommen werden, **unterschätzen** viele Anbieter die **laufenden Kosten**, die durch die ungerechtfertigte Beibehaltung bestehender Leistungen verursacht werden. Aber nicht nur die laufenden, sondern auch

**verborgene Kosten** sind zu beachten. Denn der größte finanzielle Nachteil macht sich unter Umständen erst in der Zukunft dadurch bemerkbar, dass aufgrund einer zu späten Leistungselimination neue Leistungen zu lange auf sich warten lassen und Kunden somit auf andere Bezugsquellen zurückgreifen (*Backhaus/Voeth* 2010, S. 229). Wertorientiert agierende Anbieter müssen sich daher **systematisch** mit dem Thema der Leistungselimination auseinandersetzen und dürfen Eliminationsentscheidungen nicht bis zum Auftreten von Krisensituationen aufschieben, da die dann notwendigen Korrekturen erheblich schwieriger und häufig auch teurer werden (*Kotler* 2000, S. 359).

**CTR** *Kotler* (2000, S. 359 f.) empfiehlt in diesem Zusammenhang die folgende **mehrstufige Vorgehensweise:**

- **Zusammenstellung eines Komitees zur Leistungsüberprüfung:** Es wird ein Komitee mit Vertretern aus den Bereichen Marketing, Produktion und Controlling zusammengestellt, welches die Aufgabe übertragen bekommt, alle als schwach eingeschätzten Leistungen eines Anbieters zu überprüfen.
- **Festlegung von Zielen und Verfahren:** Das Komitee wird in periodischen Abständen einberufen und legt Ziele und Verfahren für die Überprüfung schwacher Leistungen fest. Zu entwickeln sind Indikatoren, anhand derer mit hoher Wahrscheinlichkeit bestimmt werden kann, ob die Elimination einer Leistung angebracht ist.
- **Datensammlung:** Es sind laufend alle Daten zu sammeln, die sich auf die ermittelten Indikatoren beziehen.
- **Entscheidung:** Auf Basis der gesammelten Daten werden in regelmäßigen Abständen jene Leistungen identifiziert, deren weiterer Verbleib im Leistungsportfolio angezweifelt werden muss. Die für diese Leistungen Verantwortlichen müssen eine Stellungnahme abgeben, wie sich ihrer Meinung nach Umsatz und Gewinn entwickeln werden, wenn das gegenwärtige Leistungsprogramm beibehalten oder aber reduziert wird. Somit ist nicht nur die isolierte Wirkung der Elimination einer Leistung, sondern auch deren Verbundwirkung im gesamten Leistungsportfolio zu analysieren. Das Leistungsüberprüfungs-Komitee entscheidet schließlich aufgrund der vorliegenden Einschätzungen, ob Leistungen wie bisher geführt, mit einem veränderten Marketingansatz weitergeführt oder aber eliminiert werden.

Trifft ein Anbieter die Entscheidung, eine bestimmte Leistung zu eliminieren, so kann er zum einen die Strategie des **Erntens** verfolgen, die darin besteht, unter Beibehaltung eines möglichst hohen Umsatzniveaus sukzessive mit der Leistung verbundene Kosten (z. B. im Bereich der Kommunikation) zu senken, um noch einen möglichst hohen Cashflow zu generieren. Ist aufgrund der Marktgegebenheiten allerdings eine sofortige Leistungselimination notwendig, so erfordert dies die Erarbeitung eines genau definierten **Outphasing-Plans**, der auch festlegen muss, wie die Leistungselimination an die Kunden kommuniziert werden und der Übergang zu einer gegebenenfalls geplanten Nachfolgeleistung gestaltet sein soll (*Gaubinger* 2009, S. 314 f.). Werden Leistungen eliminiert, so bedeutet dies allerdings nicht, dass dem Anbieter keine leistungsbezogenen Kosten mehr entstehen. Vielmehr muss dieser mit **Remanenzkosten** rechnen, die beispielsweise durch die Sicherstellung der Ersatzteilversorgung bedingt sein können.

## 3.2.1.10 Ergebnisbezogenes Controlling

In Kap. 3.2.1.1 wurde festgehalten, dass das grundlegende Ziel des Managements von Kundennutzen darin besteht, Kunden den Nutzen zu stiften, den diese sich erwarten. Aufgabe des ergebnisbezogenen Controllings ist es daher festzustellen, ob den Kunden (a) in den **richtigen Kategorien** und (b) **im erwarteten Ausmaß** Nutzen gestiftet wird, wodurch gegebenenfalls entsprechende Maßnahmen (vgl. die Rückkoppelungspfeile in Abbildung 3-12/Kap. 3.2.1) ausgelöst werden. Methodische Unterstützung für das ergebnisbezogene Controlling bietet das Instrument der **Kundenzufriedenheitsanalyse**.

**Kundenzufriedenheit** liegt dann vor, wenn die auf eine bestimmte Leistung gerichteten **Nutzenerwartungen** eines Kunden aufgrund der Leistungsinanspruchnahme **erfüllt oder sogar übertroffen** werden. Im gegenteiligen Fall entsteht **Unzufriedenheit**. Folglich wird das Ausmaß der Kundenzufriedenheit bzw. Unzufriedenheit durch die Höhe der **positiven bzw. negativen Differenz** zwischen **gestiftetem und erwartetem Nutzen** determiniert. Da die Nutzenstiftung stets über die Eigenschaften einer Leistung erfolgt, muss die Kundenzufriedenheit multiattributiv, d. h. über alle relevanten Leistungseigenschaften hinweg, erhoben werden (*Diller et al.* 2011, S. 114).

Die Gesamtzufriedenheit mit einer Leistung lässt sich dabei wie folgt ermitteln:

$$KZ_i = \sum_{j=1}^{J} (NS_j - NE_j) \cdot g_j \qquad (3.1),$$

mit: $KZ_i$ = Kundenzufriedenheit mit Leistung i,
 $NS_j$ = Nutzenstiftung durch Eigenschaft j,
 $NE_j$ = Nutzenerwartung hinsichtlich Eigenschaft j,
 $g_j$ = Gewichtung von Eigenschaft j hinsichtlich Nutzenstiftung und Nutzenerwartung.

Die Erhebung der Kundenzufriedenheit auf Basis der Logik von Gleichung (3.1) bedingt eine **merkmalsgestützte**, **explizite** Kundenzufriedenheitsmessung im Wege einer Befragung, wobei in der Praxis zumeist darauf verzichtet wird, die Nutzenerwartung (Soll-Komponente) und die Nutzenstiftung (Ist-Komponente) direkt zu erfassen. Vielmehr werden **mehrdimensionale Zufriedenheitsskalen** eingesetzt ("Wie zufrieden sind sie mit …?"), die das **Resultat des mentalen Abgleichs** zwischen Soll- und Ist-Komponente zum Ausdruck bringen (*Nieschlag et al.* 1994, S. 952 ff.).

Die Ergebnisse einer Kundenzufriedenheitsanalyse lassen sich wie folgt für das ergebnisbezogene Controlling nutzen:

- Die ermittelte **Kundenzufriedenheit** zeigt für die Leistung insgesamt oder differenziert nach Leistungseigenschaften auf, ob **im erwarteten Ausmaß** Nutzen gestiftet wird. Falls die Kundenzufriedenheit auch für **konkurrierende Leistungen** erhoben wird, sind zusätzlich entsprechende Vergleiche möglich. In diesem Zusammenhang ist allerdings nochmals darauf zu verweisen (vgl. Kap. 3.2.1.1), dass es nicht darum gehen kann, den vom Kunden erwarteten (Mindest-)Nutzen möglichst weit zu übertreffen, da dies dem Grundsatz der Wertmaximierung für den Anbieter widersprechen würde.
- Über die **Gewichtungskomponente** von Gleichung (3.1) lässt sich insofern ermitteln, ob in den **richtigen Kategorien** Nutzen gestiftet wird, als die Kundenzufriedenheit und damit die Nutzenstiftung genau bei den Leistungseigenschaften hoch

sein sollten, die dem Kunden **besonders wichtig** sind. Darüber hinaus bietet es sich an, in einer Kundenzufriedenheitsstudie auch offen abzufragen, welche **zusätzlichen Maßnahmen zur Steigerung der Kundenzufriedenheit** sich die Kunden erwarten. Denn die diesbezüglichen Antworten lassen Rückschlüsse auf **nicht berücksichtigte Nutzenstiftungspotenziale** zu.

Um allerdings nicht erst im Zuge der Erhebung der Kundenzufriedenheit auf derartige Defizite zu stoßen, sondern frühzeitig Änderungen in den grundlegenden Nutzenstrukturen von Kunden zu erkennen, ist eine **regelmäßige Analyse** dieser Strukturen auf Basis der in Kap. 3.2.1.2 aufgezeigten Logik notwendig.

### 3.2.1.11 Geschäftstypenbezogene Besonderheiten

Wie bereits in Kap. 1.3 ausgeführt, unterscheiden sich die Vermarktungsprozesse von Leistungen in Business-to-Business-Märkten teils erheblich voneinander. Somit bieten sich Typologien an, welche die unterschiedlichen Transaktionen zu Gruppen mit ähnlichen Problemkonstellationen zusammenfassen, um so transaktions- bzw. geschäftstypenspezifische Marketingprogramme entwerfen zu können. Entsprechend der Ausrichtung dieses Buchs, eine kompakte Einführung in das wertbasierte Business-to-Business-Marketing zu geben, wird nachfolgend (und auch in den weiteren Kapiteln zu geschäftstypenbezogenen Besonderheiten) nur im Überblick skizziert, welche Spezifika sich für den jeweils behandelten Prozess vor dem Hintergrund der Geschäftstypen von *Backhaus/Voeth* (2010) ergeben.

Hinsichtlich der geschäftstypenbezogenen Besonderheiten des Managements von Kundennutzen bietet es sich an, die in Abbildung 1-14 dargestellten Geschäftstypen vertikal zu bündeln. Denn die Tatsache, dass das **Zuliefer- und Anlagengeschäft** einen **Einzelkundenfokus** aufweisen, während im **System- und Produktgeschäft** mehr oder weniger **anonyme Märkte bzw. Marktsegmente** im Blickfeld liegen, wird sich unmittelbar auf das Management von Kundennutzen auswirken.

**(1) Identifikation von Kundennutzen und nutzenbasierte Kundensegmentierung**
Im System- und Produktgeschäft kann aufgrund der Fokussierung tendenziell anonymer Märkte bzw. Marktsegmente ein **generalisierender Ansatz** zur Strukturierung von Kundennutzen gewählt werden. Dies bedeutet, dass ein entwickeltes Modell zur Strukturierung von Kundennutzen grundsätzlich für einen Markt oder ein Marktsegment Gültigkeit besitzt und gegebenenfalls noch durch die Quantifizierung von Nutzenstiftungspotenzialen und eine darauf aufbauende nutzenbasierte Kundensegmentierung auf die Ebene von Kundensegmenten heruntergebrochen wird. Im Zuliefer- und Anlagengeschäft jedoch widerspricht dieser generalisierende Ansatz dem dort gegebenen Einzelkundenfokus, sodass es notwendig ist, **kundenindividuelle** Nutzenstrukturierungsmodelle zu entwickeln.

**(2) Konzeption und Realisierung der Leistung**
Im Zuliefer- und Anlagengeschäft kommt es aufgrund der Notwendigkeit kundenindividueller Lösungen **zwangsläufig** zu einer **verstärkten Interaktion** zwischen Anbieter und Nachfrager, in deren Verlauf die nachfragerseitigen Anforderungen und anbieterseitigen Möglichkeiten abgeglichen und entsprechende Lösungen erarbeitet werden. Im

System- und Produktgeschäft hingegen muss ein Anbieter **aktiv Maßnahmen setzen**, um bestehende und potenzielle Kunden schon im Zuge der Leistungskonzeption für eine Mitarbeit zu gewinnen und damit möglichst frühzeitig Anregungen und Feedback von Anwendern zu erhalten. Insbesondere mit Blick auf die Entwicklung und auch die spätere Vermarktung innovativer Leistungen ist die proaktive Einbindung von **Lead Usern**, d. h. Meinungsführern mit zukunftsweisenden Bedürfnissen, von hoher Bedeutung, um einerseits deren Know-how und andererseits ihr Referenzpotenzial zu nutzen.

Der Beschaffungsprozess in Business-to-Business-Märkten ist in allen vier Geschäftstypen durch die Existenz von **Buying Centern** gekennzeichnet. Während Buying Centern im System- und Produktgeschäft aufgrund des dort vorherrschenden Prinzips der Vor- und Mehrfachfertigung von Leistungen tendenziell nur im Zuge der **Entscheidung für einen Anbieter** hohe Bedeutung zukommt, spielen diese im Zuliefer- und Anlagengeschäft als Konsequenz obiger Argumentation auch bei der Konzeption und Realisierung der Leistung eine entscheidende Rolle. Somit ist davon auszugehen, dass in diesen Geschäftstypen durch das Buying Center auch **mehr Personen und Unternehmensfunktionen** repräsentiert werden, was die Auseinandersetzung mit dem Buying Center entsprechend komplex macht.

Da das Zuliefer- und Anlagengeschäft mit kundenindividuellen Leistungen verbunden sind, ist es de facto nicht möglich, (einzelne) Leistungen für ein Zielsegment oder einen Zielmarkt zu positionieren. Die **Positionierung** bezieht sich in diesen Geschäftstypen vielmehr auf die Verankerung der generellen Leistungsfähigkeit und Ausrichtung eines Anbieters in der Wahrnehmung der Nachfrager. Somit erfolgt die Positionierung auf **Unternehmensebene** und sollte kommunikationsseitig durch eine entsprechende **Unternehmensmarke** (vgl. Kap. 3.1.2.2) unterstützt werden. Im System- und Produktgeschäft hingegen wird eine Unternehmensmarke häufig um **Produktmarken** ergänzt, welche die Kommunikation der Positionierung einzelner Leistungen übernehmen.

**(3) Markteinführung der Leistung**
Bedingt durch die Leistungsindividualisierung erfolgt im Zuliefer- und Anlagengeschäft die **Leistungsvermarktung vor der Leistungserstellung,** während im System- und Produktgeschäft genau das **Gegenteil** der Fall ist. Da die (erstmalige) Vermarktung einer Leistung vom Aufgabenspektrum her weitgehend mit der Markteinführung einer Leistung gleichgesetzt werden kann, wird deutlich, dass die Reihenfolge der in Kap. 3.2.1 skizzierten Prozessschritte des Managements von Kundennutzen auf das System- und Produktgeschäft **vollständig zutrifft**. Im Zuliefer- und Anlagengeschäft hingegen müssen Kunden bereits über Leistungskonzepte für eine Umsetzung des jeweiligen Projekts gewonnen werden, womit die **Leistungskonzeption eng mit der Leistungsvermarktung** verzahnt ist; die **Realisierung der Leistung erfolgt erst anschließend**. Da im Zuliefer- und Anlagengeschäft lediglich vertragliche Ansprüche auf eine vorab (weitgehend) definierte Leistungsrealisierung nach Vertragsabschluss vermarktet werden (*Backhaus/Voeth* 2010, S. 495), kommt der bereits oben angesprochenen **markengestützten Positionierung auf Unternehmensebene** hohe Bedeutung als **vertrauensbildende Maßnahme** zu.

**(4) Leistungspflege und Leistungselimination**
Weil im Zuliefer- und Anlagengeschäft jede Leistung individuellen Charakter aufweist, ist im Gegensatz zum System- und Produktgeschäft eine Leistungspflege in Form der

**Leistungsdifferenzierung** ex definitione **nicht möglich**. Allerdings kann es im Zuliefergeschäft wie im System- und Produktgeschäft zu einer **lebenszyklusbedingten Leistungsvariation** kommen. Im Anlagengeschäft hingegen ist aufgrund des simultanen Einzeltransaktions- und Einzelkundenfokus eine Leistungsvariation im eigentlichen Sinne (vgl. Kap. 3.2.1.8) ausgeschlossen, sehr wohl aber kann es zur **Optimierung bestehender Anlagen** kommen.

Die für das Zuliefer- und Anlagengeschäft charakteristische Leistungsindividualität impliziert, dass in diesen Geschäftstypen Überlegungen zur Leistungselimination **keine Rolle spielen**, während diese im System- und Produktgeschäft zu erheblichen **positiven Wirkungen** auf den für einen Anbieter geschaffenen Wert führen können.

### 3.2.1.12  Zusammenfassung

Das grundlegende **Ziel** des Managements von Kundennutzen besteht darin, Kunden den Nutzen zu stiften, den diese sich erwarten. Um dieses Ziel zu erreichen, sind die folgenden Schritte zu durchlaufen:

(1) Die **Identifikation von Kundennutzen** stellt auf die Strukturierung von Kundennutzen auf Basis anbieter-, konkurrenz- und kundenbezogener Analysen ab, wobei diese drei Perspektiven letztlich zu integrieren sind.

(2) Ziel der **nutzenbasierten Kundensegmentierung** ist es, Kunden mit ähnlichen Nutzenvorstellungen zu Segmenten zusammenzufassen, die mit spezifischen Leistungen angesprochen werden können. Dadurch ergeben sich positive Auswirkungen sowohl für den anbieter- als auch den kundenseitig geschaffenen Wert.

(3) Die **Kundenbewertung und -priorisierung** zielen unabhängig von den gebildeten Nutzensegmenten darauf ab, die Kunden nach ihrem Wert für den Anbieter zu klassifizieren (erfolgspotenzialbasierte Kundensegmentierung) und knappe Unternehmensressourcen für die erfolgversprechendsten Kundensegmente zu verwenden.

(4) Die Aufgabe der **Leistungskonzeption** besteht darin, systematisch Ideen für neue Leistungen bzw. für die Pflege bestehender Leistungen zu entwickeln und in entsprechende Leistungskonzepte umzusetzen. In diesem Zusammenhang sind auch Überlegungen zur Leistungspositionierung anzustellen, um in der Wahrnehmung von Nachfragern eine effektive Abgrenzung gegenüber der Konkurrenz zu erzielen.

(5) Die auf Basis der Leistungskonzeptprüfung freigegebenen Konzepte bilden den Ausgangspunkt der **Leistungsrealisierung**, welche die projektbasierte Entwicklung und Umsetzung konkreter Leistungen zum Ziel hat.

(6) Die **Markteinführung der Leistung** ist eng mit der zweiten Phase des Wertmanagements, der Wertrealisierung, verzahnt, da zur Markteinführung entsprechende Kommunikations-, Distributions- und Verkaufsaktivitäten notwendig sind. Darüber hinaus müssen Überlegungen zum Markteinführungszeitpunkt und zur Leistungsvorankündigung angestellt werden.

(7) Die **Leistungspflege** dient ausgehend von einer einmal am Markt eingeführten Leistung dazu, den vom Kunden erwarteten Nutzen (noch) besser zu adressieren, was durch Maßnahmen der Leistungsvariation und Leistungsdifferenzierung möglich ist.

(8) Für die Leistungen, die keinen ausreichenden Kundennutzen (mehr) stiften, sind Überlegungen zur **Leistungselimination** anzustellen, da sich dadurch positive Auswirkungen auf den für einen Anbieter geschaffenen Wert ergeben können.

Der Prozess des Managements von Kundennutzen wird durch ein **ergebnisbezogenes Controlling** abgeschlossen. Auf Basis von Kundenzufriedenheitsanalysen wird dabei überprüft, ob die Zielsetzung des Managements von Kundennutzen erreicht wurde. Gegebenenfalls müssen entsprechende Maßnahmen ergriffen werden.

Das Management von Kundennutzen unterscheidet sich in einer Reihe von Prozessphasen zwischen dem **Zuliefer- und Anlagen-** und dem **System- und Produktgeschäft**, wobei diese Unterschiede durch das **Ausmaß der Individualisierung des Leistungsangebots** (Fokus Einzelkunde vs. Fokus anonymer Markt bzw. Marktsegment) bedingt sind.

## 3.2.2 Der Prozess des Preismanagements

Wirft man einen Blick in Unternehmen, die in Business-to-Business-Märkten tätig sind, und sieht sich deren Prioritätensetzung im Marketing an, so kommt man schnell zur Erkenntnis, dass das Preismanagement in vielen Fällen geradezu stiefmütterlich behandelt wird. Dieser zugegebenermaßen subjektive Befund lässt sich durch empirische Fakten erhärten. So zeigt sich in einer Studie von *Rullkötter* (2008) unter deutschen Unternehmen der Maschinenbau- und Chemiebranche, dass zwar 62 Prozent der befragten Manager die Bedeutung des Preismanagements als groß oder sehr groß einschätzen, gleichzeitig aber nur 27 Prozent den Professionalisierungsgrad des Preismanagements im eigenen Unternehmen als groß oder sehr groß erachten. Diese augenscheinliche Diskrepanz zwischen Anspruch und Wirklichkeit mag verschiedene Ursachen haben. Allerdings spielt die Tatsache, dass ein professionelles Preismanagement die (mühsame) Erarbeitung von Methodenkompetenz erfordert, mit Sicherheit eine wichtige Rolle. In der Studie von *Rullkötter* (2008, S. 96 f.) bestätigen denn auch 76 Prozent der Befragten eine Dominanz von Intuition, die in 73 Prozent dieser Fälle mit dem Vertrauen auf langjährige Erfahrung begründet wird, und gehen somit einen Weg des geringsten Widerstands, der mit hoher Wahrscheinlichkeit zu suboptimalen Resultaten führt. Diese Diagnose lässt sich abermals durch die Studie von *Rullkötter* (2008, S. 97 f.) erhärten, die aufzeigt, dass sich eine zu geringe Nutzung formaler Marktforschungsmethoden signifikant negativ auf den Preiserfolg auswirkt.

So falsch die Unternehmenspraxis häufig mit ihrer Herangehensweise an das Preismanagement liegt, so richtig stuft sie dessen Bedeutung ein. Die herausragende Stellung des Preises für einen Anbieter soll durch die nachfolgenden Überlegungen von *Simon/Fassnacht* (2009, S. 2 ff.) illustriert werden, die ihren Ausgangspunkt in der Gewinndefinition haben:

$$\text{Gewinn} = (\text{Preis} \cdot \text{Menge}) - \text{Kosten} \tag{3.2}$$

Die Gewinnformel (3.2) macht deutlich, dass es mit dem Preis, der Menge und den Kosten letztlich nur **drei Gewinntreiber** gibt, wobei die Kosten sich in variable und fixe Bestandteile aufspalten lassen. Was das Konzept des anbieterseitigen Werts (vgl. Kap. 1.4) von der Gewinnformel unterscheidet, ist das **Fehlen der Mengenkomponente.** Diese spielt zwar im Hinblick auf die Wertgenerierung für den Anbieter insofern eine Rolle, als Mengen der Fixkostendeckung dienen und Mengensteigerungen mit Kostendegressionseffekten verbunden sein können. Allerdings ändert das nichts an der Tatsache, dass mit Blick auf die anbieterseitige Wertmaximierung der Preis der **einzelnen Leistung** möglichst weit über den durch diese Leistung insgesamt verursachten Kosten liegen muss, was in gleicher Weise aber auch für die Gewinnmaximierung gilt. Somit besteht zwischen Gewinnformel (3.2) und Wertgleichung (1.1) auch **kein Widerspruch.**

Um die relative Bedeutung der drei Gewinntreiber zu veranschaulichen, findet sich in Abbildung 3-16 ein Rechenbeispiel, dessen Datengrundlage für industriell hergestellte Produkte charakteristisch ist. Der Preis des Produkts beträgt 100 Euro und seine Absatzmenge 1 Million Stück. Die variablen Stückkosten liegen bei 60 Euro und die Fixkosten bei 30 Millionen Euro. Somit wird in dieser Ausgangssituation ein Umsatz von 100 Millionen Euro und ein Gewinn von 10 Millionen Euro erzielt. Die Frage ist nun, wie sich ceteris paribus, d. h. bei Konstanz aller anderen Faktoren, eine zehnprozentige Verbesserung jedes einzelnen Gewinntreibers auf den Gewinn auswirkt. Wie aus Abbildung 3-16 ersichtlich, bedeutet eine zehnprozentige Verbesserung beim Preis eine Erhöhung auf 110 Euro, woraus (ceteris paribus) ein Umsatz von 110 Millionen Euro und ein Gewinn von 20 Millionen Euro resultiert. Der Gewinn erhöht sich somit um 100 Prozent, während bei gleicher prozentueller Verbesserung der anderen Gewinntreiber der Gewinn nur um 60, 40 und 30 Prozent steigt. Der **Preis** ist somit der **stärkste Gewinntreiber,** was generell und nicht nur in diesem Beispiel gilt. Würde man die Perspektive umkehren und die Wirkung einer zehnprozentigen Verschlechterung der Gewinntreiber betrachten, würden sich spiegelbildliche Ergebnisse zeigen: So wie eine Preiserhöhung den Gewinn am stärksten positiv beeinflusst, führt eine Preisreduktion zur größten Gewinneinbuße.

| Eine zehnprozentige Verbesserung von … | | | … erhöht den Gewinn um … | | |
|---|---|---|---|---|---|
| | **Gewinntreiber** | | **Gewinn (Mio. €)** | | |
| | alt | neu | alt | neu | |
| Preis | 100 € | 110 € | 10 | 20 | 100% |
| Variable Stückkosten | 60 Mio. € | 54 Mio. € | 10 | 16 | 60% |
| Absatzmenge | 1 Mio. | 1,1 Mio. | 10 | 14 | 40% |
| Fixkosten | 30 Mio. € | 27 Mio. € | 10 | 13 | 30% |

**Abb. 3-16:** Gewinnwirkung einer Verbesserung der Gewinntreiber (*Simon/Fassnacht* 2009, S. 3)

Aus den vorangegangenen Ausführungen ergeben sich hinsichtlich des Preises als **anbieterseitiger Werttreiber** zwei wichtige Erkenntnisse. Zum einen ist ersichtlich, dass der **Preis gegenüber den Kosten den größeren Werttreiber** darstellt. Dies soll nun keineswegs eine Aufforderung zur Vernachlässigung der Kostenbasis sein. Denn selbstverständlich kann ein Anbieter nur durch die simultane Steuerung von Preis und Kosten Wert maximieren. Allerdings ist die in der Praxis nur allzu häufig vorzufindende Übergewichtung von Kosten- gegenüber Preisaspekten kritisch zu hinterfragen. Die zweite Erkenntnis knüpft daran an, dass – wie ein Blick auf Abbildung 3-16 zeigt – **eine Preiserhöhung immer im vollen Ausmaß auf den Gewinn durchschlägt**, während dies für eine **Mengenerhöhung** (bei gleicher Umsatzwirkung!) aufgrund des damit verbundenen Anstiegs der variablen Kosten **nicht gilt**. Will ein Anbieter seinen Gewinn maximieren, ergibt sich somit die Notwendigkeit, die **Preis- gegenüber der Mengenkomponente in den Vordergrund zu rücken**. Dies ist hinsichtlich des Preises als **anbieterseitiger Werttreiber** erst gar nicht notwendig, da das Wertkonzept vom Mengenaspekt abstrahiert und somit der **Preis unabhängig von der Mengenkomponente priorisiert** wird.

Der kritische Leser mag einwenden, dass die dem Rechenbeispiel aus Abbildung 3-16 zugrunde liegende ceteris paribus-Annahme der Realität nicht gerecht wird. Denn eine Preiserhöhung um 10 Prozent wird zu Absatzeinbußen führen, so wie es andererseits unter stabilen Marktverhältnissen nicht möglich sein wird, die Absatzmenge ohne Preissenkungen um 10 Prozent zu steigern. Allerdings gelten die dargestellten Zusammenhänge **strukturell** auch für Preis- oder Mengenänderungen von 1, 2 oder 3 Prozent, die in der Praxis durchaus realisierbar sind, ohne dass dadurch die ceteris paribus-Annahme spürbar verletzt würde (*Simon/Fassnacht* 2009, S. 4). Somit lohnt sich eine eingehende Auseinandersetzung mit dem Werttreiber des Preises allemal.

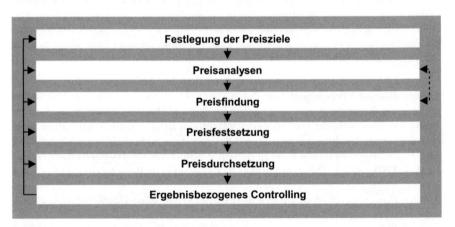

**Abb. 3-17:** Der Prozess des Preismanagements

Ein systematischer Prozess des Preismanagements umfasst die in Abbildung 3-17 dargestellten Schritte und beginnt mit der **Festlegung von Preiszielen** (Kap. 3.2.2.1). Daran schließen sich **Preisanalysen** (Kap. 3.2.2.2) an, die in engem Zusammenhang mit der **Preisfindung** (Kap. 3.2.2.3) stehen. Letztere bezieht sich immer auf spezifische **Wertsegmente** und kann sich methodisch grundsätzlich auf einen **kosten-, konkurrenz-** oder **nutzenorientierten Ansatz** stützen. Im Zuge der **Preisfestsetzung** (Kap. 3.2.2.4) werden ausgehend von den Ergebnissen der Preisfindung die endgültigen (Listen-)Preise bestimmt, die beim Kunden durchgesetzt werden sollen. Aufgabe der **Preisdurchsetzung** (Kap. 3.2.2.5) ist es, Transaktionspreise zu realisieren, die möglichst nah an den festgesetzten Preisen liegen. Der Prozess des Preismanagements wird durch ein **ergebnisbezogenes Controlling** (Kap. 3.2.2.6) abgeschlossen, das überprüft, ob die festgelegten Preisziele erreicht wurden. Ist dies nicht der Fall, sind entsprechende Maßnahmen zu ergreifen.

### 3.2.2.1 Festlegung der Preisziele

Wie in Kap. 1.4 deutlich wurde, ist es ein integrierender Bestandteil des diesem Buch zugrunde liegenden wertbasierten Marketingverständnisses, dass nicht der gestiftete Kundenwert, sondern der Wert für den Anbieter die zu maximierende Größe darstellt. Daraus folgt unmittelbar, dass es das grundlegende Ziel des Preismanagements sein muss, Preise zu erzielen, welche die Preisbereitschaften der Kunden unter Berücksichtigung der jeweiligen Wertstiftung durch konkurrierende Angebote möglichst weit ausreizen (vgl. Kap. 1.4 bzw. Abbildung 1-19). Das **zentrale Preisziel** des wertbasierten Business-to-Business-Marketing besteht somit im Erreichen eines größtmöglichen **Gewinns**. Als weitere **quantitative Preisziele** kommen die Aspekte des **Wachstums** und der **Sicherheit** in Frage (*Reinecke/Hahn* 2003, S. 341), die **situationsspezifisch** Bedeutung erlangen können und eine entsprechende Preisgestaltung erfordern. So mag es Phasen geben, in denen eine ausreichende Liquidität (Aspekt der Sicherheit) für einen Anbieter höchste Priorität genießt, genauso wie etwa im Fall des Eintritts in einen neuen Markt der Wachstums- und damit Marktanteils- und Umsatzaspekt in den Vordergrund rücken kann. Allerdings ist hinsichtlich des letztgenannten Punkts anzumerken, dass aufgrund des in Kap. 3.2.2 skizzierten „Kräfteverhältnisses" zwischen Preis und Menge ein Wachstum, das zu Lasten des Preises geht, aus ökonomischer Sicht als kontraproduktiv zu klassifizieren ist (vgl. dazu auch *Simon et al.* 2006).

Während die aufgezeigten **quantitativen Preisziele** den **Anbieter** betreffen, beziehen sich **qualitative Preisziele** auf die **Nachfrager**. Da diese trotz der dem Wertkalkül immanenten Rationalität, welche gerade in Business-to-Business-Märkten ihre Berechtigung hat, auch **subjektiven Preiseinschätzungen** unterliegen können, gilt es diese Einschätzungen bestmöglich zum Vorteil des Anbieters zu beeinflussen. Als entscheidende qualitative Zielgröße kann in diesem Zusammenhang das **Preisimage** (*Diller* 2008, S. 136 f.) gelten. Dieses ergibt sich als Resultante von **Preiszufriedenheit** (*Diller* 2008, S. 157 ff.) und **Preisvertrauen** (*Diller* 2008, S. 162 ff.), wobei die zwei letztgenannten Konstrukte wiederum durch die **Preiswahrnehmung** (*Diller* 2008, S. 120 ff.) determiniert werden (*Diller* 2008, S. 40).

### 3.2.2.2 Preisanalysen

Falsche Preisentscheidungen gehen häufig darauf zurück, dass wesentliche **interne und externe Informationen** entweder **gar keine** oder **zu wenig Berücksichtigung** finden. *Nagle et al.* (1998, S. 175 ff.) sehen daher die Notwendigkeit, das Preismanagement durch die Beschaffung und Aufbereitung entsprechender Informationen zu unterstützen. Diese grundlegende Informationsversorgung erfolgt im Rahmen von Preisanalysen, wobei die Grenzen zur Preisfindung fließend sind (vgl. dazu den Wechselwirkungspfeil in Abbildung 3-17). Entscheidend ist, dass es sich bei der preisbezogenen Informations-sammlung und -bereitstellung um kein temporäres, lediglich für eine konkrete Preisent-scheidung erforderliches Phänomen handelt, sondern vielmehr um eine **kontinuierliche Aktivität**. Denn die ständige Verfügbarkeit aktueller Informationen ist als wichtige Voraussetzung für die Nutzung preislicher Potenziale zu sehen (*Köhler* 2003, S. 362).

[CTR] Da sich Preisentscheidungen immer am **strategischen Dreieck Unternehmen – Konkurrenz – Kunde** orientieren sollten, müssen im Rahmen von Preisanalysen eben diese drei Bereiche abgedeckt werden (*Simon* 1995, S. 11; *Nagle et al.* 1998, S. 207):

- Hinsichtlich des **eigenen Unternehmens** bedarf es vor allem einer genauen Analy-se der **Kostenstruktur**, um Kenntnis über die Wirtschaftlichkeit von Preisentschei-dungen zu erlangen (*Reinecke/Hahn* 2003, S. 339; *Simon* 1995, S. 13; *Simon/Fass-nacht* 2009, S. 82 ff.). Somit wird nochmals die in Kap. 3.2 angesprochene Interdependenz der zwei Werttreiber Preis und Kosten deutlich. Unternehmensin-terne Informationen dürfen jedoch nicht nur auf den Aspekt der Kostenstruktur be-schränkt bleiben, sondern beziehen sich beispielsweise auch auf Erfahrungskurven-Effekte, gegenwärtige Absatzmengen und aktuelle Deckungsbeiträge (*Wiltinger* 1998, S. 54 f.).
- Mit Blick auf die **Konkurrenz** ist es notwendig, alle aktuellen und potenziellen Mitbewerber im Markt zu identifizieren und die jeweiligen **Stärken** und **Schwächen** sowie **preislichen Ausrichtungen** zu analysieren. In der Regel ist es allerdings nicht ausreichend, lediglich eine statische Bestimmung der Konkurrenzsituation vorzu-nehmen. Vielmehr müssen ergänzend alle denkbaren Konkurrenzreaktionen auf eigene Preisentscheidungen **antizipiert** und im Hinblick auf ihre **Eintrittswahr-scheinlichkeit bewertet** werden (*Wiegmann* 1977, S. 127; *Nagle et al.* 1998, S. 177; *Hinterhuber* 2006, S. 505; *Meffert et al.* 2008, S. 529).
- Den letzten Analysebereich bilden aktuelle und potenzielle **Kunden**. In diesem Zusammenhang sollte zum einen ermittelt werden, welches **Preisinteresse** Kunden zeigen, da dieses das Ausmaß des Bedürfnisses einer aktiven Suche nach Preisin-formationen indiziert (*Diller* 2008, S. 101 ff.). Darüber hinaus gilt es, die **Preiswahr-nehmung** von Kunden (*Diller* 2008, S. 120 ff.), also die Transformation objektiver Preise in subjektive Preiseindrücke, und das kundenseitige **Preiswissen** (*Diller* 2008, S. 133 ff.) über die Leistungen der jeweiligen Anbieter zu analysieren. Die zentrale zu ermittelnde Information aber bildet die **Preisbereitschaft** von Kunden für kon-kurrierende Leistungen. Da Preisbereitschaften absolute Preisobergrenzen darstellen, die unmittelbar mit dem gestifteten Kunden-Nettonutzen korrespondieren (vgl. Kap. 1.4), ist zu deren Erhebung ein **nutzenorientierter Ansatz** notwendig, womit bereits der im folgenden Kapitel behandelte Schritt der Preisfindung angesprochen ist.

### 3.2.2.3 Preisfindung

Die Preisfindung stellt insofern eine Schlüsselphase im Prozess des Preismanagements dar, als die Ergebnisse dieser Phase unmittelbar die Preisfestsetzung (vgl. Kap. 3.2.2.4) beeinflussen und mittelbare Wirkung auf die Preisdurchsetzung (vgl. Kap. 3.2.2.5) ha-ben. **Fehler bei der Preisfindung** machen es von vornherein unmöglich, das zentrale Preisziel der Gewinnmaximierung zu erreichen, da zu hoch angesetzte und letztlich nicht durchsetzbare Preise zu **Mengenverlusten** führen und zu niedrig angesetzte Preise **Margenverluste** bewirken.

Wie in Kap. 3.2.1.5.2 erläutert, erfolgt die Positionierung von Leistungen im jeweiligen Zielsegment bzw. -markt simultan über die Nutzen- und die Preisseite. Je nachdem, ob ein Anbieter **relativ zur Konkurrenz** einen höheren, niedrigeren oder gleichen Kundennutzen bietet bzw. einen höheren, niedrigeren oder gleichen Preis verlangt, bewegt sich dieser in der Wahrnehmung der Nachfrager in einem spezifischen **Wertsegment** und bezieht eine entsprechende **Wertposition**.

Entscheidend ist, dass die von Anbietern bezogenen Wertpositionen nur dann **konsistent** sind, wenn der gestiftete Kundennutzen und der geforderte Preis **unabhängig vom jeweiligen Niveau** zueinander in einem **ausgewogenen Verhältnis** stehen. Ein solches Verhältnis ist immer dann gegeben, wenn Wertpositionen im grau hinterlegten **Konsistenzkorridor** aus Abbildung 3-18 – wie idealtypisch die Economy-, Mittelklasse- oder Premium-Position – gewählt werden. Positionen außerhalb dieses Korridors sind inkonsistent, da der Kunde entweder übervorteilt wird (Position links oben) und dem Anbieter somit **Kunden-** und **Volumenverluste** drohen oder aber dem Kunden ein **Wertvorteil** verschafft wird (Position rechts unten), der sich anbieterseitig in **Margenverlusten** niederschlägt (vgl. auch *Simon/Fassnacht* 2009, S. 34 f.; *Homburg/Totzek* 2011, S. 29 f.).

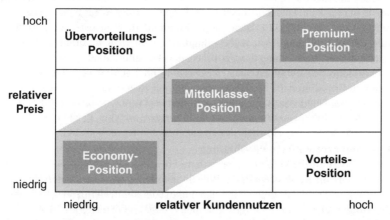

**Abb. 3-18:** Wertpositionen und Konsistenzkorridor (in Anlehnung an *Simon/Fassnacht* 2009, S. 34; *Homburg/Totzek* 2011, S. 30)

Damit ein Anbieter Effizienzvorteile gegenüber der Konkurrenz (d. h. eine vergleichsweise höhere Wertschaffung) realisieren kann, muss dieser im Zuge der Preisfindung ausloten, ob innerhalb des Konsistenzkorridors bei ungefähr gleichem Kundennutzenniveau ein gegenüber der Konkurrenz etwas höherer Preis erzielt werden kann. Dies impliziert, dass die **Preisfindung** immer für spezifische **Wertsegmente** erfolgt.

CTR Aus methodischer Sicht kommen für die Preisfindung grundsätzlich **kosten-, konkurrenz-** und **nutzenorientierte Ansätze** in Frage (*Kossmann* 2008, S. 39 ff.). Diese spiegeln wider, welche Informationen aus der Preisanalyse primär in die Preisbestimmung einfließen (*Friege* 1995, S. 59 ff.).

**(1) Kostenorientierte Preisfindung**

Der kostenorientierte Ansatz stellt das in Business-to-Business-Märkten dominierende Preisfindungsverfahren dar (*Plinke/Söllner* 1995, S. 885; *Schuppar* 2006, S. 112; *Kossmann* 2008, S. 40). Die Preisbildung erfolgt dabei nach dem **Kosten-Plus-Prinzip** durch einen prozentualen Gewinnzuschlag auf die gesamten oder die variablen Stückkosten (*Simon/Fassnacht* 2009, S. 190). Das Verfahren zeichnet sich unter anderem durch eine **einfache Handhabung** und relativ **unproblematische Einsatzmöglichkeiten** aus, da die benötigten Informationen im Zuge der Planung und Steuerung von Geschäftsprozessen in der Regel so und so aufbereitet werden (*Plinke/Söllner* 1995, S. 887; *Diller* 2008, S. 314 f.). Andererseits sind mit diesem Ansatz der Preisfindung aber auch **Probleme** verbunden, welche die **Vorteilhaftigkeit des Verfahrens einschränken**. So ist zu hinterfragen, ob sich tatsächlich alle Kosten, die einer Leistung zuzurechnen sind, auch exakt ermitteln lassen. Darüber hinaus wird argumentiert, dass die in den meisten Unternehmen angewandte Verrechnung von Gemeinkosten mittels Schlüsselgrößen dem Kostenverursachungsprinzip nie vollständig gerecht wird und daraus erhebliche Fehler für die Kostenkalkulation und in weiterer Folge für die Preisfindung resultieren können (*Plinke/Söllner* 1995, S. 887; *Diller* 2008, S. 315). Vor allem aber ist auf einen der kostenorientierten Preisfindung immanenten Zirkelschluss zu verweisen: Die Stückkosten, welche die Basis für die Preiskalkulation bilden, hängen im Regelfall von der Absatzmenge ab, die wiederum jedoch preisabhängig ist und somit aus logischer Sicht nicht vor der Preisfindung bestimmt werden kann (*Hanna/Dodge* 1995, S. 53 f.). Eine den Tatsachen entsprechende Ermittlung der Stückkosten ist daher nur per Zufall möglich. Selbst wenn jedoch die Ermittlung der tatsächlichen Kostenhöhe gelingt, ist ein weiterer wesentlicher Nachteil der kostenorientierten Preisfindung darin zu sehen, dass keinerlei Anhaltspunkte gegeben sind, in welcher Höhe die Gewinnzuschläge anzusetzen sind. Letztlich liegt die Höhe des Preises somit im Ermessen der Entscheidungsträger, und zwar ohne dass kunden- oder wettbewerbsrelevante Faktoren Berücksichtigung finden (*Shapiro/Jackson* 1978, S. 120; *Godefroid* 1996, S. 400; *Noble/Gruca* 1999, S. 439; *Lancioni* 2005, S. 113).

**(2) Konkurrenzorientierte Preisfindung**

Charakteristisch für die konkurrenzorientierte Preisfindung ist, dass die Preise und das Preisverhalten von Konkurrenten die Preisfindung eines Anbieters determinieren. Die Orientierung an der Konkurrenz kann dabei entweder als **Preisführerschaft** oder aber als **Preisfolgerschaft** zum Ausdruck kommen (*Homburg/Totzek* 2011, S. 41).

Verfolgt ein Anbieter die Option der **Preisführerschaft**, so bedeutet dies, dass er sich mit seinen Preisentscheidungen bewusst **von der Konkurrenz differenziert:** Der Preis wird genau dort angesetzt, wo Leerfelder bestehen. Eine solche Preisposition kann in einem nicht abgedeckten Bereich zwischen bestehenden Preisen oder am unteren bzw. oberen Ende der Preisskala liegen. Je nachdem, ob durch die Preisführerschaft eine Marktnische oder aber ein größerer Markt adressiert wird, können die Reaktionen der Konkurrenz unterschiedlich ausfallen. Während in ersterem Fall in der Regel kaum Reaktionen zu erwarten sind, kann in zweiterem Fall durch die Preisentscheidungen des Preisführers das Preisverhalten im gesamten Markt verändert werden. Für eine Preisführerschaft in einem größeren Markt ist es allerdings in der Regel notwendig, dass der Anbieter über einen hohen Marktanteil und/oder eine überlegene Leistung verfügt (*Simon/Fassnacht* 2009, S. 193; *Homburg/Totzek* 2011, S. 41).

Bei der Option der **Preisfolgerschaft** erfolgt eine **Anpassung der Preise an die der Konkurrenz**. Als Orientierungs- bzw. Leitpreis dient dabei häufig der Preis des Markt- oder Preisführers. Eine Preisfolgerschaft kommt zumeist für Unternehmen mit relativ geringem Marktanteil bzw. ohne Kostenvorteil und in solchen Märkten in Frage, die durch homogene Leistungen und entsprechende Preissensitivität der Nachfrager charakterisiert sind. Setzt der Preisführer seine Preismaßnahmen nicht gezielt zur Schädigung der Preisfolger ein und liegen im jeweiligen Markt ähnliche Kostenstrukturen vor, dann kann eine Preisfolgerschaft Ähnlichkeit mit der kostenorientierten Preisfindung zu branchenüblichen Zuschlagsätzen aufweisen. Im Ergebnis kann sich in einem Markt ein relativ homogenes Preisniveau herausbilden, das allen Marktteilnehmern die Erwirtschaftung akzeptabler Gewinne ermöglicht (*Simon/Fassnacht* 2009, S. 192 f.; *Homburg/Totzek* 2011, S. 41).

Bei der konkurrenzorientierten Preisfindung ist es in der Regel nicht ausreichend, lediglich eine statische Bestimmung der Konkurrenzpreise vorzunehmen. Vielmehr muss eine **Preisreaktion** der Konkurrenz als Antwort auf die eigene Preisentscheidung ins Kalkül gezogen werden (*Meffert et al.* 2008, S. 529). In vielen Fällen initiiert diese Reaktion eine nach unten gerichtete Preisspirale, die letztlich allen Anbietern schadet (*Ross* 1984, S. 145 f.). Neben dieser Gefahr eines **ruinösen Preiskampfs** sind mit der konkurrenzorientierten Preisfindung noch **weitere Probleme** verbunden. So erfordert die Verfolgung dieser Form der Preisfindung die systematische und kontinuierliche Erhebung aller relevanten Wettbewerbsinformationen wie etwa der tatsächlichen Höhe der Transaktionspreise, deren Zugänglichkeit aufgrund der tendenziell geringen Preistransparenz in Business-to-Business-Märkten zumeist jedoch nicht gegeben ist. Darüber hinaus ist in diesen Märkten bedingt durch die teils hohe technische Komplexität der angebotenen Leistungen eine direkte Vergleichbarkeit konkurrierender Leistungen oft nicht möglich, sodass eine starre Orientierung an Konkurrenzpreisen zu suboptimalen Preisentscheidungen führen kann (*Kossmann* 2008, S. 41; *Simon/Fassnacht* 2009, S. 193). Trotz dieser Probleme findet die konkurrenzorientierte Preisfindung in der Unternehmenspraxis allerdings breite Anwendung (*Schuppar* 2006, S. 112).

**(3) Nutzenorientierte Preisfindung**

In Kap. 3.2.2.1 wurde die Position bezogen, dass es das grundlegende Ziel des Preismanagements sein muss, Preise zu erzielen, welche die Preisbereitschaften der Kunden unter Berücksichtigung der jeweiligen Wertstiftung durch konkurrierende Angebote möglichst weit ausreizen. Hält man sich die Logik der **kosten-** und der **konkurrenzorientierten Preisfindung** vor Augen, so ist unmittelbar einsichtig, dass durch **keines dieser Verfahren dieses Ziel auch nur näherungsweise erreicht werden kann**. Die Abschöpfung der Preisbereitschaften der Kunden erfordert vielmehr einen Ansatz der Preisfindung, der sich aufgrund der Korrespondenz von Preisbereitschaft bzw. Preisobergrenze und Kunden-Nettonutzen (vgl. Kap. 1.4) am **Kunden** und seiner **Nutzenwahrnehmung** orientiert. Auch wenn die nutzenorientierte Preisfindung in der Unternehmenspraxis nicht weit verbreitet ist (*Schuppar* 2006, S. 112; *Kossmann* 2008, S. 43 ff.; *Totzek* 2011, S. 110 f.) weist diese ein deutliches **Erfolgspotenzial** auf (*Totzek* 2011, S. 111). Allerdings ist darauf zu verweisen, dass die nutzenorientierte Preisfindung nur dann zu optimalen Preisentscheidungen führen kann, wenn gleichzeitig auch **un-**

ternehmens- und **konkurrenzseitige Informationen** aus der **Preisanalyse** (vgl. Kap. 3.2.2.2) berücksichtigt werden.

Die entscheidende Frage hinsichtlich der Verfahren der nutzenorientierten Preisfindung ist die, auf welchem methodischen Weg die Preisbereitschaft von Kunden ermittelt wird. In diesem Zusammenhang ist zwischen Ansätzen zu differenzieren, die den Kundennutzen direkt oder nur indirekt berücksichtigen. Zu den Verfahren, die den Kundennutzen nur **indirekt** berücksichtigen, da die nutzenstiftenden Elemente der jeweiligen Leistung nicht explizit in ihrer Wirkung auf die Preisentscheidung analysiert werden, sondern lediglich nicht näher betrachtete Wirkungsgrößen hinter der Preisentscheidung repräsentieren, gehören insbesondere **Kaufangebot-basierte Methoden**, d. h. Auktionen und Lotterien (*Backhaus/Voeth* 2010, S. 231 f.), und **direkte Preisabfragen** (*Klarmann et al.* 2011, S. 164 ff.). Den genannten Verfahren wird im Kontext von Business-to-Business-Märkten allerdings **höchstens eine mittlere Eignung** zur Ermittlung von Preisbereitschaften attestiert (*Klarmann et al.* 2011, S. 170 ff.). Zudem besteht gegenüber Verfahren, die den Kundennutzen direkt berücksichtigen, der gravierende **Nachteil**, dass **keine nutzenbasierte Begründung** der jeweils ermittelten Preisbereitschaft möglich ist. Als den Kundennutzen **direkt** berücksichtigende Verfahren zur Ermittlung von Preisbereitschaften kommen vor allem verschiedene Varianten der Conjoint-Analyse in Frage, wobei nachfolgend die **Limit Conjoint-Analyse** näher vorgestellt wird. Dieser rating- bzw. rankingbasierte Conjoint-Ansatz weist eine **hohe Eignung** zur Ermittlung von Preisbereitschaften auf (*Klarmann et al.* 2011, S. 170 ff.) und erlaubt im Gegensatz zur klassischen Conjoint-Analyse nicht nur Aussagen zur Monetarisierung einzelner Eigenschaftsausprägungen, sondern auch einer **Leistung insgesamt** (*Völckner* 2006, S. 37 f.).

Die Limit Conjoint-Analyse (*Voeth/Hahn* 1998) stellt insofern eine Erweiterung der klassischen Conjoint-Analyse (vgl. Kap. 1.2.2.2.2) dar, als Letztere um eine **Auswahlentscheidung** ergänzt wird. Im Fall einer Bewertung der Objekte bzw. Leistungen (Stimuli) nach dem Ranking-Verfahren wird daher jede Auskunftsperson gebeten, die betreffenden Stimuli nicht nur hinsichtlich ihrer Vorziehenswürdigkeit rangzureihen, sondern zusätzlich auch anzugeben, bis zu welchem Rangplatz sie diese **tatsächlich zu kaufen bereit wäre**. Zu diesem Zweck ist die sogenannte **Limit-Card** hinter dem letzten kaufenswerten Stimulus zu setzen: Für alle vor der Limit-Card platzierten Stimuli ist somit Kaufbereitschaft gegeben, während die nach der Limit-Card gereihten Stimuli für die Auskunftsperson nicht kaufenswert sind (*Voeth/Hahn* 1998, S. 120 f.).

Die Einbeziehung der Limit-Card in die klassische Conjoint-Analyse bewirkt, dass zusätzlich zu den ordinalskalierten Rangdaten der einzelnen Stimuli auch eine nominalskalierte Information, nämlich Kauf oder Nichtkauf, zu berücksichtigen ist. Streng genommen wäre daher eine metrische Interpretation und Verarbeitung der insgesamt vorliegenden Informationen nicht zulässig. Geht man allerdings – wie dies häufig in der klassischen Conjoint-Analyse geschieht – davon aus, dass die Auskunftspersonen die Abstände zwischen den einzelnen Rangplätzen als gleich groß einschätzen und die Rangdaten, wie in der klassischen Conjoint-Analyse üblich, als Nutzenwerte aufgefasst werden können, dann scheint es gerechtfertigt, die **Position der Limit-Card** als Nutzengrenze und somit **Nutzennullpunkt** zu interpretieren (*Voeth/Hahn* 1998, S. 121). Alle vor der Limit-Card platzierten und damit kaufenswerten Stimuli weisen demzufolge positive Gesamtnutzenwerte auf, wohingegen alle hinter der Limit-Card liegenden Stimuli ohne Kaufbereitschaft negative Gesamtnutzenwerte annehmen.

Die Interpretation der Position der Limit-Card als individueller Nutzennullpunkt bedingt, dass gegenüber der klassischen Conjoint-Analyse eine **Verschiebung der Präferenzskala** der jeweiligen Auskunftsperson in der Art vorgenommen wird, dass der Nullpunkt dieser Skala genau der Position der Limit-Card entspricht (*Voeth/Hahn* 1998, S. 121 ff.). Durch diese Skalentransformation ergeben sich allerdings im Vergleich zur klassischen Conjoint-Analyse **keine abweichenden Schätzungen der Teilnutzenwerte**, sondern es kommt lediglich zu einer Änderung der Konstante der Conjoint-Analyse im Ausmaß der vorgenommenen Skalentransformation.

Die Tatsache, dass in der Limit Conjoint-Analyse durch die Limit-Card bzw. den Nutzennullpunkt kaufenswerte und nicht kaufenswerte Stimuli differenziert werden, lässt sich nun zur Ermittlung individueller Preisbereitschaften nutzen. Konkret ist unter Zugrundelegung der gängigen Annahme, dass sich höhere Preise negativ auf den Gesamtnutzenwert auswirken, die Frage zu stellen, **welcher Preis** dazu führt, dass der **Gesamtnutzenwert** der jeweils betrachteten Leistung **genau Null** wird, und somit exakt der **Kaufgrenze** entspricht (*Voeth/Schumacher* 2003, S. 12 f.). Dieser Preis bildet die absolute Preisobergrenze und reflektiert somit die **Preisbereitschaft** der betreffenden Person. In der Regel kann allerdings nicht davon ausgegangen werden, dass die im conjointanalytischen Design repräsentierten Preisausprägungen auch genau den Preis abbilden, der einen Gesamtnutzenwert von Null bewirkt. Vielmehr ist dieser Preis auf Basis der Ergebnisse einer **Regressionsanalyse** zu ermitteln, die den funktionalen Zusammenhang zwischen Preisausprägungen und den entsprechenden Teilnutzenwerten aus der Conjoint-Analyse herstellt (*Voeth/Schumacher* 2003, S. 13; *Backhaus/Brzoska* 2004, S. 51).

Anzumerken ist, dass der **Nutzennullpunkt** nur unter der Prämisse einer **Alleinstellung** der jeweiligen Leistung im Markt als Kaufgrenze herangezogen werden darf. Steht eine Leistung mit anderen Leistungen im Wettbewerb, so wird diese nur dann gekauft, wenn sie dem stärksten Konkurrenzangebot zumindest ebenbürtig ist. Somit muss im Fall **fehlender Alleinstellung** der **Gesamtnutzenwert des stärksten Konkurrenzangebots** den Referenzpunkt zur Berechnung der Preisbereitschaft bilden (*Völckner* 2006, S. 37; *Backhaus/Voeth* 2010, S. 236).

Darüber hinaus gilt, dass die Limit Conjoint-Analyse immer dann an ihre Grenzen stößt, wenn die Zahl der betrachteten Leistungseigenschaften zu einem **Erhebungsdesign mit zu vielen Stimuli** führt, sodass die Befragten überfordert werden. Daher wurde von *Voeth* (2000) mit der **Hierarchischen Individualisierten Limit Conjoint-Analyse** ein Ansatz entwickelt, der auf dem Grundprinzip der Limit Conjoint-Analyse aufbaut, gegenüber Letzterer aber die Berücksichtigung einer **wesentlich größeren Zahl von Leistungseigenschaften** erlaubt.

Wie bereits angesprochen, werden durch die Limit Conjoint-Analyse individuelle Preisbereitschaften ermittelt, womit diese unmittelbar zur **Preisfindung für kundenspezifische Leistungen** geeignet ist. Häufig geht es einem Anbieter jedoch auch darum, **einheitliche Preise** für Märke oder Marktsegmente mit einem **relativ standardisierten Leistungsangebot** zu finden. In diesem Fall liegen zwar sicherlich keine von Nachfrager zu Nachfrager variierenden Preisbereitschaften vor, andererseits aber werden auch nicht alle Nachfrager die gleiche Preisbereitschaft aufweisen, da ein standardisiertes Angebot nicht alle Erwartungen in gleicher Weise ansprechen kann. Vor diesem Hintergrund muss die Preisfindung durch **Preis-Absatz-Funktionen** unterstützt werden, welche den funktionalen Zusammenhang zwischen den in einem Markt bzw. einem Marktsegment vorliegenden und mittels Limit Conjoint-Analyse ermittelten Preisbereitschaften und den zu den jeweiligen Preisen realisierbaren Absatzmengen herstellen (*Backhaus/Voeth* 2010, S. 238 ff.).

Die vorangegangenen Ausführungen lassen den für Business-to-Business-Märkte zentralen Aspekt, dass Entscheidungen – und damit auch Preisentscheidungen – in der Regel im **Buying Center** getroffen werden, unberücksichtigt. Warum es sich lohnt, bei der nutzenorientieren Preisfindung die jeweiligen **Einflussstrukturen** im Buying Center zu berücksichtigen, illustriert das folgende Fallbeispiel.

---

**Fallbeispiel: Nutzenorientierte Preisfindung im Buying Center (*Prem* 2009)**

Wie in Kap. 1.2.2.4 erläutert, stellt die Entscheidung im Buying Center eine Funktion der im Ausmaß des jeweiligen Einflusses gewichteten Präferenzen der einzelnen Buying Center-Mitglieder dar. Da die auf Basis der Limit Conjoint-Analyse ermittelten Preisbereitschaften das unmittelbare Resultat individueller Präferenzen darstellen, sind diese Preisbereitschaften mit dem Einfluss der jeweiligen Buying Center-Mitglieder zu gewichten. Durch Addition der gewichteten Werte ergibt sich schließlich die aggregierte Preisbereitschaft des Buying Centers.

Verknüpft man die dem Fallbeispiel aus Kap. 1.2.2.3.2 zugrunde liegenden Einflussgewichte der jeweiligen Buying Center-Mitglieder mit den durch Limit Conjoint-Analysen ermittelten individuellen Preisbereitschaften für fünf Serviceleistungen des Industrieunternehmens, dann resultieren daraus Buying Center-bezogene Preisbereitschaften für diese Serviceleistungen. Dass es sich lohnt, die Einflussstrukturen im Buying Center bei der Preisfindung zu berücksichtigen, zeigt die folgende Grafik. Denn über alle Serviceleistungen hinweg wäre es nur in 19 % aller betrachteten 98 Fälle irrelevant, ob die Einflussstrukturen berücksichtigt werden (= Berechnung der gewichteten mittleren Preisbereitschaft) oder nicht (= Berechnung der ungewichteten mittleren Preisbereitschaft). In **50 % der Fälle** würde bei **Vernachlässigung der Einflussstrukturen** die **tatsächliche Preisbereitschaft** im Buying Center **überschätzt** und in **31 % der Fälle unterschätzt**, wodurch suboptimale Preisentscheidungen vorprogrammiert sind.

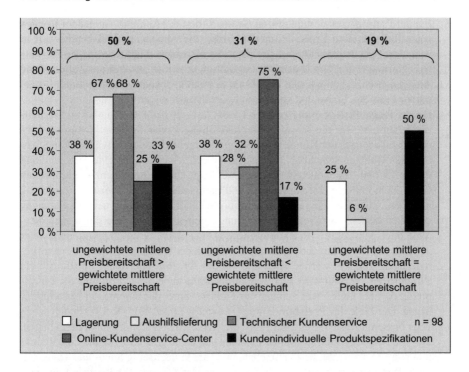

### 3.2.2.4 Preisfestsetzung

Die Aufgabe der Preisfestsetzung besteht darin, ausgehend von den Ergebnissen der Preisfindung die **endgültigen (Listen-)Preise** zu bestimmen, die anschließend beim Kunden durchgesetzt werden sollen. Dabei ist davon auszugehen, dass die letztlich festgesetzten Preise nicht immer mit den im vorangegangenen Schritt des Preismanagements gefundenen Preisen übereinstimmen. So wird es beispielsweise im Fall der nutzenorientierten Preisfindung auf Basis der Limit Conjoint-Analyse nicht zielführend sein, die ermittelte Preisbereitschaft unmittelbar als (Listen-)Preis heranzuziehen. Denn dadurch würde dem Kunden das (falsche) Signal gesendet, dass es dem Anbieter ausschließlich um die Minimierung des kundenseitigen Werts geht. Neben solchen eher auf der operativen Ebene angesiedelten Überlegungen beeinflussen vor allem auch die folgenden **preisstrategischen Kalküle** die Preisfestsetzung:

**(1) Preisdifferenzierung**
Ein Anbieter verfolgt die Strategie der Preisdifferenzierung, wenn er **identische oder sehr ähnliche Leistungen** verschiedenen Kunden oder Kundengruppen parallel zu **unterschiedlichen Preisen** anbietet (*Diller* 2008, S. 228). Ziel der Preisdifferenzierung ist es, durch eine systematische Abschöpfung von zwischen Kunden bzw. Kundengruppen variierenden Preisbereitschaften den für den Anbieter geschaffenen Wert gegenüber einer Einheitspreisstrategie zu steigern (*Sebastian/Maessen* 2003, S. 59 f.). Die verschiedenen Arten der Preisdifferenzierung lassen sich nach deren **Grad** unterscheiden (*Diller* 2008, S. 228 f.; *Miller/Krohmer* 2011, S. 111 ff.):

- Bei der Preisdifferenzierung **ersten Grads** fordert der Anbieter von jedem Kunden einen **individuellen Preis**, der darauf abzielt, die vorhandene Preisbereitschaft so weit als möglich abzuschöpfen. In Business-to-Business-Märkten wird die Preisdifferenzierung ersten Grads dadurch begünstigt, dass insbesondere im Zuliefer- und Anlagengeschäft keine festen Preislisten existieren, sondern ein individuell festgesetzter Preis den Startpunkt von Preisverhandlungen bildet.
- Bei der Preisdifferenzierung **zweiten Grads** fasst ein Anbieter Kunden zu **Segmenten** zusammen, für die jeweils **unterschiedliche Preise** festgesetzt werden. Entscheidend ist, dass der Kunde seine **Segmentzugehörigkeit frei wählen** kann, wobei diese Wahl nur scheinbar „frei" ist, da ihr letztlich eine geschickte Ausgestaltung des Preis- und Angebotssystems zugrunde liegt. Die Preisdifferenzierung zweiten Grads kann in Form einer **leistungs- und mengenbezogenen** Preisdifferenzierung auftreten, wobei in ersterem Fall definitionsgemäß keine völlig neuen Leistungen entstehen dürfen. Der Preisdifferenzierung zweiten Grads ist allerdings auch die – reine oder gemischte – **Preisbündelung** (*Diller* 2008, S. 240 ff.; *Miller/Krohmer* 2011, S. 115 ff.) zuzurechnen, die als Spezialfall der leistungsbezogenen Preisdifferenzierung gesehen werden kann und bei der für zwei oder mehr Leistungen ein **Bündelpreis** verlangt wird. Der Bündelpreis kann dabei bei der Summe der Einzelpreise, darüber oder – was zumeist der Fall ist – unter der Summe der Einzelpreise liegen. Die **Ziele der Preisbündelung** (*Homburg/Totzek* 2011, S. 33) können neben einer besseren Abschöpfung der Preisbereitschaften von Kunden auch darin liegen, dass die Nachfrage auf bestimmte Leistungsangebote gelenkt wird, um eine Reduktion von Variantenvielfalt zu erreichen, und dass kundenseitig Such- und Transaktionskosten reduziert werden („alles aus einer Hand"), was zur Realisierung eines Preispremiums führen kann. Darüber hinaus kann ein Anbieter die Preisbündelung auch dazu nutzen, die Vergleichbarkeit mit Wettbewerbsangeboten zu erschweren, wodurch unter Umständen der Preiswettbewerb entschärft werden kann.
- Charakteristisch für die Preisdifferenzierung **dritten Grads** ist, dass der **Anbieter selbst** bestimmt, **welche Kunden welchen Segmenten** zugeordnet sind, für die er dann wiederum **segmentspezifische Preise** festsetzt. Wichtig ist, dass die einzelnen Segmente weitgehend **voneinander isoliert** sind, sodass den Kunden kein Segmentwechsel möglich ist. Dies gelingt in mehr oder weniger großem Ausmaß mittels einer **unternehmensbezogenen**, **räumlichen** oder **zeitlichen** Preisdifferenzierung, durch welche die einzelnen Kunden gezwungen werden, bestimmte Preisbedingungen zu akzeptieren.

**(2) Dynamische Preisfestsetzung**

Aufgabe der dynamischen Preisfestsetzung ist es, Preise über den Lebenszyklus von Leistungen hinweg zu gestalten. Angesprochen sind somit einerseits Entscheidungen hinsichtlich der **Preisdynamik im Zuge der Markteinführung neuer Leistungen** und andererseits hinsichtlich der **zeitlichen Dimension von Preisänderungen** (*Homburg/Totzek* 2011, S. 34).

Bei der **Preisfestsetzung in der Markteinführungsphase** einer neuen Leistung ist zu entscheiden, ob deren Preis bewusst vom eigentlich anzustrebenden Preis abweichen soll. Ist dies der Fall, dann stehen zwei grundlegende strategische Optionen zur Auswahl. Die **Penetrationsstrategie** (*Reinecke/Hahn* 2003, S. 344) verfolgt das Ziel, den Einführungspreis unter dem eigentlich gerechtfertigten Preis einer Leistung anzusiedeln, um möglichst rasch einen hohen Marktanteil sowie Kostenvorteile durch Skaleneffekte – auch zu Lasten der Margen – zu erreichen. Ob es anschließend gelingt, den Preis zu erhöhen, ist allerdings fraglich (*Diller* 2008, S. 289 f.). Das **Risiko** der Penetrationsstrategie liegt unter anderem darin, dass es möglicherweise nicht gelingt, die im Zuge der Leistungsentwicklung angefallenen Investitionskosten zu decken, weil ungeachtet des niedrigen Preises Konkurrenten in den Markt eintreten, wodurch der für einen Strategieerfolg notwendige Marktanteil nicht erreicht werden kann. Im Gegensatz zur Penetrationsstrategie wird bei der **Abschöpfungs- bzw. Skimmingstrategie** (*Reinecke/Hahn* 2003, S. 344) die neue Leistung zu einem relativ hohen Preis eingeführt, um die Preisbereitschaft innovationsaffiner Kunden abzuschöpfen und somit möglichst rasch die aufgelaufenen Investitionskosten zu decken. Der Initialpreis wird dann im Zeitablauf gesenkt. Wesentliche **Nachteile** dieser Strategie sind darin zu sehen, dass die hohen Preise unter Umständen potenzielle Konkurrenten anlocken, sich andererseits aber auch negativ auf die Leistungsadoption durch die Nachfrager auswirken könnten.

Die Entscheidung zwischen Penetrations- und Skimmingstrategie hängt vom jeweiligen **situativen Kontext** ab. Erstere ist insbesondere dann sinnvoll, wenn sich die neue Leistung kaum von der Konkurrenz abhebt und auf einen preissensitiven Massenmarkt abzielt. Eine Skimmingstrategie erweist sich hingegen insbesondere dann als sinnvoll, wenn es sich um sehr innovative Leistungen handelt, die auf Marktnischen abzielen oder die substanzielle Wettbewerbsvorteile gegenüber der Konkurrenz aufweisen (*Homburg/Totzek* 2011, S. 35 f.).

Hinsichtlich der **zeitlichen Dimension von Preisänderungen** gilt, dass Preisänderungen dauerhafter Natur oder nur vorübergehend sein können. Während **temporäre Preisänderungen** – insbesondere in Form preissenkender Sonderpreisaktionen – in Business-to-Consumer-Märkten ein wichtiges Marketinginstrument darstellen, sind solche Preisänderungen in Business-to-Business-Märkten tendenziell von geringer Relevanz (*Homburg/Krohmer* 2009, S. 1019; *Homburg/Totzek* 2011, S. 36). **Dauerhafte Preisänderungen** können beispielsweise aufgrund einer nachhaltigen Änderung der Kostensituation (insbesondere bei Rohstoffen), der spezifischen Lebenszyklusphase einer Leistung oder des Markteintritts von Konkurrenten notwendig werden (*Werani/Prem* 2009c, S. 211; *Homburg/Totzek* 2011, S. 36). Darüber hinaus kann sich die Notwendigkeit einer dauerhaften Preisänderung auch in einem spezifischen Kontext ergeben, und zwar dann, wenn wie speziell im Anlagengeschäft sehr lange Leistungserstellungsprozesse üblich sind, in deren Verlauf sich die Kostensituation für einen Anbieter erheblich ändern kann. In diesem Fall muss sich der Anbieter etwa durch Preisvorbehalte oder Preisgleitklauseln dahin gehend absichern, dass ihm die notwendige Preisänderung auch tatsächlich möglich ist (*Homburg/Krohmer* 2009, S. 1019 f.; *Simon/Fassnacht* 2009, S. 467 f.).

**(3) Preisfestsetzung** für das **Leistungsprogramm**
Ziel eines Anbieters muss es sein, in der **Summe der Elemente seines Leistungsprogramms** eine **konsistente Wertposition** (vgl. Kap. 3.2.2.3) zu beziehen. Dies erfordert, dass ungeachtet der Tatsache, dass die Preisdifferenzen zwischen den einzelnen **Gruppen** bzw. **Linien** eines Leistungsprogramms deren **Unterschiede** widerspiegeln müssen, die jeweiligen **relativen Preise** der **gewählten Wertposition** entsprechen. Mit Blick auf die Entscheidung, wie das Preisgefüge **innerhalb** der einzelnen Gruppen bzw. Linien

eines Leistungsprogramms gestaltet sein soll, ist davon auszugehen, dass eine **Premium-Position** eine **größere** und eine **Economy-Position** lediglich eine **geringe Preisspreizung** erlaubt (vgl. auch *Homburg/Krohmer* 2009, S. 644; *Homburg/Totzek* 2011, S. 33 f.).

### 3.2.2.5 Preisdurchsetzung

Der Preisdurchsetzung kommt die entscheidende Aufgabe zu, **Transaktionspreise** zu realisieren, die **möglichst nah an den festgesetzten Preisen** liegen. Denn je weiter die Transaktionspreise von den festgesetzten Preisen nach unten abweichen, desto mehr verschiebt sich die Wertverteilung zugunsten des Kunden und desto weiter entfernt sich der Anbieter davon, seinen eigenen Wert zu maximieren. Im Zuge der Preisdurchsetzung sind mit der **internen** und **externen Preisdurchsetzung** zwei Aktionsfelder relevant, die nachfolgend behandelt werden.

**(1) Interne Preisdurchsetzung**
Aus der Tatsache, dass in Business-to-Business-Märkten Transaktionspreise häufig das Ergebnis individueller Verhandlungen zwischen Anbieter und Nachfrager sind (*Voeth/Rabe* 2004a, S. 1017), folgt, dass die festgesetzten Preise, um die – in der Regel durch die Vertriebsmitarbeiter (*Diller* 2008, S. 458 f.) – verhandelt wird, von Letzteren verstanden und akzeptiert werden müssen, um diese in entsprechender Weise an die Kunden kommunizieren und bei diesen so weit als möglich durchsetzen zu können (*Mühlmeier/Wübker* 2007, S. 21). Von einem solchen Szenario kann jedoch nicht ohne weiteres ausgegangen werden, da die organisatorische Komplexität von Pricing-Prozessen unter anderem darin zum Ausdruck kommt, dass die Preisfindung und die Preisfestsetzung in einem anderen Bereich der Organisation – meist dem Marketing – erfolgen als die externe Preisdurchsetzung beim Kunden. Daher bedarf es zunächst der internen Preisdurchsetzung, die darauf abstellt, **alle an Preisentscheidungen beteiligten Mitarbeiter auf ein gemeinsames Ziel auszurichten** (*Schuppar* 2006, S. 71), und an folgenden Punkten ansetzt:

- **Schaffung einer Preiskultur:** Um in einem Unternehmen eine entsprechende Preiskultur zu etablieren, schlägt *Diller* (2000, S. 398) die Implementierung **organisatorischer Regeln** vor, welche die preisbezogenen Prozesse im Sinne der übergeordneten Preisziele steuern. Die Preiskultur (*Diller* 2008, S. 455 ff.) kommt dabei sowohl im **preisstrategischen Bewusstsein des Managements** als auch in der **Preisintelligenz**, d. h. im Wissen über die preisrelevanten Fakten und Zusammenhänge, **der am Preisbildungsprozess beteiligten Personen** zum Ausdruck. Zur Förderung dieser Preiskultur sollte insbesondere auch die laufende Weitergabe preisrelevanter Informationen an die Vertriebsmitarbeiter gesichert sein (*Diller* 2000, S. 398).
- **Schaffung von Preiskompetenzen:** Während die Preiskultur den generellen Bezugsrahmen für das Preismanagement eines Anbieters bildet, müssen für die operative Umsetzung des Pricing die Mitarbeiter mit entsprechenden Preiskompetenzen ausgestattet sein. In diesem Zusammenhang geht es einerseits um die **Verteilung formaler preisbezogener Entscheidungskompetenzen** innerhalb der Organisation und andererseits um die **Förderung der Fachkompetenzen** von mit Preisaufgaben betrauten Mitarbeitern durch eine systematische Qualifikation bzw. Weiterbildung im Rahmen der Personalentwicklung (*Diller* 2008, S. 457 ff.).

- **Steuerung und Motivation von Mitarbeitern:** Um die in den Prozess des Preismanagements involvierten Mitarbeiter – und hier insbesondere solche im Vertrieb – steuern und motivieren zu können, bieten sich insbesondere **Zielvereinbarungen** und **Incentivesysteme** an (*Diller* 2008, S. 460 ff.). Hinsichtlich des letzteren Instruments kommen sowohl **nicht-monetäre Anreize**, wie z. B. Pricing-Awards für das Verkaufsteam mit den niedrigsten gewährten Rabatten (*Homburg et al.* 2004, S. 49), als auch **monetäre Anreize** in Frage. Bei den monetären Anreizen geht es im Wesentlichen um **gewinnorientierte Vergütungssysteme** für die Vertriebsmitarbeiter. Diese Systeme können beispielsweise so ausgestaltet sein, dass den Vertriebsmitarbeitern ausgehend von den Listenpreisen ein Preisentscheidungsspielraum zugestanden wird, in dessen Rahmen Rabatte vergeben und Aufträge abgeschlossen werden können. Die den Mitarbeitern gewährten Provisionen bemessen sich zwar generell am erzielten Umsatz (mengenbezogenes Ziel), allerdings steigt der Provisionssatz mit dem Ausmaß der Durchsetzung der Listenpreise bzw. der Nichtausschöpfung der möglichen Rabatte (preisbezogenes Ziel). Um einen zusätzlichen Anreiz zur Durchsetzung von Listenpreisen beim Kunden zu schaffen und gleichzeitig die in Kauf genommenen Mengenverluste der Vertriebsmitarbeiter zu kompensieren, kann statt eines mit dem Ausmaß der Durchsetzung der Listenpreise linear ansteigenden Provisionssatzes auch ein progressiver Verlauf gewählt werden (*Diller* 2008, S. 461; *Homburg/Totzek* 2011, S. 50 f.).

Die Tatsache, dass die externe Preisdurchsetzung in der Regel durch den **Vertrieb** erfolgt (*Diller* 2008, S. 458 f.) und dieser somit notwendigerweise eine zentrale **Zielgruppe der internen Preisdurchsetzung** bildet, macht deutlich, dass zwischen den Agenden der **internen Preisdurchsetzung** und der in Kap. 3.3.2.3 behandelten **Steuerung und Unterstützung der Vertriebsorgane** erhebliche **Überschneidungen** bestehen.

### (2) Externe Preisdurchsetzung

Im Rahmen der externen Preisdurchsetzung geht es um die Durchsetzung der anbieterseitig intendierten Preise am **Markt** und damit beim **Kunden** (*Schuppar* 2006, S. 71 f.). Zur externen Preisdurchsetzung stehen dabei mit der **marktbezogenen Preiskommunikation** und **Verhandlungen** zwei Instrumente zur Verfügung, wobei den Verhandlungen in diesem Kontext herausragende Bedeutung zukommt.

Die **marktbezogene Preiskommunikation** stellt in Business-to-Business-Märkten schon deshalb einen engeren Aufgabenbereich als in Business-to-Consumer-Märkten dar, da die preisbezogene Werbung (vgl. z. B. *Simon/Fassnacht* 2009, S. 387 f.) de facto keine Rolle spielt. Die Hauptfunktion der marktbezogenen Preiskommunikation liegt in Business-to-Business-Märkten insbesondere in der **Kommunikation von Preisanpassungen** gegenüber Kunden und Wettbewerbern (*Homburg/Totzek* 2011, S. 56). Primäres Ziel ist es, durch eine adäquate Kommunikation **negative Reaktionen** auf entsprechende Preisanpassungen **möglichst gering** zu halten. Auf Basis einer empirischen Studie von *Homburg et al.* (2005, S. 36 f.) kristallisieren sich in diesem Zusammenhang insbesondere zwei Erfolgsfaktoren heraus. Zum einen ist es wichtig, bei Preisanpassungen nach oben **positive Botschaften** zu senden. Dies bedeutet, dass Preissteigerungen selbst dann, wenn sie vom Kunden vielleicht als fair betrachtet werden (z. B. aufgrund höherer Material-, Energie- oder Lohnkosten), zusätzlich durch einen **kundenseitigen Mehrnutzen** (wie z. B. die Erhöhung der Liefertreue) gerechtfertigt werden sollten.

Zum anderen aber ist auch das **richtige Timing** der Kommunikation von Preisanpassungen von entscheidender Bedeutung, und zwar sowohl hinsichtlich der **Koordination mit anderen Kommunikationsaktivitäten des Anbieters** als auch mit Blick auf die **Konkurrenz**. Letztere sollte sich frühzeitig auf Preisanpassungen einstellen können, damit kurzschlussartige Überreaktionen und möglicherweise daraus resultierende Preiskämpfe vermieden werden.

Die Durchsetzung von Preisen im Wege von **Verhandlungen** kann in allen Geschäftstypen angetroffen werden. Im **Zuliefer- und Anlagengeschäft** stellen Preisverhandlungen den **Normalfall** dar, da aufgrund der in diesen Geschäftstypen erbrachten kundenindividuellen Leistungen kein Markt- bzw. Listenpreis vorhanden ist und somit ausgehend von den Vorstellungen des Anbieters der jeweilige Transaktionspreis im Wege von Verhandlungen gefunden werden muss. Aber auch im **System- und Produktgeschäft** spielen Preisverhandlungen eine **wesentliche Rolle**. Zwar finden sich in diesen Geschäftstypen aufgrund des hohen Standardisierungsgrads der Leistungen in der Regel Preislisten, allerdings bilden diese nicht selten lediglich den Ausgangspunkt für Preisverhandlungen, in deren Verlauf kunden- und/oder auftragsbezogene Konditionen, welche sich direkt oder indirekt auf den Listenpreis auswirken, festgelegt werden (*Voeth/Rabe* 2004a, S. 1017).

Aus den vorangegangenen Ausführungen folgt, dass **Konditionen** bzw. **Konditionensysteme** im System- und Produktgeschäft bei der Preisdurchsetzung im Verhandlungsweg eine große Rolle spielen (vgl. auch *Backhaus/Voeth* 2010, S. 243 ff. und 474 ff.). Allerdings können Konditionensysteme durchaus auch im Zuliefer- und Anlagengeschäft zum Einsatz kommen, hier jedoch aufgrund in der Regel fehlender Listenpreise nicht in Form von Rabatten auf Letztere. Hinsichtlich der denkbaren Konditionen kann grundsätzlich in solche, welche die **Standard-Lieferantenleistung**, und solche, welche die **Standard-Gegenleistung des Kunden modifizieren**, unterschieden werden (*Simon/Fassnacht* 2009, S. 380 f.). Zu ersterer Gruppe zählen **spezielle Rechte für den Kunden** (z. B. Rückgaberechte, Garantien), die **Gewährung spezieller Sach- und/oder Geldzuwendungen** (z. B. Produktproben, Werbekostenzuschüsse) und die **Übernahme von Kommissionier- und/oder Logistikleistungen**. Eine Modifikation der Standard-Gegenleistung des Kunden kann neben der **Gewährung besonderer Zahlungsbedingungen** (z. B. verlängerte Zahlungsziele) und der Übernahme von Logistikleistungen durch den Kunden (z. B. Selbstabholung) insbesondere durch Abschläge auf den Listenpreis, d. h. **Rabatte**, und durch **Boni**, d. h. erst nach Rechnungsstellung gewährte Preisnachlässe, erfolgen. Rabatte kommen dabei insbesondere in folgender Form zum Einsatz (*Simon/Fassnacht* 2009, S. 381 f.; *Miller/Krohmer* 2011, S. 122 f.):

- **Funktionsrabatte** werden Kunden, insbesondere Händlern, von Herstellern für die Übernahme bestimmter Leistungen wie Lagerung, Präsentation und Beratung gewährt.
- Unter einem **Barzahlungsrabatt** (Skonto) wird ein Preisnachlass verstanden, der dem Kunden bei Zahlung innerhalb einer bestimmten Frist eingeräumt wird.
- **Mengenrabatte**, die in verschiedenen Formen wie z. B. dem durchgerechneten und angestoßenen Mengenrabatt auftreten können, beziehen sich darauf, dass Kunden bei Bezug bestimmter Abnahmemengen ein Preisnachlass gewährt wird. Mengenrabatte stellen dabei eine Form der mengenbezogenen Preisdifferenzierung (vgl. Kap. 3.2.2.4) dar.

- **Treuerabatte** werden Kunden gewährt, die Leistungen ausschließlich oder überwiegend von einem Anbieter beziehen.
- **Zeitrabatte** knüpfen an einem bestimmten Zeitpunkt der Leistungsbestellung oder -abnahme an und können in Form von Vorausbestellungs-, Saison-, Einführungs- und Auslaufrabatten auftreten.

Preisnachlässe in Form von Rabatten und Boni können bei der Preisdurchsetzung im Verhandlungsweg einen erheblichen **Problembereich** (*Homburg/Totzek* 2011, S. 46) darstellen. Denn Rabatte und Boni werden häufig nicht auf Basis der sich in der vorangegangenen Kategorisierung widerspiegelnden Gründe, sondern unsystematisch bzw. beliebig und aus Gewohnheit vergeben, woraus teils erhebliche Differenzen zwischen intendierten Preisen und letztlich durchgesetzten Preisen resultieren. Darüber hinaus ist bei vielen Anbietern eine kaum überschaubare Flut an Rabatten und Boni zu beobachten, welche die Nachvollziehbarkeit des Preissystems reduziert und zu unkontrollierten Erlösschmälerungen führt. Damit Rabatte und Boni für einen Anbieter nicht zum „Millionengrab" werden, lassen sich aus der bereits zitierten empirischen Studie von *Homburg et al.* (2005, S. 16 f.) die folgenden Empfehlungen ableiten:

- **Koppelung von Preisnachlässen an Gegenleistungen der Kunden:** Preisnachlässe sollten nur dann gewährt werden, wenn diese gleichzeitig mit Gegenleistungen der Kunden verbunden und somit auch entsprechend begründet sind. Solche Gegenleistungen können beispielsweise die Abnahme großer Mengen, die elektronische Auftragsabwicklung oder eine frühe Zahlung sein. Wichtig ist, dass sich aus der jeweiligen Gegenleistung des Kunden für den Anbieter ein unmittelbarer Nutzen ergibt (beispielsweise in Form von Kosteneinsparungen), der den Preisnachlass teilweise oder sogar ganz kompensiert.
- **Disziplinierte Vergabe von Preisnachlässen:** Diese Empfehlung bezieht sich darauf, dass die bestehenden Regeln zur Vergabe von Rabatten und Boni nicht aufgeweicht werden dürfen. So ist es beispielsweise problematisch, wenn ein Kleinkunde, nur weil er „laut genug schreit", genau gleich behandelt wird wie ein Großkunde. Pricing-Profis zeichnen sich somit durch eine konsequente Anwendung der bestehenden Vorgaben aus. Nur durch diese Konsequenz lässt sich letztlich eine adäquate Gegenleistung des Kunden sicherstellen.

Wie bereits weiter oben erwähnt, kommt Verhandlungen bei der externen Preisdurchsetzung eine herausragende Bedeutung zu. Verhandlungen lassen sich jedoch nicht allein auf den Aspekt der Preisdurchsetzung reduzieren, sondern beziehen sich häufig zusätzlich auch auf die leistungs- und damit nutzenbezogene Dimension (*Voeth/Herbst* 2011, S. 207 f.). Unabhängig davon, ob nun der Preis allein den Verhandlungsgegenstand bildet oder nicht, sollte ein Anbieter diesen allerdings immer in Relation zum Kundennutzen und damit im **Wertkontext** argumentieren. Das Ziel von Verhandlungen ist daher, dass der für den Kunden geschaffene **potenzielle Wert** von diesem auch tatsächlich **akzeptiert** wird. Verhandlungen dienen im Rahmen des wertbasierten Business-to-Business-Marketing somit der **Wertrealisierung** (vgl. Kap. 2) und werden als **Teilbereich des Verkaufsmanagements** in Kap. 3.3.3.3 behandelt.

### 3.2.2.6 Ergebnisbezogenes Controlling

Aufgabe des ergebnisbezogenen Controllings ist es zu prüfen, ob die von einem Anbieter verfolgten **quantitativen** und **qualitativen Preisziele** (vgl. Kap. 3.2.2.1) erreicht wurden. Ist dies nicht der Fall, dann müssen entsprechende Maßnahmen ergriffen werden (vgl. die Rückkoppelungspfeile in Abbildung 3-17/Kap. 3.2.2). Die nachfolgend skizzierten, praxisrelevanten Instrumente des ergebnisbezogenen Preiscontrollings (vgl. dazu insbesondere *Simon/Fassnacht* 2009, S. 401 ff.) knüpfen am zentralen quantitativen Preisziel des wertbasierten Business-to-Business-Marketing, dem Erreichen eines größtmöglichen **Gewinns**, an. Im Mittelpunkt dieser Instrumente stehen daher die **Identifikation und Quantifizierung von negativen Preisabweichungen** und die entsprechende **Ursachenanalyse**.

- **Preisrealisierungsanalysen:** Die einfachste, zugleich aber grundlegende Frage des ergebnisbezogenen Preiscontrollings bezieht sich darauf, **welche Transaktionspreise tatsächlich erreicht** wurden, wobei Analysen nach Leistungen, Kunden, Segmenten, Vertriebskanälen oder Ländern möglich sind. Die Transaktionspreise können dabei je nach Situation mit **Benchmarks** wie Listenpreisen, Zielpreisen, Durchschnittspreisen oder auch Konkurrenzpreisen verglichen und (negative) Abweichungen identifiziert und quantifiziert werden. Es ist naheliegend, dass detaillierte Preisrealisierungsanalysen nur dann möglich sind, wenn die Zahl der Analyseeinheiten (z. B. Kunden) überschaubar ist. Daher wird es häufig notwendig sein, aggregierte Analysen durchzuführen oder aber den Analysevorgang zu automatisieren.
- **Preiswasserfall:** Preisrealisierungsanalysen geben keinen Aufschluss darüber, wie die ermittelten Preisdifferenzen gegenüber den jeweiligen Benchmarks zustande kommen. Ein Controllinginstrument, das den Weg vom Listen- zum Transaktionspreis anhand der dem Kunden gewährten **Konditionen** aufzeigt und damit eine Ursachenanalyse erlaubt, ist der Preiswasserfall bzw. die Preistreppe. Diese Bezeichnungen rühren daher, dass sich in der Regel das Bild mehrerer vom Listenpreis nach unten gehender Stufen ergibt, die einer Treppe oder einem Wasserfall ähneln (vgl. z. B. *Miller/Krohmer* 2011, S. 124), ehe der Transaktionspreis erreicht wird. Das Preiswasserfall-Konzept veranschaulicht zum einen, welche **Vielzahl preisreduzierender Konditionen** existiert und welches **Ausmaß** diese Konditionen im Einzelnen annehmen. Zum anderen aber bietet es die Chance, der Frage nachzugehen, welche Konditionen tatsächlich an eine **Gegenleistung des Kunden gekoppelt** und daher **gerechtfertigt** sind (vgl. Kap. 3.2.2.5). Alle anderen, letztlich nur historisch begründbaren Konditionen müssen rückgeführt werden.
- **Rabattanalysen:** Ziel dieser Analysen ist es aufzuzeigen, ob die einem Rabattsystem zugrunde liegende **Systematik** auch tatsächlich **eingehalten** wird. Der Anknüpfungspunkt dieser Analysen ist somit die in Kap. 3.2.2.5 erwähnte Notwendigkeit einer **disziplinierten Vergabe von Preisnachlässen**. So können beispielsweise im Fall von Mengenrabatten über alle Kunden eines Anbieters hinweg in einem Diagramm die jeweiligen Rabatthöhen den entsprechenden Beschaffungsvolumina gegenübergestellt werden. Häufig zeigt sich in einem solchen Diagramm (vgl. z. B. *Simon/Fassnacht* 2009, S.407) das problematische Bild, dass die Rabatte a) über den Soll-Rabatten liegen und b) nicht positiv mit den Mengen korrelieren, sondern von diesen nahezu vollständig entkoppelt sind.

- **Analyse von Verantwortlichkeiten:** Mit Blick auf die Gewährung von Rabatten besteht ein weiterer Zugang darin, die jeweiligen Verantwortlichkeiten zu analysieren. Diese Analyse ist insbesondere dann aufschlussreich, wenn der Rabattvergabe **Eskalationsstufen** zugrunde liegen. In diesem Fall dürfen Rabatte innerhalb einer bestimmten Bandbreite ohne Genehmigung beispielsweise vom Vertriebsaußendienst vergeben werden, während die Vergabe höherer Rabattstufen sukzessive der Genehmigung durch übergeordnete Instanzen im Unternehmen bedarf. Zeigt sich beispielsweise, dass Rabatte nur in einer geringen Zahl von Fällen tatsächlich vom Vertriebsaußendienst selbst vergeben werden und somit eine Verschiebung hin zu höheren Rabattstufen stattfindet, dann muss diese Situation kritisch hinterfragt werden. So wäre es beispielsweise möglich, dass letztlich nur deshalb zu hohe Rabatte gewährt werden, weil der Vertriebsaußendienst um die Rabatt-Großzügigkeit übergeordneter Instanzen (wie z. B. der regionalen Verkaufsleitung) weiß und daher den Weg des geringsten Widerstands einschlägt.

### 3.2.2.7 Geschäftstypenbezogene Besonderheiten

Bei näherer Betrachtung des Prozesses des Preismanagements zeigt sich, dass geschäftstypenbezogene Besonderheiten vor allem in folgenden Prozessschritten auftreten:

**(1) Preisfindung**
[CTR] Hinsichtlich der im Einzelnen eingesetzten Methoden der Preisfindung ist davon auszugehen, dass diese nach Geschäftstypen variieren, wobei die kosten- und die konkurrenzorientierte Preisfindung grundsätzlich in allen Geschäftstypen Anwendung finden können.

Für das **Produktgeschäft** gilt, dass sich neben der kosten- und der konkurrenzorientierten Preisfindung insbesondere für die nutzenorientierte Preisfindung auf Basis von **Conjoint-Analysen** ein breites Anwendungsfeld bietet (vgl. auch *Backhaus/Voeth* 2010, S. 234 ff.). Selbiges trifft auch auf das **Systemgeschäft** zu (*Backhaus/Voeth* 2010, S. 462 f.).

Im **Anlagengeschäft** wird aufgrund der Komplexität der in diesem Geschäftstyp vermarkteten Leistungen ein conjoint-analytischer Ansatz zur Preisfindung zumeist nicht geeignet sein. Bei einem nutzenorientierten Vorgehen bietet sich vielmehr die Methodik der **Kundennutzenrechnung** an, die auch unter dem Begriff des (externen) **Value-in-Use** bekannt ist (*Anderson et al.* 1993, S. 7; *Diller* 2008, S. 322 ff.; *Anderson et al.* 2009, S. 113; *Backhaus/Voeth* 2010, S. 364 f.; *Klarmann et al.* 2011, S. 161 f.). Allerdings ist mit der Kundennutzenrechnung ein nicht unerheblicher Aufwand verbunden. In der Praxis des Anlagengeschäfts werden zur Preisfindung jedoch weniger nutzenorientierte Ansätze, als vielmehr verschiedene Varianten der **kostenorientierten Preisfindung** (*Backhaus/Voeth* 2010, S. 357 ff.) eingesetzt. Gerade bei mehrfach verkauften und damit stärker standardisierten Anlagen kann es aber auch zu einer **Kombination von kosten- und konkurrenzorientierter Preisfindung** kommen. So wird etwa im Fall des Industrieanlagenbauers Siemens VAI zunächst ein auf Erfahrungswerten (eigene verkaufte Anlagen, Anlagen der lokalen Konkurrenz, Anlagen der internationalen Konkurrenz) beruhender „Preis der Marktableitung" (Zielpreis) gebildet, der aussagt, was auf Basis von Erfahrungen in der Vergangenheit für die jeweilige Anlage verlangt werden kann. Dieser Preis dient in der Folge als Richtwert für den auf Basis des Kosten-Plus-Prinzips kalkulierten und beim Kunden durchzusetzenden Preis. Stellt sich im Zuge von Verhandlungen heraus, dass der Kunde den geforderten Preis nicht zahlen will, dann müssen Möglichkeiten der Kostenreduktion im Bereich des Engineering identifiziert werden.

Im **Zuliefergeschäft** dominiert aufgrund der relativ geringen Freiheitsgrade von Zulieferern im Rahmen des Preismanagements – in der Regel wird diesen ein Zielpreis vorgegeben – die **kostenorientierte Preisfindung** (*Kossmann* 2008, S. 40). Diese kann entweder in dem Sinne **passiv** ausgeprägt sein, dass der Zulieferer lediglich versucht, seine Kostenstruktur dem geforderten Preisniveau **anzupassen**, und zwar so, dass ihm entsprechend der Kosten-Plus-Logik noch ein Gewinnzuschlag auf seine Kosten möglich ist (*Backhaus/Voeth* 2010, S. 524 ff.). Eine **aktive** kostenorientierte Preisfindung liegt hingegen dann vor, wenn der Zulieferer darauf aus ist, ausgehend von bestimmten Absatzmengenzielen den Preis so zu gestalten, dass das geforderte Preisniveau **unterschritten** wird (*Backhaus/Voeth* 2010, S. 527). Auch in diesem Fall strebt der Zulieferer entsprechend der Logik des Kosten-Plus-Prinzips Kosten an, die ihm noch einen Gewinnzuschlag ermöglichen. CTR Zur **proaktiven Kostenbeeinflussung** durch den Zulieferer bietet sich sowohl bei der passiven als auch der aktiven Preisfindung das Konzept des **Target Costing** (vgl. Kap. 3.2.3) an, für welches der dem Zulieferer vorgegebene bzw. der von ihm selbst angestrebte Zielpreis den Startwert bilden. Anzumerken ist, dass die aktive kostenorientierte Preisfindung auch in Form des **Supply Chain-Pricing** (*Voeth/Herbst* 2006; *Backhaus/Voeth* 2010, S. 527 f.) auftreten kann.

**(2) Preisfestsetzung**
Eine erste geschäftstypenbezogene Besonderheit der Preisfestsetzung besteht darin, dass **nicht alle Arten der Preisdifferenzierung für alle Geschäftstypen relevant** sind. So ist beispielsweise eine Preisdifferenzierung ersten Grads tendenziell nur im Zuliefer- und Anlagengeschäft möglich, weil in diesen Geschäftstypen kundenindividuelle Leistungen erbracht werden, welche die für diese Art der Preisdifferenzierung charakteristischen kundenindividuellen Preise ermöglichen.

Eine zweite Besonderheit bezieht sich auf die dynamische Preisfestsetzung und hier die strategischen Optionen der **Penetrations-** und **Skimmingstrategie** in der Markteinführungsphase einer neuen Leistung. Beide Strategien spielen im Zuliefer- und Anlagengeschäft aufgrund der dort gegebenen individuellen Leistungserbringung keine Rolle und sind somit nur für das **System- und Produktgeschäft** von Relevanz.

Nicht zuletzt aber muss die Preisfestsetzung für das **Systemgeschäft** gesondert betrachtet werden. Entscheidend ist in diesem Zusammenhang, dass ein Systemgeschäft dadurch charakterisiert ist, dass sukzessive Leistungen gekauft werden, die auf Basis einer Systemarchitektur, für die mit dem Initialkauf die Entscheidung getroffen wird, miteinander verknüpft sind (vgl. Kap. 1.3.2). Die Besonderheit der Preisfestsetzung im Systemgeschäft liegt nun darin, dass im Vorfeld der Markteinführung eines Systems sowohl **Preise für den Initialkauf** (Einstiegsinvestition) als auch die **Folgekäufe innerhalb des Systems** (Folgeinvestitionen) bestimmt werden müssen. Eine solche **simultane Preisfestsetzung** ist deshalb notwendig, da die Nachfrager bei der Systembeurteilung immer auf das Gesamtsystem abstellen und somit die **Preise für die Einstiegsinvestition und die Folgeinvestitionen gemeinsam betrachten** (*Backhaus/Voeth* 2010, S. 463). Für detaillierte Ausführungen zur Preisfestsetzung im Systemgeschäft sei auf die Ausführungen bei *Backhaus/Voeth* (2010, S. 463 ff.) verwiesen.

**(3) Preisdurchsetzung**

Hinsichtlich der **marktbezogenen Preiskommunikation** als Instrument der externen Preisdurchsetzung gilt, dass diese nur dann relevant ist, wenn Preise auch tatsächlich am Markt bekannt gemacht werden, was tendenziell nur im **System- und Produktgeschäft** der Fall ist.

Wie bereits erwähnt spielt die externe Preisdurchsetzung im Verhandlungsweg in allen Geschäftstypen eine Rolle. Dies schließt allerdings Fälle nicht aus, in denen die festgesetzten Preise gleichzeitig auch die Transaktionspreise darstellen und **Verhandlungen** somit **obsolet** werden. Ein diesbezügliches Beispiel ist die internetbasierte Vermarktung standardisierter Leistungen im **System- und Produktgeschäft** über **E-Shops** (vgl. Kap. 3.3.2.2.1).

In Kap. 3.2.2.5 wurde betont, dass im Zuge von Verhandlungen in Form von Rabatten und Boni gewährte Preisnachlässe konsequent und diszipliniert an Gegenleistungen der Kunden gekoppelt werden sollten. Allerdings verweisen *Miller/Krohmer* (2011, S. 125) darauf, dass die Umsetzbarkeit einer solchen **leistungsorientierten Vergabe von Preisnachlässen** nach Geschäftstypen variiert und im Wesentlichen durch die **geschäftstypenspezifischen Abhängigkeiten zwischen Anbieter und Kunde** determiniert wird. Im **Systemgeschäft** befindet sich der Kunde aufgrund der von ihm getätigten spezifischen Investition in das jeweilige System in der Abhängigkeitsposition, weshalb es dem Anbieter bei systembedingten Folgekäufen leichter möglich sein sollte, einen Preisnachlass von einer Gegenleistung des Kunden abhängig zu machen. Genau umgekehrt stellt sich die Situation im **Anlagengeschäft** dar, da hier der Anbieter durch seine kundenspezifische Ausrichtung eine Abhängigkeit vom Kunden aufbaut. Somit bestehen im Anlagengeschäft für einen Anbieter kaum Spielräume zur Umsetzung einer leistungsorientierten Vergabe von Preisnachlässen, was die Gefahr von Preiserosionen verstärkt. Im Fall einer hohen wechselseitigen Abhängigkeit von Anbieter und Kunde, wie sie im **Zuliefergeschäft** vorliegt, hängt die Durchsetzbarkeit leistungsorientierter Preisnachlässe im Wesentlichen vom Verhandlungsgeschick der beteiligten Parteien ab. Im **Produktgeschäft** schließlich wird die Kopplung von Preisnachlässen an Gegenleistungen der Kunden äußerst schwierig sein, da zwischen Anbieter und Kunde keinerlei Abhängigkeit besteht. Der Kunde kann sich somit jederzeit um einen anderen Anbieter umsehen, der zur leistungsunabhängigen Vergabe von Preisnachlässen bereit ist.

## 3.2.2.8 Zusammenfassung

Dem Preismanagement wird in vielen Unternehmen trotz seiner unstrittigen Bedeutung nach wie vor **zu wenig Bedeutung** beigemessen. Ein dem Stellenwert des Preismanagements gerecht werdender systematischer Pricing-Prozess beginnt mit der **Festlegung von Preiszielen**, wobei das zentrale Preisziel des wertbasierten Business-to-Business-Marketing im Erreichen eines größtmöglichen Gewinns liegt.

Falsche Preisentscheidungen sind häufig das Resultat mangelnder **Preisanalysen**, die sich im strategischen Dreieck Unternehmen – Konkurrenz – Kunde bewegen sollten. Die im Rahmen dieser Analysen gewonnenen Informationen fließen mit unterschiedlichem Gewicht in die Phase der **Preisfindung** ein, wobei die Gewichtung davon abhängt, welche Methode der Preisfindung – kosten-, konkurrenz- oder nutzenorientiert – im jeweiligen Fall priorisiert wird. Dem Anspruch des wertbasierten Business-to-Business-Marketing, den Wert für den Anbieter zu maximieren, kann letztlich jedoch nur die **nutzenorientierte Preisfindung** mit ihrem Fokus auf die Ermittlung der Preisbereitschaften von Kunden gerecht werden. Unabhängig vom gewählten Ansatz der Preisfindung muss Letztere immer für spezifische Wertsegmente erfolgen.

Im Zuge der **Preisfestsetzung** geht es darum, dass ein Anbieter auf Basis der Ergebnisse der Preisfindung die endgültigen (Listen-)Preise bestimmt, die allerdings nicht immer mit den gefundenen Preisen übereinstimmen müssen. Eine große Rolle spielen in diesem Zusammenhang die preisstrategischen Kalküle der Preisdifferenzierung, der dynamischen Preisfestsetzung und der Preisfestsetzung für das Leistungsprogramm.

Die Aufgabe der **Preisdurchsetzung** besteht in der Realisierung von Transaktionspreisen, die möglichst wenig von den festgesetzten Preisen abweichen. Dazu bedarf es sowohl der internen als auch externen Preisdurchsetzung, wobei für Letztere dem Instrument der Verhandlungen herausragende Bedeutung zukommt. Im Rahmen von Verhandlungen können Preisnachlässe in Form von Rabatten und Boni einen erheblichen Problembereich darstellen, sofern diese nicht konsequent und diszipliniert an Gegenleistungen der Kunden gekoppelt werden.

Den Abschluss des Prozesses des Preismanagements bildet ein **ergebnisbezogenes Controlling,** das am zentralen Preisziel des Erreichens eines größtmöglichen Gewinns ansetzt und in dessen Mittelpunkt daher die Identifikation und Quantifizierung von negativen Preisabweichungen und die entsprechende Ursachenanalyse stehen. Als Konsequenz können sich Rückwirkungen auf vorgelagerte Schritte des Preismanagements ergeben.

Die **geschäftstypenbezogenen Besonderheiten** des Preismanagements manifestieren sich insbesondere in den Prozessschritten der **Preisfindung,** der **Preisfestsetzung** und der **Preisdurchsetzung**.

## 3.2.3   Der Prozess des Kostenmanagements

Wie in Kap. 3.2 erläutert, ist es mit Blick auf die Wertmaximierung für den Anbieter notwendig, den Werttreiber der Kosten so zu steuern, dass ein möglichst niedriges Kostenniveau erreicht wird. Dies erfordert ein systematisches Kostenmanagement, dessen Prozessschritte in Abbildung 3-19 dargestellt sind.

Der Prozess des Kostenmanagements (vgl. dazu auch *Steven/Wasmuth* 2008, S. 271 f.) beginnt mit der **Festlegung von Kostenzielen** (Kap. 3.2.3.1) in Form von Kostenobergrenzen. Die gesetzten Ziele bilden den Referenzpunkt zur Identifikation des Ausmaßes von **Kostenabweichungen** für die betrachteten Leistungen; gleichzeitig sind im Fall von Kostenüberschreitungen auch die jeweiligen **Ursachen** zu ermitteln. An diese **Kostenanalyse** (Kap. 3.2.3.2) schließt sich die **Kostensteuerung** (Kap. 3.2.3.3) an, die einerseits die **Planung von Maßnahmen zur Kostenbeeinflussung** und andererseits die entsprechende **Maßnahmenimplementierung** umfasst. Abgeschlossen wird der Prozess des Kostenmanagements durch ein **ergebnisbezogenes Controlling** zu Beginn der Marktphase der jeweiligen Leistung (Kap. 3.2.3.4). Dieses zeigt auf, ob die Kostenziele letztlich erreicht wurden und erfordert gegebenenfalls entsprechende Aktivitäten in einzelnen oder mehreren vorgelagerten Prozessschritten.

**Abb. 3-19:** Der Prozess des Kostenmanagements (in Anlehnung an *Steven/Wasmuth* 2008, S. 272)

Die entscheidende Frage hinsichtlich des skizzierten Prozesses des Kostenmanagements ist die, wie die Kostenziele und die Kostenermittlung zusammenhängen. Die Vorgehensweise des **klassischen Kostenmanagements** besteht darin, Kosten **bottom-up** zu ermitteln und anschließend den Kostenzielen gegenüberzustellen. Sind die Kosten zu hoch, dann müssen entsprechende Kostensenkungspotenziale identifiziert werden (vgl. auch *Girkinger/Gaubinger* 2009, S. 146). Die Bottom-up-Ermittlung von Kosten ist im Kontext dieses Buchs als problematisch zu bewerten, da sie der Logik **diametral** gegenübersteht, die sich aus dem im Kap. 1.4 erläuterten Verständnis des wertbasierten Business-to-Business-Marketing ergibt. Denn dass die Stiftung von Kundenwert die Voraussetzung für die Schaffung von Wert für den Anbieter darstellt, impliziert, dass die (auf die anbieterseitige Wertmaximierung ausgerichteten) Kostenziele aus den vorab zu ermittelnden **Zahlungsbereitschaften der Nachfrager** abgeleitet werden müssen und die Kosten somit entgegen dem klassischen Kostenmanagement **top-down** zu ermitteln sind.

CTR Ein solcher Top-down-Ansatz des Kostenmanagements liegt mit dem **Target Costing** bzw. **Zielkostenmanagement** vor, dessen retrograde Methodik in den folgenden Kapiteln den einzelnen Prozessschritten aus Abbildung 3-19 zugrunde gelegt wird. Da sich beim Target Costing die Leistungsgestaltung nicht an den Kosten orientiert, sondern umgekehrt die Kosten die Konsequenz einer vom Kunden zu einem bestimmten Preis akzeptierten Leistungsgestaltung sind, stellt dieser Ansatz im Gegensatz zum klassischen, innengetriebenen Kostenmanagement die Schaffung eines **adäquaten Kun-**

**denwerts** sicher. Anderseits aber ermöglicht die für das Target Costing charakteristische retrograde Vorgehensweise auch eine **Wertmaximierung für den Anbieter**, die nicht zu Lasten des gestifteten Kundenwerts geht. Somit ist das Target Costing vollständig mit dem Marketingverständnis kompatibel, das diesem Buch zugrunde liegt.

Der erste konzeptionelle Entwurf eines Target Costing und dessen Umsetzung werden dem japanischen Automobilhersteller Toyota zugeschrieben (*Arnaout* 2001, S. 19). Die Grundidee der Methodik findet sich jedoch bereits bei *Henry Ford* in seinen Ausführungen zur Entwicklung des legendären T-Modells („Tin Lizzy"). Denn *Ford* (1923, S. 146) schreibt: „We have never considered any costs as fixed. Therefore we first reduce the price to the point where we believe more sales will result. Then we go ahead and try to make the price. We do not bother about costs. The new price forces the costs down." Das zentrale Anliegen des Target Costing besteht somit darin, die **Kosten der Leistungserstellung an der Zahlungsbereitschaft der Nachfrager auszurichten** (*Büttgen* 2006, S. 385).

Die praktischen Anwendungsschwerpunkte des Target Costing in Business-to-Business-Märkten liegen auf der Produktebene. Exemplarisch seien die Automobilzulieferindustrie (z. B. *Zahn* 1995; *Flik et al.* 1998; *Listl* 1998) und der Maschinen- und Anlagenbau (z. B. *Jakob* 1993; *Niemand* 1993; *Schopf et al.* 2010) genannt. Allerdings kommt das Target Costing durchaus auch bei (industriellen) Dienstleistungen zum Einsatz (z. B. *Cibis/Niemand* 1993), wobei sich in diesem Fall eine Kopplung mit der CTR Prozesskostenrechnung anbietet (vgl. dazu z. B. *Reckenfelderbäumer* 1995, S. 180 ff.).

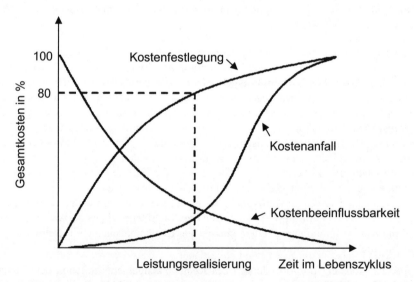

**Abb. 3-20:** Kostenfestlegung, -anfall und -beeinflussbarkeit im Lebenszyklus von Leistungen (in Anlehnung an *Weiß* 2006, S. 155)

Hinsichtlich des zeitlichen Einsatzes des Target Costing wird in der einschlägigen Literatur auf einen **möglichst frühen Einsatz im Lebenszyklus** der entsprechenden Leistung verwiesen. Dies impliziert, dass das Target Costing insbesondere bei der Entwicklung neuer Leistungen und der Variation und Differenzierung bestehender Leistungen eingesetzt werden sollte. Allerdings kann das Verfahren grundsätzlich auch zur nachträglichen Kostenoptimierung im weiteren Verlauf des Lebenszyklus herangezogen werden (*Büttgen* 2006, S. 382). Die Begründung für einen möglichst frühen Einsatz des Zielkostenmanagements liegt in der zu einem solchen Zeitpunkt noch **hohen Kostenbeeinflussbarkeit**, die rasch im selben Ausmaß abnimmt, wie der Grad der Kostenfestlegung steigt. Abbildung 3-20 illustriert diesen Zusammenhang und zeigt, dass ca. 80 Prozent der über den gesamten Lebenszyklus einer Leistung entstehenden Kosten zum Zeitpunkt der Leistungsrealisierung bereits festgelegt sind, auch wenn diese zum Großteil erst später anfallen. Die Abbildung 3-20 zugrunde liegenden empirischen Befunde betreffen zwar Sachleistungen, allerdings ist davon auszugehen, dass auch für Dienstleistungen mit ähnlichen Ergebnissen zu rechnen ist (*Steven/Wasmuth* 2008, S. 269).

Neben dem Vorteil des Target Costing, mit der Logik des wertbasierten Business-to-Business-Marketing kompatibel zu sein und dieses somit optimal zu unterstützen, kann durch den Einsatz dieser Methode auch die **Zusammenarbeit der am Leistungsentstehungsprozess beteiligten Personen** aus technischen und wirtschaftlichen Unternehmensbereichen intensiviert werden (*Fischer* 2008, S. 68). Trotz aller Vorzüge des Target Costing werden in der einschlägigen Literatur auch Problembereiche diskutiert (vgl. z. B. *Kremin-Buch* 2007, S. 178 ff.; *Fischer* 2008, S. 68 ff.), die zum Teil zu Weiterentwicklungen dieser Methodik geführt haben. So legen beispielsweise *Eversheim et al.* (1999) einen Ansatz des Target Costing für modulare Produkte vor und *Weiß* (2006, S. 177 ff.) zeigt eine Möglichkeit auf, den einperiodig-statischen Ansatz des klassischen Target Costing zu einer mehrperiodig-dynamischen Konzeption weiterzuentwickeln. Die nachfolgenden Ausführungen beziehen sich allerdings nur auf den Basisansatz des Target Costing.

### 3.2.3.1  Festlegung der Kostenziele

Die in der Initialphase des Kostenmanagements festzulegenden Kostenziele werden im Rahmen des Target Costing als **Zielkosten** bezeichnet. Zur Festlegung der Zielkosten können eine Reihe von Verfahren herangezogen werden (vgl. dazu *Schulte-Henke* 2008, S. 9 ff.). Von diesen Verfahren hat der **Market-into-Company-Ansatz**, der von vielen Autoren auch als die eigentliche Form des Target Costing gesehen wird (*Horváth et al.* 1993, S. 10), besondere Bedeutung erlangt. Denn dieser weist insofern einen **direkten Marktbezug** auf, als die Zielkosten unmittelbar aus dem **am Markt erzielbaren Preis** – dem durch die **Zahlungsbereitschaft der Nachfrager** operationalisierten **Zielverkaufspreis** – und der **Gewinnplanung des Anbieters** abgeleitet werden. Die Zielkostenbestimmung wird dabei zunächst in Form vorläufiger Zielkosten, den sogenannten **Allowable Costs**, für die geschätzte Lebensdauer und das erwartete Absatzvolumen der jeweiligen Leistung wie folgt durch einfache Subtraktion vorgenommen (*Weiß* 2006, S. 160; *Freidank* 2008, S. 386):

$$\text{Allowable Costs} = \text{durchschnittlich am Markt erzielbarer Preis} - \text{geplanter Gewinn} \qquad (3.3).$$

Anzumerken ist, dass letztlich nur durch den Market-into-Company-Ansatz bzw. dessen nicht näher behandelte Variante des „Into-and-out-of-Company" die in Kap. 3.2.3 erwähnte Kompatibilität des Target Costing mit dem hier vertretenen wertbasierten Marketingverständnis gewährleistet wird (vgl. auch *Schulte-Henke* 2008, S. 12).

Gleichung (3.3) macht deutlich, dass für ein Target Costing, das auf dem Market-into-Company-Ansatz beruht, Informationen zur Zahlungsbereitschaft der Nachfrager die **grundlegende Voraussetzung** darstellen. Die Bereitstellung dieser Informationen ist Aufgabe des bereits behandelten **Preismanagements**, wobei im Rahmen der **Preisfindung** (vgl. Kap. 3.2.2.3) nach Möglichkeit Ansätze priorisiert werden sollten, die vom **Kundennutzen** ausgehen. Denn Letzterer stellt insofern die zentrale (wenn auch nicht einzige) Determinante der Zahlungsbereitschaft dar, als ein Kunde nie zur Zahlung eines Preises bereit sein wird, wenn kein Kundennutzen gegeben ist. Umgekehrt aber kann mit steigendem Kundennutzen auch von einer höheren Zahlungsbereitschaft ausgegangen werden.

Hinsichtlich des in Gleichung (3.3) aufscheinenden geplanten Gewinns zeigt sich in der einschlägigen Literatur ein unterschiedliches Verständnis (*Schulte-Henke* 2008, S. 18 f.). Allerdings bietet es sich an, den geplanten Gewinn als **Bruttogewinnspanne** zu definieren, die sowohl einen **geforderten Reingewinn** als auch solche Kosten umfasst, die **nicht in die letztlichen Zielkosten eingehen können**. Welche Kosten dies sind, wird im folgenden Kapitel (vgl. Tabelle 3-10) aufgezeigt.

Nach der Festlegung der Allowable Costs werden diesen die sogenannten **Drifting Costs** gegenübergestellt. Letztere sind als **Standardkosten einer Leistung** definiert, die auf Basis vorhandener Technologien und Verfahren der Leistungserstellung ohne Berücksichtigung möglicher Innovationen prognostiziert bzw. geplant werden. Da die Drifting Costs in der Regel höher sind als die Allowable Costs, ergibt sich aus der Differenz dieser Größen eine auch als **Target Gap** bezeichnete **Ziellücke**, die den **Kostenreduktionsbedarf** aufzeigt. Diese Ziellücke kann jedoch dadurch kleiner werden, dass die **endgültigen Zielkosten** bzw. **Target Costs** aus Motivationsgesichtspunkten **oberhalb** der als „schärfste Kostenziele" (*Coenenberg* 2003, S. 444) zu klassifizierenden Allowable Costs festgelegt werden, falls deren Erreichung von vornherein als unrealistisch einzuschätzen ist. In diesem Fall kommt es notwendigerweise zu einer Reduktion der angestrebten Bruttogewinnspanne. Mit der Bestimmung der endgültigen Zielkosten als **absolute Kostenobergrenze** ist die erste Prozessphase des Kostenmanagements abgeschlossen (*Weiß* 2006, S. 160; *Girkinger/Gaubinger* 2009, S. 149). Die skizzierte Logik des Target Costing lässt sich wie in Abbildung 3-21 dargestellt visualisieren.

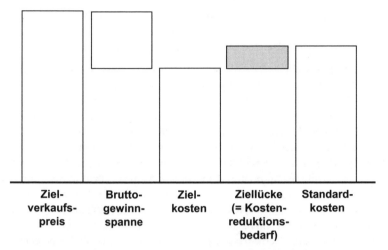

| Ziel-<br>verkaufs-<br>preis | Brutto-<br>gewinn-<br>spanne | Ziel-<br>kosten | Ziellücke<br>(= Kosten-<br>reduktions-<br>bedarf) | Standard-<br>kosten |

**Abb. 3-21:** Logik des Target Costing (in Anlehnung an *Schawel/Billing* 2011, S. 211)

### 3.2.3.2 Kostenanalyse

Mit der Festlegung der Target Costs ist zwar das grundsätzliche Ausmaß der Kostenabweichungen für die betrachteten Leistungen bekannt, allerdings bewegen sich die für
diese Abweichungen relevanten Target Costs und Drifting Costs auf einer aggregierten
und damit wenig aussagekräftigen Ebene (*Weiß* 2006, S. 160). Aufgabe der Kostenanalyse ist es daher, in einem ersten Schritt die Ziellücke so zu operationalisieren, dass das
**Ausmaß der Kostenabweichungen** so weit als möglich auf der **Ebene von Leistungskomponenten** vorliegt. Indizieren die Kostenabweichungen die Notwendigkeit von
Kostenreduktionen, dann sind in einem zweiten Schritt die entsprechenden **Abwei-
chungsursachen** zu identifizieren, um im der nachfolgenden Phase des Kostenmanagements, der Kostensteuerung, geeignete kostenbeeinflussende Maßnahmen planen und
umsetzen zu können.

**(1) Identifikation des Ausmaßes von Kostenabweichungen**
Um die Kostenabweichungen auf der disaggregierten Ebene von Leistungskomponenten
erfassen zu können, ist eine **Zielkostenspaltung** notwendig. Zur Spaltung der Zielkosten werden in der Target Costing-Literatur zumeist die Komponenten- und die Funktionsmethode vorgeschlagen.

Bei der (einfacheren) **Komponentenmethode** erfolgt die Ermittlung der komponentenbezogenen Zielkosten auf Basis der **Kostenstruktur einer Referenzleistung** (z. B. des
Vorgängerprodukts), womit sich dieser Ansatz für innovative Leistungen aufgrund der
dann fehlenden Datenbasis letztlich nicht eignet. Im Einzelnen wird so vorgegangen, dass
die Kosten der Referenzleistung mit den Zielkosten der betrachteten Leistung verglichen
werden und daraus eine **Kostenreduktionsrate** abgeleitet wird. Anschließend werden die
Komponentenzielkosten der betrachteten Leistung ermittelt, indem die **Ist-Kosten** der
Komponenten der Referenzleistung **um diese Rate gekürzt werden**. Die Zielkosten
werden somit direkt den Leistungskomponenten zugerechnet (*Weiß* 2006, S. 161). Nach

dem Vorliegen der disaggregierten Zielkosten lässt sich das Ausmaß der komponentenbezogenen Kostenabweichungen dadurch ermitteln, dass diese Zielkosten den **auf Komponentenebene prognostizierten Drifting Costs** gegenübergestellt werden.

Bei der **Funktionsmethode** (*Weiß* 2006, S. 161; *Fischer* 2008, S. 64 f.; *Girkinger/Gaubinger* 2009, S. 150) wird die jeweilige Leistung als Summe verschiedener Funktionen betrachtet, die zur Erfüllung der Kundenbedürfnisse und -wünsche dienen. Im Gegensatz zur Komponentenmethode erfolgt bei diesem Ansatz die Zielkostenspaltung indirekt über die Ermittlung des **Kundennutzens der einzelnen Funktionen einer Leistung** und die Bestimmung des **Beitrags der Leistungskomponenten zur Erfüllung der Leistungsfunktionen**. Zur Durchführung dieser zweidimensionalen Zielkostenspaltung muss eine sogenannte **Komponenten-Funktionen-Matrix** erstellt werden. Ein Beispiel für eine solche Matrix findet sich in Tabelle 3-9. Nach der Festlegung der relevanten Leistungskomponenten wird zunächst durch ein interdisziplinäres Team für jede Komponente abgeschätzt, in welchem Ausmaß diese zur Erfüllung der einzelnen Leistungsfunktionen beiträgt. Alle Leistungskomponenten zusammen ermöglichen dabei immer eine Funktionserfüllung zu 100 Prozent. Anschließend erfolgt die Gewichtung der Leistungsfunktionen über den jeweils durch diese Funktionen gestifteten Kundennutzen. Die einzelnen Gewichte können dabei beispielsweise aus den Teilnutzenwerten einer Conjoint-Analyse (vgl. Kap. 1.2.2.2.2) abgeleitet werden. Durch Multiplikation der Komponentenbeiträge zur Funktionserfüllung mit den Gewichten der Leistungsfunktionen und zeilenweises Aufsummieren ergibt sich schließlich der in der letzten Spalte von Tabelle 3-9 aufscheinende **Nutzenanteil jeder Leistungskomponente**.

**Tab. 3-9:** Exemplarische Komponenten-Funktionen-Matrix (in Anlehnung an *Horváth et al.* 1993, S. 14)

| | Funktion 1 (%) | Funktion 2 (%) | Funktion 3 (%) | Funktion 4 (%) | Funktion 5 (%) | Nutzenanteil Komponente (%) |
|---|---|---|---|---|---|---|
| | 20 | 25 | 5 | 15 | 35 | |
| Komponente 1 (%) | 30 | | 20 | | | **7,00** |
| Komponente 2 (%) | | 30 | 35 | | 35 | **21,50** |
| Komponente 3 (%) | | 25 | | 30 | | **10,75** |
| Komponente 4 (%) | 70 | | 15 | 35 | | **20,00** |
| Komponente 5 (%) | | 45 | 30 | | 20 | **19,75** |
| Komponente 6 (%) | | | | 35 | 45 | **21,00** |
| Summe | 100 | 100 | 100 | 100 | 100 | 100 |

Nach der Erstellung der Komponenten-Funktionen-Matrix werden die **Zielkosten der Leistungskomponenten** als dem **Nutzenanteil jeder Komponente entsprechender Anteil an den gesamten Zielkosten** berechnet. Diesem Vorgehen liegt die Annahme zugrunde, dass der bewertete Ressourceneinsatz entsprechend dem Beitrag der Leistungskomponenten zur Stiftung von Kundennutzen erfolgen soll (*Fischer* 2008, S. 64).

Um das Ausmaß der komponentenbezogenen Kostenabweichungen feststellen zu können, müssen die ermittelten Zielkosten der Leistungskomponenten wie auch im Fall der Komponentenmethode den **auf Komponentenebene prognostizierten Drifting Costs** gegenübergestellt werden (vgl. auch *Fischer* 2008, S. 65). Im Gegensatz zur Komponentenmethode kann bei der Funktionsmethode zusätzlich ein komponentenspezifischer **Zielkostenindex** berechnet werden, der Hinweise auf die Notwendigkeit von Kostenreduktionen oder Gestaltungsänderungen gibt (*Girkinger/Gaubinger* 2009, S. 151 f.). Dieser Zielkostenindex errechnet sich wie folgt:

$$\text{Zielkostenindex} = \frac{\text{Nutzenanteil der Komponente in \%}}{\text{Kostenanteil der Komponente in \%}} \qquad (3.4).$$

Der Index bringt zum Ausdruck, wie stark die Bedeutung einer Leistungskomponente aus Kundensicht und die Kostenverursachung voneinander abweichen. Der Kostenanteil einer Komponente bezieht sich dabei auf die **Drifting Costs**. Beträgt der **Zielkostenindex Eins**, so stellt dies den Idealfall dar, da dann die aufgewendeten Kosten genau der Komponentenbedeutung aus Kundensicht entsprechen. Bei einem **Zielkostenindex größer Eins** sollte der Anbieter darüber nachdenken, ob für die Realisierung der jeweiligen Leistungskomponente in Relation zu deren Bedeutung für den Kunden nicht zu wenige Ressourcen eingesetzt werden und daher Gestaltungsänderungen angebracht sind. Ein **Zielkostenindex kleiner Eins** wiederum signalisiert, dass die jeweilige Komponente in Relation zum gestifteten Kundennutzen zu hohe Kosten verursacht und daher ein Kostenreduktionsbedarf besteht. Die Aussagen von Zielkostenindizes sollten allerdings nur als Hinweise verstanden werden, da der **absolute Kostenreduktionsbedarf** nicht berücksichtigt wird (*Fischer* 2008, S. 66).

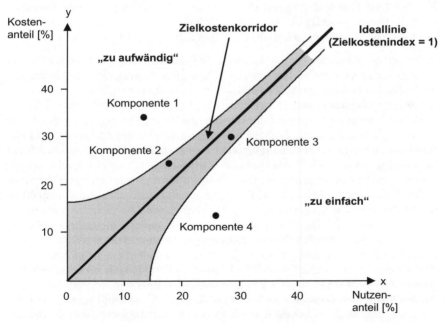

**Abb. 3-22:** Zielkostenkontrolldiagramm (in Anlehnung an *Fischer* 2008, S, S. 66)

Die Literatur zum Target Costing ist sich darin einig, dass es kein generelles Ziel sein kann, einen Zielkostenindex von Eins zu erreichen. Vielmehr wird es als sinnvoll erachtet, einen **Zielkostenkorridor** zu definieren, innerhalb dessen die Zielkostenindizes der einzelnen Leistungskomponenten lokalisiert sein sollten. Als Konsequenz dieser Überlegung wurde das sogenannte **Zielkostenkontrolldiagramm** entwickelt, dessen Zielkostenkorridor sich mit steigender Bedeutung der Leistungskomponenten aus Kundensicht (höherer Nutzenanteil) und steigendem Kostenanteil verjüngt (vgl. Abbildung 3-22). **Handlungsbedarf** ist dabei für alle Leistungskomponenten gegeben, deren Zielkostenindex **außerhalb des Zielkostenkorridors** liegt (*Girkinger/Gaubinger* 2009, S. 153). *Fischer* (2008, S. 66) verweist allerdings darauf, dass die Interpretation von Zielkostenkontrolldiagrammen aufgrund des bereits erwähnten Defizits von Zielkostenindizes, den absoluten Kostenreduktionsbedarf nicht zu berücksichtigen, problematisch ist. Er schlägt deshalb eine **Modifikation** des Zielkostenindex in der Form vor, dass nicht die Drifting Costs, sondern die **Zielkosten der gesamten Leistung** die **Kostenbasis** bilden (*Fischer* 2008, S. 81). Der Kostenanteil einer Leistungskomponente errechnet sich in diesem Fall als das Verhältnis zwischen den komponentenbezogenen Drifting Costs und den Zielkosten der gesamten Leistung. Dadurch verschieben sich im Zielkostenkontrolldiagramm die Positionen der Zielkostenindizes der einzelnen Leistungskomponenten vertikal um den relativen Unterschied zwischen den gesamten Ziel- und Standardkosten. Somit fließt in das Diagramm nun auch der absolute Kostenreduktionsbedarf auf der Ebene der Gesamtleistung ein und die Aussagekraft der jeweiligen Zielkostenindizes erhöht sich entsprechend.

Hinsichtlich der zwei zur Zielkostenspaltung vorgestellten Ansätze, der Komponenten- und der Funktionsmethode, wird von manchen Autoren (vgl. z. B. *Weiß* 2006, S. 162; *Freidank* 2008, S. 398) als pragmatischer Ansatz eine **Verfahrenskombination** ins Spiel gebracht. Dieser Vorschlag ist letztlich auch als Reaktion auf im Kontext der Funktionsmethode diskutierte Problembereiche (vgl. dazu z. B. *Weiß* 2006, S. 161 f.) zu werten.

Im Verlauf der bisherigen Ausführungen zur Zielkostenspaltung wurde immer nur von „Kosten" gesprochen. Somit bleibt noch zu klären, welche Kosten erstens Gegenstand der Zielkostenspaltung sein können und wie zweitens mit den nicht in die Zielkostenspaltung eingehenden Kosten zu verfahren ist (vgl. dazu *Schulte-Henke* 2008, S. 24 ff.). Hinsichtlich der ersten Frage lautet die Antwort, dass zur Vermeidung einer willkürlichen Kostenschlüsselung ausschließlich die Kosten gespalten werden dürfen, die den **Leistungskomponenten verursachungsgerecht zuordenbar** sind, was grundsätzlich nur für **variable Kosten** zutrifft. Als **spaltbare Zielkosten** ($ZK_s$) können aus der Gruppe der variablen Kosten entsprechend Tabelle 3-10 die Material- und Fertigungseinzelkosten sowie die variablen Material- und Fertigungsgemeinkosten gelten. Als **nichtspaltbar** werden hingegen die Sondereinzelkosten des Vertriebs und die variablen Vertriebsgemeinkosten betrachtet. Da die nichtspaltbaren Kosten aber wie die spaltbaren Kosten einer **Leistungsmengeneinheit verursachungsgerecht zurechenbar** sind, ist es naheliegend, auch Ersteren **Zielvorgaben** zuzuordnen, weshalb diese als **nichtspaltbare Zielkosten** ($ZK_n$) bezeichnet werden (vgl. Tabelle 3-10). **Mangels verursachungsgerechter Zuordenbarkeit zu einer Leistungsmengeneinheit** sind hinsichtlich der **fixen Kosten keine Zielvorgaben** möglich. Diese Kosten können somit auch nicht in die Zielkosten eingehen, sondern müssen, wie in Tabelle 3-10 dargestellt, über die **Bruttogewinnspanne** abgedeckt werden. Damit ist auch die obige zweite Frage beantwortet:

Nicht in die Zielkostenspaltung eingehende Kosten, die variabel sind, werden als zu erreichende Zielkosten definiert, während Fixkosten keine zu erreichenden, sondern abzudeckende Kosten darstellen.

**Tab. 3-10:** Klassifizierung planungsrelevanter Kosten im Rahmen des Target Costing (in Anlehnung an *Schulte-Henke* 2008, S. 26)

| Durchschnittlich am Markt erzielbarer Preis (= Zielverkaufspreis) | | | | | | |
|---|---|---|---|---|---|---|
| Gesamtkosten (Vollkosten) | | | | | | Gefor-derter Rein-gewinn |
| Einzelkosten | | Gemeinkosten | | | | |
| Variable Kosten | | | | Fixe Kosten | | |
| Variable Einzelkosten | | Variable Gemeinkosten | | Fixe Gemeinkosten | | |
| | | | | Leistungsnahe Fixkosten | Leistungsferne Fixkosten | |
| spaltbar | nicht-spaltbar | spaltbar | nicht-spaltbar | Leistungs-bezogene Forschungs- und Entwick-lungskosten | Kosten der allgemeinen Verwaltung ohne unmit-telbaren Leis-tungsbezug | |
| Material- und Ferti-gungsein-zelkosten | Sonder-einzelkos-ten des Vertriebs | Variable Ma-terial- und Fertigungsge-meinkosten | Variable Vertriebs-gemein-kosten | | | |
| $ZK_s$ | $ZK_n$ | $ZK_s$ | $ZK_n$ | Bruttogewinnspanne | | |
| Gesamte Zielkosten ($ZK_g$) | | | | | | |

**(2) Identifikation der Ursachen von Kostenabweichungen**
Treten die im ersten Schritt der Kostenanalyse identifizierten Abweichungen von den Zielkosten in Form von Kostenüberschreitungen auf, so sind die entsprechenden Ursachen zu identifizieren. Als solche kommen sowohl **Beschäftigungs-** als auch **Verbrauchsabweichungen** in Frage, wobei Letztere wiederum in **Preis-** und **Mengenabweichungen** zu differenzieren sind (*Götze* 2010, S. 203).

### 3.2.3.3  Kostensteuerung

Im Zuge der Kostensteuerung sind Aktivitäten auf zwei Ebenen zu setzen. Zum einen müssen **kostenbeeinflussende Maßnahmen geplant** werden, die darauf abzielen, die identifizierten Ursachen negativer Kostenabweichungen zu beseitigen. Zum anderen aber sind die geplanten Maßnahmen so **umzusetzen**, dass diese auch tatsächlich greifen. Da die Maßnahmenimplementierung unternehmens- und situationsspezifisch variiert, wird auf diese hier nicht näher eingegangen. Hinsichtlich der Planung kostenbeeinflussender Maßnahmen sollen nachfolgend die wichtigsten Maßnahmen basierend auf der Systematisierung von *Freidank* (2008, S. 408) im Überblick skizziert werden.

- **Leistungskostenbezogene Maßnahmen:** Innerhalb dieses Maßnahmenblocks (*Freidank* 2008, S. 410 ff.) geht es insbesondere um eine **konstruktionsbezogene Kostenbeeinflussung**, deren Fokus häufig auf der Senkung der Materialkosten liegt. Eine solche Kostensenkung kann beispielsweise durch eine Reduktion des Materialvolumens und/oder der spezifischen Materialkosten (etwa durch Verwendung kostengünstigerer Werkstoffe) bewirkt werden (*Weiß* 2006, S. 162).

- **Prozesskostenbezogene Maßnahmen:** Hierunter sind alle Bestrebungen zu subsumieren, die darauf ausgerichtet sind, **betriebliche Prozesse** in den indirekten Leistungsbereichen **effizienter zu gestalten.** CTR Zur methodischen Unterstützung wird in diesem Zusammenhang auf die **Prozesskostenrechnung** zurückgegriffen (*Freidank* 2008, S. 412 ff.).
- **Kostenstrukturbezogene Maßnahmen:** Hier geht es zum einen um alle „klassischen" Maßnahmen, welche die **Gemein-** und **Fixkostenstrukturen** eines Anbieters optimieren (*Freidank* 2008, S. 414 ff.). Zum anderen aber sind auch jene Maßnahmen angesprochen, die aus „modernen" **Lean-Konzepten**, insbesondere dem **Outsourcing** und **Reengineering**, resultieren und auf eine **Rationalisierung** aller betrieblichen Aktivitäten nicht nur **innerhalb**, sondern auch **außerhalb** des Unternehmens abzielen (*Freidank* 2008, S. 418 ff.). Als Beispiel für letzteren Aspekt sei die Integration von Zulieferern in das Target Costing genannt (*Weiß* 2006, S. 163).

### 3.2.3.4 Ergebnisbezogenes Controlling

Die Erreichung der Zielkosten ist als **iterativer Prozess** zu verstehen, bei dem nach der Festlegung kostenbeeinflussender Maßnahmen die auf Basis einer **begleitenden Kalkulation** zu erwartenden Ist-Kosten den Zielkosten gegenübergestellt werden. Sollte im Rahmen dieses Vergleichs eine negative Kostenabweichung festgestellt werden, sind zur Schließung der Ziellücke weitere kostenbeeinflussende Maßnahmen zu initiieren (*Weiß* 2006, S. 163). In diesem Zusammenhang ist darauf zu verweisen, dass sämtliche kostenbeeinflussende Maßnahmen die Funktionalität und damit die Nutzenstiftung der jeweiligen Leistung aus Kundensicht nicht ändern dürfen. Denn ansonsten ist der den Ausgangspunkt des Target Costing bildende und durch die Zahlungsbereitschaft der Nachfrager operationalisierte Zielverkaufspreis nicht haltbar, was einen Neustart des Prozesses des Kostenmanagements (vgl. Abbildung 3-19) erforderlich machen würde.

Die vorangegangenen Ausführungen machen deutlich, dass bereits während des Target Costing Zielerreichungskontrollen stattfinden. Das ergebnisbezogene Controlling bezieht sich allerdings nicht auf diesen Aspekt, sondern auf die **abschließende Zielkostenkontrolle** zu **Beginn der Marktphase** der jeweiligen Leistung. Zu diesem Zeitpunkt wird durch einen Soll-Ist-Vergleich festgestellt, wie effektiv die Target Costing-Aktivitäten waren und was im Fall des Nichterreichens der Zielkosten die jeweiligen Gründe sind. CTR Das Schließen einer allenfalls noch bestehenden Ziellücke ist wie auch die kontinuierliche Kostenreduktion während der Marktphase einer Leistung Gegenstand des aus Japan stammenden **Kaizen Costing** (*Weiß* 2006, S. 163 f.). Wird durch das ergebnisbezogene Controlling eine Überschreitung der Zielkosten indiziert, so führt dies zu Aktivitäten in einzelnen oder mehreren vorgelagerten Schritten des Kostenmanagements (vgl. die Rückkoppelungspfeile in Abbildung 3-19/Kap. 3.2.3).

### 3.2.3.5 Geschäftstypenbezogene Besonderheiten

Wie in Kap. 3.2.3.1 erwähnt, gewährleisten nur Verfahren der Zielkostenfestlegung mit **direktem Marktbezug** – und somit insbesondere der Market-into-Company-Ansatz –

die Kompatibilität des Target Costing mit dem in diesem Buch vertretenen wertbasierten Marketingverständnis. Da Market-into-Company bedeutet, bei der Kostengestaltung von der Zahlungsbereitschaft der Nachfrager auszugehen, muss diese Information notwendigerweise bereitgestellt werden, was Aufgabe des Preismanagements ist. Von entscheidender Bedeutung ist in diesem Zusammenhang die **Preisfindung** (vgl. Kap. 3.2.2.3), da die hier gewonnenen Erkenntnisse **wesentliche Schlüsse auf die letztlich vorhandene Zahlungsbereitschaft der Nachfrager** und damit den **Zielverkaufspreis** zulassen sollten. Wie im Zuge der Diskussion geschäftstypenbezogener Besonderheiten des Preismanagements (vgl. Kap. 3.2.2.7) deutlich wurde, können die Verfahren der Preisfindung in Abhängigkeit vom jeweiligen Geschäftstyp variieren. Folglich kann die **Festlegung des Zielverkaufspreises** je nach **Geschäftstyp** mit **unterschiedlichen methodischen Zugängen** verbunden sein.

Das Herzstück des Target Costing bildet eine möglichst weit auf die Ebene von Leistungskomponenten heruntergebrochene Identifikation des Ausmaßes von Kostenabweichungen, wozu eine **Spaltung der Zielkosten** notwendig ist. Hinsichtlich des diesbezüglichen methodischen Vorgehens ist festzuhalten, dass dieses offensichtlich vom im jeweiligen Anwendungsfall vorliegenden **Geschäftstyp unabhängig** ist. So greifen beispielsweise *Schopf et al.* (2010) bei der Anwendung des Target Costing im Produktgeschäft (Maschinenbau) ebenso auf die (nichtmodifizierte) Funktionsmethode zurück wie *Jakob* (1993) und *Niemand* (1993) im Anlagengeschäft (Anlagenbau). Zwar finden sich durchaus auch **Verfahrensanpassungen**, wie beispielsweise bei *Eversheim et al.* (1999) für den Fall modularer und bei *Nedeß/Stalleicken* (1998) für den Fall komplexer Produkte, die aber letztlich **nicht geschäftstypenbezogen** sind. Denn sowohl modulare als auch komplexe Produkte – um bei den genannten Beispielen zu bleiben – können in mehreren Geschäftstypen auftreten. Somit ist zu konstatieren, dass die Zielkostenspaltung als Kern eines auf dem Target Costing basierenden Kostenmanagements zwar von den in Kap. 3.2.3.2 behandelten Ansätzen abweichen kann, allerdings **nicht mit dem Geschäftstyp variiert.**

Betrachtet man die weiteren Schritte des Kostenmanagements, so zeigt sich, dass diese einen **allgemeingültigen Charakter** aufweisen. Die geschäftstypenbezogenen Besonderheiten des hier vorgestellten Prozesses des Kostenmanagements bleiben somit auf dessen erste Phase und den Aspekt des geschäftstypenspezifischen Vorgehens zur Festlegung des Zielverkaufspreises beschränkt.

### 3.2.3.6  Zusammenfassung

Das diesem Buch zugrunde liegende Verständnis des wertbasierten Business-to-Business-Marketing erfordert einen auf dem **Target Costing** beruhenden Top-down-Ansatz des Kostenmanagements. Der erste Schritt eines solchen Kostenmanagements besteht in der **Festlegung von Zielkosten**, die als Kostenobergrenzen zu verstehen sind, anhand des Market-into-Company-Ansatzes.

Im Zuge der **Kostenanalyse** bilden die festgelegten Zielkosten den Referenzpunkt zur Identifikation des **Ausmaßes von Kostenabweichungen** für die betrachteten Leistungen, wobei diese Abweichungen so weit als möglich auf der Ebene von Leistungskomponenten vorliegen sollten. Dazu ist eine Zielkostenspaltung vorzunehmen, für die sowohl die Komponenten- als auch die Funktionsmethode herangezogen werden können. Treten die festgestellten Kostenabweichungen in Form von Kostenüberschreitungen auf, so müssen die entsprechenden **Ursachen** identifiziert werden.

Aufgabe der auf die Kostenanalyse folgenden **Kostensteuerung** ist es einerseits, **kostenbeeinflussende Maßnahmen zu planen**, die darauf abzielen, die Ursachen negativer Kostenabweichungen zu beseitigen. Andererseits aber muss auch eine adäquate **Maßnahmenimplementierung** erfolgen.

Der Prozess des Kostenmanagements wird durch ein **ergebnisbezogenes Controlling** zu Beginn der Marktphase der jeweiligen Leistung abgeschlossen. Wird festgestellt, dass die festgelegten Zielkosten nicht erreicht wurden, so löst dies Aktivitäten in einzelnen oder mehreren vorgelagerten Prozessschritten aus.

Die **geschäftstypenbezogenen Besonderheiten** des Kostenmanagements beschränken sich darauf, dass die **Festlegung des Zielverkaufspreises** je nach Geschäftstyp mit **unterschiedlichen methodischen Zugängen** verbunden sein kann.

## 3.3 Wertrealisierung

Die Wertrealisierung bildet die auf die Steuerung der Werttreiber folgende zweite Phase des Wertmanagements (vgl. Abbildung 3-23) und umfasst entsprechend dem in Kap. 2 aufgezeigten Verständnis das **Kommunikationsmanagement**, das **Distributionsmanagement** und das **Verkaufsmanagement**.

Zwischen der Wertrealisierung und der Steuerung der Werttreiber besteht ein **Zusammenhang**, der in zwei Formen auftritt. Zum einen fallen zur **Steuerung der Werttreiber** notwendige **Prozessschritte** mit **Prozessen der Wertrealisierung** zusammen. Konkret betrifft dies im Rahmen des Managements von Kundennutzen die Markteinführung der Leistung und Teilbereiche der Leistungspflege und -elimination, die zwangsläufig mit Kommunikations-, Distributions- und Verkaufsaktivitäten verbunden sind, und im Zuge des Preismanagements die externe Preisdurchsetzung, die in Form von Verhandlungen Teil des Verkaufsmanagements ist.

Zum anderen aber besteht zwischen der Wertrealisierung und der Steuerung der Werttreiber insofern eine **wechselseitige Abhängigkeit** (vgl. Abbildung 3-23), als nicht nur die Steuerung der Werttreiber die Voraussetzung für die Wertrealisierung bildet, sondern auch die Wertrealisierung Aktivitäten hinsichtlich der Steuerung der Werttreiber auslöst. So können sich beispielsweise im **System- und Produktgeschäft** im Zuge des Verkaufs von Leistungen Ideen für neue Leistungen oder Verbesserungsvorschläge für bestehende Leistungen ergeben, die bei entsprechender Umsetzung wiederum die Realisierung eines höheren Werts ermöglichen. Betrachtet man das **Zuliefer- und Anlagengeschäft**, dann nähert sich ein Anbieter aufgrund der zeitlich vor der Leistungsrealisierung liegenden Leistungsvermarktung durch sequenzielle Inputs aus der Steuerung der Werttreiber für den Verkauf und aus dem Verkauf für die Steuerung der Werttreiber sukzessive der Leistung an, die sowohl kunden- als auch anbieterseitig entsprechenden Wert stiftet und somit letztlich realisiert wird. Nicht zuletzt aber kommt die Wechselwirkung zwischen Wertrealisierung und Steuerung der Werttreiber (geschäftstypenunabhängig) auch mit Blick auf die **Kosten der Wertrealisierung** zum Ausdruck. Alle unmittelbar durch die Wertrealisierung verursachten Kosten sind im Kostenmanagement in Form von Vertriebsgemeinkosten und Sondereinzelkosten des Vertriebs zu berücksichtigen und beeinflussen somit die anbieterseitige Wertgenerierung. Müssen, um ein Beispiel zu nennen, im Interesse einer höheren Wertschaffung für den Anbieter Kosten der Wertrealisierung reduziert werden, so führt dies wiederum dazu, dass geplante oder bestehende Maßnahmen der Wertrealisierung zu revidieren sind.

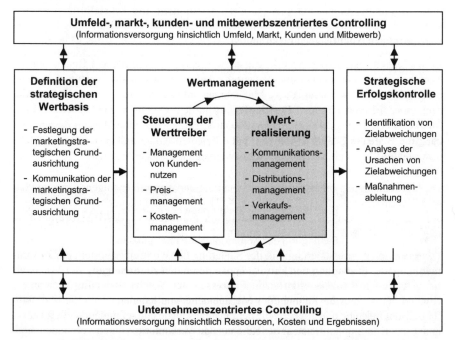

**Abb. 3-23:** Wertrealisierung und wertbasiertes Business-to-Business-Marketing

Im Einzelnen sind im Kontext der Wertrealisierung die folgenden Fragen zu beantworten:

- Durch welche Maßnahmen des Kommunikationsmanagements können die (potenziellen) Kunden am besten angesprochen werden (Kap. 3.3.1)?
- Wie muss das Distributionsmanagement gestaltet sein, um einen optimalen Zugang zu den (potenziellen) Kunden zu erhalten (Kap. 3.3.2)?
- Was muss im Verkaufsmanagement getan werden, um Aufträge und Folgeaufträge zu gewinnen (Kap. 3.3.3)?

## 3.3.1 Der Prozess des Kommunikationsmanagements

Die Kommunikation verfolgt das Ziel einer systematischen und koordinierten **Informationsversorgung** (potenzieller) Kunden, um diese auf Kompetenzen und Leistungen eines Anbieters aufmerksam zu machen. Gleichzeitig werden durch die Kommunikation neben den Abnehmern auch alle weiteren Anspruchsgruppen eines Unternehmens adressiert, um diese von dessen Leistungsfähigkeit und Attraktivität zu überzeugen (*Bruhn* 2005a, S. 1 f.; *Bruhn* 2009, S. 199). Durch die bewusst geplante Kommunikation gegenüber unterschiedlichen Interessensgruppen wird die Erreichung und Umsetzung unternehmenspolitischer Ziele und Strategien insofern entscheidend unterstützt, als diese Kommunikationszielgruppen in ihren **Meinungen und Einstellungen** gelenkt werden. Dadurch lässt sich auf der kommunikativen Ebene letztlich auch die **Kaufentscheidung von Nachfragern** beeinflussen.

In den letzten Jahren stieg auch in Business-to-Business-Märkten die Bedeutung der Kommunikation angesichts weitgefächerter, oft aber austauschbarer Leistungsangebote erheblich an. Denn kommunikative Maßnahmen unterstützen maßgeblich die Realisierung einer differenzierenden **Positionierung** in den jeweiligen Zielsegmenten bzw. -märkten (vgl. Kap. 3.2.1.5.2). *Bruhn* (2005a, S. 1) unterstreicht in diesem Zusammenhang die Bedeutung einer effektiven und effizienten Kommunikationsarbeit, welche insbesondere durch eine steigende Wettbewerbsintensität begründet ist.

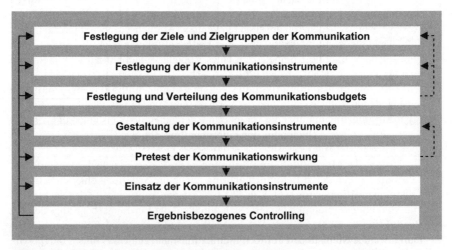

**Abb. 3-24:** Der Prozess des Kommunikationsmanagements

Der skizzierte Aufgabenumfang kommunikativer Aktivitäten erfordert einen systematischen Prozess des Kommunikationsmanagements, der in Abbildung 3-24 dargestellt ist. Den Ausgangspunkt dieses Prozesses bildet die **Festlegung der Ziele und Zielgruppen der Kommunikation** (Kap. 3.3.1.1), wobei Letztere sowohl unternehmensexterne als auch -interne Adressaten umfassen. Aufbauend auf der Definition von Zielen und Zielgruppen erfolgt die **Festlegung der Kommunikationsinstrumente** (Kap. 3.3.1.2), an die sich die **Festlegung und Verteilung des Kommunikationsbudgets** (Kap. 3.3.1.3) anschließt. Aufgrund von Budgetrestriktionen kann dabei eine Revision von Entscheidungen der vorangegangenen Prozessphasen notwendig werden. Die letztlich ausgewählten Kommunikationsinstrumente können nach ihrer **Gestaltung** (Kap. 3.3.1.4) gegebenenfalls einem **Pretest** hinsichtlich ihrer **Kommunikationswirkung** (Kap. 3.3.1.5) unterzogen werden. Fällt dieser Test nicht zufriedenstellend aus, so muss die Gestaltung der jeweiligen Kommunikationsinstrumente verbessert werden. Nach erfolgtem **Einsatz der Kommunikationsinstrumente** (Kap. 3.3.1.6) wird der Prozess des Kommunikationsmanagements durch ein **ergebnisbezogenes Controlling** (Kap. 3.3.1.7) abgeschlossen, welches den Zielerreichungsgrad der gesetzten Kommunikationsmaßnahmen überprüft. Je nach Resultat kann es dabei notwendig sein, in einzelnen oder mehreren Phasen des Kommunikationsmanagements entsprechende Änderungen vorzunehmen.

### 3.3.1.1 Festlegung der Ziele und Zielgruppen der Kommunikation

In Business-to-Business-Märkten bietet es sich an, **Kommunikationsziele** nach **Kommunikationsebenen** zu differenzieren. *Bruhn* (2004, S. 709 f.) schlägt in diesem Zusammenhang eine Strukturierung nach den Ebenen der **Unternehmens-, Marketing- und Dialogkommunikation** vor:

- Die auf **Unternehmensebene** gesetzten Kommunikationsmaßnahmen unterstützen die Prägung des institutionellen Erscheinungsbilds eines Unternehmens auf dem Absatzmarkt sowie generell bei allen relevanten Anspruchsgruppen. Im Mittelpunkt steht dabei die Kommunikation über eine **Unternehmensmarke**. Ziel ist es, durch eine solche Marke die Kompetenzen eines Anbieters glaubhaft zu vermitteln und eine Vertrauensbasis aufzubauen (vgl. Kap. 3.1.2.2). Die Ebene der (markengestützten) **Unternehmenskommunikation** spielt im **Zuliefer- und Anlagengeschäft** eine entscheidende Rolle, da aufgrund der Vermarktung kundenindividueller Leistungen die **Positionierung** nur über die Verankerung der generellen Leistungsfähigkeit und Ausrichtung eines Anbieters in der Wahrnehmung der Nachfrager erfolgen kann (vgl. Kap. 3.2.1.11).
- Gegenstand der **Marketingkommunikation** ist die Unterstützung des Verkaufs von Leistungen durch deren **Bekanntmachung** sowie die Schaffung einer eindeutigen **Leistungspositionierung** (vgl. Kap. 3.2.1.5.2) in der Wahrnehmung der Nachfrager. Die Marketingkommunikation lässt sich durch auf der Leistungsebene angesiedelte **Produktmarken** unterstützen. Solche Marken sind (ergänzend zu Unternehmensmarken) im **System- und Produktgeschäft** relevant (vgl. auch Kap. 3.2.1.11), da dadurch die Wertstiftungspotenziale der in diesen Geschäftstypen bereits vor der Vermarktung erstellten Leistungen glaubwürdig kommuniziert werden können.
- Der **Dialogkommunikation**, also der wechselseitigen Interaktion auf der persönlichen Beziehungsebene, kommt in Business-to-Business-Märkten deshalb hohe Bedeutung zu, da diese es ermöglicht, Kundenkontakte bzw. Kontakte zu anderen Anspruchsgruppen auf einer **individuellen Ebene** aufzubauen und zu intensivieren und somit die Basis für eine langfristige Beziehungsstabilität zu legen. Mit Blick

auf die Kunden bildet die Dialogkommunikation somit einen essenziellen Baustein einer in vielen Business-to-Business-Märkten unabdingbaren **Kundenbindungs- strategie** (vgl. auch *Werani* 2004, S. 43 ff.).

Wie in Tabelle 3-11 dargestellt, lassen sich für jede Kommunikationsebene **zentrale Kommunikationsziele** ableiten, die um weitere typische Ziele ergänzt werden können. Die jeweiligen Ziele ergeben sich dabei unmittelbar aus den vorangegangenen Ausfüh- rungen. Hinsichtlich der Marketingkommunikation ist ergänzend anzumerken, dass diese, wie oben ausgeführt, auf die Unterstützung von Verkaufsaktivitäten abzielt. In- sofern rücken hier ökonomische Ziele wie Umsatz und Marktanteil in den Vordergrund. Ökomische Ziele lassen sich jedoch nur durch die Realisierung **vorökonomischer Zie- le** erreichen, wobei Letztere im Gegensatz zu den ökonomischen Zielen durch einen Anbieter direkt beeinflussbar sind. Zwischen vorökonomischen und ökonomischen Zielen besteht somit eine Mittel-Zweck-Beziehung.

**Tab. 3-11:** Differenzierung von Kommunikationszielen nach Kommunikationsebenen (in Anlehnung an *Bruhn* 2004, S. 709)

| Kommuni- kations- ebene Kommuni- kationsziele | Unternehmens- kommunikation | Marketingkommunikation | Dialog- kommunikation |
|---|---|---|---|
| **Zentrale Kommunika- tionsziele** | Positionierung des Anbieters | Vorökonomische Ziele (in- bes. Leistungspositionie- rung, Leistungsbekanntheit) Ökonomische Ziele (z. B. Umsatz, Marktanteil) | Aufbau und Intensi- vierung der persönli- chen Interaktion |
| **Weitere typische Kommunika- tionsziele** | Vermittlung von Kompetenz und Aufbau von Ver- trauen in den Anbieter | Vermittlung von Leistungs- informationen, Abbau von Informationsasymmetrien | Aufbau von Vertrauen auf der persönlichen Beziehungsebene, Stabilisierung der Geschäftsbeziehung |

Für einen Anbieter ist es wichtig, die aufgezeigten Kommunikationsziele in ihrer Ge- samtheit zu erreichen. Daher ist es notwendig, alle Kommunikationsaktivitäten über die genannten Ebenen hinweg abzustimmen und somit generell einen Ansatz der **integrier- ten Kommunikation** zu verfolgen. Diese zielt darauf ab, den relevanten Zielgruppen ein konsistentes Bild des Kommunikationsobjekts zu vermitteln. Hinsichtlich der Inte- gration bzw. Abstimmung von Kommunikationsmaßnahmen sind die folgenden drei Ebenen zu berücksichtigen (*Bruhn* 2005b, S. 103 ff.; *Meffert et al.* 2008, S. 635 ff.):

- Die Ebene der **inhaltlichen Integration** bildet den Schwerpunkt der integrierten Kommunikation und zielt darauf ab, alle Kommunikationsaktivitäten thematisch aufeinander abzustimmen.
- **Formale Integration** bedeutet, hinsichtlich der eingesetzten Kommunikationsins- trumente auf einheitliche Gestaltungsprinzipien zurückzugreifen, was eine effekti- vere und effizientere Informationsvermittlung ermöglicht.

- Die **zeitliche Integration** betrifft einerseits das Timing zwischen den einzelnen Kommunikationsinstrumenten, damit sich diese gegenseitig in ihrer Wirkung unterstützen. Andererseits aber geht es auch um ein geeignetes Timing innerhalb jedes Instruments, um in den jeweiligen Zielgruppen möglichst große Lerneffekte zu erzielen.

Hinsichtlich der Festlegung der **Zielgruppen der Kommunikation** ergibt sich ein erster Anhaltspunkt auf Basis der in Business-to-Business-Märkten vorliegenden **abgeleiteten Nachfrage** (vgl. Kap. 1.2.1). Diese führt zur Notwendigkeit kommunikativer Maßnahmen, die sich sowohl an die **direkten Nachfrager** als auch die **indirekten Abnehmer** nachgelagerter Absatzstufen richten (*Voeth/Tobies* 2009, S. 1107 f.).

Darüber hinaus ist für die Bestimmung der Kommunikationszielgruppen wichtig, dass Kaufentscheidungen in Business-to Business-Märkten von **Organisationen** getroffen werden und daher überwiegend **multipersonalen Charakter** aufweisen (vgl. Kap. 1.2.1). Dies impliziert, dass Kommunikationsmaßnahmen auf das individuelle Informationsverhalten und die Informationsbedürfnisse der jeweiligen **Buying Center-Mitglieder** abgestimmt werden müssen (*Voeth/Tobies* 2009, S. 1108), gleichzeitig aber die Zielgruppen der Kommunikation auch auf **Unternehmensebene** festzulegen sind.

CTR Somit ergibt sich nach *Backhaus/Voeth* (2010, S. 300 f.) in einem Business-to-Business-Markt bei der Festlegung von Kommunikationszielgruppen die Notwendigkeit einer zweistufigen Segmentierung (vgl. auch Kap. 3.1.1.3.3.1 bzw. Tabelle 3-2):

- Bei der **Makrosegmentierung** werden Zielgruppen anhand organisationsbezogener Merkmale definiert.
- **Mikrosegmentierte Zielgruppen** hingegen erfordern, dass die Segmentierung an Buying Center-bezogenen Merkmalen ansetzt.

Die bisherigen Überlegungen zu Zielgruppen der Kommunikation beziehen sich ausschließlich auf die unternehmensexterne Kommunikation. Allerdings gibt es eine weitere Zielgruppe, die nicht vernachlässigt werden darf, um negative Effekte auf die unternehmensexterne Kommunikation zu vermeiden. Konkret geht es um die **unternehmensinterne Zielgruppe** der **Mitarbeiter** eines Anbieters (*Bruhn* 2005a, S. 3). Grundsätzlich stellt jeder Mitarbeiter einen potenziellen Kommunikationskanal zu unternehmensexternen Personen dar. Gerade in Business-to-Business-Märkten kommt es im Zuge der bereits erwähnten **Dialogkommunikation** zwischen den Mitarbeitern von Anbieter und Nachfrager auf verschiedenen Ebenen (z. B. Anwendungstechnik, Verkauf, Service) zu einem intensiven Informationsaustausch. Um die Versorgung der Nachfrager mit den richtigen Informationen sicherzustellen, bedarf es einer adäquaten **unternehmensinternen Kommunikation**, die den Mitarbeitern schlüssig vermittelt, was an die Nachfrager und andere unternehmensexterne Anspruchsgruppen kommuniziert werden soll (vgl. auch Kap. 3.1.2.1). Aufgrund des zunehmenden Wettbewerbsdrucks zählt *Bruhn* (2005b, S. 1202) die Mitarbeiterkommunikation zu den Schlüsselkompetenzen eines Unternehmens.

### 3.3.1.2 Festlegung der Kommunikationsinstrumente

Die zur Erreichung der angestrebten Ziele und der Ansprache der definierten Zielgruppen zur Verfügung stehenden und in geeigneter Weise festzulegenden Kommunikationsinstrumente lassen sich auf Basis der im vorangegangenen Kapitel vorgenommenen

Differenzierung den drei Ebenen der **Unternehmens-, Marketing- und Dialogkommunikation** zuordnen. Die Grenzen zwischen diesen Ebenen sind, wie in Abbildung 3-25 dargestellt, fließend (*Bruhn* 2004, S. 711). Darüber hinaus sind einige der in Abbildung 3-25 genannten Kommunikationsinstrumente, wie z. B. die Werbung, sowohl auf der Ebene der Unternehmens- als auch der Marketingkommunikation einsetzbar. Somit können mit ein und demselben Kommunikationsinstrument unterschiedliche Zielsetzungen (vgl. Tabelle 3-11) verfolgt werden.

Neben der Abgrenzung nach der Kommunikationsebene können Kommunikationsinstrumente auch nach der **Form der Kommunikation** differenziert werden. In diesem Zusammenhang ist zunächst zwischen **direkter** und **indirekter Kommunikation** zu unterscheiden. Während sich die erstgenannte Form der Kommunikation durch einen unmittelbaren Kontakt (Face-to-Face) zwischen Sender und Empfänger auszeichnet, kommt es bei der indirekten Kommunikation zu kommunikativen Aktivitäten auf Basis zwischengeschalteter Medien. Darüber hinaus kann die Kommunikation **ein-** oder **zweiseitig** erfolgen, wobei in ersterem Fall nur vom Anbieter Botschaften gesandt werden, in zweiterem Fall aber auch seitens des Empfängers eine kommunikative Reaktion erfolgt (*Bruhn* 2005b, S. 215). In Business-to-Business-Märkten dominiert aufgrund der zumeist überschaubaren Zahl an Akteuren und der Bedeutung der Interaktion zwischen Anbieter und Nachfrager (vgl. Kap. 1.2.1) die **zweiseitige Kommunikation** und somit der Dialog als Kommunikationsform (*Voeth/Tobies* 2009, S. 1111).

**Abb. 3-25:** Zuordnung von Kommunikationsinstrumenten zu Kommunikationsebenen (in Anlehnung an *Bruhn* 2004, S. 710)

Nachfolgend werden die in Business-to-Business-Märkten hauptsächlich eingesetzten Kommunikationsinstrumente im Überblick vorgestellt.

**(1) Werbung**
Der Begriff der Werbung bezeichnet „den Transport und die Verbreitung werblicher Informationen über die Belegung von Werbeträgern mit Werbemitteln im Umfeld öffentlicher Kommunikation gegen ein leistungsbezogenes Entgelt" (*Bruhn* 2005b, S.223). Mittels Werbung werden primär folgende Ziele verfolgt (*Godefroid* 2003, S. 329 f.; *Backhaus/Voeth* 2010, S. 298):

* Darstellung der Kompetenzen eines Unternehmens;
* Bekanntmachung von Leistungsangeboten;
* Bereitstellung von Informationen über Funktionen und Einsatzmöglichkeiten von Leistungen;
* Ansprache von Personen mit Kaufeinfluss, die mittels persönlichen Verkaufs nur schwer erreichbar sind, bzw. Ansprache von unbekannten Kaufbeeinflussern.

Bei dieser Form der Kommunikation können vielfältige Werbeträger genutzt werden, zu denen beispielsweise das Fernsehen, Printmedien (z. B. Tageszeitungen und Fachzeitschriften) oder auch der Rundfunk zählen. Bei der Werbung handelt es sich somit um eine **indirekte** und **einseitige** Ansprache der Kommunikationszielgruppen, wobei sowohl Inhalte auf der **Unternehmens-** als auch der **Marketingebene** kommuniziert werden können. Darüber hinaus können durch diese Form der Kommunikation auch das weitere Unternehmensumfeld und sogar die eigenen Mitarbeiter erreicht werden.

In Business-to-Business-Märkten erfolgt ein Großteil der Werbung über **Fachzeitschriften**, da sich dadurch die wichtigste Kommunikationszielgruppe eines Anbieters, die (potenziellen) Kunden bzw. deren Buying Center, mit geringstmöglichem Streuverlust erreichen lassen. Allerdings ist in den letzten Jahren auch ein Trend zur stärkeren Nutzung von Fernseh- und Rundfunkwerbung zu verzeichnen, wenn es um die markengestützte Verankerung eines Unternehmens in der Wahrnehmung der breiten Öffentlichkeit geht.

**(2) Multimediakommunikation**
Innovationen in der Informations- und Kommunikationstechnologie unterstützen Veränderungen im Kommunikationsverhalten von Unternehmen. Insbesondere Entwicklungen im **Internet** und die daraus resultierenden Möglichkeit der **Onlinekommunikation** führen zu neuen multimodalen, zum Teil auch interaktiven Formen der Kommunikation bzw. Informationsbereitstellung. Hierzu zählen unter anderem Produkt- und Service-Webseiten, die ihren Nutzern teilweise sogar individualisierte Oberflächen zur Verfügung stellen, Bannerwerbungen, das Suchmaschinenmarketing, das E-Mail-Marketing, Kommunikationsforen bzw. virtuelle Communities, Internet- und Themenportale und zunehmend auch Social Media-Applikationen (*Fritz* 2004, S. 139; *Bruhn* 2005b, S. 1121 ff.; *Bruhn* 2011, S. 1080 ff.).

Durch die multimediale (Online-)Bereitstellung von Informationen wird ein intensiver und einfach realisierbarer Dialog mit (potenziellen) Kunden ermöglicht. Anbieter und deren Leistungen können von Abnehmern schneller ausfindig gemacht, aber auch leichter direkt verglichen werden. Neben dem Vorteil einer gesteigerten **Interaktivität** können Anbieter auch den Vorteil der **Individualisierung** nutzen. Denn die Multimediakommunikation stellt eine häufig sehr effiziente Möglichkeit dar, mit Einzelkunden in Kontakt zu treten und diesen auf ihre individuellen Bedürfnisse zugeschnittene Informationen bereitzustellen. Der hohe Individualisierungsgrad erhöht dabei die Wahrscheinlichkeit, Kaufentscheidungen in die gewünschte Richtung zu beeinflussen.

**(3) Verkaufsförderung**
Der Begriff der Verkaufsförderung bezeichnet Aktivitäten, deren Ziel die **kurzfristige Absatzstimulierung** ist. Dabei unterstützen zeitlich befristete Maßnahmen mit Aktionscharakter andere Marketingmaßnahmen. In Business-to-Business-Märkten sind abhängig von den gewählten Vertriebswegen zwei Zielgruppen für die Verkaufsförderung relevant: der **Außendienst** und die **Händler**. Zu den Möglichkeiten der Verkaufsförderung zählen unter anderem die Bereitstellung von **Verkaufshilfen**, wie z. B. verkaufsunterstützende Materialien, elektronische Produktkataloge und – noch weiter gehend – Computer-Aided-Selling-Systeme, **Außendienst-** und **Händlerwettbewerbe**, aber auch auf den Handel gerichtete preispolitische Maßnahmen wie **Einführungsrabatte** oder die Gewährung von **Werbekostenzuschüssen**. Für die Verkaufsförderung kann auch das **Internet** genutzt werden, über das beispielsweise themenspezifische Verkäufer- oder Händlerschulungen interaktiv durchführbar sind und spezifische Verkaufssonderprogramme oder aber auch Wettbewerbe ausgeschrieben werden können (*Godefroid* 2003, S. 335 ff.; *Fritz* 2004, S. 228 f.; *Homburg/Krohmer* 2009, S. 792 ff.; *Backhaus/Voeth* 2010, S. 306 f.).

**(4) Public Relations**
Neben Kommunikationsmaßnahmen, die primär auf den Absatzmarkt ausgerichtet sind, muss auch auf die **generelle Darstellung eines Unternehmens** bei allen relevanten Anspruchsgruppen Augenmerk gelegt werden. Konkret kann diese als Öffentlichkeitsarbeit bzw. Public Relations (PR) bezeichnete Form der Kommunikation als „**planmäßig zu gestaltende Beziehung** zwischen dem Unternehmen und den verschiedenen Anspruchsgruppen (z. B. Kunden, Aktionäre, Lieferanten, Arbeitnehmer, Institutionen, Staat) mit dem Ziel, bei diesen Anspruchsgruppen **Vertrauen** zu gewinnen bzw. zu erhalten" definiert werden (*Meffert et al.* 2008, S. 673).

Häufig eingesetzte Instrumente der Öffentlichkeitsarbeit sind unter anderem **Presseaussendungen, Pressekonferenzen, Geschäftsberichte, Interviews, Betriebsbesichtigungen** und die **Förderung kultureller, sportlicher und wissenschaftlicher Vorhaben** (*Fill* 1999, S. 437 f.; *Backhaus/Voeth 2010,* S. 307 f.). Auch die internetbasierte Öffentlichkeitsarbeit sollte berücksichtigt werden, da durch dieses Kommunikationsinstrument Informationen meist kostenlos und mit großer Reichweite für die unterschiedlichen PR-Zielgruppen veröffentlicht werden können. Zu den **internetbasierten PR-Maßnahmen** zählen beispielsweise die Publikation von Unternehmensnachrichten, elektronische Pressemappen und das Veröffentlichen von Vorträgen, Geschäfts- und Umweltberichten (*Fritz* 2004, S. 230).

**(5) Sponsoring**
Seit einigen Jahren kommt dem Sponsoring als Instrument der Unternehmens- und Marketingkommunikation auch in Business-to-Business-Märkten wachsender Stellen-

wert zu. Dieses Instrument eröffnet Unternehmen einen neuen und vor allem **erlebnis-orientierten Kommunikationskanal** zum Nachfrager und leistet somit einen wichtigen Beitrag zur Wettbewerbsprofilierung. Im Gegensatz zu Maßnahmen der Öffentlichkeits-arbeit folgt das Sponsoring dem Prinzip von **Leistung und Gegenleistung**, d. h. dass als Gegenzug zu investierten Sponsoringgeldern vom Vertragspartner eine in einem Sponsoringvertrag fixierte Leistung zu erbringen ist. Das Sponsoring kann sich dabei auf verschiedene Bereiche (z. B. Sport, Kultur, Soziales und Umwelt) beziehen, wobei die Auswahl des jeweiligen Bereichs vor dem Hintergrund der verfolgten Unterneh-mensziele erfolgen muss (*Bruhn* 2005b, S. 808 ff.; *Homburg/Krohmer* 2009, S. 805 ff.).

Unternehmen verfolgen durch das Instrument des Sponsorings zumeist das Ziel der **Steigerung des Bekanntheitsgrads** und wollen häufig auch **gesellschaftliche Verant-wortung** demonstrieren. Der durch ein Sponsoringengagement intendierte positive Imagetransfer vom Sponsoringobjekt auf den Sponsor schafft bei den relevanten Ziel-gruppen einen entsprechenden **Goodwill** und unterstützt die **Kontaktpflege** gegenüber Kooperationspartnern, Absatzmittlern, Kunden, Meinungsführern und Medienvertretern. Zusätzlich können sich aber auch positive Effekte bei den eigenen Mitarbeitern ergeben (*Backhaus/Voeth* 2010, S. 309).

**(6) Events**
Events sind zielgruppenspezifisch organisierte unternehmens- oder produktbezogene Veranstaltungen, die **persönliche Kontakte** mit verschiedenen Anspruchsgruppen eines Unternehmens ermöglichen. Ziel ist es, den teilnehmenden Personen das Gefühl zu geben, dass sie an etwas Besonderem, Exklusivem oder sogar Einmaligem teilnehmen. Das Kommunikationsinstrument des Events kann aufgrund der häufig damit verbunde-nen sozialen, emotionalen und physischen Reize eine besonders intensive Kommunika-tionswirkung aufweisen (*Homburg/Krohmer* 2009, S. 801; *Walsh et al.* 2009, S. 369).

**(7) Messen und Ausstellungen**
Messen und Ausstellungen stellen zeitlich begrenzte und räumlich festgelegte periodi-sche Veranstaltungen dar. Der Vorteil von Messen und Ausstellungen ist darin zu sehen, dass deren Besucher bereits ein **spezifisches Interesse** aufweisen und somit eine **ziel-gruppenfokussierte Kommunikation** einfach realisierbar ist. Zudem kann durch Mes-sen und Ausstellungen dem erhöhten Bedarf an Informationen in Business-to-Business-Märkten in geeigneter Weise Rechnung getragen werden. Darüber hinaus ermöglicht die durch Messen und Ausstellungen realisierbare **multimodale Kommunikation** (z. B. Messestände, animierte Produktdarstellungen bzw. Produktvorführungen, persönliche Beratungsgespräche), den vielfältigen Informationsanforderungen von Nachfragern in-dividuell Rechnung zu tragen. (Potenzielle) Kunden verwenden Messen und Ausstel-lungen häufig auch dazu, um sich einen Überblick über Leistungsangebote und neue Entwicklungen zu verschaffen. Nicht zuletzt deshalb stellt dieses Kommunikationsins-trument eines der **bedeutendsten** in Business-to-Business-Märkten dar (*Bruhn* 2005b, S. 961; *Werani/Prem* 2006, S. 181; *Walsh et al.* 2009, S. 371 f.; *Backhaus/Voeth* 2010, S. 312 ff.).

Die mit Messen und Ausstellungen verfolgten Ziele können **kognitiv** (z. B. Wissens-vermittlung zu Leistungen des Unternehmens), **affektiv** (z. B. Imagepflege) und **kona-tiv** (z. B. Kundengewinnung) orientiert sein (*Bruhn* 2005b, S. 992). Da durch Events dieselben Ziele verfolgt werden können (vgl. *Backhaus/Voeth* 2010, S. 312), wird deutlich, dass die Grenzen zwischen Messen und Ausstellungen und Events fließend sein können.

Neben den physischen Messen und Ausstellungen können Unternehmen auch **virtuelle Ausprägungen** dieses Kommunikationsinstruments nutzen. Messen im Internet treten dabei in unterschiedlicher Form auf. Zum einen als temporäre (zeitlich befristete) oder permanente (dauerhafte) virtuelle Messen, zum anderen als traditionelle Messen unterstützende Begleitmessen, aber auch als Substitutionsmessen, die traditionelle Messen ersetzen (*Fritz* 2004, S. 237). Ein Beispiel für eine Begleitmesse stellt GLOBIS (www. globis.de) dar, welche ergänzend zu allen Messen der Deutsche Messe AG virtuell angeboten wird.

**(8) Direct Marketing und persönliche Kommunikation**
Ziel des **Direct Marketing** ist es, eine Schwachstelle vieler anderer Kommunikationsinstrumente zu umgehen, die in den letzten Jahren vermehrt deutlich wurde. Aufgrund des in vielen Märkten gegebenen Wettbewerbsdrucks und dem daraus resultierenden Einsatz zahlreicher Kommunikationsmaßnahmen kommt es bei vielen Nachfragern zu einer regelrechten **Informationsüberlastung**. In diesem Zusammenhang weisen gerade Kommunikationsinstrumente, die sich des Prinzips der **ungezielten Massenkommunikation** bedienen, erhebliche **Wirkungseinbußen** auf. Vor diesem Hintergrund wird das Direct Marketing als besonders erfolgversprechende Maßnahme zur **Steigerung der Kommunikationswirkung** gesehen. Unter Direct Marketing können dabei alle Aktivitäten subsumiert werden, die darauf abstellen, Zielgruppen in **Einzelansprache** zu erreichen. Somit bedient sich das Direct Marketing **personalisierter Kommunikationsmittel**, wodurch aber Überschneidungen mit anderen Kommunikationsinstrumenten, wie etwa der Multimediakommunikation, nicht ausgeschlossen sind. Die Personalisierung von Informationen ist dabei als für die Steigerung der Kommunikationswirkung ursächlich anzusehen. Typische Maßnahmen des Direct Marketing umfassen beispielsweise **adressierte Werbebriefe**, aktives und passives **Telefonmarketing**, **E-Mails** und **Newsletter** (*Homburg/Krohmer* 2009, S. 787 ff.; *Backhaus/Voeth* 2010, S. 321 ff.).

Die **persönliche Kommunikation** weist Parallelen zum Direct Marketing auf, unterscheidet sich von Letzterem aber insofern, als sie auf dem Prinzip der **direkten Kommunikation** (vgl. Kap. 3.3.1.2) beruht und sich somit zur Vermittlung der jeweiligen Botschaft keiner Medien bedient. Darüber hinaus ist die persönliche Kommunikation stets mit **zweiseitiger Kommunikation** gleichzusetzen, während das Direct Marketing nicht notwendigerweise Response-Elemente integriert. Die persönliche Kommunikation überschneidet sich einerseits mit anderen Kommunikationsinstrumenten (z. B. Events und Messen/Ausstellungen), spielt aber andererseits auch in einem anderen Bereich der Wertrealisierung, **dem Verkaufsmanagement** (vgl. Kap. 3.3.3), eine entscheidende Rolle, was ihre überragende Bedeutung für das Business-to-Business-Marketing unterstreicht.

**(9) Instrumente der unternehmensinternen Kommunikation**
Wie bereits in Kap. 3.3.1.1 ausgeführt, kommt neben der unternehmensexternen auch der unternehmensinternen Kommunikation große Bedeutung zu. In der Unternehmenspraxis wird die Wichtigkeit der Instrumente der unternehmensinternen Kommunikation

allerdings als wesentlich geringer eingeschätzt als die Wichtigkeit der Instrumente der unternehmensexternen Kommunikation (*Bruhn* 2005b, S. 1202).

Die unternehmensinterne Kommunikation umfasst zum einen abwärts- und aufwärts-gerichtete und zum anderen interaktive Kommunikationsinstrumente (*Bruhn* 2005b, S. 1246):

- Zu den **abwärtsgerichteten Instrumenten** zählen unter anderem Mitarbeiterzeit-schriften und -broschüren, das Intranet, Mitarbeiterportale, Rundschreiben, Unter-nehmensrichtlinien und Aushänge.

- Den **aufwärtsgerichteten Instrumenten** können beispielsweise Mitarbeiterbefra-gungen, das betriebliche Vorschlagswesen und das interne Beschwerdemanagement zugeordnet werden.

- **Interaktive Instrumente** umfassen alle Kommunikationsformen, die eine zweisei-tige Kommunikation ermöglichen. Angesprochen sind somit unter anderem der kontinuierliche Kontakt mit (direkten) Führungskräften, Mitarbeitergespräche, in-formations- und teamübergreifende Besprechungen, Workshops und Diskussions-foren im Intranet.

### 3.3.1.3 Festlegung und Verteilung des Kommunikationsbudgets

Nach der Entscheidung für die einzusetzenden Kommunikationsinstrumente ist das Kommunikationsbudget festzulegen und auf der sachlichen, instrumentellen, medialen und zeitlichen Ebene zu verteilen.

| CTR | Zur **Festlegung des Kommunikationsbudgets** stehen einem Unternehmen ver-schiedene **praxisorientierte Ansätze** – zu theoretischen Lösungsansätzen vgl. *Schwei-ger/Schrattenecker* 2009, S. 194 ff. – zur Verfügung (*Kotler et al.* 2007, S. 676 ff.; *Schweiger/Schrattenecker* 2009, S. 193 f.; *Walsh et al.* 2009, S. 355 f.; *Backhaus/Voeth* 2010, S. 303 f.):

- **Budgetierung auf Basis der finanziellen Tragbarkeit:** Bei diesem Ansatz wird das Kommunikationsbudget anhand der verfügbaren finanziellen Mittel festgelegt.
- **Budgetierung anhand von Umsatz oder Gewinn:** Das Kommunikationsbudget wird dadurch ermittelt, dass sich dieses als Prozentsatz vom vergangenen, gegenwärtigen oder erwarteten Umsatz oder Gewinn ergibt. Eine Variante dieses Verfahrens besteht darin, die Kommunikationskosten als festen Anteil je verkaufter Einheit zu definieren. Sowohl die umsatz- oder gewinnbasierte Budgetierung als auch die Methode der fi-nanziellen Tragbarkeit weisen das Problem eines **verkehrten sachlogischen Zusam-menhangs** auf, da die Kommunikation den ökonomischen Erfolg steigern sollte und somit nicht umgekehrt Größen des ökonomischen Erfolgs (direkt als Umsatz oder Gewinn oder indirekt über die verfügbaren finanziellen Mittel) die Kommunikations-ausgaben bestimmen können. Im Ergebnis wird eine **prozyklische Kommunikation** forciert, d. h. je größer der ökomische Erfolg, umso mehr wird kommuniziert, während in wirtschaftlich schlechteren Zeiten, in denen vermehrt kommunikative Aktivitäten notwendig wären, die Kommunikation zurückgefahren wird.
- **Konkurrenzorientierte Budgetierung:** Den Ausgangspunkt dieses Ansatzes bilden die kommunikativen Aktivitäten der Konkurrenz. Angestrebt wird ein Kommunika-

tionsdruck, der in einem bestimmten Stärkeverhältnis zum Wettbewerb steht, beispielsweise im Sinne einer Orientierung am durchschnittlichen, branchenüblichen
„share of voice" aus der Vergangenheit. Der **zentrale Kritikpunkt** an der konkurrenzorientierten Budgetierung besteht darin, dass das Kommunikationsbudget allein
durch Konkurrenzmaßnahmen determiniert und somit unzulässigerweise unterstellt
wird, dass alle Marktteilnehmer über dieselben Voraussetzungen (Ziele, Ressourcen,
Image etc.) verfügen.

- **Ziel- und aufgabenbasierte Budgetierung:** Dieser Ansatz unterstützt die Wertrealisierung in **idealer Weise**, da das Kommunikationsbudget ausgehend von den
  Zielen (und Zielgruppen) über die Kosten des notwendigen Instrumenteneinsatzes
  – und somit entsprechend der Logik von Abbildung 3-24/Kap. 3.3.1 – gebildet wird.
  Bei den anderen genannten Budgetierungsansätzen hingegen werden Ziele, Zielgruppen und Kommunikationsinstrumente **durch das verfügbare Budget „dik-
  tiert"**. Treten bei der ziel- und aufgabenbasierten Budgetierung Budgetrestriktionen
  auf, so führt dies – wie in Abbildung 3-24 dargestellt – zur Notwendigkeit, die
  **Entscheidungen der vorgelagerten Prozessschritte zu revidieren** und somit einen
  Kompromiss zwischen aus Kommunikationssicht Wünschenswertem und budgetär
  Möglichem zu suchen. Allerdings stehen auch dann noch Kommunikationsziele und
  -aufgaben und nicht zweifelhaft abgeleitete Budgets im Vordergrund.

Wie eingangs dieses Kapitels erwähnt, muss das festgelegte **Kommunikationsbudget**
auf folgenden Ebenen **verteilt** werden (*Diller et al.* 2011, S. 350 f.):

- **Sachliche Ebene:** Hier ist zu entscheiden, wie das Budget auf einzelne **Objekte**
  (z. B. Produkte, Dienstleistungen), **Objektgruppen** (z. B. Produktlinien) und **Zielsegmente** bzw. **-märkte** aufgeteilt wird.
- **Instrumentelle Ebene:** In diesem Zusammenhang ist auf Basis von Kosten-Nutzen-
  Überlegungen zu definieren, welcher Teil des Kommunikationsbudgets auf welche
  der festgelegten **Kommunikationsinstrumente** entfallen soll.
- **Mediale Ebene:** Besteht bei einem Kommunikationsinstrument, wie etwa der Werbung, die Wahl zwischen verschiedenen Mediengattungen (z. B. Fernsehen, Fachzeitschriften, Rundfunk), so ist im Rahmen der **Intermediaselektion** zu entscheiden,
  wie das Budget diesbezüglich aufgeteilt werden soll. Auch innerhalb einer Medien-
  gattung muss das Budget wiederum den verschiedenen möglichen Medien (z. B.
  Fernsehsendern) zugeteilt werden (Aspekt der **Intramediaselektion**).
- **Zeitliche Ebene:** Hier geht es um die Frage der **Kommunikationsdosierung** und
  somit darum, ob das Kommunikationsbudget auf eine kürzere Zeitspanne konzentriert oder kontinuierlich über die Planperiode verteilt werden soll („Klotzen" vs.
  „Kleckern"). Die optimale zeitliche Budgetverteilung hängt dabei entscheidend vom
  jeweiligen Kommunikationsziel ab.

### 3.3.1.4 Gestaltung der Kommunikationsinstrumente

Hinsichtlich der Gestaltung der Kommunikationsinstrumente ist zunächst nochmals auf '
den in Kap. 3.3.1.1 skizzierten Ansatz der **integrierten Kommunikation** zu verweisen,
und zwar konkret auf die Aspekte der **inhaltlichen** und **formalen Integration**, die als
**übergeordnete Gestaltungsprinzipien** anzusehen sind.

Ein erster wichtiger Detailhinweis für die Gestaltung der Kommunikationsinstrumente ergibt sich aus dem in Kap. 1.2.1 behandelten **multipersonalen Charakter** von Kaufentscheidungen in Business-to-Business-Märkten. Kommunikationsinstrumente, die nicht von vornherein auf eine Ansprache einzelner Buying Center-Mitglieder ausgerichtet sind, müssen daher möglichst so gestaltet werden, dass sich jedes Mitglied im Buying Center **gleichermaßen angesprochen** fühlt. Ein solcher Anspruch wird sich allerdings aufgrund der Rollen- und Interessenheterogenität der jeweiligen Buying Center-Mitglieder nur mit Einschränkungen bzw. Kompromissen realisieren lassen (*Voeth/Tobies* 2009, S. 1112).

Wie bereits in Kap. 1.2.2.2.1 erwähnt, untergliedert sich der Beschaffungsprozess in Business-to-Business-Märkten in verschiedene Phasen, in denen ein **unterschiedliches Informationsverhalten** zu erwarten ist. Diesem Aspekt sollte dadurch Rechnung getragen werden, dass die eingesetzten Kommunikationsinstrumente einen **variierenden inhaltlichen Detailliertheitsgrad** aufweisen. Beispielsweise bietet es sich an, in der Voranfragephase einer Beschaffungsentscheidung das Interesse potenzieller Kunden durch eine die Unternehmens- oder Produktmarke in den Mittelpunkt stellende allgemein gehaltene Anzeigenserie in Fachzeitschriften zu wecken. Dagegen könnten in der Angebotserstellungsphase Nachfrager beispielsweise durch ein auf die Vermittlung detaillierter Leistungsinformationen abzielendes E-Mail-Marketing angesprochen werden (*Voeth/Tobies* 2009, S. 1113 f.).

Nicht zuletzt aber ist bei der Gestaltung von Kommunikationsinstrumenten der in Business-to-Business-Märkten vergleichsweise hohe Grad der **Interaktion** zwischen Anbieter und Nachfrager zu berücksichtigen (vgl. Kap. 1.2.1). Dies impliziert, die vor diesem Hintergrund essenziellen **dialogorientierten Kommunikationsinstrumente** so zu gestalten, dass diese die Interaktion möglichst effektiv unterstützen.

### 3.3.1.5 Pretest der Kommunikationswirkung

Bevor die ausgewählten und entsprechend gestalteten Kommunikationsinstrumente tatsächlich eingesetzt werden, kann deren Kommunikationswirkung in den jeweiligen Zielgruppen durch Pretests überprüft werden. Durch diese Tests lassen sich frühzeitig Ansatzpunkte für die Verbesserung der Gestaltung der Kommunikationsinstrumente ableiten (vgl. den Rückkoppelungspfeil in Abbildung 3-24/Kap. 3.3.1), wodurch es möglich wird, die Effektivität der geplanten Kommunikationsmaßnahmen zu steigern (*Bruhn* 2005a, S. 494). Grundsätzlich können durch Pretests Wirkungen auf der Ebene **vorökonomischer Kommunikationsziele** analysiert werden. Als mögliche Wirkungsgrößen kommen somit in Frage (*Homburg/Krohmer* 2009, S. 812):

* **Aktivierungswirkungen** (z. B. Schaffung von Aufmerksamkeit);
* **kognitive Wirkungen** (z. B. Aufnahme, Verständnis und Speicherung der Kommunikationsinhalte);
* **emotionale Wirkungen** (z. B. Gefallen und Akzeptanz der Kommunikationsinhalte);
* **einstellungsbezogene Wirkungen** (z. B. Einstellung zur beworbenen Produktmarke);
* **konative Wirkungen** (z. B. Kaufabsichten hinsichtlich der beworbenen Leistung).

Pretests eignen sich **nicht** zur Analyse von Kommunikationswirkungen auf der Ebene **ökonomischer Ziele**. Diesbezüglich kommen nur **Posttests** und damit das **ergebnisbezogene Controlling** (vgl. Kap. 3.3.1.7) in Frage. Allerdings ist die Analyse des Kommunikationserfolgs auf der ökonomischen Zielebene aufgrund der damit verbundenen **Zurechenbarkeitsproblematik** – auch andere Marketingaktivitäten neben der Kommunikation beeinflussen ökonomische Zielgrößen – als in der Praxis **schwer durchführbar** zu klassifizieren, zumindest wenn zuverlässige Ergebnisse erwartet werden.

Verglichen mit Business-to-Consumer-Märkten spielen Pretests der Kommunikationswirkung in Business-to-Business-Märkten eine eher **untergeordnete Rolle**. Dies ergibt sich daraus, dass die Domäne von Pretests im Bereich der **Werbung** liegt (*Homburg/ Krohmer* 2009, S. 813), der allerdings in Business-to-Business-Märkten insgesamt betrachtet **weniger hohe Bedeutung** zukommt (*Voeth/Tobies* 2009, S. 1111). Zudem müssen Pretests dem Aspekt der verschiedenen Kommunikationsrezipienten im Buying Center Rechnung tragen, sodass diese Tests schnell zu einer **komplexen Aufgabe** werden – was aber generell für alle Formen der Kommunikationserfolgskontrolle in Business-to-Business-Märkten gilt – und somit nur **geringe Priorität** genießen (vgl. auch *Backhaus/Voeth* 2010, S. 304).

[CTR] Vor dem skizzierten Hintergrund wird, wenn überhaupt, im Rahmen von Pretests auf relativ einfache **Befragungstechniken** zurückgegriffen. *Backhaus/Voeth* (2010, S. 304 ff.) schlagen die folgenden Pretest-Methoden zur **Werbeerfolgskontrolle** vor, deren Eignung von der Art der zu erfassenden vorökonomischen Werbewirkung abhängt:

- **Portfolio-Methode:** Bei diesem Ansatz werden Auskunftspersonen verschiedene Varianten von Anzeigen vorgelegt. Im Anschluss kommt es zum Test der Botschaftserinnerung (Recall-Test).
- **Jury-Methode:** Hier müssen durch die Probanden mehrere Anzeigenvarianten auf verschiedenen Skalen evaluiert werden.
- **Target-Plan-Methode:** Dieser Pretest-Ansatz beruht darauf, dass im Gegensatz zu den bereits genannten Verfahren den Probanden nur die zu testende Anzeige zuerst sehr kurz, dann etwas länger und schließlich ohne zeitliche Begrenzung vorgelegt wird. Nach jeder Anzeigenexposition werden die Probanden mittels eines halbstrukturierten Interviews befragt, was ihnen aufgefallen ist.

### 3.3.1.6 Einsatz der Kommunikationsinstrumente

Bei der Durchführung der geplanten Kommunikationsmaßnahmen rückt die **zeitliche Integration** der Kommunikationsinstrumente (vgl. Kap. 3.3.1.1) in den Vordergrund. Ziel ist es, die jeweiligen Kommunikationsinstrumente in einer **aufeinander abgestimmten zeitlichen Staffelung** einzusetzen, um eine möglichst **effektive Informationsvermittlung** in den Zielgruppen zu erreichen (*Busch et al.* 2008, S. 507). Die zeitliche Integration steht dabei in engem Zusammenhang mit der zeitlichen Verteilung des Kommunikationsbudgets (vgl. Kap. 3.3.1.3).

### 3.3.1.7 Ergebnisbezogenes Controlling

Alle Kommunikationsmaßnahmen sollten nach ihrer Durchführung regelmäßig hinsichtlich ihres **Zielerreichungsgrads** überprüft werden. Durch die im Zuge dieses ergebnisbezogenen Controllings gewonnenen Erkenntnisse kann es notwendig werden, korrektive Maßnahmen auf einzelnen oder mehreren vorgelagerten Stufen des Prozesses des

Kommunikationsmanagements einzuleiten (vgl. die Rückkoppelungspfeile in Abbildung 3-24/Kap. 3.3.1).

Die Prüfung des Zielerreichungsgrads der gesetzten Kommunikationsmaßnahmen zielt primär auf die Frage ab, ob das Kommunikationsmanagement einen adäquaten Beitrag zu einer **effektiven und effizienten Wertrealisierung** liefert. Allerdings wird durch das ergebnisbezogene Kommunikationscontrolling auch der Aspekt der **Wertschaffung für den Kunden** erfasst, da Kommunikationsmaßnahmen Träger spezifischer Nutzenstiftungspotenziale sein können (vgl. Kap. 3.2.1.6) und somit ein auf Basis der Erkenntnisse des ergebnisbezogenen Controllings verbessertes Kommunikationsmanagement über eine höhere Nutzenstiftung auch den gestifteten Kundenwert erhöhen kann.

Das ergebnisbezogene Controlling von Kommunikationsmaßnahmen kann entweder auf der Ebene **einzelner Kommunikationsinstrumente** oder **ganzheitlich** – und somit **instrumentübergreifend** – erfolgen. **Ganzheitliche Ansätze** des ergebnisbezogenen Kommunikationscontrollings sind durch eine **relativ hohe Anwendungskomplexität** charakterisiert. Auch ist die Umlegung der auf der ganzheitlichen Kommunikationsebene gemessenen Zielerreichung auf die einzelnen Kommunikationsinstrumente häufig **nicht objektiv durchführbar**. Darüber hinaus sind Ableitungen zu den Wechselwirkungen zwischen den einzelnen Kommunikationsinstrumenten **mangelhaft** (*Pfefferkorn* 2009, S. 81). Insgesamt betrachtet wird durch einen ganzheitlichen Ansatz in Relation zum Durchführungsaufwand **kein wesentlicher Mehrwert** gegenüber einer isolierten Instrumentenbetrachtung gestiftet. Deshalb wird von der Darstellung eines ganzheitlichen ergebnisbezogenen Kommunikationscontrollings Abstand genommen und nachfolgend nur auf Möglichkeiten des Controllings auf der **Ebene einzelner Kommunikationsinstrumente** eingegangen. Dieser Zugang spiegelt sich letztlich auch in der **Unternehmenspraxis** wider.

Zur Erfassung der Zielerreichung einzelner Kommunikationsinstrumente kommen einerseits **Kennzahlen** zur Anwendung. Lassen sich Zielerreichungsgrade nicht über Kennzahlen abbilden, werden **Befragungen** in den jeweiligen Kommunikationszielgruppen (z. B. hinsichtlich Einstellung und Erinnerung) durchgeführt oder **Sekundärdaten** (z. B. Presseclippings) analysiert. Bei Befragungen ist wie beim Pretest der Kommunikationswirkung (vgl. Kap. 3.3.1.5) der Aspekt der verschiedenen Kommunikationsrezipienten im **Buying Center** zu berücksichtigen.

Tabelle 3-12 gibt einen Überblick zu exemplarischen Kennzahlen und Methoden des ergebnisbezogenen Kommunikationscontrollings auf der Instrumentenebene.

**Tab. 3-12:** Exemplarische Kennzahlen und Methoden des ergebnisbezogenen Kommunikationscontrollings auf der Instrumentenebene

| Kommunikations-instrumente | Exemplarische Kennzahlen/Methoden | Literaturquellen |
|---|---|---|
| **Werbung/Multi-mediakommuni-kation** | • Umsatz- bzw. Verkaufszahlenänderungen nach Zielgruppen<br>• Marktanteilsänderung einer beworbenen Leistung<br>• Befragungen: Einstellung, Recall- und Recognition-Tests<br>• Reichweiten klassischer Medien<br>• Reichweiten von Internetseiten<br>• Klick-Verhalten im Internet<br>• Analyse der Internetseiten-Hits<br>• Verweildauer auf Internetseiten (Site Stickiness)<br>• Click Through Rate (CTR) | • *Bruhn* (2005b, S. 523 ff.)<br>• *Homburg/ Krohmer* (2009, S. 813)<br>• *Fritz* (2004, S. 271 ff.) |
| **Verkaufs-förderung** | • Umsatz- bzw. Verkaufszahlenänderungen<br>• Kosten-Nutzen-Vergleiche auf Ebene der einzelnen Verkaufsförderungsmaßnahmen | • *Bruhn* (2005b, S. 645)<br>• *Meffert et al.* (2008, S. 831) |
| **Public Relations** | • Medienresonanzanalysen<br>• Befragungen: Recall- und Recognition-Tests<br>• Abdruckquote/Veröffentlichungsrate<br>• Reichweiten (Leserrate) | • *Bruhn* (2005b, S. 796 ff.)<br>• *Porák* (2005, S. 170 f.) |
| **Sponsoring** | • Befragungen: Recall- und Recognition-Tests<br>• Medienresonanzanalysen | • *Bruhn* (2005b, S. 881 f.)<br>• *Meffert et al.* (2008, S. 831) |
| **Events** | • Befragungen von Teilnehmern<br>• Medienresonanzanalysen | • *Meffert et al.* (2008, S. 831) |
| **Messen und Ausstellungen** | • Auswertung von Kontakten und Abschlüssen<br>• Erhebung der Besucherstruktur<br>• Presseresonanz<br>• Mitarbeiterbefragungen | • *Meffert et al.* (2008, S. 831) |
| **Direct Marke-ting/persönliche Kommunikation** | • Änderung der Kundenbindungsrate<br>• Kundenbefragungen<br>• Response-Quoten von Direct Marketing-Maßnahmen | • *Bruhn* (2005b, S. 715 ff.) |
| **Interne Kommu-nikation** | • Mitarbeiterzufriedenheitsanalysen | • *Bruhn* (2005b, S. 1273 ff.) |

## 3.3.1.8 Geschäftstypenbezogene Besonderheiten

Eine nach Geschäftstypen differenzierte Betrachtung des Kommunikationsmanagements ist zum einen notwendig, da der **Individualisierungsgrad des Leistungsangebots** im Zuliefer- und Anlagengeschäft aufgrund des dort gegebenen Einzelkundenfokus hoch, im System- und Produktgeschäft aufgrund der Fokussierung anonymer Märkte bzw. Marktsegmente jedoch gering ist. Zum anderen hat aber auch die durch **spezifische Investitionen des Kunden** bedingte **Unsicherheit nach Vertragsabschluss** (ex post-Unsicherheit) Auswirkungen auf die Gestaltung des Kommunikationsmanagements. Diese kundenseitige ex post-Unsicherheit ist zwar sowohl im System- als auch im Zulieferge-schäft gegeben, spielt aus Kommunikationssicht in Letzterem aber eine untergeordnete Rolle, da sie durch die gleichzeitig vorliegenden spezifischen Investitionen des Anbieters quasi neutralisiert wird. Als Resultat der vorangegangenen Überlegungen ergibt sich, dass nachfolgend das **Zuliefer- und Anlagengeschäft gemeinsam** betrachtet werden können, während das **System- und Produktgeschäft separat** zu behandeln sind.

Im **Produktgeschäft** ist der Kunde zwar nicht mit ex post-, sehr wohl aber mit **ex ante-Unsicherheit** konfrontiert (vgl. Kap. 1.3.3). Somit besteht die grundlegende Aufgabe des Kommunikationsmanagements darin, **vor** der Kaufentscheidung bzw. dem Vertrags-abschluss dadurch eine **effektive Informationsversorgung** sicherzustellen, dass kon-krete Informationen zur zu vermarktenden Leistung und zu deren Vorteilen für den Nachfrager im Vergleich zur Konkurrenz vermittelt werden. Im Mittelpunkt muss daher die **glaubwürdige Kommunikation der Wertstiftungspotenziale** der jeweiligen Leis-tung stehen. Um dieses Ziel zu erreichen, bietet sich die Unterstützung durch eine ent-sprechende **Markenpolitik** insbesondere auf der **Leistungsebene** an (vgl. Kap. 3.3.1.1). Aufgrund des hohen Konkretheitsgrads der zu vermittelnden Informationen und des andererseits geringen Individualisierungsgrads des Leistungsangebots wird im Produkt-geschäft tendenziell der **Marketingkommunikation** hohe Bedeutung zukommen.

Die Tatsache, dass sich das **Systemgeschäft** vom Produktgeschäft nur dadurch unter-scheidet, dass in Ersterem auf Seiten des Kunden eine investitionsinduzierte ex post-Unsicherheit vorliegt, ansonsten aber keine Unterschiede bestehen, macht deutlich, dass obige Aussagen zum Kommunikationsmanagement im Produktgeschäft in ihren **Grund-zügen** auch für das Systemgeschäft Gültigkeit besitzen. Andererseits aber ist der **kun-denseitigen ex post-Unsicherheit** im Systemgeschäft, welche durch die mit der Bindung an ein System einhergehende spezifische Investition, also den **Systembindungseffekt**, hervorgerufen wird, in geeigneter Weise Rechnung zu tragen. Um die kundenseitig empfundene Unsicherheit zu minimieren, muss es dem Anbieter gelingen, **Vertrauen** bei den Nachfragern aufzubauen. Da dieser Vertrauensaufbau auf die Bildung eines Gegengewichts zur potenziellen opportunistischen Ausbeutung des Systembindungsef-fekts durch den Anbieter abzielt und somit weniger auf der Leistungs- als vielmehr auf der **Unternehmensebene** erfolgt, muss im Gegensatz zum Produktgeschäft ein zweiter **Schwerpunkt** der kommunikativen Aktivitäten auf der Ebene der **Unternehmenskom-munikation** gesetzt werden. Da aus Kommunikationssicht **Marken** für die Schaffung von Vertrauen prädestiniert sind (vgl. Kap. 3.1.2.2), sollte dem Aufbau und der Pflege einer **Unternehmensmarke** entsprechende Priorität zukommen.

Wie eingangs dieses Kapitels ausgeführt, besteht das gemeinsame Charakteristikum des **Zuliefer- und Anlagengeschäfts** darin, dass der Individualisierungsgrad des Leistungs-angebots aufgrund des in diesen Geschäftstypen gegebenen Einzelkundenfokus hoch ist. Die Tatsache der Leistungsindividualisierung und das damit verbundene Faktum, dass die **Leistungsvermarktung vor der Leistungserstellung** erfolgt, implizieren für das Kom-munikationsmanagement zunächst, dass es **nicht möglich** ist, auf der Ebene der **Marke-tingkommunikation** konkrete Informationen zur zu vermarktenden Leistung zur Verfü-gung zu stellen, da diese ja noch gar nicht existiert. Vielmehr muss es darum gehen, in **Interaktion mit dem Nachfrager** von diesem möglichst viele Informationen zur ge-wünschten Leistung zu erhalten und diesem umgekehrt möglichst viele Informationen zur anbieterseitig realisierbaren Leistung zur Verfügung zu stellen, um kommunikationsseitig eine gute Basis zu schaffen, letztlich den Auftragszuschlag zu erhalten. Somit wird deutlich, dass im Zuliefer- und Anlagengeschäft die (leistungsbezogene) Marketingkommunikation praktisch keine Rolle spielt, der **Dialogkommunikation** in ihren verschiedenen Facetten hingegen überragende Bedeutung zukommt. Darüber hinaus sollte in diesen beiden Geschäftstypen die **markengestützte Unternehmenskommunikation** aus zwei Gründen Priorität genießen (vgl. auch Kap. 3.2.1.11). Zum einen kann durch eine Unternehmensmarke eine eindeutige **Positionierung des Anbieters** über die Verankerung seiner generellen Leistungsfähigkeit und Ausrichtung in der Wahrnehmung der Nachfrager erfolgen – eine leistungsbezogene Positionierung auf der Ebene der Marketingkommunikation scheidet aus. Da im Zuliefer- und Anlagengeschäft lediglich vertragliche Ansprüche auf eine vorab (weitgehend) definierte Leistungsrealisierung nach Vertragsabschluss vermarktet werden (*Backhaus/Voeth* 2010, S. 495), kommt einer Unternehmensmarke zum anderen die wichtige Funktion zu, beim Nachfrager **Vertrauen zu schaffen**. Das Vertrauen von Nachfragern lässt sich im Zuliefer- und Anlagengeschäft aber nicht nur über die Markenpolitik gewinnen. Noch stärker fällt der Effekt einer **aktiven Kommunikation von Referenzen** aus, weil dadurch der tatsächliche Nachweis der Leistungsfähigkeit eines Anbieters angetreten werden kann (vgl. auch *Backhaus/Voeth* 2010, S. 415 ff.).

Die geschäftstypenbezogenen Besonderheiten des Kommunikationsmanagements lassen sich auf die Gefahr einer Übersimplifizierung hin auf folgenden kurzen Nenner bringen:

- Produktgeschäft = Marketingkommunikation;
- Systemgeschäft = Marketingkommunikation + Unternehmenskommunikation;
- Zuliefer- und Anlagengeschäft = Unternehmenskommunikation + Dialogkommunikation.

### 3.3.1.9 Zusammenfassung

In Business-to-Business-Märkten bietet es sich an, **Kommunikationsziele** nach den Ebenen der Unternehmens-, Marketing- und Dialogkommunikation zu differenzieren und zur ganzheitlichen Zielerreichung einen Ansatz der **integrierten Kommunikation** zu verfolgen. Die **Zielgruppen** der Kommunikation können durch direkte und indirekte Nachfrager, Organisationen, Buying Center-Mitglieder und die Mitarbeiter eines Anbieters repräsentiert werden.

Die zur Erreichung der angestrebten Ziele und zur Ansprache der definierten Zielgruppen zur Verfügung stehenden **Kommunikationsinstrumente** lassen sich den vorgenannten Kommunikationsebenen zuordnen. Darüber hinaus ist zusätzlich zwischen Instrumenten der direkten und indirekten bzw. ein- und zweiseitigen Kommunikation zu differenzieren.

Nach der Entscheidung für die einzusetzenden Kommunikationsinstrumente kommt es zur **Festlegung** und sachlichen, instrumentellen, medialen und zeitlichen **Verteilung des Kommunikationsbudgets**, wobei hinsichtlich des ersteren Aspekts der ziel- und aufgabenbasieren Budgetierung der Vorzug zu geben ist.

Bei der anschließenden **Gestaltung der Kommunikationsinstrumente** sind die Aspekte der inhaltlichen und formalen Integration als übergeordnete Gestaltungsprinzipien heranzuziehen. Insbesondere für das Instrument der Werbung kann ein **Pretest der Kommunikationswirkung** auf der Ebene vorökonomischer Kommunikationsziele erfolgen. Wird ein solcher Test nicht durchgeführt, kommt es unmittelbar zum **Einsatz der Kommunikationsinstrumente**, wobei deren zeitlicher Integration besondere Aufmerksamkeit zu schenken ist.

Der Prozess des Kommunikationsmanagements wird durch ein **ergebnisbezogenes Controlling** abgeschlossen, in dessen Rahmen der Zielerreichungsgrad der einzelnen Kommunikationsinstrumente nach deren Einsatz überprüft wird. Falls notwendig, müssen entsprechende Maßnahmen ergriffen werden.

Die **geschäftstypenbezogenen Besonderheiten** des Kommunikationsmanagements können vereinfacht so formuliert werden, dass im **Produktgeschäft** die **Marketingkommunikation**, im **Systemgeschäft** die **Marketing- und Unternehmenskommunikation** und im **Zuliefer- und Anlagengeschäft** die **Unternehmens- und Dialogkommunikation** dominieren.

## 3.3.2 Der Prozess des Distributionsmanagements

Die zentrale Aufgabe des Distributionsmanagements besteht darin, den durch eine entsprechende Steuerung der Werttreiber geschaffenen Wert den Kunden **zugänglich zu machen**. In diesem Zusammenhang muss zwischen dem Aspekt der akquisitorischen und dem der logistischen bzw. physischen Distribution unterschieden werden. Die **akquisitorische Distribution** umfasst alle Entscheidungen hinsichtlich der **Gestaltung des Systems der Vertriebskanäle** mit dem Ziel, die angebotenen Leistungen effektiv und effizient vermarkten zu können. Die **logistische Distribution** bzw. Marketinglogistik hingegen bezieht sich auf alle Aktivitäten, die darauf ausgerichtet sind, die jeweiligen **(vereinbarten) Leistungen** den Kunden zum **richtigen Zeitpunkt**, in der **richtigen Menge** und am **richtigen Ort** physisch bereitzustellen (*Werani/Prem* 2006, S. 174 ff.).

Neben der erwähnten Funktion des Distributionsmanagements, Kunden Wert zugänglich zu machen und damit einen wichtigen Teilbereich der **Wertrealisierung** abzudecken, kann durch Distributionsmaßnahmen über deren Potenzial zur Stiftung spezifischen Nutzens (vgl. Kap. 3.2.1.6) aber auch **Wert für den Kunden geschaffen** werden. So ermöglicht es ein adäquates Distributionsmanagement beispielsweise, dem Kunden kurze Lieferzeiten, eine hohe Termintreue, eine gute Verfügbarkeit von Leistungen oder eine exzellente fachliche Beratung zu bieten und über diesen Nutzen den gestifteten Kundenwert zu erhöhen.

Zur systematischen Steuerung des Distributionsmanagements ist ein entsprechender Prozess notwendig, der in Abbildung 3-26 dargestellt ist. Dieser Prozess beginnt mit der **Festlegung der Distributionsziele** (Kap. 3.3.2.1), auf welchen die **Gestaltung des Distributionssystems** (Kap. 3.3.2.2) aufbaut. Gegenstand dieser Prozessphase ist es, einerseits im Rahmen der **akquisitorischen Distribution** die Vertriebsorgane und Vertriebsstruktur festzulegen und andererseits das **logistische System** zu definieren. Die ausgewählten **Vertriebsorgane** sind mit Blick auf eine möglichst effektive und effiziente Wertrealisierung entsprechend zu **steuern** und in geeigneter Weise zu **unterstützen** (Kap. 3.3.2.3).

Abgeschlossen wird der Prozess des Distributionsmanagements durch ein **ergebnisbezo-genes Controlling** (Kap. 3.3.2.4), das aufzeigt, ob die zu Beginn des Prozesses festgeleg-ten Ziele erreicht wurden, und gegebenenfalls entsprechende Maßnahmen initiiert.

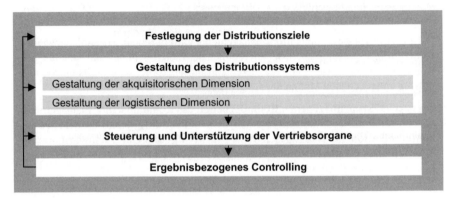

**Abb. 3-26:** Der Prozess des Distributionsmanagements

## 3.3.2.1   Festlegung der Distributionsziele

Wie alle operativen Marketingziele sollten auch die Distributionsziele grundsätzlich aus den Unternehmens- und strategischen Marketingzielen abgeleitet werden, müssen sich allerdings auch an den **situativen Rahmenbedingungen** (z. B. Wettbewerbsumfeld und Kundenpräferenzen) orientieren (*Reinecke/Janz* 2007, S. 317). Durch die Formulierung von Zielsetzungen der Distribution wird eine **mittel- bis langfristig wirkende Ausrich-tung des Distributionssystems** geschaffen und damit die institutionelle und strukturel-le Form der Distribution vorgegeben. Da distributionsbezogene Fehlentscheidungen kurzfristig nur schwer bzw. nur unter Inkaufnahme hoher Kosten revidierbar sind, kommt einer adäquaten Zielformulierung hohe Bedeutung zu.

Tabelle 3-13 stellt exemplarisch distributionsbezogene Zielkategorien und Zielgrößen dar, deren Bedeutung situations- und unternehmensspezifisch variieren kann.

**Tab. 3-13:** Zielkategorien und Zielgrößen des Distributionsmanagements (in Anlehnung an *Reinecke/Janz* 2007, S. 318)

| Zielkategorie | Konkrete Zielgröße |
|---|---|
| **Grad der Funktionserfüllung der Vertriebsorgane** | • Quantität der ausgeübten Distributionsfunktion<br>• Qualität der ausgeübten Distributionsfunktion |
| **Vertriebskanalspezifische Erlöse und Kosten** | • Absatzvolumen<br>• Erzielbare Absatzpreise<br>• Kosten des Aufbaus bzw. der Änderung des Ver-triebswegs<br>• Kosten der Vertriebswegnutzung<br>• Vertriebswegspezifische Marktbearbeitungskosten<br>• Distributions-, Transport- und Lagerkosten je Einheit |

**Tab. 3-13:** Zielkategorien und Zielgrößen des Distributionsmanagements (in Anlehnung an *Reinecke/Janz* 2007, S. 318) (Fortsetzung)

| Zielkategorie | Konkrete Zielgröße |
|---|---|
| Marktpräsenz und Absicherung | • Distributionsgrad<br>• Wachstumspotenzial der Vertriebsorgane<br>• Bezugstreue der Vertriebsorgane<br>• Anteil von „Out of Stock"-Situationen |
| Image des Vertriebskanals | • Image der Vertriebsorgane<br>• Lieferservicegrad |
| Flexibilität des Vertriebskanals | • Aufbaudauer<br>• Anpassungsfähigkeit der Vertriebsorgane<br>• Barrieren der Reorganisation |
| Beeinflussbarkeit des Vertriebskanals | • Relative Machtposition und Machtverteilung<br>• Kooperationsbereitschaft der Vertriebsorgane<br>• Bindungsmöglichkeiten |
| Grad des Informationszugangs zu ... | • Lagerbeständen<br>• realisierten Preisniveaus<br>• Kundenanregungen/-beschwerden |

## 3.3.2.2 Gestaltung des Distributionssystems

Entsprechend den Ausführungen in Kap. 3.3.2 muss das Distributionssystem in zwei Dimensionen gestaltet werden, um den im Zuge der Steuerung der Werttreiber geschaffenen Wert den Kunden zugänglich zu machen: der **akquisitorischen** und der **logistischen Dimension**.

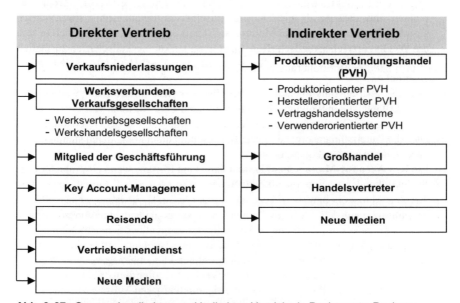

**Abb. 3-27:** Organe des direkten und indirekten Vertriebs in Business-to-Business-Märkten (in Anlehnung an *Backhaus/Voeth* 2010, S. 280)

### 3.3.2.2.1 Gestaltung der akquisitorischen Dimension

Im Rahmen der akquisitorischen Distribution sind zwei grundlegenden Entscheidungen zu treffen. Zum einen müssen geeignete **Vertriebsorgane** ausgewählt werden und zum anderen ist die **Vertriebsstruktur** zu gestalten.

**(1) Auswahl der Vertriebsorgane**
Wie in Abbildung 3-27 dargestellt, lassen sich die in Business-to-Business-Märkten relevanten Vertriebsorgane nach solchen des direkten und indirekten Vertriebs differenzieren. Von **Direktvertrieb** wird dann gesprochen, wenn der Vertrieb von Leistungen durch rechtlich und/oder wirtschaftlich **unselbstständige** und somit **unternehmensinterne Organe** erfolgt. Ein **indirekter Vertrieb** liegt folglich vor, wenn rechtlich und/ oder wirtschaftlich **selbstständige** und damit **unternehmensexterne Organe** mit dem Vertrieb von Leistungen betraut werden (*Backhaus/Voeth* 2010, S. 280).

Als Organe des **direkten Vertriebs** kommen in Business-to-Business-Märkten insbesondere in Frage (*Backhaus/Voeth* 2010, S. 280 ff.):

- **Verkaufsniederlassungen** sind rechtlich und wirtschaftlich unselbstständige Teile eines Unternehmens. In organisatorischer Hinsicht sind sie jedoch als selbstständige Unternehmenseinheiten zu qualifizieren, denen weitreichende Entscheidungskompetenzen zukommen können. Bei gleicher Entscheidungskompetenz unterscheiden sich Verkaufsniederlassungen von den nachfolgend behandelten Werksverkaufsgesellschaften nur durch ihre rechtliche Unselbstständigkeit.
- Unter **werksverbundenen Verkaufsgesellschaften** werden Vertriebsorgane verstanden, die zwar rechtliche Selbstständigkeit aufweisen, kapitalmäßig jedoch so eng an ein Produktionsunternehmen, dessen Erzeugnisse vertrieben werden, gebunden sind, dass sie als wirtschaftlich unselbstständig anzusehen sind. Werden ausschließlich Leistungen der Muttergesellschaft distribuiert, dann handelt es sich um **Werksvertriebsgesellschaften**. Vertreiben Verkaufsgesellschaften zusätzlich auch Leistungen anderer Hersteller, dann wird von **Werkshandelsgesellschaften** gesprochen.
- Wird die Vertriebsfunktion durch ein **Mitglied der Geschäftsführung** wahrgenommen, so liegt in der Regel der Fall eines Kunden oder Auftrags von überragender Bedeutung vor. Oft aber werden durch das zuständige Mitglied der Geschäftsführung auch die Unternehmensorgane (wie z. B. Reisende) unterstützt, deren ständige Aufgabe in der Auftragsakquisition liegt.
- Ein **Key Account-Management** kommt dann zum Einsatz, wenn ein Anbieter über Schlüsselkunden verfügt, die individuell betreut werden sollen. Aufgabe eines Key Account-Managers bzw. Key Account-Teams (vgl. z. B. *Homburg et al.* 2002) ist es, sämtliche auf den jeweiligen Schlüsselkunden gerichtete Marketingaktivitäten zu planen, zu koordinieren und zu kontrollieren. Gegenüber dem Produktmanagement, das definitionsgemäß eine produktbezogene Ausrichtung aufweist, grenzt sich das Key Account-Management somit durch seinen kundenbezogenen Fokus ab.
- **Reisende**, die auch unter dem Begriff des **Vertriebsaußendiensts** subsumiert werden, sind als Angestellte eines Anbieters tätig, um für diesen Aufträge zu akquirieren bzw. in seinem Namen Geschäfte abzuschließen. Sie können gebiets-, produkt- oder kundenorientiert organisiert sein (*Diller et al.* 2011, S. 328 f.).

- Der **Vertriebsinnendienst** kann sowohl administrative als auch akquisitorische Aufgaben übernehmen (*Diller et al.* 2011, S. 329 f.). In ersterem Fall soll der Vertriebsaußendienst entlastet werden, um sich ganz auf seine akquisitorische Tätigkeit konzentrieren zu können. Typische Aufgaben in diesem Zusammenhang sind Backoffice-Tätigkeiten wie die Auftragsbearbeitung und die Pflege von Kundendaten. Darüber hinaus kann der Vertriebsinnendienst aber auch als Servicekanal fungieren, der Anliegen und Beschwerden von Kunden z. B. via Call Center entgegennimmt und entsprechend bearbeitet. Übernimmt der Vertriebsinnendienst (auch) akquisitorische Aufgaben, so umfassen diese häufig die telefonische Erzielung von Kaufabschlüssen und/oder deren gezielte Vorbereitung.
- Zunehmend gewinnen für den Vertrieb in Business-to-Business-Märkten auch **neue Medien** und hier insbesondere das **Internet** an Bedeutung. Eine eindeutige Zuordnung neuer Medien zum direkten oder indirekten Vertrieb ist dabei, wie aus Abbildung 3-27 ersichtlich, nicht möglich. Das Internet lässt sich für den Vertrieb in drei Richtungen nutzen. Zum einen kann es **bestehende Vertriebsaktivitäten unterstützen**, was vor allem in Form von **E-Portalen** geschieht, deren Schwerpunkt in der Vermittlung von Informationen liegt, die der Nachfrager für seine Beschaffungsentscheidungen benötigt. In diesem Zusammenhang zeigen sich deutliche Überschneidungen mit der Multimediakommunikation (vgl. Kap. 3.3.1.2). Zum anderen lassen sich durch das Internet **neue Vertriebsmöglichkeiten** realisieren. So können sich Kunden in **E-Shops** nicht nur über die Leistungen eines Anbieters informieren, sondern diese auch unmittelbar dort beziehen. Als ein Beispiel seien E-Shops im **Ersatzteilgeschäft** genannt. Dieses ist für einen internetbasierten Vertriebsansatz prädestiniert, da erstens bereits eine Kundenbeziehung besteht, zweitens ein routinisierter Beschaffungsvorgang mit geringer Komplexität vorliegt und drittens der Beschaffungswert in der Regel gering ist. Nicht zuletzt kann das Internet aber auch zur **Erschließung neuer Geschäftsmodelle** genutzt werden, wie dies insbesondere bei **virtuellen** bzw. **elektronischen Marktplätzen** der Fall ist. Solche Marktplätze sind dadurch charakterisiert, dass die Leistungen verschiedener Unternehmen parallel angeboten werden und die Nachfrager somit die Möglichkeit haben, auf Basis eines unmittelbaren Vergleichs konkurrierender Angebote ihre Beschaffungsentscheidung zu treffen.

Neben den erwähnten Organen des direkten Vertriebs können in Business-to-Business-Märkten insbesondere auch folgende Organe des **indirekten Vertriebs** genutzt werden:

- Der **Produktionsverbindungshandel** bezeichnet solche Vertriebspartner in Business-to-Business-Märkten, „die schwerpunktmäßig Güter beschaffen, um sie unverändert bzw. nach sog. ‚handelsüblichen Manipulationen‘ an Organisationen weiterzuveräußern, die damit ihrerseits Güter für die Fremdbedarfsdeckung erstellen oder die sie selbst wiederum unverändert bzw. nach ‚handelsüblichen Manipulationen‘ an solche Organisationen verkaufen" (*Kleinaltenkamp* 1988, S. 38). Der Produktionsverbindungshandel lässt sich in vier Typen untergliedern (*Kleinaltenkamp* 1988, S. 39 ff.; *Backhaus/Voeth* 2010, S. 291). Der **produktorientierte Produktionsverbindungshandel** ist dadurch charakterisiert, dass dieser sich auf die Vermarktung eines abgegrenzten Kreises von Produkten bzw. Leistungen, wie z. B. Baumaschinen, spezialisiert. Der **herstellerorientierte Produktionsverbindungs-**

**handel** repräsentiert häufig rechtlich ausgegliederte Vertriebsorgane von Herstellern – also werksverbundene Verkaufsgesellschaften –, an denen der Hersteller seine ehemals bestehende Beteiligung jedoch überwiegend oder ganz aufgegeben hat und die somit auch wirtschaftlich selbstständig sind. Allerdings kann es auch um ursprünglich unabhängig gegründete Handelshäuser gehen, die sich in der Folge auf einen Hersteller fokussiert haben, ohne dass es jedoch zu einer mehrheitlichen Beteiligung durch den Hersteller gekommen ist. Beim herstellerorientierten Produktionsverbindungshandel können sich im Laufe der Zeit vertragliche Bindungen zwischen Herstellern und Händlern entwickeln, sodass letztlich **Vertragshandelssysteme** vorliegen. Solche Systeme sind dadurch gekennzeichnet, dass die jeweiligen Händler ihre Geschäfte auf den Vertrieb von vertraglich vereinbarten Leistungen eines Herstellers ausrichten. Charakteristisch ist, dass ein Vertragshändler durch die Art seines Marktauftritts seine Zugehörigkeit zum Vertriebssystem eines bestimmten Herstellers deutlich macht. Als vierter und letzter Typ ist der **verwenderorientierte Produktionsverbindungshandel** zu erwähnen. Dieser richtet seine Angebotsstruktur auf die Bedürfnisse bestimmter Verwendergruppen (häufig Branchen) aus, zu denen er eine problemlösungsbezogene Geschäftsbeziehung aufbaut. Als Beispiel sei der Baustoffhandel angeführt.

- Der **Großhandel** als Vertriebsorgan spielt in Business-to-Business-Märkten für solche Unternehmen eine Rolle, die Produkte für konsumtive Zwecke herstellen und diese über Groß- an Einzelhändler distribuieren. Entgegen der Auffassung von *Eckardt* (2010, S. 154 f.) ist der Einzelhandel selbst jedoch nicht als Vertriebsorgan in Business-to-Business-Märkten zu werten, da über den Einzelhandel Konsumenten versorgt werden und somit die Domäne des Business-to-Business-Marketing verlassen und die des Business-to-Consumer-Marketing angesprochen wird (vgl. auch Kap. 1.1).

- Die Aufgabenstellungen von **Handelsvertretern** sind mit denen von Reisenden eng verwandt. Allerdings ist ein Handelsvertreter im Gegensatz zum Reisenden ein rechtlich selbstständiger Gewerbetreibender, der laufend für mindestens einen Anbieter Geschäfte vermittelt oder abschließt. Ist ein Handelsvertreter für mehrere Anbieter Vertriebsorgan, so liegt auch in diesem Punkt ein Unterschied zum Reisenden. Bezieht sich die Tätigkeit als Mehrfirmen-Vertreter auf komplementäre Leistungsangebote verschiedener Anbieter, so kann der Handelsvertreter seinen Kunden über die daraus realisierbaren Synergiepotenziale erheblichen Nutzen stiften. Insofern wird auch verständlich, dass sich moderne Handelsvertreter weniger als „Auftragssammler", sondern vielmehr als Partner ihrer Auftraggeber und Kunden sehen (*Backhaus/Voeth* 2010, S. 290).

Die Frage, ob ein Anbieter tendenziell die Form des direkten oder indirekten Vertriebs wählen sollte, wird maßgeblich davon beeinflusst, in welchem **Geschäftstyp** dieser tätig ist (vgl. dazu Kap. 3.3.2.5). Da die Wahl der Vertriebsform jedoch nicht vollständig durch den jeweils vorliegenden Geschäftstyp determiniert wird, hängt die Entscheidung für einen direkten oder indirekten Vertrieb letztlich auch von der Abwägung der generellen vertriebsformspezifischen **Vor- und Nachteile** (*Godefroid* 2003, S. 229 ff.) ab.

Verglichen mit dem indirekten Vertrieb ermöglicht der **Direktvertrieb** eine **flexiblere Steuerung** bzw. **dynamischere Veränderung** von **Vertriebsschwerpunktsetzungen**

(z. B. Schwerpunktverlagerung auf eine bestimmte Produktlinie), da die jeweiligen Vertriebsorgane unmittelbar durch den Anbieter gesteuert werden können. Ein weiterer Grund, der für die Etablierung eines Direktvertriebs spricht, ist darin zu sehen, dass sich die Vertriebsorgane ausschließlich für den betreffenden Anbieter einsetzen müssen und daher ein hohes **Commitment** gegenüber dessen Leistungen erwartet werden kann. Auch ist das **Wissen über bestehende und potenzielle Kunden** unmittelbar beim Anbieter lokalisiert, was gegenüber dem indirekten Vertrieb eine effektivere und effizientere **Koppelung von Steuerung der Werttreiber und Wertrealisierung** (vgl. Kap. 3.3) und **höhere Lerneffekte** ermöglicht. Nicht zuletzt aber ist es nur im direkten Vertrieb möglich, die **anbieterseitige Wertgenerierung vollständig zu kontrollieren**, da das Preismanagement nicht mit Dritten „geteilt" werden muss, und die **Qualität der Vertriebsmaßnahmen** so zu steuern, dass diese auch tatsächlich den Vorstellungen des Anbieters entspricht.

Diesen Vorteilen des Direktvertriebs stehen Nachteile gegenüber, die wiederum den **indirekten Vertrieb** ins Spiel bringen. Ein Direktvertrieb verursacht erhebliche **Kosten**, die zum Großteil als Fixkosten zu qualifizieren sind, was eine kostenmäßige Anpassung an Geschäftsschwankungen kaum möglich macht. Zur kostenmäßigen Inflexibilität kommt beim Direktvertrieb auch eine **kapazitätsbezogene Flexibilitätseinschränkung**. Denn bei stark wachsenden Geschäftsmöglichkeiten ist es schwierig, in der notwendigen Geschwindigkeit entsprechend qualifizierte Vertriebsmitarbeiter aufzubauen und vor allem auch mit der jeweiligen Unternehmenskultur vertraut zu machen. Als problematisch ist hinsichtlich des Direktvertriebs auch zu sehen, dass dieser durch seinen Fokus auf das Leistungsangebot eines Anbieters nicht immer in der Lage ist, **Kundenprobleme in der gesamten Bandbreite** zu lösen. Darüber hinaus ist der Direktvertrieb insofern mit dem Nachteil der **Parteilichkeit** behaftet, als naturgemäß stets die eigene Lösung als die beste hingestellt wird. Letztlich darf auch nicht übersehen werden, dass beim Direktvertrieb alle **Vertriebsrisiken** (vgl. dazu *Wolke* 2007, S. 216) allein vom Anbieter getragen werden.

CTR Lässt man geschäftstypenbezogene Besonderheiten (vgl. dazu Kap. 3.3.2.5) außer Acht, dann determinieren insbesondere die folgenden **generellen Kriterien** die Entscheidung für einen direkten oder indirekten Vertrieb (vgl. auch *Godefroid* 2003, S. 231):

• **Ausmaß der Kundenkonzentration:** Sind Kunden geografisch oder branchenmäßig stark konzentriert, dann ermöglicht der Direktvertrieb eine effiziente Kundenbetreuung.

• **Umsatzhöhe je Kunde:** Bei geringen Umsätzen lassen sich die Kosten eines Direktvertriebs an den jeweiligen Kunden aus ökonomischer Sicht nicht rechtfertigen; somit bietet sich in diesem Fall der indirekte Vertrieb an.

• **Differenzierung durch Ergänzungsleistungen:** Möchte sich ein Anbieter durch Ergänzungsleistungen, wie z. B. eine technische Anwendungsberatung, vom Wettbewerb differenzieren, so erfordert dies einen direkten Vertrieb.

• **Zyklizität des Geschäfts:** Unterliegt das Geschäft des jeweiligen Anbieters starken Schwankungen, dann wird die kostenmäßige Inflexibilität des Direktvertriebs schlagend, woraus sich die Notwendigkeit eines indirekten Vertriebs ergibt.

Im Fall des **indirekten Vertriebs** ist ein Anbieter bei der Auswahl der Vertriebsorgane zwangsläufig darauf angewiesen, dass die ins Auge gefassten Vertriebspartner auch tatsächlich als Distributoren zur Verfügung stehen. Somit muss sich nicht nur für den Anbieter, sondern auch die Vertriebspartner eine **vorteilhafte Zusammenarbeit** ergeben. Daher ist unmittelbar nachvollziehbar, dass potenzielle Vertriebspartner eine **Anbieterbewertung** vornehmen werden, die sich auf **Kriterien** wie die Attraktivität des Leistungsprogramms des Anbieters, dessen Marktposition, Marktpotenzial und Image sowie die nachhaltig erzielbare Marge stützt (*Godefroid* 2003, S. 245 f.). Distributoren, die bereits Leistungen eines Anbieters vertreiben, werden dabei für den Vertrieb neuer Leistungen einfacher zu gewinnen sein.

**(2) Gestaltung der Vertriebsstruktur**
Durch die Auswahl und Kombination von Vertriebsorganen entstehen **Vertriebskanäle**. Deren Art und Anzahl bestimmen wiederum die **Vertriebsstruktur**. Da sich die Art eines Vertriebskanals über dessen Tiefe und Breite definieren lässt, sind im Rahmen der Gestaltung der Vertriebsstruktur Entscheidungen über die Tiefe der Vertriebskanäle, deren Breite und deren Anzahl zu treffen, wobei letztere Entscheidung die Breite des gesamten Vertriebssystems determiniert (*Diller et al.* 2011, S. 333 ff.).

- **Tiefe eines Vertriebskanals:** Die Vertriebskanaltiefe ist über die **Anzahl der Vertriebsstufen** zwischen Anbieter und Nachfrager definiert, wobei jede Vertriebsstufe durch ein **spezifisches Vertriebsorgan** charakterisiert ist. Da im Fall des **Direktvertriebs** definitionsgemäß keine Zwischenstufen involviert sind, liegt stets ein **Nullstufenkanal** mit gleichbleibender Tiefe vor (*Kotler et al.* 2007, S. 856). Beim **indirekten Vertrieb** hingegen kann die Tiefe eines Vertriebskanals je nach Zahl der zwischen Anbieter und Nachfrager geschalteten Vertriebsstufen variieren. In der Praxis kommen dabei häufig **Ein-** und **Zweistufenkanäle** vor.
- **Breite eines Vertriebskanals:** Im Fall des **indirekten Vertriebs** muss neben der Tiefe eines Vertriebskanals auch dessen Breite festgelegt werden. Diese ist darüber definiert, **wie viele Vertriebspartner parallel** auf einer Vertriebsstufe eingesetzt werden. Eine große Vertriebskanalbreite liegt im Fall des **intensiven Vertriebs** vor, bei dem im Extremfall mit allen denkbaren Vertriebspartnern einer Vertriebsstufe zusammengearbeitet wird. Eine geringe Vertriebskanalbreite ist hingegen beim **exklusiven Vertrieb** gegeben, bei welchem ein Anbieter eine qualitative und quantitative Selektion der Vertriebspartner einer Vertriebsstufe vornimmt und sich gegebenenfalls auch nur auf einen Vertriebspartner stützt. Zwischen diesen beiden Extremen liegt der **selektive Vertrieb**, der dadurch charakterisiert ist, dass ein Anbieter die Anzahl der Vertriebspartner einer Vertriebsstufe im Gegensatz zum exklusiven Vertrieb ausschließlich nach qualitativen Gesichtspunkten begrenzt.
- **Anzahl der Vertriebskanäle:** Wie bereits erwähnt ergibt sich über die Anzahl der eingesetzten Vertriebskanäle die Breite des gesamten Vertriebssystems. In diesem Zusammenhang ist zwischen **Einkanal-** und **Mehrkanal-Vertriebssystemen** zu unterscheiden, wobei in letzterem Fall auch vom **Multi-Channel-Vertrieb** gesprochen wird. **Mehrkanal-Strategien** stellen in der Business-to-Business-Praxis einen weit verbreiteten Ansatz dar, da diese eine Reihe von **Chancen** wie beispielsweise eine breitere Marktabdeckung, eine individuellere Kundenansprache, eine Steigerung der Vertriebseffizienz oder eine Reduktion der Abhängigkeit von einzelnen Vertriebspartnern mit sich bringen. Andererseits aber dürfen auch die **Risiken** des Multi-Channel-Vertriebs nicht übersehen werden, die etwa in Konflikten zwischen

den einzelnen Vertriebskanälen oder einem Kontrollverlust aufgrund der Komplexität des Vertriebssystems liegen können (*Backhaus/Voeth* 2010, S. 291 f.).

Lässt man den Fall des Einsatzes neuer Medien einmal außer Acht, dann kommt in Business-to-Business-Märkten unabhängig von der gewählten Vertriebsstruktur letztlich immer dem **persönlichen Verkauf** die Aufgabe zu, dadurch Kundenaufträge zu erlangen, dass mit den (potenziellen) Kunden Kontakt aufgenommen wird, Offerte gelegt und Verkaufsabschlüsse herbeigeführt werden (zu weiteren Aufgaben des persönlichen Verkaufs vgl. *Meffert* 2000, S. 896 ff.). Während durch die Ausgestaltung des Vertriebssystems somit definiert wird, **wer** bzw. welches Vertriebsorgan dem Kunden letztlich gegenübersteht, erfolgt die Interaktion mit dem Kunden und damit das „**Wie**" – neue Medien ausgenommen – immer durch einen **persönlichen Vertriebskontakt**, der sowohl direkt als auch z. B. telefonisch gestützt (vgl. *Homburg/Krohmer* 2009, S. 859 f.) erfolgen kann. Diese Ausführungen machen deutlich, dass das Distributionsmanagement untrennbar mit dem in Kap. 3.3.3 behandelten Verkaufsmanagement verbunden ist. Um es genauer zu formulieren: Mit Blick auf die Auftragsgewinnung bildet die **akquisitorische Distribution** eine **notwendige**, aber **nicht hinreichende Voraussetzung**. Letztere liegt erst mit einem adäquaten **Verkaufsmanagement** vor.

### 3.3.2.2.2 Gestaltung der logistischen Dimension

Wie bereits in Kap. 3.3.2 ausgeführt, umfasst die Marketinglogistik alle Aktivitäten, die gewährleisten, dass dem Kunden die (vereinbarten) Leistungen zum richtigen Zeitpunkt, in der richtigen Menge und am richtigen Ort physisch bereitgestellt werden. Zielgröße der Marketinglogistik ist somit die Gewährleistung eines adäquaten **Lieferservicegrads** (*Pfohl* 2010, S. 20).

Um den erforderlichen Lieferservicegrad zu erreichen, ist ein entsprechendes **Logistiksystem** notwendig, das alle relevanten **Prozesse der Raum- und Zeitüberbrückung** steuert. Dieses System untergliedert sich in die fünf verrichtungsspezifischen **logistischen Subsysteme** der Auftragsabwicklung, der Lagerhaltung, des Lagerhauses, der Verpackung und des Transports, deren **Aufgaben** nachfolgend kurz skizziert werden:

- Aufgabe der **Auftragsabwicklung** ist es, drei Informationsflüsse sicherzustellen: einen dem Güterfluss vorgelagerten, einen den Güterfluss begleitenden und einen dem Güterfluss nachgelagerten Informationsfluss. Der dem Güterfluss **vorgelagerte Informationsfluss** soll alle in den Güterfluss involvierten Stellen rechtzeitig über die eintreffenden Güter informieren, um den für eine unter Kosten- und Lieferservicegesichtspunkten optimale Realisierung des Güterflusses notwendigen Planungs- und Dispositionsspielraum zu gewährleisten. Der den Güterfluss **begleitende Informationsfluss** stellt sicher, dass alle in den Güterfluss eingeschalteten Stellen mit den Informationen versorgt werden, die für die operative Abwicklung von Transport-, Umschlags- und Lagertätigkeiten vor Ort notwendig sind. Darüber hinaus gewährleistet dieser Informationsfluss auch die Verfolgung des Güterflusses durch das logistische Netzwerk. Der dem Güterfluss **nachgelagerte Informationsfluss** besteht aus solchen Informationen, die erst nach der Abwicklung des Güterflusses fließen können. Dazu zählen beispielsweise bei einer entsprechend organisierten Fakturierung die Rechnung, Reklamationen seitens des Empfängers der Leistung oder auftragsbezogene Informationen zum Zwecke der Marktforschung (*Pfohl* 2010, S. 73).

- Die Aufgabe der **Lagerhaltung** besteht darin, **Lagerbestände**, die Puffer zwischen Input- und Output-Flüssen von Gütern repräsentieren und dann entstehen, wenn sich die zeitliche und quantitative Struktur der Input-Flüsse von der der Output-Flüsse unterscheidet, unter Zugrundelegung geeigneter Kriterien **optimal zu gestalten** (*Pfohl* 2010, S. 87).
- **Lagerhäuser** sind sowohl Liefer- und Empfangspunkte als auch Auflösungs- und Konzentrationspunkte im Logistiksystem. Die Aufgaben von Lagerhäusern können auf der Ebene der **Bevorratung** (Vorratslager), des **Güterumschlags** (Umschlagslager) oder der **Güterverteilung** (Zulieferungslager, Auslieferungslager) liegen, wobei in der Praxis auch Mischformen auftreten können (*Pfohl* 2010, S. 112 f.).
- Die logistische Aufgabe der **Verpackung** (*Pfohl* 2010, S. 135 f.) bezieht sich auf den **Schutz**, die **Lagerung**, den **Transport** und die **Manipulation** von Gütern sowie den Aspekt der Bereitstellung von **Informationen** im Zusammenhang mit der Auftragszusammenstellung (z. B. Kennzeichnung gefährlicher Güter).
- Das logistische Subsystem des **Transports** umfasst sowohl den **inner-** als auch den **außerbetrieblichen Transport**. Aus betriebswirtschaftlicher Sicht ergeben sich als wesentliche Aufgabenfelder des Transports die **Beförderung** und der damit untrennbar verbundene **Güterumschlag** (*Pfohl* 2010, S. 149 f.).

Der gewünschte **Output** eines Logistiksystems – ein adäquater **Lieferservicegrad** – erfordert einen **Input** in Form geeigneter Produktionsfaktoren, welcher sich in entsprechenden **Logistikkosten** niederschlägt (*Pfohl* 2010, S. 20). Vor dem Hintergrund der Prämisse, mit Blick auf die Wertmaximierung für den Anbieter kundenseitig nur den notwendigen Wert zu stiften, muss es Ziel eines Anbieters sein, den Lieferservicegrad so zu gestalten, dass dem Kunden gegenüber konkurrierenden Angeboten gerade noch ein Mehrwert entsteht, wodurch die Logistikkosten im Interesse der Wertmaximierung für den Anbieter minimiert werden. Diese Überlegungen verdeutlichen nochmals zwei bereits erwähnte Aspekte, die generell für alle Maßnahmen der Wertrealisierung Gültigkeit besitzen: **Wertrealisierende Aktivitäten** können aufgrund ihres Potenzials zur Stiftung spezifischen Nutzens (vgl. Kap. 3.2.1.6) gleichzeitig auch **Kundenwert schaffen** und wirken sich über die Kostenkomponente unmittelbar auf die **anbieterseitige Wertgenerierung** aus.

### 3.3.2.3 Steuerung und Unterstützung der Vertriebsorgane

Die von einem Anbieter ausgewählten Vertriebsorgane bilden – wie erwähnt in der Regel über den persönlichen Verkauf – seine **Schnittstelle** zum Nachfrager. Aufgrund der Bedeutung dieser Schnittstelle ist es naheliegend, dass ein Anbieter diese Vertriebsorgane nicht sich selbst überlässt, sondern mit Blick auf eine möglichst effektive und effiziente Wertrealisierung entsprechend **steuert** und in geeigneter Weise **unterstützt**. Die Steuerung und Unterstützung von Vertriebsorganen betrifft dabei sowohl **unternehmensinterne** als auch **-externe** Organe. Gerade im Hinblick auf Letztere ist dem Aspekt der Steuerung trotz der Schwierigkeiten, die aufgrund der weitgehenden Unabhängigkeit externer Vertriebsorgane vom Anbieter zu erwarten sind, **besondere Aufmerksamkeit** zu schenken, um den Interessen des Anbieters zuwiderlaufende Effekte zu vermeiden.

**(1) Steuerung der Vertriebsorgane**

Wie in Kap. 2 erläutert, besteht das Ziel der Wertrealisierung darin, den durch eine entsprechende Steuerung der Werttreiber geschaffenen **potenziellen Wert für die Kunden** in einen **tatsächlichen Wert für die Kunden** zu transformieren, wodurch als unmittelbare Konsequenz auch **Wert für den Anbieter** generiert wird. Mit Blick auf die Steuerung der Vertriebsorgane folgt daraus, dass der Anbieter diesen zunächst vermitteln muss, **welchen Wert** er durch die jeweilige Leistung für die Kunden stiften kann bzw. möchte. Somit ist es eine unabdingbare Voraussetzung, die Vertriebsorgane mit den im Rahmen des Managements von Kundennutzen angestellten Überlegungen zu (segmentbezogenen) **Nutzenstiftungspotenzialen** (vgl. Kap. 3.2.1.2) vertraut zu machen und aufzuzeigen, wie sich diese Potenziale in den jeweiligen Leistungen widerspiegeln. Nur so lässt sich gewährleisten, dass der Vertrieb die Leistungen eines Anbieters **in der gesamten Breite** der möglichen Potenziale **nutzenbasiert** argumentiert. Da sich der Wert für den Kunden aus der Differenz von gestiftetem (Netto-)Nutzen und zu zahlendem Preis ergibt, muss den Vertriebsorganen zudem auch vermittelt werden, dass der **Preis** stets **in Relation zum gestifteten Nutzen** zu argumentieren ist. Ansonsten besteht die Gefahr, dass durch eine reine Preisargumentation selbstverstärkende **Preisspiralen nach unten** ausgelöst werden, die entgegen der Prämisse des wertbasierten Business-to-Business-Marketing zu einer kunden-, nicht aber anbieterseitigen Wertmaximierung führen.

CTR Um den Vertrieb stärker dafür zu sensibilisieren, dass der Preis nicht das zentrale Verkaufsargument gegenüber dem Kunden sein darf, sondern als marktbezogene **Steuerungsgröße des für den Anbieter geschaffenen Werts** gesehen werden muss, müssen dem Vertrieb **Kosteninformationen** zur Verfügung gestellt werden. Diese führen dazu, dass auf die Vertriebsorgane ein entsprechender **Kostendeckungsdruck** ausgeübt wird, der sich in **höheren Preisforderungen** und **geringeren Preiszugeständnissen** niederschlägt (*Voeth/Rabe* 2004a, S. 1027). Der Deckungsdruck wird dabei höher ausfallen, wenn die Kosteninformationen auf **Vollkostenbasis** aufbereitet sind.

Eine weitere Möglichkeit der Sensibilisierung des Vertriebs für die Rolle des Preises als anbieterseitiger Werttreiber besteht im Einsatz der in Kap. 3.2.2.5 im Rahmen der internen Preisdurchsetzung erläuterten **rabattbezogenen Incentivierung** des Preisverhaltens der Vertriebsorgane.

Anzumerken ist, dass sich bei **unternehmensexternen Vertriebsorganen** die Steuerungsmöglichkeit letztlich auf den **Nutzenaspekt** beschränkt, da diese ihre Preisentscheidungen weitgehend selbstständig treffen. Zudem gilt, dass sich bei Verfolgung einer **Mehrkanal-Strategie** der Aspekt der Steuerung der Vertriebsorgane auch auf deren **Koordination** über die einzelnen Vertriebskanäle hinweg beziehen muss, um eine **Verwirrung der Kunden** (vgl. dazu *Backhaus/Voeth* 2010, S. 292) mit entsprechend negativen Konsequenzen zu **vermeiden**.

**(2) Unterstützung der Vertriebsorgane**

CTR Eine effektive und effiziente Steuerung der Vertriebsorgane bedarf geeigneter unterstützender Maßnahmen. In diesem Zusammenhang kommen insbesondere in Frage:

- **Verkaufsunterlagen:** Als Konsequenz der Bedeutung des **Kundennutzens** für das wertbasierte Business-to-Business-Marketing sollten Verkaufsunterlagen diesen

Aspekt in den Mittelpunkt stellen. Als Verkaufsunterlagen kommen dabei sowohl solche in Frage, die dem **Vertrieb selbst** entsprechende Informationen zur Verfügung stellen (z. B. Argumentationsleitfäden und Vertriebshandbücher), als auch solche, die der Vertrieb **unmittelbar beim Kunden** einsetzen kann (z. B. Produktprospekte und Servicekataloge).

- **Experten:** Insbesondere bei komplexen Leistungen bietet es sich an, dass der Anbieter seinen Vertriebsorganen zur Unterstützung Experten wie **Anwendungstechniker** oder **Servicemitarbeiter** zur Verfügung stellt, sofern dem nicht schon von vornherein durch einen teambasierten Vertriebsansatz (vgl. dazu z. B. *Kriechbaumer et al.* 2006) Rechnung getragen wird.

- **Schulungen:** Während Experten den Vertriebsorganen eine unmittelbare Unterstützung beim Kunden bieten, stellen Schulungen darauf ab, dass die Vertriebsorgane mit einem entsprechenden Wissen zum Kunden gehen. Schulungen von Vertriebsorganen können dabei auch über anbieterseitig betriebene **Kompetenzzentren** erfolgen, die gleichzeitig den Anwendern der jeweiligen Leistungen offen stehen.

### 3.3.2.4 Ergebnisbezogenes Controlling

Das ergebnisbezogene Controlling des Distributionsmanagements setzt bei den festgelegten Distributionszielen an und überprüft den diesbezüglichen **Zielerreichungsgrad**. Bei mangelnder Zielerreichung müssen entsprechende Maßnahmen ergriffen werden (vgl. die Rückkoppelungspfeile in Abbildung 3-26/Kap. 3.3.2).

Entsprechend der Unterscheidung zwischen akquisitorischen und logistischen Aufgaben der Distribution muss das ergebnisbezogene Distributionscontrolling beide Aspekte des Distributionsmanagements berücksichtigen und umfasst somit die Ergebnismessung auf der **akquisitorischen und logistischen Ebene** (*Reinecke/Janz* 2007, S. 319). Mit Blick auf die **Anzahl der betrachteten Vertriebskanäle** kann das ergebnisbezogene Distributionscontrolling einerseits für **einzelne Kanäle** und somit auf der **Mikroebene** erfolgen. Werden andererseits **alle Vertriebskanäle** und somit das Vertriebssystem insgesamt betrachtet, so findet ein ganzheitliches Controlling auf der **Makroebene** statt (vgl. auch *Reinecke/Janz* 2007, S. 320 f.). Hinsichtlich des letztgenannten Ansatzes gelten im Grunde **dieselben Kritikpunkte**, wie sie auch bezüglich des **ganzheitlichen ergebnisbezogenen Kommunikationscontrollings** genannt wurden (vgl. Kap. 3.3.1.7), insbesondere wenn das ganzheitliche Distributionscontrolling über Kennzahlensysteme (*Reinecke/Janz* 2007, S. 326 ff.) erfolgt. Daher wird in der Folge nur auf Möglichkeiten des ergebnisbezogenen Distributionscontrollings auf der **Mikroebene** eingegangen. Die Erfassung des Zielerreichungsgrads des Distributionsmanagements auf der Ebene einzelner Vertriebskanäle repräsentiert letztlich auch den gängigen Ansatz der **Unternehmenspraxis**.

Auf der Mikroebene stellen spezifische **Kennzahlen** das wichtigste Instrument der Distributionskontrolle dar. Solche Kennzahlen verdichten die allgemeinen Kriterien zur Ergebnismessung des Distributionsmanagements (vgl. dazu *Reinecke/Janz* 2007, S. 321 ff.) zu aussagekräftigen Größen hinsichtlich des Leistungsvermögens einzelner Vertriebskanäle. Bei isolierter Betrachtung sind Kennzahlen dabei ohne Bedeutung. Eine solche erhalten sie erst in einem zeitlichen oder sachlichen Zusammenhang bzw. durch entsprechende Vergleiche (*Reinecke/Janz* 2007, S. 323).

Für das ergebnisbezogene Controlling der **logistischen Distribution** werden häufig **Produktivitätskennzahlen** (z. B. Produktivität der Auftragsabwicklung, Transportzeit je Transportauftrag), **Wirtschaftlichkeitskennzahlen** (z. B. Kosten der Auftragsabwicklung, Umschlagshäufigkeit der Güter) und **Qualitätskennzahlen** (z. B. Lieferzeit, Reklamationsquote) vorgeschlagen (*Schulte* 1992, S. 252).

Bei einer vertriebskanalbezogenen Ergebnismessung des Distributionsmanagements, die gleichzeitig die **akquisitorische und logistische Dimension** umfasst, bietet es sich an, zwischen **quantitativen** (z. B. Distributionsgrad, Transportkosten je Einheit, Lieferserviccgrad) und **qualitativen Kennzahlen** (z. B. Grad der Kooperation im Vertriebskanal, Machtverteilung im Vertriebskanal, Informationszugang zu Lagerbeständen) zu unterscheiden (*Reinecke/Janz* 2007, S. 324).

In der Unternehmenspraxis ist zu beobachten, dass zur Erfassung des Zielerreichungsgrads des Distributionsmanagements häufig nicht auf umfassende Kennzahlenkataloge zurückgegriffen wird, sondern eine **Einschränkung** auf nur wenige, dafür aber praktikable Kontrollgrößen erfolgt. Von besonderer Bedeutung sind in diesem Zusammenhang der **numerische** bzw. **gewichtete Distributionsgrad**, der als Kennzahl der akquisitorischen Distribution für den Fall des indirekten Vertriebs die Präsenzstärke eines Anbieters im jeweiligen Vertriebskanal erfasst, und der **Lieferservicegrad**, der die Qualität der logistischen Distribution zum Ausdruck bringt (*Reinecke/Janz* 2007, S. 324 ff.).

### 3.3.2.5 Geschäftstypenbezogene Besonderheiten

In Anlehnung an die Überlegungen von *Specht* (2004, S. 846 ff.) ergeben sich für das Distributionsmanagement die folgenden geschäftstypenbezogenen Besonderheiten:

- Das **Produktgeschäft** ist durch eine relativ hohe **Leistungsstandardisierung** geprägt, womit aus Sicht des Distributionsmanagements zur Vermeidung von Wettbewerbsnachteilen sichergestellt werden muss, dass die jeweiligen Leistungen **schnell verfügbar** und **möglichst in Kundennähe erhältlich** sind. Diesen Anforderungen werden Formen des **indirekten Vertriebs** wesentlich besser gerecht als der Direktvertrieb. Neben dem Vertrieb über Handelsvertreter kommt im Produktgeschäft insbesondere die Vermarktung über den **Produktionsverbindungshandel** in seinen verschiedenen Ausprägungen in Frage. Als in Kap. 3.3.2.2.1 nicht behandelte Form des indirekten Vertriebs bietet sich insbesondere für kleine und mittelgroße Anbieter zur Realisierung von Kostendegressionseffekten der **Anschlussabsatz** (*Kleinaltenkamp* 2006, S. 338 f.) an. Bei dieser Vertriebsform übergibt ein Hersteller den Vertrieb an einen anderen Hersteller, der gleiche, komplementäre oder auch völlig andere Leistungen erstellt. Nicht zuletzt aber stellen im Produktgeschäft auch internetbasierte Vertriebskanäle, wie insbesondere **E-Shops**, interessante Distributionsalternativen dar. Denn E-Shops eignen sich gerade bei Beschaffungsvorgängen von geringer Komplexität, wie sie im Produktgeschäft tendenziell gegeben sind, und tragen den eingangs genannten Anforderungen einer schnellen Verfügbarkeit und großen Kundennähe in hohem Maße Rechnung.
- Das **Systemgeschäft** unterscheidet sich vom Produktgeschäft grundlegend dadurch, dass **kundenseitig** eine **ex post-Unsicherheit** vorliegt, die durch die mit der Bindung an ein System einhergehende spezifische Investition, also den **Systembindungsef-**

**fekt**, hervorgerufen wird. Für die Gestaltung des Vertriebssystems ist entscheidend, ob das jeweilige Unternehmen ein **System als solches** anbietet, oder aber lediglich **systemkompatible Komponenten** vermarktet. Im Fall eines **Komponentenanbieters** kann häufig ähnlich wie im Produktgeschäft ein **indirekter Vertrieb**, gegebenenfalls auch internetbasiert, realisiert werden, insbesondere wenn ein relativ großer Markt angesprochen wird. Dabei kann es über **Partnerschaftsverträge** zu einer engen Bindung an den Eigner der Systemarchitektur kommen. Anders ist der Fall bei einem **Systemanbieter** gelagert, da dieser beim Nachfrager eine (grundlegende) Entscheidung für eine spezifische Systemarchitektur herbeiführen möchte. Das primäre Ziel eines Systemanbieters muss vor dem Hintergrund des für den Kunden potenziell mit negativen Konsequenzen verbundenen Systembindungseffekts in der diesbezüglichen **Reduktion von Unsicherheit** liegen. Der in diesem Zusammenhang entscheidende **Aufbau von Vertrauen** sowohl in den technischen Standard der Systemarchitektur als auch in die nachhaltige Leistungsfähigkeit des Anbieters erfolgt am effektivsten im unmittelbaren Kontakt zum Nachfrager und damit im **Direktvertrieb**. Ergänzend bietet es sich an, **Drittparteien** – wie z. B. die in der Softwarebranche üblichen Implementierungsdienstleister – in den Vertriebskanal zu integrieren, um durch deren Unabhängigkeit und Expertise das Vertrauen der Nachfrager weiter zu stärken.

- Gegenüber den zwei bisher behandelten Geschäftstypen unterscheidet sich das **Anlagengeschäft** durch die Erbringung einer **kundenindividuellen**, relativ komplexen Leistung. Charakteristisch ist der **Projektcharakter** der jeweiligen Aufträge, der sich darin widerspiegelt, dass die Leistungsvermarktung vor der Leistungserstellung erfolgt. Die **Zahl der Kunden** in den einzelnen Bereichen des Anlagengeschäfts ist in der Regel auch im Weltmaßstab **überschaubar**. Umgekehrt stehen diesen Kunden relativ **wenige Anbieter** gegenüber, da die einzelnen Projekte eines spezifischen Know-hows bedürfen und auch mit hohen Geschäftsrisiken verbunden sein können. Der gesamte Prozess der Auftragsakquisition und -abwicklung ist durch eine **starke Interaktion** zwischen Anbieter und Nachfrager charakterisiert. Auch spielen in vielen Fällen **Anbietergemeinschaften** eine Rolle, um dem Nachfrager sowohl in technischer als auch wirtschaftlicher Hinsicht (z. B. Finanzierungsmöglichkeiten und Risikoteilung) ein wettbewerbsfähiges Angebot unterbreiten zu können. Letztlich hängt der Erfolg jedes Projekts von der Effektivität und Effizienz des **Beziehungsmanagements** gegenüber dem Kunden und den jeweiligen Kooperationspartnern ab. Die vorangegangenen Ausführungen machen deutlich, dass im Anlagengeschäft **direkte Vertriebswege** dominieren. Allerdings kommt in **spezifischen Fällen** auch der **indirekte Vertrieb** in Frage. So verweist *Kleinaltenkamp* (2006, S. 346 f.) etwa auf sogenannte „**Anlagenhändler**", die sich insbesondere aufgrund ihres ausgeprägten Know-hows hinsichtlich Technik und Projektabwicklung darauf spezialisiert haben, die Komponenten einer Großanlage von verschiedenen Herstellern zu kombinieren, ohne jedoch eigene Hardware beizusteuern. Diese Unternehmen treten gegenüber dem Kunden in der Regel als Generalunternehmer oder Konsortialführer auf und stellen aus Sicht der einzelnen Komponentenhersteller Organe des indirekten Vertriebs dar. Allerdings kann es gerade bei wichtigen Anlagenkomponenten auch zu einer Einbindung der jeweiligen Komponentenhersteller in das Projektmanagement und damit zu direkten Kontakten zwischen Komponentenhersteller und Endkunde kommen.

- Das **Zuliefergeschäft** ist als einziger Geschäftstyp dadurch charakterisiert, dass sowohl der Anbieter als auch der Nachfrager spezifische Investitionen in die Geschäftsbeziehung tätigen und sich somit **intensiv aufeinander ausrichten** und **transaktionsübergreifend aneinander binden**. Anders als im Anlagengeschäft tritt in diesem Geschäftstyp kundenseitig ein **Kaufverbund** auf. Im Zentrum des Zuliefergeschäfts muss die effektive und effiziente **Koordination der langfristig ausgerichteten Geschäftsbeziehung** zwischen Zulieferer und Kunde stehen. Dieser Anforderung kann letztlich nur durch einen **direkten Vertrieb** Rechnung getragen werden, wobei häufig ein klassisches oder auch ein teambasiertes **Key Account-Management** zum Einsatz kommt. Aufgrund der mit einer solchen Schlüsselkundenbetreuung verbundenen Interaktion auf verschiedenen Ebenen (z. B. technisch und sozial) kann zudem ein wichtiger Beitrag dazu geleistet werden, dass die Geschäftsbeziehung auch **produktlebenszyklusübergreifend** fortbesteht. Mit Blick auf den essenziellen Aspekt der Koordination der Geschäftsbeziehung kommt auch der **Marketinglogistik** eine zentrale Aufgabe zu. So wird durch eine informationstechnische Vernetzung von Zulieferer und Kunde über **Electronic Data Interchange** (EDI) oder die Realisierung des **Just-in-time-Prinzips** in der zwischenbetrieblichen Logistik eine **Steigerung der Koordinationseffizienz** ermöglicht. Da beide Ansätze mit (variierenden) spezifischen Investitionen auf Anbieter- und Nachfragerseite verbunden sind, die sich entsprechend amortisieren müssen, ergeben sich darüber hinaus auch ökonomische Anreize für eine **Fortdauer der Geschäftsbeziehung über den jeweiligen Produktlebenszyklus hinaus** (vgl. auch *Backhaus et al.* 2008, S. 225 f.).

## 3.3.2.6 Zusammenfassung

Durch die als erster Schritt des Prozesses des Distributionsmanagements erfolgende **Festlegung der Distributionsziele** wird eine mittel- bis langfristig wirkende Ausrichtung des Distributionssystems geschaffen, weshalb einer adäquaten Zielformulierung hohe Bedeutung zukommt.

Bei der anschließenden zielkonformen **Gestaltung des Distributionssystems** ist sowohl die **akquisitorische** als auch die **logistische Dimension** zu berücksichtigen. Erstere bezieht sich auf die Gestaltung des Systems der Vertriebskanäle, womit in diesem Zusammenhang auch die grundlegende Frage nach der Vertriebsform (direkter und/oder indirekter Vertrieb) beantwortet werden muss. Die Marketinglogistik hingegen zielt auf Basis der logistischen Subsysteme der Auftragsabwicklung, der Lagerhaltung, des Lagerhauses, der Verpackung und des Transports auf die Gewährleistung eines adäquaten Lieferservicegrads ab.

Die von einem Anbieter in den jeweiligen Vertriebskanälen eingesetzten Vertriebsorgane bilden – in der Regel über den persönlichen Verkauf – seine Schnittstelle zum Nachfrager. Der Bedeutung dieser Schnittstelle entsprechend, sollte ein Anbieter besonderen Wert auf eine adäquate **Steuerung und Unterstützung** sowohl der unternehmensinternen als auch -externen **Vertriebsorgane** legen.

Abgeschlossen wird der Prozess des Distributionsmanagements durch ein **ergebnis-bezogenes Controlling**. Wird durch dieses festgestellt, dass angestrebte Ziele nicht erreicht wurden, sind entsprechende Maßnahmen zu ergreifen.

Die **geschäftstypenbezogenen Besonderheiten** des Distributionsmanagements liegen insbesondere auf der Ebene der **Vertriebsform**. Im **Produktgeschäft** dominiert der **indirekte Vertrieb**, während im **Zuliefergeschäft** genau die Gegenposition bezogen und de facto nur der **Direktvertrieb** eingesetzt wird. Darüber hinaus kommt in letzterem Geschäftstyp der **Marketinglogistik** eine zentrale Aufgabe zu. Im **System-** und im **Anlagengeschäft** hingegen sind (in Letzterem mit deutlicher Priorisierung des Direktvertriebs) **sowohl direkte als auch indirekte Vertriebsformen** möglich.

## 3.3.3 Der Prozess des Verkaufsmanagements

Als letztem Teilprozess der Wertrealisierung kommt dem Verkaufsmanagement die Aufgabe zu, für den Anbieter **Aufträge und Folgeaufträge zu gewinnen**. Im Kern geht es somit darum, dass der Kunde den durch eine entsprechende Steuerung der Werttreiber geschaffenen Wert **akzeptiert**, was in der Zahlung eines entsprechenden Kaufpreises zum Ausdruck kommt.

Im Kapitel 3.3.2.2.1 wurde bereits die Bedeutung des **persönlichen Verkaufs**, der den Kern des Verkaufsmanagements bildet, in Business-to-Business-Märkten hervorgehoben: In diesen Märkten werden Leistungen unabhängig von der gewählten Vertriebsstruktur überwiegend durch die **persönliche Interaktion** mit (potenziellen) Kunden vermarktet. Der hohe Stellenwert des persönlichen Verkaufs lässt sich unter anderem dadurch begründen, dass die mit Verkaufsagenden betrauten Vertriebsorgane für den Kunden einen Maßstab für die von einem Anbieter zu erwartende **Leistungsqualität** darstellen können. Als Indikatoren, die einen Rückschluss auf die Leistungsqualität eines Anbieters erlauben, lassen sich in diesem Zusammenhang Faktoren wie die technische oder kaufmännische Kompetenz, das Ausmaß der Kundenorientierung oder die Zukunftsorientiertheit der Vertriebsorgane heranziehen (*Aries* 2001, S. 164 f.). Die hohe Relevanz des persönlichen Verkaufs in Business-to-Business-Märkten wird auch durch die Existenz und den vermehrten Einsatz von elektronischen Lösungen im Vertrieb (wie beispielsweise den in Kap. 3.3.2.2.1 erwähnten E-Portalen und E-Shops) nicht in Frage gestellt. Dies gilt insbesondere auch deshalb, da in diesen Märkten die Umsetzung eines **beziehungsorientierten Marketing** gegenüber einem transaktionsorientierten Ansatz **Priorität** genießt (*Barisch* 2011, S. 14 f.).

In der einschlägigen Literatur wird der **Verkauf** als ein wesentliches Teilgebiet des Marketing gesehen, das sich mit den Bemühungen von und Instrumenten für Verkaufsverantwortliche im Rahmen des Vertriebs von Leistungen an Nachfrager befasst. *Diller et al.* (2005, S. 22) sehen als Verkauf den Verkaufsakt, der die Eigentumsübertragung eines Gutes vom Lieferanten an den Kunden beschreibt. Dieser Verkaufsakt erfordert vielfältige verkäuferische Aktivitäten, die von der **Suche nach potenzialträchtigen Nachfragern**, deren **Akquisition, Verhandlungen** bis hin zum **Verkaufsabschluss** und der **Kundenpflege** reichen. Somit wird deutlich, dass der Begriff des Verkaufs nicht mit dem Begriff der Verhandlung gleichgesetzt werden darf. Vielmehr stellen Verhandlungen einen **integrierenden Teilbereich** des Verkaufs dar. Dies zeigt sich auch auf Basis des für Business-to-Business-Märkte entwickelten Transaktionsphasenansatzes von *Backhaus/Günter* (1976), in dem der eigentlichen Kundenverhandlungsphase die Voranfrage- und Angebotserstellungsphase vorangehen und nach Verhandlungsabschluss die Abwicklungs- und Gewährleistungsphase folgen.

Die Tatsache, dass die Aufgaben und Verantwortungsbereiche des Verkaufs über Verhandlungen hinausgehen, liegt häufig darin begründet, dass in Business-to-Business-Märkten bei einem nicht unerheblichen Teil der zu vermarktenden Leistungen Aspekte der Kundenindividualisierung eine große Rolle spielen. Somit ist es notwendig, dass Verhandlungen **Verkaufsgespräche** vorangehen, in denen nach der Gewinnung eines grundsätzlichen Interesses des Nachfragers für eine Leistung die kundenspezifischen Aspekte der Leistungserbringung genauer diskutiert werden. Aufbauend auf diesen Gesprächen ist es einem Anbieter möglich, ein **konkretes Angebot** zu legen, auf dessen Basis dann **Verhandlungen** über die Leistung als solche, deren Preis bzw. die damit verbundenen Konditionen und weitere relevante Aspekte (wie z. B. den Umgang mit Vertragsbrüchen und die Bedingungen von Rahmenverträgen) durchgeführt werden.

Verkaufsaktivitäten in Business-to-Business-Märkten lassen sich ganz allgemein wie folgt charakterisieren:

*   Verkaufsgespräche und Verhandlungen werden kaum zwischen einzelnen Mitarbeitern eines anbietenden und eines nachfragenden Unternehmens geführt, sondern in der Regel sind **mehrere Personen** in den anbieterseitigen Verkaufsprozess bzw. den nachfragerseitigen Beschaffungsprozess involviert (vgl. auch Kap. 1.2.1). Das **Buying Center** eines Nachfragers wird somit häufig durch ein (idealerweise auf die dort repräsentierten Funktionen abgestimmtes) anbieterseitiges **Selling Center** gespiegelt. Der auf Basis dieser Strukturen in **mehreren Gesprächs- bzw. Verhandlungsrunden** ablaufende Verkaufsprozess kann großteils als rational bzw. fakten- und weniger emotionsdominiert charakterisiert werden (*Weis* 2000, S. 37 f.).
*   Von den verantwortlichen Vertriebsorganen mit Nachfragern geführte Verkaufsgespräche und Verhandlungen laufen häufig **nicht nur einmalig, sondern wiederholt** ab (*Barisch* 2011, S. 13). Somit können Erfahrungen aus vorangegangenen Transaktionen für zukünftige Transaktionen genutzt werden.
*   Die in vielen Fällen gegebene **Leistungsspezifität** führt seitens der Nachfrager zu einer hohen **Transaktionsunsicherheit**, welche den Aufbau von Vertrauen erfordert. Die Verkaufsaktivitäten eines Anbieters müssen daher auf einen **offenen Informationsaustausch** ausgerichtet sein (*Barisch* 2011, S. 13). Eine kundenspezifische Leistungsgestaltung bewirkt zudem eine hohe **Komplexität des Leistungserwerbs**. Um die vor diesem Hintergrund notwendigen Kompetenzen abzudecken, werden Buying Center oftmals auch um **Drittparteien** (z. B. externe Berater, Gutachter, Banken und weitere Lieferanten) erweitert, die im Zuge von Verkaufsaktivitäten entsprechend berücksichtigt werden müssen (*Barisch* 2011, S. 16).

Die systematische Steuerung von Verkaufsaktivitäten ist Gegenstand des in Abbildung 3-28 dargestellten Prozesses des Verkaufsmanagements. Dieser beginnt mit der **Festlegung der Verkaufsziele** (Kap. 3.3.3.1), die es ermöglichen, alle mit Verkaufsagenden befassten Mitarbeiter einheitlich auszurichten. Geleitet durch diese Verkaufsziele sind in der folgenden Prozessphase der **Auftragsanbahnung** (Kap. 3.3.3.2) **Verkaufsgespräche** in geeigneter Weise **vorzubereiten** und **durchzuführen**, um das grundsätzliche Interesse der Nachfrager für die Leistungen eines Anbieters zu wecken und im Erfolgsfall kundenspezifische Aspekte der Leistungserbringung im Detail zu diskutieren. Auf Basis der im Zuge von Verkaufsgesprächen gewonnenen Informationen ist es einem Anbieter möglich, ein konkretes Angebot zu legen. Dieses bildet die Grundlage für die Phase des **Auftragsabschlusses** (Kap. 3.3.3.3), welche die **Vorbereitung und Durchführung von Verhandlungen** umfasst. Haben sich Anbieter und Nachfrager über die Leistung als solche, deren Preis bzw. die damit verbundenen Konditionen und sonstige relevante Punkte geeinigt, kann ein entsprechender Kaufvertrag unterzeichnet werden und die Leistungserbringung erfolgen. Gleichzeitig ist damit auch der Prozess des **Verkaufsmanagements im engeren Sinne abgeschlossen**. Da ein Anbieter häufig an Folgetransaktionen mit einem bestehenden Kunden interessiert ist, umfasst das in Abbildung 3-28 aufgezeigte breitere Verständnis des Verkaufsmanagements in weiterer Folge aber auch die **Kundenpflege** (Kap. 3.3.3.4). Wie alle Teilprozesse des wertbasierten Business-to-Business-Marketing wird auch das Verkaufsmanagement durch ein **ergebnisbezogenes Controlling** (Kap. 3.3.3.5) abgeschlossen. Dieses überprüft, in welchem Ausmaß die festgelegten Verkaufsziele erreicht wurden, und macht gegebenenfalls entsprechende Maßnahmen notwendig.

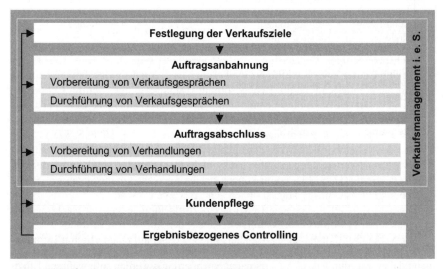

**Abb. 3-28:** Der Prozess des Verkaufsmanagements

### 3.3.3.1 Festlegung der Verkaufsziele

Mit der Festlegung von Verkaufszielen wird die Grundlage dafür geschaffen, alle mit Verkaufsaufgaben befassten Mitarbeiter diesen Zielen entsprechend einheitlich auszurichten. Als den eigentlichen (erfolgsorientierten) Verkaufszielen vorgelagertes **verhaltensorientiertes Verkaufsziel** des wertbasierten Business-to-Business-Marketing ist dabei die **wertbasierte Argumentation** von Leistungen zu sehen. Letzterer Aspekt wurde bereits im Zusammenhang mit der Steuerung und Unterstützung von Vertriebsorganen (vgl. Kap. 3.3.2.3) behandelt.

**Tab. 3-14:** Zielsystem des Verkaufsmanagements (in Anlehnung an *Diller et al.* 2005, S. 59)

| | | | |
|---|---|---|---|
| **Effektivitätsziele** | **Kundenpolitische Ziele** | • Bekanntheitsgrad<br>• Image<br>• Kundenzahl<br>• Kundenstruktur<br>• Kundenpenetration | • Cross-Selling-Rate<br>• Kundenbindung<br>• Kundenrückgewinnung<br>• etc. |
| | **Absatzpolitische Ziele** | • Auftragszahl<br>• Auftragsstruktur<br>• Marktabdeckung<br>• Absatzmenge<br>• Umsatz | • Umsatzwachstum<br>• Deckungsbeitrag (DB)<br>• DB-Struktur<br>• etc. |
| | **Informationswirtschaftliche Ziele** | • Wissen über Nutzenstiftungspotenziale<br>• Wissen über Kosten der Wertschöpfung<br>• Umfang der Kundendaten<br>• Genauigkeit der Kundendaten | • Genauigkeit Absatzprognosen<br>• Richtige Konkurrenzeinschätzung<br>• etc. |
| **Effizienzziele** | **Kostenwirtschaftliche Ziele** | • Vertriebskosten je (Neu-)Kunde<br>• Auftragskosten<br>• Kapitaleinsatz je Kunde, Absatzregion etc. | • Besuchskosten je (Neu-)Kunde<br>• IT-Kosten je Kunde<br>• etc. |
| | **Qualitätspolitische Ziele** | • Beschwerden je Kunde<br>• Kundenzufriedenheit<br>• Retourzahlen | • Kundenvertrauen<br>• etc. |
| | **Schnelligkeitsziele** | • Fristüberschreitungen bei Kundenansprachen<br>• Fristüberschreitungen bei Kundeninformationen (z. B. Rückrufe, Beschwerden)<br>• Fristüberschreitungen bei Belieferungen | • Fristüberschreitungen bei Reparaturen<br>• Flexibilität des Ressourceneinsatzes<br>• Flexibilität der Kundenbedienung<br>• etc. |

Auf einer **erfolgsorientierten Ebene** schlagen *Diller et al.* (2005, S. 58 ff.) vor, Verkaufsziele nach **Effektivitäts-** und **Effizienzaspekten** zu untergliedern. Effektivität meint dabei, **was** durch das Verkaufsmanagement erreicht werden soll, während Effizienz sich darauf bezieht, **wie** man die jeweiligen Effektivitätsziele zu erreichen sucht. Konkret können folgende Zielebenen unterschieden werden (vgl. Tabelle 3-14):

- **Kundenpolitische Ziele** repräsentieren Erfolgsgrößen auf der Kundenebene.
- **Absatzpolitische Ziele** legen marktbezogene Erfolgsgrößen fest.
- **Informationswirtschaftliche Ziele** beschreiben Anforderungen an das verkaufsrelevante Wissen, das im Unternehmen zur Verfügung stehen muss. Die in Tabelle 3-14 angeführten Aspekte des Wissens über Nutzenstiftungspotenziale und die Kosten der Wertschöpfung (vgl. dazu Kap. 3.3.2.3) beziehen sich dabei auf das oben ge-

nannte verhaltensorientierte Verkaufsziel des wertbasierten Business-to-Business-Marketing, die wertbasierte Argumentation.

- **Kostenwirtschaftliche Ziele** stellen eine Ergänzung von Effektivitätszielen dar, da Erstere Vorgaben zur effizienten Erreichung Letzterer festschreiben.
- **Qualitätspolitische Ziele** verfolgen die Orientierung des Verkaufsmanagements an kundenbezogenen Qualitätsvorgaben.
- **Schnelligkeitsziele** dienen dazu, den Anforderungen dynamischer Märkte gerecht zu werden.

Sind die jeweiligen Verkaufsziele nach Inhalt, Ausmaß, Zeitbezug und Geltungsbereich festgelegt, dann müssen diese an alle mit Verkaufsaufgaben befassten Mitarbeiter kommuniziert werden, um in der Folge Verkaufsaktivitäten koordiniert durchführen zu können.

### 3.3.3.2 Auftragsanbahnung

Um Aufträge bei Nachfragern anzubahnen, müssen **Verkaufsgespräche vorbereitet und durchgeführt werden**. Ziel dieser Verkaufsgespräche ist wie bereits erwähnt, beim Nachfrager einen entsprechenden Bedarf zu wecken und, sofern dieser gegeben ist, kundenspezifische Aspekte der Leistungserbringung zu detaillieren.

#### 3.3.3.2.1 Vorbereitung von Verkaufsgesprächen

Da es das „typische" Verkaufsgespräch nicht gibt, muss jedes Gespräch individuell möglichst gut vorbereitet werden. *Krumbach-Mollenhauer/Lehment* (2008, S. 14) merken dazu an: „Die Vorbereitung ist nach wie vor einer der größten Mängel in der systematischen Vorgehensweise zum Vertriebserfolg". Die sorgfältige Vorbereitung von Verkaufsgesprächen umfasst die **Gewinnung verkaufsgesprächsrelevanter Informationen** und darauf aufbauend die **Planung der Verkaufsgesprächsziele** und die **Entwicklung von Verkaufsgesprächskonzepten**.

**(1) Gewinnung verkaufsgesprächsrelevanter Informationen**
Die Vorbereitung der jeweiligen Verkaufsgespräche und die hierzu benötigten Informationen sind stets vom Kontext, in welchem das Gespräch stattfindet, abhängig. Grundsätzlich sollte jedoch eine Recherche zu zwei zentralen Informationsbereichen erfolgen (*Weis* 2000, S. 220 f.):

- Zum einen müssen für erfolgreiche Verkaufsgespräche Informationen über das **nachfragende Unternehmen** gewonnen werden. Diese Informationen können sich auf allen Ebenen befinden, die im Zuge einer **Buying Center-Analyse** (vgl. Kap. 1.2.2) relevant sind, allerdings auch allgemeinen Charakter besitzen (generelle Bedarfslage, aktuelle Problemstellungen, Mengenpotenziale, wirtschaftliche Situation des Nachfragers etc.).
- Andererseits müssen aber auch Informationen zu **potenziellen Konkurrenten bzw. den gegenwärtigen Lieferanten** eines Nachfragers erhoben werden. Diese Informationen betreffen insbesondere die Stärken und Schwächen konkurrierender Leistungen sowie leistungsunabhängige Gründe, die zur Wahl eines Konkurrenten führen könnten bzw. zur Entscheidung für den aktuellen Lieferanten geführt haben (geografische Nähe, Übernahme logistischer Dienstleistungen etc.).

CTR Die mit Verkaufsaufgaben betrauten Mitarbeiter können zur Erarbeitung dieser Informationen unterschiedliche Quellen heranziehen (*Diller et al.* 2005, S. 184 ff.). Handelt es sich bei den Nachfragern um bereits bestehende Kunden, dann kann auf im Unternehmen genutzte **Kundeninformationssysteme** und die darin enthaltenen Informationen zurückgegriffen werden. Auch weitere Systeme (z. B. Computer Aided Selling, Service-Hotlines), über die es zu Kundenkontakten kommt, können verwendet werden. Für die Informationsbeschaffung stellt aber insbesondere auch das **Internet** eine nützliche Quelle dar, durch die vor allem Informationen zu Neukunden und Konkurrenten gewonnen werden können. Vor allem wenn es um individuelle leistungsbezogene Informationen geht, werden diese letztlich allerdings nur im Direktkontakt erhoben werden können (was bei Konkurrenten wiederum jedoch kaum möglich sein wird). Eine gute Option für die direkte bzw. persönliche nachfrager- und konkurrenzseitige Beschaffung spezifischer Informationen bieten **Messebesuche**, über die zudem auch erste Kontakte zu Neukunden hergestellt werden können. Weitere Möglichkeiten der persönlichen Informationsbeschaffung bei bereits bestehenden Kunden eröffnen sich über die **Mitarbeiter im Kundenkontakt**. Nicht in allen Fällen aber ist der Anbieter gefordert, aktiv Informationen zu recherchieren, um sich auf ein Verkaufsgespräch vorzubereiten. Abhängig von den branchen- bzw. geschäftstypenspezifischen Ausprägungen des Beschaffungsprozesses stellen auch **Ausschreibungen** eine Form der Informationsbeschaffung dar. Im Rahmen von Ausschreibungen werden Anbieter durch Nachfrager zur Legung eines Angebots aufgefordert. In diesem „Request for Proposal" werden die Anforderungen des Nachfragers an die Leistungserbringung bereits spezifiziert. Die Informationsbeschaffung zu möglichen Angeboten der Mitbewerber bleibt jedoch auch im Fall von Ausschreibungen Sache des Anbieters.

Die vorangegangenen Ausführungen zeigen, dass der Aufwand für die Informationsbeschaffung je nach nutzbaren Informationsquellen variiert. Daneben ist dieser Aufwand aber auch davon abhängig, ob es sich um erstmals zu recherchierende Informationen handelt (z. B. im Fall von Neukunden). Weitere den Informationsbeschaffungsaufwand beeinflussende Faktoren stellen etwa die Überschaubarkeit des Absatzmarkts, der Standardisierungsgrad von Leistungen oder die Größe der nachfragenden Organisationen dar.

**(2) Planung der Verkaufsgesprächsziele**
Ausgehend von den gesammelten Informationen und den jeweiligen Verkaufszielen können nun auf der Ebene einzelner Verkaufsgespräche spezifische Ziele festgelegt werden. Diese Ziele werden im Fall bestehender Kunden durch deren **Attraktivität** für den Anbieter beeinflusst, welche sich als Resultat der in Kap. 3.2.1.4 diskutierten Kundenbewertung ergibt. Darüber hinaus werden die Verkaufsgesprächsziele auch mit der jeweiligen **Kundenhistorie** variieren. So weist ein Verkaufsgespräch zum Zweck der Neukundenakquisition andere Zielsetzungen auf wie ein Verkaufsgespräch mit einem bestehenden Kunden, das der Anbahnung von Folgeaufträgen dient. Unterschiedliche Verkaufsgesprächsziele sind aber nicht zuletzt auch das Resultat dessen, wer der **Initiator** des Verkaufsgesprächs ist. So wird sich eine andere Situation ergeben, wenn ein Nachfrager aktiv durch einen Anbieter angesprochen wird, als wenn Letzterer im Zuge einer Ausschreibung kontaktiert wird.

Bei einer generellen Betrachtung verfolgen Verkaufsgespräche Zielsetzungen, die sich mit **Leistungs- und Kunden- bzw. Interaktionsaspekten** auseinandersetzen (z. B.

Kennenlernen des Nachfragers und der jeweiligen Entscheidungsträger, Vertrauensaufbau, Gewinnung von Nachfragerinteresse, Erkennen der Nachfragerbedürfnisse, Sammlung von Informationen zum Nachfrager).

Die Festlegung spezifischer Verkaufsgesprächsziele dient neben der einheitlichen Ausrichtung der an Verkaufsgesprächen beteiligten Mitarbeiter des Anbieters letztlich auch der laufenden **Beurteilung des Fortschritts des Nachfragerkontakts**, um zeitgerecht zu erkennen, ob dieser Kontakt erfolgversprechend ist, ob Verkaufsgespräche gegebenenfalls neu auszurichten sind oder ob diese abgebrochen werden müssen.

**(3) Entwicklung von Verkaufsgesprächskonzepten**
Die jeweiligen Verkaufsgesprächsziele bilden die Basis für die Entwicklung konkreter Konzepte zur Verkaufsgesprächsdurchführung. In diesen Konzepten kommt es zur Festlegung der **Kontaktform**, zur Definition und Vorbereitung der spezifischen **Gesprächsinhalte** sowie zur Entscheidung über die **Verkaufsgesprächsorganisation**.

Der **Kontakt mit dem Nachfrager** kann auf unterschiedlichem Weg erfolgen und wird von Situation zu Situation variieren. Verkaufsgespräche können zum einen persönlich geführt werden, was zumeist der Fall sein wird, aber auch per Telefon oder in Form von Videokonferenzen abgewickelt werden.

Unabhängig von der Kontaktform müssen für jedes Verkaufsgespräch konkrete **Gesprächsinhalte** definiert und vorbereitet werden. Die Ausrichtung der Gesprächsinhalte kann dabei verschiedenen Strategien folgen, deren individueller Stellenwert von der strategischen Ausrichtung eines Anbieters sowie von dessen Markt- und Konkurrenzumfeld bestimmt wird. Aus der einschlägigen Literatur (*Honeycutt et al.* 2003, S. 76 ff.; *Diller et al.* 2005, S. 190) lässt sich die folgende Kategorisierung von Strategien der Verkaufsgesprächsdurchführung ableiten, wobei im Kontext des wertbasierten Business-to-Business-Marketing vor allem den zwei letztgenannten Strategien besondere Bedeutung zukommt:

- Eine erste Herangehensweise stellt der **Mental-States Approach** dar. Bei diesem Ansatz werden die Verkaufsgesprächsinhalte entlang eines Stufenmodells geplant. Ein beispielhaftes Modell ist das **AIDA-Schema** der Werbewirkung, welches den Gesprächsaufbau in vier Stufen gliedert. Ein Gespräch zielt zunächst auf das Erreichen von Aufmerksamkeit (**A**ttention) ab. Darauf aufbauend soll durch die Gesprächsinhalte beim Nachfrager Interesse (**I**nterest) erzeugt und in der Folge eine Neigung zum Kauf (**D**esire) ausgelöst werden, um letztlich die das Verkaufsgespräch mit einer entsprechenden Handlung (**A**ction) des Nachfragers (z. B. Aufforderung zur Legung eines Angebots) abzuschließen. Die Gesprächsinhalte müssen folglich je Stufe differenziert werden. Kritisch ist bei diesem Ansatz anzumerken, dass auf die spezifischen Bedürfnisse des Nachfragers oft in zu geringem Ausmaß eingegangen und einer rein auf Leistungseigenschaften fokussierten Argumentation Vorschub geleistet wird.
- Ein weiterer Ansatz ist der **Need-Satisfaction Approach**, der auf eine Kopplung der Verkaufsgesprächsinhalte an die spezifischen Bedürfnisse des Nachfragers abstellt. Das Gesprächsziel eines Anbieters besteht somit darin, bei der Präsentation seiner Leistungen stets die Verbindung mit den Bedürfnissen des Nachfragers herzustellen, um diesen von der angebotenen Leistung zu überzeugen.

- Einen Schritt weiter geht der **Problem-Solution Approach (Consultative Selling)**, welcher weniger die bestehenden Leistungen eines Anbieters in den Vordergrund eines Verkaufsgesprächs rückt, sondern sich vielmehr unabhängig vom eigenen Leistungsspektrum auf die Problemlösung für den Nachfrager ausrichtet. Die seitens des Anbieters an einem Verkaufsgespräch teilnehmenden Personen müssen dabei ein umfassendes Wissen im Problemkontext des Nachfragers besitzen, um diesen von den Kompetenzen des Anbieters zu überzeugen.

Abhängig von der gewählten Strategie der Verkaufsgesprächsdurchführung muss anbieterseitig eine entsprechende Vorbereitung der Gesprächsinhalte erfolgen. Die Informationsvermittlung an den Kunden kann dabei von einem **standardisierten**, d. h. nicht oder nur wenig auf den Kunden angepassten Vorgehen bis hin zu **kundenspezifisch** erarbeiteten Unterlagen und Gesprächsinhalten reichen.

Im Rahmen der Verkaufsgesprächskonzeption ist es nicht zuletzt auch notwendig, Entscheidungen hinsichtlich der **Verkaufsgesprächsorganisation** zu treffen. Wie bereits in Kap. 3.3.3 angemerkt, finden im Business-to-Business-Kontext Verkaufsgespräche kaum auf der Ebene von Einzelpersonen statt, sondern weisen sowohl anbieter- als auch nachfragerseitig **multipersonalen Charakter** auf. Aus Sicht eines Anbieters kommt damit der Zusammenstellung des **Verkaufsteams** entscheidende Bedeutung zu. Dieses Team sollte auf Basis der Erkenntnisse, die im Zuge der bereits erwähnten Buying Center-Analyse gewonnen wurden, in größenmäßiger, hierarchischer und funktionaler Entsprechung zum Buying Center des Nachfragers (Prinzip der „**Manndeckung**") aufgestellt werden (vgl. auch *Backhaus/Voeth* 2010, S. 248). Darüber hinaus muss die Zusammensetzung des Verkaufsteams auch den verfolgten Verkaufszielen Rechnung tragen. Soll beispielsweise ein erster Kontakt zu einem Nachfrager aufgebaut werden und dieser durch die Leistungsqualität des Anbieters überzeugt werden, dann ist es zielführend, auch entsprechende Fachexperten (in diesem Fall z. B. einen Qualitätsmanager) in das Verkaufsteam zu integrieren (*Diller et al.* 2005, S. 181).

Zusammengefasst stellt die Vorbereitung von Verkaufsgesprächen einen wesentlichen Erfolgsfaktor für deren erfolgreiche Durchführung dar. Allerdings darf der Umfang dieser Vorbereitung nicht unterschätzt werden: Die Gewinnung verkaufsgesprächsrelevanter Informationen, die Planung der Verkaufsgesprächsziele und die Entwicklung von Verkaufsgesprächskonzepten stellen einen Anbieter vor nicht unerhebliche Herausforderungen. In diesem Zusammenhang bietet es sich an, die notwendigen Aktivitäten in einem **Vorbereitungsplan** zusammenzufassen, der allen in der Organisation des Anbieters betroffenen Mitarbeitern zur Verfügung gestellt werden sollte. Ein Vorschlag für einen solchen Vorbereitungsplan findet sich exemplarisch bei *Rentzsch* (2008, S. 65).

### 3.3.3.2.2 Durchführung von Verkaufsgesprächen

Nach erfolgter Vereinbarung eines Verkaufsgesprächs und dessen gezielter Vorbereitung kommt es zur Verkaufsgesprächsdurchführung. Verkaufsgespräche lassen sich dabei in eine **Einstiegs-, Dialog-, Lösungs- und Abschlussphase** (vgl. auch *Voeth/Herbst* 2009, S. 170) untergliedern, wobei sich in der einschlägigen Literatur sowohl unterschiedliche Phaseneinteilungen als auch Phasenbezeichnungen finden (vgl. z. B. *Diller et al.* 2005, S. 199; *Homburg/Krohmer* 2009, S. 861).

- Der Erfolg von Verkaufsgesprächen wird in hohem Ausmaß bereits in der **Einstiegsphase** beeinflusst. Beide Gesprächsparteien sollten ein **gemeinsam vereinbartes Gesprächsziel** verfolgen, um nicht aufgrund divergierender Erwartungshaltungen ein frühzeitiges Scheitern des Verkaufsgesprächs in Kauf zu nehmen. Im Fall eines Kontakts mit einem potenziellen **Neukunden** geht es vor allem um den Aufbau einer **persönlichen und inhaltlichen Basis** für den weiteren Gesprächs- und gegebenenfalls auch Geschäftsbeziehungsverlauf (*Diller et al.* 2005, S. 199). Dazu können unterschiedliche Vorgehensweisen, die auch kombinierbar sind, gewählt werden. Neben der allgemein üblichen **Vorstellung des eigenen Unternehmens** können **Kundenreferenzen** zur Vertrauensbildung genutzt werden. Vorausgesetzt, die nachfragerspezifischen Bedürfnisse sind bereits bekannt, kann schon in dieser Phase auf die **grundlegenden Problemlösungskompetenzen** eines Anbieters eingegangen werden. Allerdings darf der Anbieter nicht auf dieser Ebene stehen bleiben, sondern sollte sich darum bemühen, schon in dieser Gesprächsphase sein Interesse für die Probleme des Nachfragers durch das **Stellen gezielter Fragen** zu signalisieren.
- Diese Fragen leiten zur **Dialogphase** über, in der es einem Anbieter darum gehen muss, mit Blick auf eine spätere Angebotslegung möglichst **umfassende Informationen über den Nachfrager** zu erhalten. Um dieses Ziel zu erreichen. müssen sich die in das Verkaufsgespräch involvierten Mitarbeiter des Anbieters im Detail mit dem Nachfrager und dessen Problemstellungen auseinandersetzen. Dies gelingt letztlich nur, wenn diese auch über die **relevanten Konkurrenten** und deren Kompetenzen informiert sind. Ein integrierender Bestandteil der Dialogphase ist die **Vorstellung des Leistungsangebots** des Anbieters. Idealerweise kann dieses unter Bezugnahme auf die bereits in Erfahrung gebrachten Informationen **nutzenorientiert** argumentiert werden, so dass nicht die Leistung des Anbieters, sondern die **Bedürfnisse und Anforderungen des Nachfragers** im Vordergrund stehen. Dies schließt allerdings nicht aus, dass in der Dialogphase die Leistungen eines Anbieters bereits im Detail diskutiert werden, um dem Nachfrager ein umfassendes Bild über die **Kompetenzbreite und -tiefe** des Anbieters zu ermöglichen.
- Gesprächsstillstände, die in der Dialogphase unter Umständen bei spezifischen Themen aufgetreten sind, müssen in der **Lösungsphase** bewusst aufgegriffen werden. Denn entscheidend ist, dass **für alle Seiten interessante Lösungsansätze** gefunden werden. Dies bedingt in vielen Fällen auch eine Flexibilität des Anbieters in dem Sinne, dass dieser zu neuen Lösungen abseits der etablierten Pfade bereit ist.
- Im Rahmen der **Abschlussphase** eines Verkaufsgesprächs werden die **Gesprächsinhalte zusammengefasst** (was gegebenenfalls auch schon in Form von auf die Bedürfnisse des Nachfragers angepassten Leistungsbeschreibungen erfolgen kann) und die **weitere Vorgehensweise** wird vereinbart. Letztere kann möglicherweise **zusätzliche Verkaufsgesprächsrunden** beinhalten, in denen der Kreis der involvierten Personen – etwa zur Abklärung spezifischer technischer Details – auch erweitert werden kann.

Die Durchführung von Verkaufsgesprächen kann in den einzelnen Phasen durch den Einsatz verschiedener Methoden unterstützt werden. Dazu stehen einem Anbieter zum einen **rhetorische Methoden** zur Verfügung, zu denen der **gezielte Einsatz von Fragen** zählt. Abhängig von der jeweiligen Gesprächssituation können unterschiedliche **Fragearten** eingesetzt werden, um die angestrebten Informationen zu erhalten. Die wesentlichen Fragearten (*Sickel* 2008, S. 36 ff.; *Homburg/Krohmer* 2009, S. 864; *Poggensee* 2009, S. 178 ff.) sind in Tabelle 3-15 zusammengefasst.

**Tab. 3-15:** Fragearten zur Unterstützung der Verkaufsgesprächsführung

| Frageart | Beschreibung |
|---|---|
| **Einführungsfragen** | Einführungsfragen dienen der Hinleitung zum Themenkern. |
| **Sachfragen** | Sachfragen unterstützen die Spezifizierung und Analyse von zentralen Themen im Gespräch. |
| **Problemfragen** | Problemfragen zielen auf die spezifische Analyse der Nachfragersituation und im Besonderen auf das Erkennen der Herausforderungen und Problemstellungen des Nachfragers ab. |
| **Auswirkungsfragen** | Durch Auswirkungsfragen verschafft sich ein Anbieter einen Überblick über die (positiven und negativen) Auswirkungen, welche durch ein Problem verursacht bzw. durch dessen Lösung erzielt werden könnten. |
| **Motivationsfragen** | Motivationsfragen unterstützen die positive Überwindung von Phasen mangelnder Konzentration. |
| **Lösungsfragen** | Über Lösungsfragen gelingt es einem Anbieter, gemeinsam mit dem Nachfrager eine Lösung für seine Bedarfs- bzw. Problemlage zu erarbeiten. |
| **Bestätigungsfragen** | Bestätigungsfragen können zum Rekapitulieren des gegenwärtigen Stands des Gesprächs beitragen. Sie können aber auch besprochenen Inhalte bestätigen bzw. deren Verständnis hinterfragen. |
| **Alternativfragen** | Alternativfragen ermöglichen die Steuerung des Gesprächs, da durch diese Ja-Nein-Antworten vermieden und die Präferenzen des Nachfragers ausfindig gemacht werden können. |
| **Begründete Fragen** | Begründete Fragen können zur Erhebung sensibler Informationen dienen, da durch die Begründung dem Nachfrager der Nutzen, der mit der Beantwortung der Frage einhergeht, vermittelt und damit die Fragenbeantwortung wahrscheinlicher wird. |
| **Hypothetische Fragen** | Hypothetische Fragen können einen Nachfrager dazu anregen, in die Zukunft zu denken, wodurch der Anbieter insbesondere persönliche Denkweisen und Einstellungen des Gegenübers in Erfahrung bringt. |
| **Reflektierende Fragen** | Reflektierende Fragen dienen der Erlangung vertiefender Informationen zu einem bereits angesprochenen Sachverhalt. |

Eine weitere wichtige **rhetorische Methode** für die Verkaufsgesprächsführung stellen **Techniken zur Behandlung von Einwänden** (vgl. Tabelle 3-16) dar. Diese zeigen Möglichkeiten auf, wie einem Einwand ausgewichen oder durch eine geeignete Argumentation begegnet werden kann (*Homburg/Krohmer* 2009, S. 865).

Im Rahmen der **Abschlussphase** von Verkaufsgesprächen kann zu deren erfolgreicher Beendigung auf die in Tabelle 3-17 exemplarisch dargestellten **Abschlusstechniken** (*Diller et al.* 2005, S. 209; *Poggensee* 2009, S. 206 ff.; *Homburg/Krohmer* 2009, S. 865 f.) zurückgegriffen werden. Diese Techniken sind allerdings nicht nur für Verkaufsgespräche, sondern insbesondere auch für den **Abschluss von Verhandlungen** von Bedeutung.

**Tab. 3-16:** Techniken zur Behandlung von Einwänden in Verkaufsgesprächen

| Technik | Beschreibung |
|---|---|
| **Bumerangmethode** | Ein Einwand wird in ein positives Argument umgewandelt. |
| **Transformationsmethode** | Durch das Stellen einer Gegenfrage wird Zeit für die Beantwortung des Einwands gewonnen. |
| **Referenzmethode** | Ein Einwand wird durch die exemplarische Nennung eines Referenzkunden mit gegenteiliger Erfahrung entkräftet. |
| **Kompensationsmethode** | Durch die Nennung eines Vorteils in einem anderen Bereich wird der Einwand in seiner Bedeutung reduziert. |

**Tab. 3-17:** Abschlusstechniken für Verkaufsgespräche und Verhandlungen

| Abschluss-technik | Beschreibung | Beispiel |
|---|---|---|
| **Entweder-oder-Methode/Alternativtechnik** | Durch die Unterbreitung von mindestens zwei verschiedenen Lösungswegen bzw. Leistungsalternativen soll eine positive Entscheidung des Nachfragers erreicht werden. | *„Liegt Ihr Interesse primär auf der Leistungsvariante A oder ist Variante B für die von Ihnen geschilderte Problemstellung die bessere Lösung?"* |
| **Initiativmethode** | Der Nachfrager wird auf direktem Weg gefragt, ob er zu einer positiven Entscheidung bereit ist. | *„Dürfen wir für Sie auf Basis der besprochenen Leistungsspezifikationen ein Angebot legen?"* |
| **Technik der Einwandvorwegnahme** | Durch diese Technik kann nicht nur eine positive Entscheidung des Nachfragers bewirkt, sondern auch sein Vertrauen positiv beeinflusst werden, indem mögliche Einwände vom Anbieter aktiv angesprochen und gleichzeitig entkräftet werden. | *„Wahrscheinlich ist die Inbetriebnahme dieser Anlage auf den ersten Blick komplex, aber Erfahrungen mit unseren bisherigen Kunden legen nahe, dass …"* |
| **Zusammenfassungstechnik** | Ziel ist es, die wesentlichen Argumente zusammenzufassen und dabei das stärkste Argument an den Schluss zu stellen, um dadurch den Nachfrager zu einer positiven Entscheidung zu bewegen. | *„Wenn wir alle Ihre Argumente rekapitulieren, so zeigt sich, dass Ihnen insbesondere wichtig ist, dass …"* |
| **Empfehlungstechnik** | Es wird eine objektive, d. h. mit Fakten belegte Empfehlung geäußert, um den Nachfrager zu einer positiven Entscheidung zu bewegen. | *„So wie die Dinge bei Ihnen liegen, empfiehlt es sich auf Basis unserer Erfahrung …"* |
| **Teilentscheidungstechnik** | Der Nachfrager soll für spezifische Gesprächs- oder Verhandlungspunkte bereits zu einer positiven Entscheidung bewegt werden. | *„Sie benötigen die Anlage doch schon zu Beginn des neuen Geschäftsjahrs, oder?"* |

**Tab. 3-17:** Abschlusstechniken für Verkaufsgespräche und Verhandlungen (Fortsetzung)

| Abschluss-technik | Beschreibung | Beispiel |
|---|---|---|
| Technik der falschen Entscheidung | Es wird bewusst eine vermutlich nicht präferierte Alternative vorgeschlagen, um den Nachfrager zu einer positiven Entscheidung zu „zwingen". | „Sie wollen doch sicher das Komplettangebot bestehend aus …?" |
| Technik der Nutzenzusammenfassung | Der Anbieter versucht über eine komprimierte Darstellung aller Nutzenargumente den Nachfrager zu einer positiven Entscheidung zu bewegen. | „Insgesamt zeigt sich, dass Ihnen unsere Lösung einen Produktivitätszuwachs von 5 % ermöglicht. Außerdem …" |

Wie bereits erwähnt gehen **Verkaufsgespräche** in **Verhandlungen** über, sobald ein **konkretes Angebot** vorliegt, das ausgehend von den Anforderungen des Nachfragers im Kern die vom Anbieter zu erbringenden Leistungen und die vom Nachfrager geforderte Gegenleistung beinhaltet. Die Angebotslegung durch den Anbieter stellt einen wichtigen taktischen Schritt mit Blick auf die nachfolgenden Verhandlungen dar, da Letztere durch das Angebot in die gewünschte Richtung gelenkt werden können.

### 3.3.3.3 Auftragsabschluss

Das vom Anbieter vorgelegte Angebot wird in der Regel vom Nachfrager nicht einfach akzeptiert, sondern es sind **Verhandlungen** notwendig, damit der Anbieter einen Auftragsabschluss erzielen kann. Eine Verhandlungssituation entsteht somit immer dann, wenn zwischen zwei Parteien ein grundsätzliches Übereinkommen zu einer Leistung bzw. ein spezifisches Angebot vorliegt, es allerdings einer detaillierten Abstimmung der Anforderungen des Nachfragers und der Vorstellungen des Anbieters bedarf. Das **Ziel von Verhandlungen** besteht darin, eine **finale Übereinkunft hinsichtlich der Leistungstransaktion** zu erreichen, in welcher jede der verhandelnden Parteien ihre Anforderungen bestmöglich wiederfindet (*Voeth/Herbst* 2009, S. 5; *Sandstede* 2010, S. 11).

Bevor nachfolgend näher auf die Vorbereitung und Durchführung von Verhandlungen eingegangen wird, muss noch der Verhandlungsbegriff operationalisiert werden. *Voeth/Herbst* (2009, S. 5) leiten dazu die folgenden fünf grundlegende Merkmale von Verhandlungen ab:

- **Multipersonalität/-organisationalität:** Verhandlungen stellen eine Entscheidungsfindung zwischen zwei oder mehr als zwei Personen bzw. insbesondere im Kontext von Business-to-Business-Märkten zwischen zwei oder mehreren organisationalen Parteien dar.
- **Zielkongruenz:** Die verhandelnden Parteien haben entsprechend ihren übergeordneten Verhandlungszielen das Interesse, eine Einigung über einen bzw. mehrere Verhandlungsgegenstände (z. B. Preis, Spezifikation der Leistung) zu erzielen.
- **Präferenzkonflikt:** Trotz des Ziels der Einigung weisen die Verhandlungsparteien meist unterschiedliche Präferenzen auf, die einander angepasst werden müssen bzw. Lösungen für Präferenzkonflikte erfordern.

- **Einigungsraum:** Durch Verhandlungen besteht die Möglichkeit, zu einer Lösung zu gelangen, welche die Verhandlungsparteien besser stellt, als wenn von vornherein auf eine Einigung verzichtet würde.
- **Interaktionsprozess:** Verhandlungen sind durch gegenseitige Manipulationsversuche der jeweiligen Verhandlungsparteien charakterisiert, um die eigenen Präferenzen bestmöglich durchzusetzen.

### 3.3.3.3.1 Vorbereitung von Verhandlungen

Die Vorbereitung von Verhandlungen ist für den Verhandlungserfolg von entscheidender Bedeutung. Konkret muss ein Anbieter in diesem Zusammenhang seine Informationsbasis gegenüber den vorangegangenen Verkaufsgesprächen so erweitern, dass ihm genügend **verhandlungsspezifische Informationen** zur Verfügung stehen, um darauf aufbauend seine **Verhandlungsziele planen** zu können. Diese Ziele bilden wiederum die Basis für die systematische **Entwicklung von Verhandlungskonzepten**.

**(1) Gewinnung verhandlungsspezifischer Informationen**
Die im Zuge der Vorbereitung und Durchführung von Verkaufsgesprächen gewonnenen Informationen bilden einen wesentlichen Ansatzpunkt für die Verhandlungsvorbereitung des Anbieters. Allerdings muss dieser seine Informationsbasis mit Blick auf die spezifische Situation von Verhandlungen auch entsprechend erweitern. Ziel ist es, eine möglichst umfangreiche Wissensbasis zu allen verhandlungsrelevanten Aspekten aufzubauen. Tabelle 3-18 gibt einen Überblick zu verhandlungsspezifischen Informationskategorien (*Voeth/Herbst* 2009, S. 46 ff.; *Backhaus/Voeth* 2010, S. 247 f.) und zeigt exemplarische Informationsbedarfe auf.

**Tab. 3-18:** Verhandlungsspezifische Informationskategorien und exemplarische Informationsbedarfe

| Informationskategorie | Exemplarische Informationsbedarfe |
|---|---|
| Informationen über das Nachfragerunternehmen | • Wirtschaftliche Situation<br>• Mengenpotenziale<br>• Verhandlungsmacht |
| Informationen über das eigentliche Verhandlungsobjekt | • Besonderheiten der Leistung (technologische, servicebezogene etc.)<br>• Bisherige Technologien<br>• Potenzielle Schwachstellen der Leistung aus Sicht des Nachfragers<br>• Partial Cost of Ownership des Nachfragers |
| Informationen über die einzelnen Verhandlungsgegenstände beim jeweiligen Verhandlungsobjekt | • Leistungsvarianten<br>• Preis<br>• Direkter Preisnachlass<br>• Treuerabatt<br>• Währung<br>• Zahlungszeitpunkt<br>• Finanzierungsdienstleistungen<br>• Zusätzliche Konditionen (z. B. Logistikleistungen, Garantien) |

**Tab. 3-18:** Verhandlungsspezifische Informationskategorien und exemplarische Informationsbedarfe (Fortsetzung)

| Informationskategorie | Exemplarische Informationsbedarfe |
|---|---|
| Informationen über die auf Nachfragerseite verhandelnden Personen | • Anzahl der verhandelnden Personen<br>• Rollen, Aufgaben, hierarchische Stellung im Unternehmen<br>• Einstellung gegenüber dem Anbieter<br>• Präferenzen<br>• Preisbereitschaften<br>• Verhandlungsmotive und -ziele<br>• Verhandlungsverhalten: potenzielle Verhandlungsstrategien und -taktiken<br>• Einfluss von Personen, die nicht an den Verhandlungen teilnehmen |
| Informationen über die Historie bisher erfolgter Verhandlungen | • Bereits verhandelte Objekte<br>• Bereits abgeschlossene Aufträge<br>• Ablauf bisherigerer Verhandlungen<br>• Gründe für das Scheitern bzw. den erfolgreichen Abschluss bisheriger Verhandlungen<br>• Bisherige Kaufmotive |
| Informationen über die im Verhandlungskontext relevanten Mitbewerber | • Eingesetzte Technologien<br>• Stärken-Schwächen-Profile<br>• Preisniveau<br>• Verhandlungsmacht<br>• Bisherige Kontakte mit dem Nachfrager |

Wie bereits in Kap. 3.3.3 angemerkt, bilden die vom Anbieter zu erbringende **Leistung als solche** und deren **Preis** bzw. die damit verbundenen **Konditionen** den Mittelpunkt von Verhandlungen. Somit wird deutlich, dass die in Tabelle 3-18 hervorgehobenen Informationskategorien für die Durchführung von Verhandlungen von zentraler Bedeutung sind.

**(2) Planung der Verhandlungsziele**
Aufbauend auf den gewonnenen verhandlungsspezifischen Informationen sind unter Berücksichtigung der festgelegten Verkaufsziele konkrete Verhandlungsziele zu definieren, um eine **einheitliche Ausrichtung** aller an Verhandlungen teilnehmenden Mitarbeiter des Anbieters zu gewährleisten. Diese Ausrichtung stellt im Hinblick auf den Verhandlungserfolg einen **wesentlichen Erfolgsfaktor** dar. Darüber hinaus dienen die festgelegten Verhandlungsziele auch der **Beurteilung des Verhandlungsfortschritts**. Somit ist es dem Anbieter möglich, rechtzeitig zu erkennen, ob im Verlauf von Verhandlungen beispielsweise Strategiewechsel notwendig sind oder aber Verhandlungen gegebenenfalls auch abgebrochen werden müssen.

Im Zuge der Diskussion von Verkaufsgesprächszielen (vgl. Kap. 3.3.3.2.1) wurde deutlich, dass diese sich auf einer allgemeinen Ebene mit Leistungs- und Kunden- bzw. Interaktionsaspekten auseinandersetzen. Entsprechend dem erfolgten Fortschritt im Verkaufsprozess müssen die Ziele von Verhandlungen allerdings eine andere Schwerpunktsetzung aufweisen. Diese beziehen sich primär auf **Absatz-, Ertrags- und Auftragsabwicklungsaspekte** (z. B. Erzielung eines Mindestdeckungsbeitrags, Abschluss von Zusatzkäufen, Vereinbarung eines Mengenrahmens, Festlegung von Lieferbedingungen).

Ein wesentlicher Punkt bei der Festlegung von Verhandlungszielen ist, dass ein Anbieter die ihm bekannten bzw. potenziellen **Verhandlungsziele des Nachfragers** mit ins Kalkül zieht und seine eigenen Ziele nicht völlig unabhängig von diesen festlegt (*Voeth/ Herbst* 2009, S. 101). Denn ansonsten besteht die Gefahr, dass Verhandlungen aufgrund unrealistischer Zielsetzungen früh abgebrochen werden. Die Auseinandersetzung mit den Verhandlungszielen des Nachfragers ist zudem auch wichtig, da der Anbieter nur dann angemessen auf die Vorstellungen seines Gegenübers reagieren kann.

Im Regelfall ist davon auszugehen, dass die Verhandlungsziele von Anbieter und Nachfrager **nie völlig übereinstimmen**. Entscheidend ist daher die Frage, ob auf Basis der anbieter- und nachfragerseitig vorliegenden Zielsetzungen eine tatsächliche Einigung zwischen den verhandelnden Parteien möglich ist. Somit kommt der Analyse des aus den jeweiligen Zielsetzungen ableitbaren **Einigungsraums** entscheidende Bedeutung zu. In diesem Zusammenhang ist es notwendig, dass der Anbieter sich zu den eigenen **Reservations- und Aspirationslösungen** und zu denen des Nachfragers Gedanken macht. **Reservationslösungen** beschreiben dabei die jeweiligen **Minimalziele** (z. B. Preisuntergrenze des Anbieters bzw. Preisobergrenze des Nachfragers), während **Aspirationslösungen** die jeweiligen „Wunschergebnisse" bzw. **Optimalziele** betreffen (z. B. anbieterseitig ein bestimmter möglichst hoher Preis bzw. nachfragerseitig ein bestimmter möglichst niedriger Preis). Eine Einigung zwischen den Verhandlungsparteien wird dabei nur dann möglich sein, wenn die anbieter- und nachfragerseitigen **Minimalziele** miteinander kompatibel sind und somit eine sogenannte „**Zone of Possible Agreement**" (**ZOPA**) vorliegt (*Voeth/Herbst* 2009, S. 103 ff.; *Backhaus/Voeth* 2010, S. 249 f.). Die vorangegangenen Überlegungen sollen für den Verhandlungsgegenstand des **Preises** anhand der in Abbildung 3-29 illustrierten drei Situationen veranschaulicht werden.

- **Situation 1:** Ein Anbieter (A) möchte pro Stück einen Verkaufspreis von 65 Euro (= Aspirationspreis ($AP_A$)) erzielen und legt gleichzeitig seine Preisuntergrenze (= Reservationspreis ($RP_A$)) auf 35 Euro pro Stück fest, um seine Kosten decken zu können. Der Nachfrager (N) hingegen möchte einen Stückpreis von 50 Euro (= Aspirationspreis ($AP_N$)) zahlen, ist allerdings zu einem maximalen Stückpreis von 70 Euro (= Reservationspreis ($RP_N$)) bereit. Da in dieser Situation der Reservationspreis des Nachfragers höher ist als der Reservationspreis des Anbieters und sich gleichzeitig die Aspirationspreise innerhalb der durch die Reservationspreise gebildeten Range befinden, liegt eine **Einigungszone** (ZOPA) **mit größtmöglichem Umfang** vor.
- **Situation 2:** In dieser Situation stellt sich die **Einigungszone** als **eingeschränkt** dar, da der Reservationspreis des Nachfragers zwar über dem Reservationspreis des Anbieters liegt, die jeweiligen Aspirationspreise aufgrund der Höhe der Reservationspreise aber außer Reichweite sind.
- **Situation 3:** In diesem Fall liegt der Reservationspreis des Nachfragers unter dem Reservationspreis des Anbieters. Aufgrund der somit gegebenen Inkompatibilität der anbieter- und nachfragerseitigen Minimalziele existiert **keine Einigungszone** und die Durchführung von Verhandlungen macht keinen Sinn.

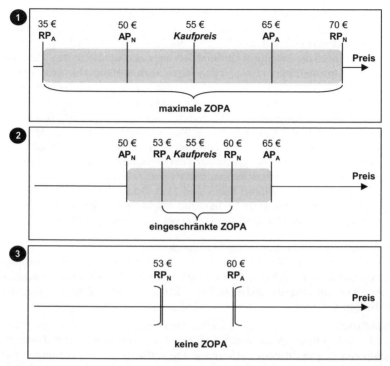

**Abb. 3-29:** Exemplarische Verhandlungssituationen mit unterschiedlichen Einigungszonen (in Anlehnung an *Voeth/Herbst* 2009, S. 105 f.; *Backhaus/Voeth* 2010, S. 251)

Die Ermittlung der für eine Verhandlung relevanten Minimal- und Optimalziele eines Nachfragers stellt einen Anbieter vor Herausforderungen. Einen wichtigen Ansatzpunkt zur Bestimmung der **Minimalziele** liefert dabei die Analyse der „**Best Alternative to Negotiated Agreement**" (**BATNA**) des Nachfragers (*Backhaus/Voeth* 2010, S. 250; *Voeth/Herbst* 2011, S. 223). Unter einem BATNA wird dabei die beste Alternative verstanden, die dem jeweiligen Verhandlungsgegner zur Verfügung steht. Liegt, um bei einem Preisbeispiel zu bleiben, einem Nachfrager ein **von der Nutzenstiftung her in ungefähr gleiches** Konkurrenzangebot zum Preis von 100 Euro vor, so ist es naheliegend, dass sein Reservationspreis und damit sein preisliches Minimalziel genau diesen 100 Euro entspricht. Denn bei Preisen über 100 Euro würde der Nachfrager auf das dann günstigere Konkurrenzangebot zurückgreifen. Anzumerken ist, dass auch durch die bereits behandelte **Limit Conjoint-Analyse** (vgl. Kap. 3.2.2.3) das preisliche Minimalziel eines Nachfragers für ein Angebot – seine mit dem Reservationspreis deckungsgleiche Preisbereitschaft – ermittelt werden kann, und zwar **auch bei fehlender Nutzengleichheit** gegenüber der Konkurrenz. Um nochmals auf das BATNA zurückzukommen: Hier gilt, dass im Fall kundenindividueller Leistungen, wie sie für das Zuliefer- und Anlagengeschäft typisch sind, die einem Nachfrager zur Verfügung stehenden BATNAs eben aufgrund der Leistungsindividualisierung nur schwer mit der Leistung des Anbieters vergleichbar sind. Somit kann der BATNA-Ansatz hier lediglich grobe Anhaltspunkte zur Ableitung verhandlungsrelevanter Minimalziele eines Nachfragers liefern.

Hinsichtlich der Festlegung von Verhandlungszielen ist abschließend darauf zu verweisen, dass diese Ziele für die verhandelnden Mitarbeiter eines Anbieters eine **Anker-** bzw. **Orientierungsfunktion** erfüllen (vgl. auch *Voeth/Rabe* 2004a, S. 1025). Somit stellt sich die Frage, wie hoch die jeweiligen **Optimalziele** angesetzt werden sollten. Zunächst gilt, dass **zu hohe Optimalziele** zu einem **frühzeitigen Verhandlungsabbruch** führen könnten, da dem Nachfrager das falsche Signal gesendet wird (vgl. auch *Voeth/Herbst* 2011, S. 226). Andererseits aber besteht bei **zu niedrig angesetzten Optimalzielen** die Gefahr, dass **entgegen der Prämisse des wertbasierten Business-to-Business-Marketing** nicht der anbieter-, sondern der nachfragerseitige Wert maximiert wird. Gegen zu niedrig angesetzte Optimalziele sprechen auch die Ausführungen von *Voeth/Rabe* (2004a, S. 1026 f.), die im Kontext des Verhandlungsgegenstands des Preises darauf verweisen, dass Verhandelnde, die mit niedrigen Preiszielen konfrontiert sind, relativ schnell zu Preiszugeständnissen gegenüber dem Nachfrager bereit sind. Dies lässt sich so begründen, dass ganz generell **weiter unten angesetzte Verhandlungsziele** zu einer **geringeren Motivation** und **Leistungsbereitschaft** führen als dies bei höheren Zielen der Fall ist.

**(3) Entwicklung von Verhandlungskonzepten**
Nach der Definition von Verhandlungszielen muss es darum gehen, diese auch tatsächlich zu erreichen. Dazu bedarf es der Erarbeitung entsprechender Verhandlungskonzepte, welche **Verhandlungsstrategien und -taktiken** sowie eine geeignete **Verhandlungsorganisation** festlegen.

**Verhandlungsstrategien** können als Aktionsplan gesehen werden, der auf die Realisierung von Verhandlungszielen abstellt. Verhandlungsstrategien stellen demnach eine übergeordnete Leitlinie dar, die das Verhandlungsverhalten der Verhandlungsteilnehmer ausrichtet (*Honeycutt et al.* 2003, S. 236). Zentrale Bedeutung kommt in diesem Zusammenhang **ergebnisbezogenen Verhandlungsstrategien** zu, deren Fokus auf dem angestrebten Verhandlungsresultat liegt.

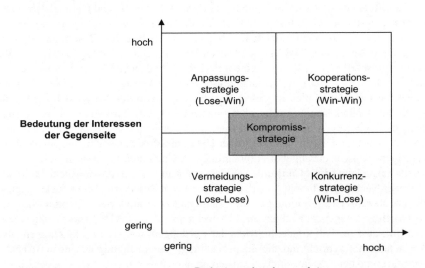

**Abb. 3-30:** Ergebnisbezogene Verhandlungsstrategien (*Voeth/Herbst* 2009, S. 124)

Ergebnisbezogene Verhandlungsstrategien lassen sich dahin gehend differenzieren, wie stark in einer Verhandlung die eigenen Interessen und die der Gegenseite priorisiert werden. Wie Abbildung 3-30 zeigt, kann ein Anbieter je nach Schwerpunktsetzung fünf unterschiedliche Verhandlungsstrategien verfolgen (*Lewicki et al.* 1998, S. 65 ff.; *Voeth/ Herbst* 2009, S. 123 ff.; *Backhaus/Voeth* 2010, S. 250 ff.), deren Stoßrichtungen nachfolgend skizziert werden.

- **Konkurrenzstrategie:** Diese Strategie ist dadurch gekennzeichnet, dass es der Anbieter darauf anlegt, entweder zu gewinnen (Win) oder zu verlieren (Lose). Die Intention der Konkurrenzstrategie besteht darin, auf Kosten der Gegenseite das eigene Ergebnis zu maximieren. Verfolgt ein Anbieter diese Strategie, dann nimmt er – ganz im Gegensatz zu einer Kooperationsstrategie – an, dass es sich bei der Verhandlung um ein **Nullsummenspiel** handelt und es lediglich darum geht, eine bereits festgelegte Verhandlungsmasse zu verteilen. Problematisch an einer Konkurrenzstrategie ist, wenn auch die Gegenseite – unter Umständen sogar erst als Folge der Strategiewahl des Anbieters – diese Strategie verfolgt und der Strategieerfolg für den Anbieter damit letztlich nur von seiner **Verhandlungsmacht** abhängt. Ist eine solche nicht in ausreichendem Maß gegeben, dann ist der Anbieter gezwungen, von der Konkurrenz- auf eine Kompromissstrategie überzugehen.
- **Anpassungsstrategie:** Verfolgt ein Anbieter das Ziel, einen Nachfrager auch für **Folgegeschäfte** zu gewinnen und möchte er sich dafür eine gute Ausgangsposition verschaffen, dann stellt die Anpassungsstrategie eine geeignete Handlungsoption dar. Durch ein **anfängliches Nachgeben** (Lose) soll somit später ein **Gewinn** (Win) erzielt werden. Die Wahl dieser Strategie wird entscheidend von der strategischen Ausrichtung gegenüber dem Nachfrager (beziehungs- versus transaktionsorientierte Interaktion) determiniert. Beispielsweise kann die Anpassungsstrategie dem Anbieter im Zuliefergeschäft helfen, dem Nachfrager das Interesse an einer Partnerschaft und laufenden Zusammenarbeit zu signalisieren.
- **Kooperationsstrategie:** Im Rahmen einer Kooperationsstrategie ist der Anbieter bestrebt, ein Verhandlungsergebnis zu erzielen, das sowohl für ihn selbst als auch für den Nachfrager möglichst günstig ist. Ziel ist es, eine Win-Win-Situation herbeizuführen. Dies gelingt allerdings nur, wenn die Verhandlung **nicht als Nullsummenspiel** betrachtet wird, sondern die Verhandlungsmasse vergrößert werden kann. Eine solche Situation tritt insbesondere dann ein, wenn mehrere Verhandlungsobjekte parallel verhandelt werden, wodurch im Vergleich zu isolierten Verhandlungen für beide Verhandlungsparteien ein in Summe besseres Verhandlungsergebnis erzielt werden kann.
- **Vermeidungsstrategie:** Diese Strategie, die mit einem **Abbruch der Verhandlung** (Lose-Lose-Situation) verbunden ist, bietet sich dann an, wenn ein Anbieter im Verhandlungsverlauf zur Erkenntnis gelangt, dass der Abschluss eines Geschäfts mit dem Nachfrager nur wenig attraktiv ist. Dies kann zum einen am Nachfrager liegen, beispielsweise weil sich dessen finanzielle Situation im Verlauf der Verhandlungen geändert hat. Für eine Vermeidungsstrategie können allerdings auch anbieterseitige Gründe sprechen, etwa wenn mit mehreren Nachfragern parallel verhandelt wird und es aufgrund bereits erfolgreich abgeschlossener Verhandlungen zu Ressourcenengpässen kommt.

- **Kompromissstrategie:** Die Kompromissstrategie stellt eine Kombination der bisher genannten Strategien dar. Sie ist dadurch gekennzeichnet, dass dem Verhandlungspartner dann entgegengekommen wird, wenn auch dieser zu Zugeständnissen bereit ist. Um die für diese Strategie charakteristischen **Konzessionen** gezielt steuern zu können, ist ein entsprechender Verhandlungsaufbau von zentraler Bedeutung. Wie bereits erwähnt kann eine Kompromissstrategie das Resultat einer fehlgeschlagenen Konkurrenzstrategie sein. Allerdings sollte eine Kompromissstrategie immer auch dann gewählt werden, wenn abzusehen ist, dass eine Kooperationsstrategie nicht umsetzbar ist und ein ausgewogenes Machtverhältnis zwischen den verhandelnden Parteien vermutet werden kann.

Die erfolgreiche Umsetzung der jeweiligen Verhandlungsstrategie erfordert in einem weiteren Schritt vom Anbieter die Festlegung geeigneter **Verhandlungstaktiken**, „die der Planung des zielgerichteten Einsatzes von Verhandlungsargumenten, -angeboten und sonstigen Verhaltensweisen in Bezug auf Verhandlungsablauf und Verhandlungsgegner dienen sollen" (*Voeth/Herbst* 2011, S. 226). Die Wirkung eingesetzter Verhandlungstaktiken ist nur schwer abschätzbar, da diese von einer Vielzahl von Kriterien und vor allem auch den jeweiligen situativen Gegebenheiten beeinflusst wird. Dennoch müssen Verhandlungstaktiken stets **systematisch geplant** und darüber hinaus **bewusst eingesetzt** werden, da diese bei wiederholtem Einsatz in einer Verhandlung in ihrer Wirkung abnehmen (*Voeth/Herbst* 2009, S. 149).

In der einschlägigen Literatur wird eine Vielzahl von Verhandlungstaktiken vorgeschlagen, die im Großen und Ganzen in **ergebnisbezogene** und **prozessbezogene Taktiken** untergliedert werden können. So wie ergebnisbezogene Verhandlungsstrategien besitzen auch ergebnisbezogene Verhandlungstaktiken eine unmittelbare Wirkung auf das Verhandlungsresultat, während prozessbezogene Verhandlungstaktiken den Verhandlungsprozess beeinflussen, dadurch aber indirekt auch eine Wirkung auf das Verhandlungsergebnis haben (*Voeth/Herbst* 2009, S. 134 f.).

Die Tabellen 3-19 und 3-20 geben einen Überblick zu exemplarischen ergebnisbezogenen bzw. prozessbezogenen Verhandlungstaktiken (*Voeth/Rabe* 2004a, S. 1025; *Voeth/ Herbst* 2009, S. 135 ff.; *Backhaus/Voeth* 2010, S. 252 f.). Für die Auswahl einer Taktik ist es dabei von Vorteil, wenn die Reservations- und Aspirationslösungen der Gegenseite bekannt sind (*Voeth/Herbst* 2009, S. 136).

**Tab. 3-19:** Ergebnisbezogene Verhandlungstaktiken

| Verhandlungstaktik | Beschreibung |
|---|---|
| **Erstes Angebot** | Das erste Angebot in einer Verhandlung hat einen entscheidenden Einfluss auf deren Ergebnis, was insbesondere auch mit Blick auf den Verhandlungsgegenstand des Preises wichtig ist. Wer als Erster ein Angebot macht, schafft für die Gegenseite einen kognitiven Anker und zwingt diese, sich argumentativ mit diesem Anker auseinanderzusetzen. Der „Erstbieter" kann dadurch zusätzliche Informationen gewinnen und weitere Verhandlungszüge planen. |

**Tab. 3-19:** Ergebnisbezogene Verhandlungstaktiken (Fortsetzung)

| Verhandlungstaktik | Beschreibung |
|---|---|
| Unmittelbares Gegenangebot/ Gegenanker | Gelingt es nicht, das erste Angebot zu legen, dann kann die Taktik des unmittelbaren Gegenangebots eingesetzt werden, um die Wirkung des ersten Angebots abzuschwächen. |
| Reziprozität | Die Taktik der Reziprozität beruht auf dem Ziel, stets ein wechselseitiges Geben und Nehmen in Verhandlungen zu erreichen. Verhandelnde dürfen somit nicht mehrere Zugeständnisse hintereinander machen, sondern es sollte stets ein Zugeständnis der Gegenseite abgewartet werden, bevor ein weiteres Zugeständnis gemacht wird. |
| Versprechungen | Bei dieser Taktik wird versucht, Zugeständnisse in laufenden Verhandlungen durch Versprechungen über Zugeständnisse bei zukünftigen Verhandlungen oder hinsichtlich des zukünftigen Verhaltens zu erreichen. Je nach Verhandlungssituation stellt diese Taktik ein mehr oder weniger glaubwürdiges Vorgehen dar, wobei die Glaubwürdigkeit insbesondere von der Konkretheit und Belastbarkeit der gemachten Versprechungen abhängt. |
| Selektives Lügen | Das „Selektive Lügen" umfasst das gezielte Zurückhalten von Informationen, die Verfremdung von Informationen und auch das Einbringen von Unwahrheiten, um dadurch das Verhalten der Gegenseite zu beeinflussen. Diese Taktik birgt jedoch unabhängig von der moralischen Bewertung die Gefahr, dass die Lügen zu einem späteren Zeitpunkt aufgedeckt werden und damit das Vertrauen für Folgeverhandlungen zerstört ist. |
| Argumentations-ordnung | Diese Taktik zielt auf den Einsatz konkreter Argumente in einer bestimmten Reihenfolge ab, um abhängig vom Gewicht der jeweiligen Argumente Verhandlungen gezielt zu steuern. |

**Tab. 3-20:** Prozessbezogene Verhandlungstaktiken

| Verhandlungstaktik | | Beschreibung |
|---|---|---|
| Interaktionsbezogene Taktiken | Rollenspiele | Im Rahmen von Rollenspielen richten die Mitglieder eines Verhandlungsteams ihr Verhalten an spezifischen Rollen aus, die nur zum Zweck der jeweiligen Verhandlung existieren und somit gespielte Rollen sind (z. B. „good guy/bad guy"-Spiel). Ziel von Rollenspielen ist es, die auf der Spielebene erzielten „Ergebnisse" für die Erlangung von Vorteilen auf der eigentlichen Verhandlungsebene einzusetzen. |
| | Zeitspiele | Bei dieser Taktik wird gezielt mit der in einer Verhandlung zur Verfügung stehenden Zeit „gespielt", um ähnlich wie bei der Rollenspiel-Taktik Vorteile auf der Spielebene in Vorteile auf der eigentlichen Verhandlungsebene umzumünzen. So kann beispielsweise Zeitdruck ausgeübt werden, um Detaildiskussionen bewusst zu umgehen. |
| Kommunikative Taktiken | Asymmetrische Kommunikation | Ein Verhandelnder kann sich durch den Einsatz gezielter Fragen Informationsvorsprünge verschaffen, die im weiteren Verhandlungsverlauf insofern vorteilhaft sind, als sich darauf eine fundierte Argumentation aufbauen lässt. |

**Tab. 3-20:** Prozessbezogene Verhandlungstaktiken (Fortsetzung)

| Verhandlungstaktik | | Beschreibung |
|---|---|---|
| | *Berufung auf höhere Instanzen* | Durch die argumentative Bezugnahme auf eine höhere Instanz kann in Verhandlungen versucht werden, eigene Argumente zu verstärken oder jene der Gegenseite abzuschwächen. Hierbei kann sowohl auf unternehmensexterne (z. B. Fachverband) als auch unternehmensinterne Instanzen (z. B. Geschäftsführer) verwiesen werden. |
| **Partner-bezoge-ne Takti-ken** | *Umarmung* | Diese Taktik zielt auf die Schaffung einer starken Harmonie zwischen den Verhandlungsparteien ab, um durch diese soziale Bindung Abhängigkeiten zu schaffen und Zugeständnisse somit einfacher erzielen zu können. |
| | *Schmei-cheln* | Durch das gezielte Ansprechen nicht-ökonomischer bzw. nicht direkt die Verhandlung betreffender Präferenzen der Gegenseite sollen Zugeständnisse in der eigentlichen Verhandlung erzielt werden. Dies kann beispielsweise über das Aussprechen von Anerkennung und Lob oder über die Bestätigung der Kompetenz der Gegenseite erreicht werden. |
| | *Gesichts-wahrung* | Diese Taktik stellt darauf ab, den eigenen Gesichtsverlust, insbesondere aber auch jenen der Gegenseite zu verhindern. Ein Gesichtsverlust kann dabei z. B. aufgrund von Fehlinformationen bzw. einer Fehlinterpretation von Informationen bewirkt werden. Vermeiden lässt sich ein drohender Gesichtsverlust beispielsweise durch das Wechseln des Kommunikationsgegenstands. |

Analog zu Verkaufsgesprächen müssen auch im Rahmen von Verhandlungen Fragen der **Verhandlungsorganisation** geklärt werden. Für einen Anbieter ist dabei zunächst wichtig, **wer** für ihn verhandeln soll, womit angesichts des **multipersonalen Charakters** von Verhandlungen in Business-to-Business-Märkten (vgl. Kap. 3.3.3) die Frage der **Größe und Zusammensetzung des Verhandlungsteams** in den Mittelpunkt rückt. In diesem Zusammenhang ist es notwendig, dass sich der Anbieter am (vermuteten) **Team der Gegenseite ausrichtet**, um dieses möglichst gut hinsichtlich der dort vorhandenen Kompetenzen und hierarchischen Rollen zu spiegeln (*Backhaus/Voeth* 2010, S. 248). Folglich gilt es, über das Verhandlungsteam der Gegenseite möglichst viele Informationen zu sammeln.

Über den Aspekt der Zusammenstellung des Verhandlungsteams hinaus muss vom Anbieter aber auch die **Aufgabenverteilung im Verhandlungsteam** geklärt werden (*Voeth/ Herbst* 2009, S. 74 ff.; *Backhaus/Voeth* 2010, S. 248 f.). In der Verhandlungspraxis wurden diesbezüglich verschiedene teambezogene **Aufgabenprofilkonzepte** entwickelt. Ein Beispiel hierfür stellt das „**FBI-Konzept**" (*Schranner* 2003, S. 30 ff.) dar, das ursprünglich für Verhandlungen zwischen der Polizei und Geiselnehmern gedacht war, allerdings problemlos auf den Verhandlungskontext in Business-to-Business-Märkten übertragen werden kann. In diesem Konzept wird zwischen den Aufgabenprofilen des Negotiators, des Commanders und des Decision Makers differenziert. Während der **Negotiator** die **eigentliche Verhandlungsführung** innehat, hält sich der **Commander** im Hintergrund und fungiert eher als **Coach des Negotiators**. Seine Aufgabe ist es, die andere Verhandlungsseite zu analysieren, die erreichten Zwischenergebnisse zu bewerten und dem Negotiator etwa in Verhandlungspausen Feedback und Hinweise zu geben. Der Aufgabenteilung zwischen Negotiator und Commander liegt dabei die Überlegung zugrunde, dass Ersterer in der Regel zu stark mit der eigentlichen Verhandlungsführung beschäftigt ist, als dass er zeitgleich die Gegenseite analysieren und darauf aufbauend neue Strategien und Argumente entwickeln könnte. Im Gegensatz zum Negotiator und Commander nimmt der **Decision Maker** nicht direkt an der Verhandlung teil. Ihm obliegt die **Entscheidung** über die Annahme oder Ablehnung einer ausgehandelten Lösung. Dass diese Entscheidung einem nicht auf der Verhandlungsebene aktiven Dritten überlassen wird, liegt in der dadurch erhofften Vergrößerung der Rationalität des Verhandlungsprozesses begründet. In der Regel nimmt der Decision Maker eine übergeordnete hierarchische Position ein.

Die Verhandlungsvorbereitung wird im Idealfall durch ein entsprechendes **Reporting** seitens der in Verhandlungen involvierten Mitarbeiter des Anbieters abgeschlossen (*Voeth/Herbst* 2009, S. 156 ff.). Dieses Reporting sollte alle Teilbereiche der Verhandlungsvorbereitung umfassen und sämtliche in diesem Zusammenhang getroffenen Einschätzungen und Festlegungen dokumentieren. Ein Reporting der Verhandlungsvorbereitung erscheint insbesondere deshalb als sinnvoll, weil damit a) der Anbieter von einer gründlichen Verhandlungsvorbereitung seiner Mitarbeiter ausgehen kann, b) ein Leitfaden für die Verhandlungsführung vorliegt, c) die Akzeptanz von Verhandlungsergebnissen in der Anbieterorganisation erhöht werden kann und d) auf Basis von Reporting und Verhandlungsprozess bzw. -ergebnis ein Soll-Ist-Vergleich durchgeführt werden kann, der Verbesserungspotenziale für zukünftige Verhandlungen aufzeigt.

### 3.3.3.3.2 Durchführung von Verhandlungen

Ein Nachfrager wird in Verhandlungen erst dann zu einer Kaufentscheidung bewogen werden können, wenn der Anbieter die folgenden Fragen überzeugend beantworten kann (vgl. auch *Rentzsch* 2008, S. 99):

* Auf welchen Nutzenebenen (z. B. Produkt, Wirtschaftlichkeit, Information) profitiert der Kunde?
* Überwiegt der Kundennutzen die Kosten, die mit dem Erwerb der Leistung verbunden sind, d. h. stiftet das Leistungsangebot einen Kundenwert?
* Ist der gestiftete Kundenwert größer als der, den konkurrierende Anbieter bieten können?

Verhandlungen sollten sich an einem Prozess orientieren, der analog zu Verkaufsgesprächen eine **Einstiegs-, Dialog-, Lösungs- und Abschlussphase** umfasst. Gegenüber Verkaufsgesprächen verschiebt sich in Verhandlungen der inhaltliche Fokus allerdings hin zur **Diskussion und Einigung über Leistung und Gegenleistung** bzw. damit in Zusammenhang stehenden ergänzenden Aspekten (z. B. Vereinbarungen hinsichtlich Vertragsstrafen). In den einzelnen Verhandlungsphasen stehen dabei die folgenden Inhalte im Mittelpunkt (*Voeth/Herbst* 2009, S. 171 ff.):

* **Einstiegsphase:** Gegenseitiges Kennenlernen und Vorstellung der jeweiligen Verhandlungspositionen;
* **Dialogphase:** Klärung des Verständnisses der dargelegten Verhandlungspositionen, Offenlegung der Wichtigkeit der einzelnen Verhandlungsgegenstände, gegenseitige Annäherung;

- **Lösungsphase:** Aufbrechen eines gegebenenfalls eingetretenen Verhandlungsstill-stands durch neue Verhandelnde, Variation der Verhandlungsgegenstände (z. B. „Side Deals"), neue Alternativen bei bestehenden Verhandlungsgegenständen, neue Infor-mationen und neue Rahmenbedingungen (z. B. verkürzte Vertragslaufzeit);
- **Abschlussphase:** Richtige Abschätzung des Einigungszeitpunkts und Abgabe des „letzten Angebots".

Vor dem Hintergrund eines wertbasierten Marketingverständnisses ist es über alle Verhandlungsgegenstände und -bereiche hinweg wesentlich, dass es dem Anbieter gelingt, den Nachfrager von dem **Wertgewinn** zu überzeugen, den dieser durch den Erwerb der Leistung im Vergleich zum besten Konkurrenzangebot erzielen kann. Ent-scheidend in diesem Zusammenhang ist, dass dieser Wertgewinn vor dem Hintergrund des Anspruchs des wertbasierten Business-to-Business-Marketing, den Wert für den Anbieter zu maximieren, wenn möglich nicht durch **preisseitige Zugeständnisse** im Verlauf der Verhandlung bewirkt werden sollte. Dies lässt sich nur erreichen, indem ein überlegener Kundennutzen den Ankerpunkt einer **wertbasierten Argumentation** bildet. Mit Blick auf eine solche Argumentation kann ein Anbieter an den folgenden zwei Punkten ansetzen:

- Zum einen kann der Anbieter dem Kunden verdeutlichen, dass sich die Vorteilhaf-tigkeit seines Leistungsangebots trotz im Konkurrenzvergleich höheren Preises durch die Stiftung eines **höheren Kunden-Bruttonutzens** ergibt (vgl. Abbildung 3-31). Diese Argumentation ist allerdings nur unter der Bedingung möglich, dass der hö-here Bruttonutzen **nicht** durch vom Konkurrenten realisierte **geringere Partial Cost of Ownership** (PCO) aufgewogen wird.

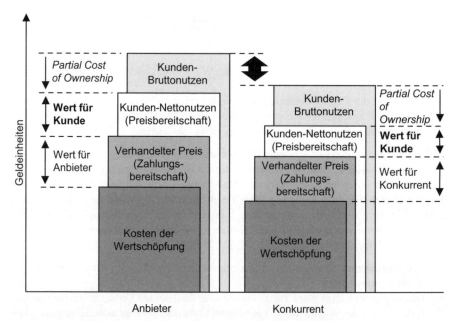

**Abb. 3-31:** Wertbasierte Argumentation über den Kunden-Bruttonutzen

• Da Kundennutzen nicht nur durch bereichernde Effekte (= Bruttonutzen), sondern auch durch entlastende Effekte auf Basis einer Reduktion der PCO (= höherer Nettonutzen) entsteht (vgl. Kap. 3.2.1.2.1), können Letztere den zweiten Ansatzpunkt bilden. So muss der Anbieter im Beispiel von Abbildung 3-32 dem Kunden klarmachen, dass ihm trotz des bei gleichem Bruttonutzen höheren Preises aufgrund der **geringeren PCO** gegenüber dem Konkurrenzangebot ein Wertgewinn entsteht.

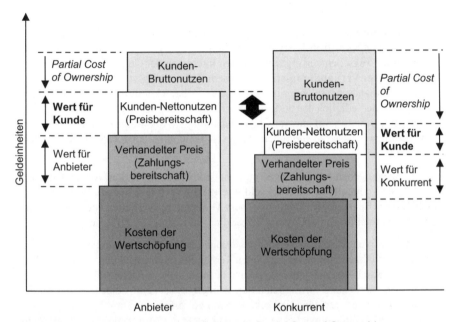

**Abb. 3-32:** Wertbasierte Argumentation über die Partial Cost of Ownership

Eine Verhandlung sollte wann immer möglich den vorab festgelegten Strategien und Taktiken folgen, um eine einheitliche Ausrichtung der an der Verhandlung beteiligten Mitarbeiter des Anbieters und letztlich einen erfolgreichen Verhandlungsabschluss zu gewährleisten. Auf dem Weg dorthin bieten aber auch die im Kontext der Durchführung von Verkaufsgesprächen (vgl. Kap. 3.3.3.2.2) vorgestellten **rhetorischen Methoden** und **Abschlusstechniken** (vgl. Tabellen 3-15 bis 3-17) Unterstützung.

Wie eine Verhandlung von Seiten eines Anbieters grundsätzlich geführt wird, hängt von der im jeweiligen Unternehmen etablierten **Verhandlungskultur** ab (*Voeth/Herbst* 2009, S. 162 f.). Diese beschreibt eine Sammlung von Traditionen, Werten, Regeln und Haltungen, die einen Kontext für Verhandlungen darstellen. Die Verhandlungskultur leitet sich dabei von der **Unternehmenskultur** ab und ist gleichzeitig – wie auch Letztere – von der **allgemeinen Gesellschaftskultur** und somit länderspezifischen Charakteristika beeinflusst. Die konkrete Umsetzung der Verhandlungskultur kommt in einem spezifischen **Verhandlungsstil** zum Ausdruck (*Voeth/Herbst* 2009, S. 163 f.). Dieser ist jedoch nicht nur durch das jeweilige Unternehmen, sondern auch durch die Persönlichkeit des bzw. der Verhandelnden geprägt. *Knapp/Novak* (2006, S. 91 f.) unterscheiden in diesem Zusammenhang folgende vier Verhandlungsstile (vgl. auch *Voeth/Herbst* 2009, S. 165):

- **Harter Verhandlungsstil:** Hier stellt der Verhandelnde die eigenen Interessen in den Mittelpunkt und versucht diese durchzusetzen, ohne auf die Interessen der Gegenseite einzugehen. Dieser Verhandlungsstil kommt in der Regel zu tragen, wenn eine **Konkurrenzstrategie** (vgl. Kap. 3.3.3.3.1) verfolgt wird.
- **Weicher Verhandlungsstil:** Das Gegenteil des harten Verhandlungsstils stellt der mit einer **Anpassungsstrategie** kompatible weiche Verhandlungsstil dar. Im Vordergrund stehen hier die Interessen der Gegenseite, woraus in weiterer Folge aber auf der eigenen Seite ein Vorteil erwartet wird.
- **Kompromissbereiter Verhandlungsstil:** Dieser Verhandlungsstil ist typischerweise mit einer **Kompromissstrategie** verbunden und vom Interesse getragen, einen Ausgleich zwischen den eigenen und den Interessen der Gegenseite zu finden.
- **Integrativer Verhandlungsstil:** Bei diesem Verhandlungsstil werden die Interessen beider Verhandlungsseiten priorisiert. Anders als beim kompromissbereiten Verhandlungsstil, der lediglich den bestehenden „Kuchen" möglichst friktionsfrei aufzuteilen versucht, geht es beim integrativen Verhandlungsstil allerdings darum, die relevante Verhandlungsmasse zu vergrößern. Somit ist der Konnex zur **Kooperationsstrategie** evident.

Die vorangegangenen Ausführungen machen deutlich, dass aus dem von der Gegenseite verfolgten Verhandlungsstil **Rückschlüsse auf die verfolgte Verhandlungsstrategie** möglich sind. Ein Anbieter kann somit sein Verhandlungsverhalten entsprechend ausrichten, um einen für ihn optimalen Verhandlungsabschluss zu erreichen.

Mit dem positiven Abschluss von Verhandlungen haben Anbieter und Nachfrager eine finale Einigung hinsichtlich der jeweiligen Verhandlungsgegenstände erzielt. Die Phase des Auftragsabschlusses ist jedoch erst dann beendet, wenn einerseits die Verhandlungsergebnisse entsprechend vertraglich fixiert wurden (es sei denn, beide Parteien verzichten darauf) und andererseits alle Vorkehrungen getroffen sind, um den Auftrag in der Folge auch tatsächlich abwickeln zu können (Aspekt der Auftragskoordination). *Diller et al.* (2005, S. 209 ff.) sprechen in diesem Zusammenhang von den Aufgaben der **Ergebnisabsicherung**. Wird die Ergebnisabsicherung vom Anbieter unterschätzt, dann kann dies dazu führen, dass Vertragsabschlüsse im letzten Moment platzen oder aufgrund von Vertragsverletzungen Konventionalstrafen fällig werden, die den eigentlich für den Anbieter realisierbaren Wert reduzieren. Darüber hinaus kann eine unzureichende Auftragskoordination auch dazu führen, dass aufgrund der dann gegebenen Unzufriedenheit des Kunden eigentlich mögliche Folgeaufträge ausbleiben.

### 3.3.3.4 Kundenpflege

In vielen Fällen ist es nicht ausreichend, dass ein Anbieter das Verkaufsmanagement auf ein (transaktionsorientiertes) Verkaufsmanagement im engeren Sinne (vgl. Abbildung 3-28) reduziert. Vielmehr ist es häufig notwendig, nach dem Abschluss eines Auftrags eine aktive und strategisch ausgerichtete **Kundenpflege** zu betreiben (*Diller et al.* 2005, S. 281 ff.; *Poggensee* 2009, S. 162).

Durch Aktivitäten der Kundenpflege wird ein laufender Kontakt zu bestehenden Kunden angestrebt. Ziel ist es, die Kundenzufriedenheit mit bestehenden Leistungen im Zeitablauf zu überwachen, um gegebenenfalls entsprechend reagieren zu können, und gleichzeitig auch neue Kundenbedürfnisse bzw. Cross-Selling-Potenziale zu identifizieren. Dadurch ist es einem Anbieter möglich, nicht nur den beim Kunden erreichten **Status Quo abzusichern**, sondern sich auch **neue Potenziale zu eröffnen**. Durch den laufenden Kundenkontakt ergeben sich überdies auch **positive Effekte für künftige Verkaufsgespräche und Verhandlungen**. Denn auf diesem Weg können relativ einfach Kontakte aufgebaut und relevante Informationen gewonnen werden, wodurch sich die Effektivität und Effizienz von Verkaufsgesprächen und Verhandlungen entscheidend steigern lässt.

Die Pflege bestehender Kundenkontakte wird entsprechend der Leitidee des **Beziehungsmarketing** insofern als zentrale Marketingaufgabe interpretiert, als die Kundenpflege im Vergleich zur Neukundenakquisition als weniger kostenintensiv betrachtet wird. Dies muss allerdings nicht immer zutreffend sein (vgl. auch *Keiningham et al.* 2005, S. 52 ff.). So können auch für die Initiierung von Folgeaufträgen mit bestehenden Kunden hohe Investitionen notwendig sein (*Diller et al.* 2005, S. 283). Folglich müssen die Ausgaben für die Kundenpflege immer zum **Kundenerfolgspotenzial** (vgl. Kap. 3.2.1.4) in Relation gesetzt werden, um beurteilen zu können, ob eine beziehungsorientierte Kundenstrategie sinnvoll ist.

Die Kundenpflege reicht von der Nachbetreuung eines Kunden nach Abschluss eines Kaufvertrags bis hin zu dessen Unterstützung im Rahmen der Nutzung bzw. des Einsatzes der erworbenen Leistung. In diesem Zusammenhang muss der Anbieter danach trachten, dass es zu einer reibungslosen Auftragsabwicklung und Leistungslieferung bzw. -implementierung kommt. Darüber hinaus ist es auch wichtig, Informationen zu den Erfahrungen, die Kunden im Zuge der Nutzung der erworbenen Leistungen gesammelt haben, zu erheben, um die Kundenzufriedenheit einschätzen zu können. Denn Letztere stellt die Basisvoraussetzung für Folgekäufe dar. Nicht zuletzt können auch zyklische Kundengespräche für einen Anbieter eine wertvolle Informationsquelle darstellen, um ein entsprechendes Wissen über die Bedarfslage der Kunden zu generieren und über die Notwendigkeit des Aufbaus neuer Kompetenzen bzw. der Entwicklung neuer Leistungen entscheiden zu können (*Rentzsch* 2008, S. 184 f.).

Die Kundenpflege kann nicht nur durch die **persönliche Kontaktaufnahme** mit dem Kunden erfolgen, obwohl dieser in Business-to-Business-Märkten hohe Bedeutung zukommt. Vielmehr können beispielsweise auch die folgenden Formen der Kundenpflege genutzt werden, und zwar insbesondere auch dann, wenn die persönliche Kontaktaufnahme zu kostenintensiv ist bzw. zu wenig Flexibilität aufweist (*Homburg et al.* 2003, S. 256 ff.):

- **Messen:** Messen (vgl. auch Kap. 3.3.1.2) stellen nicht nur für die Gewinnung von Kontakten zu Neukunden eine gute Möglichkeit dar, sondern eignen sich auch für die Pflege der Beziehung zu bestehenden Kunden. Im Rahmen von Messen lassen sich Kundentermine gut koordinieren und Reisekosten können optimiert werden.
- **Call Center:** Auch die serviceorientierte telefonische Beratung bestehender Kunden stellt eine wichtige Form der Kundenpflege dar, da flexibel auf Kundenanliegen und -probleme reagiert werden kann.
- **Internet:** Durch die Informations-, Kommunikations- aber auch Interaktionsfunktion des Internets können neue Wege der Kundenbetreuung kostengünstig realisiert werden. So stellen beispielsweise Kundenportale, die kunden(segment)spezifische und nur für Kunden zugängliche Informationen zur Verfügung stellen, eine effiziente Möglichkeit der Kundenpflege dar.

- **Kundenzeitschriften:** Durch diese Form der Kundenpflege können Kunden regelmäßig mit den neusten Informationen zu den Leistungen und Kompetenzen eines Anbieters versorgt werden.
- **Beschwerdemanagement:** Die systematische Bearbeitung und Analyse von Beschwerden stellt einen wichtigen Aspekt der Kundenpflege dar, weil dadurch zum einen die Kundenzufriedenheit erhöht werden kann, wodurch die Wahrscheinlichkeit von Folgeaufträgen steigt. Zum anderen erhält der Anbieter aber auch wichtige Anhaltspunkte für Verbesserungspotenziale. Ein effektives und effizientes Beschwerdemanagement erfordert allerdings geeignete organisatorische Rahmenbedingungen, um Beschwerden einerseits schnell identifizieren, andererseits aber auch rasch abarbeiten zu können.

### 3.3.3.5  Ergebnisbezogenes Controlling

Durch das den Prozess des Verkaufsmanagements abschließende ergebnisbezogene Controlling werden die zu Beginn des Prozesses festgelegten Verkaufsziele hinsichtlich des Ausmaßes der **Zielerreichung** überprüft. Werden negative Zielabweichungen identifiziert, dann führt dies zu Maßnahmen in vorgelagerten Prozessschritten des Verkaufsmanagements (vgl. die Rückkoppelungspfeile in Abbildung 3-28/Kap. 3.3.3).

Für das ergebnisbezogene Verkaufscontrolling lassen sich neben der **Kundenerfolgsrechnung** (*Diller et al.* 2005, S. 368 ff.), die der Frage nachgeht, ob die eingesetzten Ressourcen zum angestrebten ökonomischen Ergebnis geführt haben, insbesondere auch **Kennzahlen** heranziehen. Diese dienen primär der Erfassung von Zielerreichungsgraden, können zudem aber auch die Ursachen negativer Zielabweichungen offenlegen.

Aus der Logik des in Abbildung 3-28 dargestellten Verkaufsmanagementprozesses ergibt sich, dass die festgelegten Verkaufsziele nur dann erreicht werden können, wenn sowohl die **Auftragsanbahnung** als auch der **Auftragsabschluss** und gegebenenfalls die **Kundenpflege** von einem Anbieter erfolgreich betrieben werden. Dies impliziert, dass die für das ergebnisbezogene Verkaufscontrolling heranzuziehenden Kennzahlen auf eben diesen drei Prozessstufen angesiedelt sein sollten. Darüber hinaus gilt, dass die Kennzahlen widerspiegeln müssen, dass Verkaufsziele **Effektivitäts- und Effizienzaspekte** (vgl. Kap. 3.3.3.1) umfassen. Tabelle 3-21 zeigt exemplarische Kennzahlen, die den genannten Anforderungen entsprechen, wobei die Kennzahldimension der **Qualität** Effektivitätsaspekte abdeckt, während die Kennzahldimensionen **Zeit** und **Kosten** Effizienzaspekte erfassen.

**Tab. 3-21:** Exemplarische Kennzahlen des ergebnisbezogenen Verkaufscontrollings (in Anlehnung an *Diller et al.* 2005, S. 376)

| | Qualität | Zeit | Kosten |
|---|---|---|---|
| **Auftragsanbahnung** | • Umfang der generierten Adressen<br>• Vollständigkeit der Interessenteninformationen<br>• Aktualität der Nachfragerinformationen<br>• Anzahl gelegter Angebote | • Dauer der Informationsgewinnung<br>• Durchschnittliche Reaktionszeit auf Anfragen<br>• Durchschnittliche Zeit für Angebotslegung<br>• Durchschnittliche Vorbereitungszeit für Verkaufsgespräche | • Durchschnittliche Kosten je Interessent<br>• Durchschnittliche Kosten je Lead<br>• Kosten für Informationsmaterial<br>• Kosten der Anfragebearbeitung |
| **Auftragsabschluss** | • Anzahl abgebrochener Verhandlungen<br>• Anzahl Verhandlungsrunden je Auftragsabschluss<br>• Durchschnittlich gewährter Rabatt<br>• Konversionsrate (Neu- bzw. Bestandskunden) | • Dauer der Informationsgewinnung<br>• Durchschnittliche Vorbereitungszeit für Verhandlungen<br>• Durchschnittliche Verhandlungsdauer | • Kosten für Verhandlungstrainings<br>• Kosten der Informationsbeschaffung<br>• Durchschnittliche Kosten je Verhandlung<br>• Durchschnittliche Kosten je erfolgreicher Verhandlung |
| **Kundenpflege** | • Anzahl Kundenschnittstellen<br>• Cross-/Up-Selling-Rate<br>• Kundenfluktuation<br>• Kundenrückgewinnungsquote<br>• Kundenbindungsrate | • Durchschnittliche Dauer bis Problemlösung<br>• Durchschnittliche Dauer Geschäftsbeziehung<br>• Durchschnittliche Dauer Reklamationsbearbeitung | • Kosten des CRM-Systems<br>• Kosten je Kundenkontakt<br>• Gesamtkosten der Kundenpflege<br>• Kosten des Kundenportals |

### 3.3.3.6 Geschäftstypenbezogene Besonderheiten

Beim Blick auf die Vermarktungssituation in den verschiedenen Geschäftstypen zeigt sich, dass im Zuliefer- und Anlagengeschäft bedingt durch die Leistungsindividualisierung die Leistungsvermarktung vor der Leistungserstellung erfolgt, während im System- und Produktgeschäft genau das Gegenteil der Fall ist. Da somit im **Zuliefer- und Anlagengeschäft** die Spezifizierung der jeweiligen Leistung einen integrierenden Bestandteil des Verkaufsprozesses bildet, ist dieser zum einen **relativ komplex** (häufig auch mit einer Vielzahl involvierter Personen) und umfasst auf der Verhandlungsebene **sowohl Leistungs- als auch Preisaspekte**. Im **System- und Produktgeschäft** hingegen weist der Verkaufsprozess aufgrund der Tatsache, dass die Leistung bereits existiert, tendenziell eine **geringere Komplexität** auf und Verhandlungen sind zumeist **reine Preisverhandlungen**, einmal abgesehen von Verhandlungsaspekten wie z. B. nicht-preislichen Konditionen oder After-Sales-Services (vgl. auch *Voeth/Herbst* 2011, S. 207 f.).

Betrachtet man die Geschäftstypen im Einzelnen, dann ergeben sich folgende Spezifika des Verkaufsmanagements:

**(1) Produktgeschäft**
Aufgrund der weitgehend auf allgemeine Marktforderungen ausgerichteten Leistung ist die **Vorbereitung von Verkaufsgesprächen und Verhandlungen** mit einem **geringe-**

**ren zeitlichen Aufwand** verbunden (*Sandstede* 2010, S. 176). Häufig kann zur Vorbereitung auf bereits bestehende Informationen zurückgegriffen werden, die auch die Grundlage für Gespräche und Verhandlungen mit anderen Nachfragern bilden.

Im Produktgeschäft ist bedingt durch den relativ hohen Standardisierungsgrad der vermarkteten Leistungen die Gefahr groß, dass für den Nachfrager nur der Preis zählt. Wie bereits erwähnt sind Verhandlungen auch zumeist reine Preisverhandlungen. Es wäre aber geradezu fatal, würde ein Anbieter in solchen Verhandlungen den Preis vom Kundennutzen entkoppeln, da dies die Gefahr von Preiserosionen verstärkt. Ziel eines Anbieters sollte vielmehr sein, den **Preis** stets in Relation zum Kundennutzen und damit im **Wertkontext** zu argumentieren. Dies setzt jedoch voraus, dass gerade im Produktgeschäft auch noch so kleine Nutzenunterschiede gegenüber der Konkurrenz identifiziert werden, die allerdings zumeist auf **Nutzenebenen jenseits des Produkts** und seiner Eigenschaften zu finden sind.

Die geringere Komplexität des Verkaufsprozesses im Produktgeschäft schlägt sich entsprechend auf die Verkaufsgesprächs- und Verhandlungsorganisation nieder. So wie das nachfragerseitige Buying Center wird auch das anbieterseitige **Selling Center tendenziell weniger Mitglieder** aufweisen. Die erforderlichen Kompetenzen können beim Verkauf im Produktgeschäft somit von einer geringeren Zahl von Personen abgedeckt werden. Allerdings sollte auch im Produktgeschäft der Aspekt der **Analyse des Buying Centers** des Nachfragers nicht aus den Augen verloren werden, um auf Basis der gewonnenen Erkenntnisse die Verkaufsaktivitäten optimal ausrichten zu können. Gerade bei wenig komplexen, stark routinisierten und mit geringem Geldeinsatz verbundenen Beschaffungsvorgängen kann sich aber auch der organisatorische Ansatz des persönlichen Verkaufs erübrigen. Als Beispiel sei hier der Vertrieb von standardisierten Produkten wie z. B. Schrauben über **E-Shops** erwähnt (vgl. auch Kap. 3.3.2.2.1).

Ausgehend von den Charakteristika des Produktgeschäfts ergibt sich für den Nachfrager nach dem Erwerb einer Leistung nicht zwingend ein Kaufverbund. Allerdings können durch den gezielten Aufbau langfristig ausgerichteter Beziehungen zu Kunden für den Anbieter positive ökonomische Effekte entstehen. Für den Aufbau solcher Beziehungen ist ein entsprechendes Vorgehen im Rahmen der **Kundenpflege** notwendig. Konkret muss es darum gehen, die Kundenzufriedenheit mit den erworbenen Leistungen sicherzustellen und darauf aufbauend Folgekäufe und Cross-Selling-Potenziale zu realisieren. Allerdings reicht die Kundenzufriedenheit allein häufig nicht aus, um tatsächlich auch eine Bindung der Kunden zu erreichen. Vielmehr ist es notwendig, dass sich die Verkaufsbemühungen im Produktgeschäft nicht nur auf die Leistung als solche, sondern auch auf **technologiegestützte Zusatzleistungen** richten, welche über die damit verbundenen **spezifischen Investitionen** des Kunden zu einem **(System-)Bindungseffekt** führen (*Backhaus et al.* 2008, S. 234 ff.).

**(2) Systemgeschäft**
Die Besonderheiten des Verkaufsmanagements im Systemgeschäft decken sich in vielen Bereichen mit denen im Produktgeschäft, da das gemeinsame Merkmal dieser beiden Geschäftstypen in der Ausrichtung auf mehr oder weniger anonyme Märkte bzw. Marktsegmente und der damit verbundenen Leistungsstandardisierung liegt. Das Systemgeschäft unterscheidet sich allerdings vom Produktgeschäft grundlegend dadurch, dass **kundenseitig** eine **ex post-Unsicherheit** vorliegt, die durch die mit der Bindung an ein System einhergehende spezifische Investition, also den **Systembindungseffekt**, hervorgerufen wird. Vor dem Hintergrund der kundenseitigen Unsicherheit muss die zentrale

Aufgabe des Verkaufsmanagements im Systemgeschäft darin bestehen, diese **Unsicherheit zu reduzieren** und den Kunden auf dieser Basis zu einer grundlegenden Entscheidung für die Systemarchitektur des jeweiligen Anbieters zu bewegen. Ist diese Entscheidung erst einmal getroffen, dann ergeben sich über den Systembindungseffekt systembedingte Folgekäufe, über die der Anbieter auch in Zukunft profitiert. Die angesprochene Unsicherheitsreduktion muss dabei folgende zwei Formen der Unsicherheit berücksichtigen (*Backhaus/Voeth* 2010, S. 431 ff.):

- **Verhaltensbezogene Unsicherheit:** Diese Unsicherheit liegt darin begründet, dass sich der Kunde durch seine grundlegende Entscheidung für eine bestimmte Systemarchitektur und die damit verbundene Einstiegsinvestition hinsichtlich des tatsächlich realisierbaren Systemwerts einseitig vom Verhalten des Anbieters abhängig macht. Für einen Kunden ist es folglich entscheidend, das zukünftige Verhalten des Anbieters bereits beim Initialkauf möglichst gut abschätzen zu können. Insbesondere muss er sich sicher sein, dass der Anbieter die systembedingte Bindung nicht opportunistisch ausnutzt, etwa indem er sukzessive die Preise für Systemerweiterungen erhöht oder die Weiterentwicklung von Systemarchitektur und -komponenten vernachlässigt.
- **Nutzungsbezogene Unsicherheit:** Diese zweite Form der Unsicherheit kann zum einen aus der Unsicherheit hinsichtlich der Abschätzung der Leistungsfähigkeit des Gesamtsystems resultieren, da in der Regel Teile eines Systems erst zu späteren Zeitpunkten bezogen werden. Die nutzungsbezogene Unsicherheit kann aber auch darauf zurückgehen, dass der Kunde im Vorfeld der Entscheidung über ein System Art, Häufigkeit und Zeitpunkt der in Zukunft systembedingt notwendig werdenden Folgeinvestitionen nur schwer abschätzen kann.

Um die genannten Unsicherheiten zu reduzieren, ist es notwendig, dass der Anbieter insbesondere in Verkaufsgesprächen, letztlich aber auch im Zuge von Verhandlungen das **Vertrauen des Kunden** in seine **Kompetenz als Systemlösungslieferant** und in sein **zukünftiges Verhalten** gewinnt (vgl. auch *Pepels* 2009a, S. 74). Hinsichtlich der Reduktion der **nutzungsbezogenen Unsicherheit** bietet sich vor allem eine **vom Kundennutzen ausgehende Argumentation** an, die gezielt auf die Problemstellungen und Anforderungen des Kunden eingeht und somit die Kompetenz des Anbieters in den Vordergrund stellt. Das Vertrauen des Kunden wird dabei umso stärker sein, wenn der Anbieter seine Kompetenz durch entsprechende **Referenzen** belegen kann. **Referenzen** lassen sich aber auch mit Blick auf die Reduktion der **verhaltensbezogenen Unsicherheit** des Kunden einsetzen. Denn langjährige Referenzkunden signalisieren, dass der Anbieter die für das Systemgeschäft charakteristische einseitige Abhängigkeit des Kunden nicht opportunistisch ausnutzt. Eine weitere Möglichkeit, dem Kunden das zukünftige Anbieterverhalten glaubhaft zu vermitteln, besteht darin, in Verhandlungen Zugeständnisse in Form von **Garantien** (*Backhaus/Voeth* 2010, S. 480 ff.) zu machen.

**(3) Zuliefergeschäft**
Bedingt durch die Merkmale des Zuliefergeschäfts (anbieterseitiger Fokus auf einzelne Kunden bzw. nachfragerseitiger Kaufverbund) steht das **Management von Geschäftsbeziehungen** im Mittelpunkt dieses Geschäftstyps (*Backhaus/Voeth* 2010, S. 499 f.). Dies macht deutlich, dass im Prozess des Verkaufsmanagements der Phase der **Kundenpflege** besondere Bedeutung zukommt. Der entscheidende Aspekt hierbei ist, dass es weniger um die Absicherung der Geschäftsbeziehung für den gegenwärtigen Pro-

duktlebenszyklus geht. Denn diese Absicherung ist durch die für das Zuliefergeschäft charakteristischen wechselseitigen beziehungsspezifischen Investitionen gewährleistet. Vielmehr muss einem Zulieferer daran gelegen sein, die Geschäftsbeziehung durch adäquate Maßnahmen der Kundenpflege **produktlebenszyklusübergreifend** abzusichern. Eine exemplarische Maßnahme stellt die **Steigerung der informationellen Koordinationseffizienz** zwischen Zulieferer und Kunde dar, wie sie etwa durch die informationstechnische Vernetzung mittels Electronic Data Interchange (EDI) realisiert werden kann (*Backhaus et al.* 2008, S. 225 f.). Die produktlebenszyklusübergreifende Absicherungswirkung dieser Maßnahme beruht dabei nicht nur auf der **Steigerung der Kundenzufriedenheit** (z. B. aufgrund von Zeitvorteilen und Qualitätssteigerungen), sondern auch darauf, dass die Implementierung einer informationstechnischen Vernetzung **wechselseitige Investitionen** bedingt, die sich für beide Seiten erst amortisieren müssen.

Die besondere Bedeutung der Kundenpflege im Zuliefergeschäft darf aber nicht darüber hinwegtäuschen, dass auch in diesem Geschäftstyp Verkaufsgesprächen und Verhandlungen spezifische Aufgaben zukommen. Konkret sehen sich Nachfrager im Zuliefergeschäft im Rahmen der Entscheidung für einen **neuen Lieferanten** verschiedenen **Risiken** ausgesetzt, die daraus resultieren, dass die **Leistungsvermarktung bereits vor der Leistungserstellung** erfolgt. Für einen Anbieter stellt sich somit im Zuge von Verkaufsgesprächen und Verhandlungen die Aufgabe, diese Risiken möglichst stark zu reduzieren, um den angestrebten Auftrag zu erhalten. Im Einzelnen handelt es sich dabei um folgende Risiken (*Pepels* 2009b, S. 109):

- Das **Qualitätsrisiko** beschreibt die Unsicherheit des Nachfragers, ob die angebotene Leistung seinen Erwartungen und Anforderungen entspricht, die durch die angestrebte eigene Problemlösung bedingt sind. Dieses Risiko lässt sich insbesondere dann reduzieren, wenn der Anbieter über aussagekräftige **Referenzen** die Zweckeignung seiner bisherigen Problemlösungen belegen kann.
- Das **Herstellerrisiko** resultiert aus der Unsicherheit des Nachfragers hinsichtlich der fachlichen Qualifikation und der Zuverlässigkeit eines Lieferanten, mit dem ein erstmaliger Kontakt besteht. Wie schon im Fall des Qualitätsrisikos kann auch die Reduktion des Herstellerrisikos über das Einbringen von **Referenzen** in Verkaufsgespräche und Verhandlungen erfolgen. Weitere vertrauenswürdige Informationen stellen beispielsweise die **Position des Lieferanten in der Branche** und erhaltene **Lieferantenauszeichnungen** dar.
- Das **Informationsrisiko** eines Nachfragers beschreibt die Unsicherheit, ob seitens des Anbieters alle zur Bewertung der angebotenen Lösung erforderlichen Informationen zur Verfügung gestellt wurden. Dieses Risiko kann ein Anbieter dadurch reduzieren, dass er insbesondere in Verkaufsgesprächen einen **offenen Dialog** mit dem Nachfrager führt und **proaktiv** Informationen zur Verfügung stellt.

**(4) Anlagengeschäft**
Im Anlagengeschäft liegt wie im Zuliefergeschäft der Fokus auf Einzelkunden und damit auf der Leistungsindividualisierung. Somit erfolgt auch in diesem Geschäftstyp die **Leistungsvermarktung vor der Leistungserstellung**. Dies impliziert, dass es auch im Anlagengeschäft bei Verkaufsgesprächen und Verhandlungen, in denen ein Anbieter einem Nachfrager **erstmals** gegenübersteht, darum gehen muss, das der Anbieter die

vom Nachfrager **wahrgenommenen Risiken** (Qualitäts-, Hersteller- und Informationsrisiko) möglichst stark **reduziert**. Im Gegensatz zum Zuliefergeschäft spielt im Anlagengeschäft eine auf die Sicherstellung von Folgetransaktionen ausgerichtete **Kundenpflege** allerdings nur eine **eingeschränkte Rolle**, da Einzelprojekte abgewickelt werden
und der Zeithorizont bis zum nächsten mit dem Kunden realisierbaren Projekt großteils
sehr lang ist (*Backhaus et al.* 2008, S. 238 ff.).

Das Verkaufsmanagement im Anlagengeschäft kann durch ein **passives** oder **aktives Akquisitionsverhalten** des Anbieters gekennzeichnet sein (*Backhaus/Voeth* 2010, S. 331 ff.).
Als Konsequenz der zumeist hohen Markttransparenz im Anlagengeschäft – eine relativ
geringe Zahl an Projekten steht einer relativ geringen Zahl potenzieller Anbieter gegenüber
– entscheiden sich Anbieter häufig für ein **passives Vorgehen**. Dieses besteht darin, dass
auf **Ausschreibungen** reagiert wird, die aufgrund der Markttransparenz zumeist an alle
potenziellen Anbieter ergehen. Durch Ausschreibungen versuchen die Nachfrager einen
anbieterseitigen Wettbewerb aufrechtzuerhalten und dadurch Projekte mit maximaler Wertstiftung für sich selbst zu realisieren. Die Auftragsvergabe über Ausschreibungen (und
somit ein passives Akquisitionsverhalten des Anbieters) findet sich typischerweise im
**Großanlagengeschäft**. Allein schon deshalb, da im Anlagengeschäft neben Großanlagen
auch kleinere Projekte vermarktet werden, für die es keinen Ausschreibungswettbewerb
gibt, stellt ein **aktives Akquisitionsverhalten** eines Anbieters den zweiten Weg dar, um
mit Nachfragern in Kontakt zu kommen. Ein aktives Vorgehen kann allerdings auch im
Fall von Ausschreibungen zielführend sein, wenn es dem Anbieter dadurch gelingt, schon
früh von geplanten Projekten zu erfahren und das einer Ausschreibung zugrunde liegende
Lastenheft (vgl. Kap. 3.2.1.5.2) zu seinen Gunsten zu beeinflussen. Grundsätzlich geht es
bei der Strategie der aktiven Akquisition darum, dass ein Anbieter durch entsprechende
Verkaufsgespräche mit potenziellen Kunden die **Identifikation relevanter Probleme**
erreicht und sich als kompetenter Lösungsanbieter positioniert. Ein aktives Akquisitionsverhalten erfordert somit **intensive Interaktionsprozesse** zwischen Anbieter und Nachfrager, die zu einem **hohen Informationsfluss** führen.

Auf einer allgemeinen Ebene ist das Verkaufsmanagement im Anlagengeschäft durch
eine **hohe Komplexität** gekennzeichnet. Die vielfältigen hinsichtlich der technischen
Realisierung einer Anlage zu klärenden Fragen und der in vielen Fällen sowohl anbieter-
als auch nachfragerseitig hohe Kapitaleinsatz führen zu einem erheblichen Abstim-
mungsbedarf zwischen den Beteiligten. Die in diesem Zusammenhang notwendigen
Prozesse erstrecken sich oft über Jahre und führen letztlich zu umfassenden vertraglichen
Regelungen (*Tomczak et al.* 2009, S. 119).

### 3.3.3.7  Zusammenfassung

Das Verkaufsmanagement stellt einen komplexen Prozess dar, der darauf abzielt, für
den Anbieter Aufträge und Folgeaufträge zu gewinnen. Ein systematischer Prozess
des Verkaufsmanagements beginnt mit der **Festlegung der Verkaufsziele**, die auf
einer erfolgsorientierten Ebene sowohl Effektivitäts- als auch Effizienzaspekte abdecken und eine einheitliche Ausrichtung aller mit Verkaufsagenden befassten Mitarbeiter eines Anbieters ermöglichen.

Ausgehend von den festgelegten Verkaufszielen kommt es zur **Auftragsanbahnung**, die in einem ersten Schritt eine adäquate **Vorbereitung von Verkaufsgesprächen** erfordert. Zu dieser Vorbereitung zählen die Gewinnung verkaufsgesprächsrelevanter Informationen, die Planung der Verkaufsgesprächsziele und die Entwicklung von Verkaufsgesprächskonzepten. Letztere umfassen die Festlegung der Kontaktform mit dem Nachfrager, die Definition und Vorbereitung konkreter Gesprächsinhalte und Entscheidungen hinsichtlich der Verkaufsgesprächsorganisation. Der zweite Schritt der Auftragsanbahnung besteht in der **Durchführung von Verkaufsgesprächen**, die sich in eine Einstiegs-, Dialog-, Lösungs- und Abschlussphase untergliedern. Zur Unterstützung in den einzelnen Gesprächsphasen lassen sich insbesondere rhetorische Methoden und spezifisch in der Abschlussphase entsprechende Abschlusstechniken einsetzen. Sobald der Anbieter auf der Basis von Verkaufsgesprächen ein Angebot gelegt hat, erfolgt der Übergang zu Verhandlungen.

Das vom Anbieter vorgelegte Angebot wird im Regelfall vom Nachfrager nicht ohne weiteres akzeptiert. Daher sind in der Phase des **Auftragsabschlusses** Verhandlungen notwendig, die auf ein finales Übereinkommen zwischen Anbieter und Nachfrager hinsichtlich der Leistungstransaktion abzielen. In diesem Zusammenhang ist es zunächst notwendig, dass der Anbieter sich in geeigneter Weise **auf Verhandlungen vorbereitet**. Diese Vorbereitung erfordert die Gewinnung verhandlungsspezifischer Informationen, die Planung der Verhandlungsziele (welche auch eine Auseinandersetzung mit den Verhandlungszielen der Gegenseite beinhalten muss, um die Möglichkeit einer tatsächlichen Einigung abschätzen zu können) und die Entwicklung von Verhandlungskonzepten. Letztere legen (ergebnisbezogene) Verhandlungsstrategien, (ergebnisbezogene und prozessbezogene) Verhandlungstaktiken sowie eine geeignete Verhandlungsorganisation fest. Auf Basis einer adäquaten Verhandlungsvorbereitung kommt es schließlich zur **Durchführung von Verhandlungen**. Diese sollten sich analog zu Verkaufsgesprächen an einem Prozess orientieren, der eine Einstiegs-, Dialog-, Lösungs- und Abschlussphase umfasst. Die Argumentation eines Anbieters in Verhandlungen sollte dabei stets **wertbasiert** unter Bezugnahme auf einen überlegenen Kundennutzen erfolgen. Auf dem Weg zu einem erfolgreichen Verhandlungsabschluss bieten auch die im Zuge der Durchführung von Verkaufsgesprächen einsetzbaren rhetorischen Methoden und Abschlusstechniken Unterstützung. Wie eine Verhandlung letztlich abläuft, wird entscheidend vom jeweiligen Verhandlungsstil geprägt, der mit der jeweils gewählten Verhandlungsstrategie zusammenhängt. Wurde eine Verhandlung positiv abgeschlossen, liegt es am Anbieter, die erzielten Ergebnisse entsprechend abzusichern.

Häufig ist es notwendig, dass ein Anbieter das Verkaufsmanagement als einen umfassenden Prozess versteht, der nicht mit der Phase des Auftragsabschlusses beendet ist, sondern sich auch mit Fragen der **Kundenpflege** auseinandersetzt. Ziel der Kundenpflege ist es dabei, den beim Kunden erreichten Status Quo abzusichern und dem Anbieter gleichzeitig neue Potenziale zu eröffnen.

Der Prozess des Verkaufsmanagements wird durch ein **ergebnisbezogenes Controlling** abgeschlossen, welches das Ausmaß feststellt, zu dem die festgelegten Verkaufsziele erreicht wurden. Kommt es zu negativen Zielabweichungen, dann sind entsprechende Maßnahmen erforderlich.

Auf einer sehr allgemeinen Ebene lassen sich die **geschäftstypenbezogenen Besonderheiten** des Verkaufsmanagements so formulieren, dass der Verkaufsprozess im **Zuliefer- und Anlagengeschäft relativ komplex** ist und auf der Verhandlungsebene **Leistungs- und Preisaspekte** umfasst. Im **System- und Produktgeschäft** hingegen weist der Verkaufsprozess eine **geringere Komplexität** auf und Verhandlungen sind in der Regel **reine Preisverhandlungen.**

# 3.4 Strategische Erfolgskontrolle

Die zentrale Aufgabe der strategischen Erfolgskontrolle als letzte Phase des Prozesses des wertbasierten Business-to-Business-Marketing (vgl. Abbildung 3-33) besteht darin zu überprüfen, ob die im Zuge der Festlegung der marketingstrategischen Grundausrichtung definierten **strategischen Marketingziele** erreicht wurden. Kommt es zu negativen **Zielabweichungen**, so erfordert dies auf Basis einer entsprechenden Ursachenanalyse die Ableitung von Maßnahmen in einzelnen oder mehreren der Erfolgskontrolle vorgelagerten Prozessphasen (vgl. die Rückkoppelungspfeile in Abbildung 3-33). Diese Maßnahmen können darin bestehen, dass Marketingaktivitäten angepasst werden, um eine bessere Zielerreichung zu gewährleisten, oder aber die definierten Marketingziele revidiert werden. Somit wird deutlich, dass die Erkenntnisse der strategischen Erfolgskontrolle sowohl im **Feedback-** (Aktivitätenanpassung) als auch **Feedforward-Sinne** (Zielrevision bei zukünftigen Planungen) eingesetzt werden können (vgl. auch *Weber* 1998, S. 152).

Zwischen der strategischen Erfolgskontrolle und der strategischen Planung besteht insofern eine zwingende Verbindung, da es ohne Planung für die Erfolgskontrolle keinen Zielbezug gibt und ohne Erfolgskontrolle der Planung keine hohe Bedeutung zukommen kann, da bei fehlender Überprüfung des Erfüllungsgrads der Planung der Sinn der Planung fraglich wäre (*Jenner* 2003, S. 179).

Wie in Kap. 3.1.1.2 erläutert, können die den Bezugspunkt der strategischen Erfolgskontrolle bildenden strategischen Marketingziele auf einer **potenzialbezogenen, markterfolgsbezogenen** und **wirtschaftlichen Ebene** liegen. Werden die auf das tatsächliche Verhalten von Kunden bzw. die entsprechenden Verhaltensvoraussetzungen abstellenden markterfolgs- bzw. potenzialbezogenen Marketingziele erreicht, so spiegelt dies letztlich wider, dass ein Anbieter in dem Sinne **effektiv** war, dass es ihm gelungen ist, seinen Kunden gegenüber der Konkurrenz einen entsprechenden Mehrwert zu stiften. Das Erreichen wirtschaftlicher Marketingziele hingegen indiziert, dass ein Anbieter insofern **effizient** war, als er auch für sich selbst Wert generiert hat. Über die strategische Erfolgskontrolle lässt sich somit der Nachweis der **Effektivität und Effizienz des wertbasierten Business-to-Business-Marketing** erbringen. Dies ist insofern von entscheidender Bedeutung, als das Marketing letztlich nur dann eine **Existenzberechtigung** hat, wenn es **nicht nur Erfolgsbeiträge für den Kunden, sondern auch für das Unternehmen selbst liefert** (vgl. auch *Reinecke* 2004, S. 2).

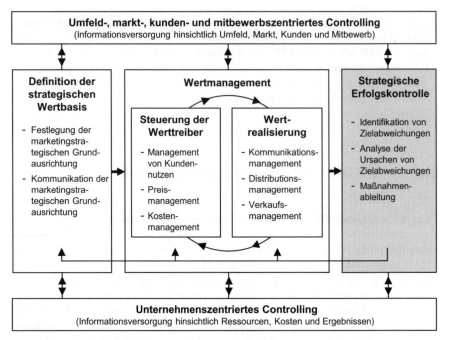

**Abb. 3-33:** Strategische Erfolgskontrolle und wertbasiertes Business-to-Business-Marketing

Aus Abbildung 3-33 ist ersichtlich, dass die strategische Erfolgskontrolle auf der Ebene des Gesamtprozesses des wertbasierten Business-to-Business-Marketing erfolgt. Allerdings findet auch auf der **Ebene der einzelnen Teilprozesse** im Rahmen der Steuerung der Werttreiber und der Wertrealisierung eine **Erfolgskontrolle** in Form des **ergebnisbezogenen Controllings** statt. Der Zusammenhang zwischen diesen zwei Ebenen der Erfolgskontrolle des wertbasierten Business-to-Business-Marketing besteht darin, dass im Fall von negativen Zielabweichungen auf der Gesamtprozessebene das ergebnisbezogene Controlling auf der Ebene der Teilprozesse eine **Diagnosefunktion** erfüllt. Letzteres legt somit offen, **warum** die festgelegten strategischen Marketingziele nicht erreicht wurden.

Abbildung 3-34 zeigt die im Zuge der strategischen Erfolgskontrolle notwendigen Schritte. Im Mittelpunkt steht dabei die **Identifikation von Zielabweichungen** (Kap. 3.4.1) auf Basis von Soll-Ist-Vergleichen, wozu es der **Festlegung von Kennzahlen** und einer entsprechenden **Informationsbeschaffung** bedarf. Die strategische Erfolgskontrolle ist allerdings erst dann vollständig, wenn auch die **Ursachen von (negativen) Zielabweichungen** analysiert sind (Kap. 3.4.2) und es auf dieser Basis zur **Maßnahmenableitung** (Kap. 3.4.3) kommt.

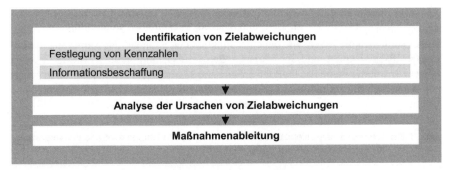

**Abb. 3-34:** Vorgehensweise bei der strategischen Erfolgskontrolle

# 3.4.1 Identifikation von Zielabweichungen

Zur Klärung der Frage, ob die im Rahmen der Festlegung der marketingstrategischen Grundausrichtung definierten strategischen Marketingziele erreicht wurden oder negative Zielabweichungen vorliegen, müssen **Soll-Ist-Vergleiche** durchgeführt werden. Dazu ist es einerseits notwendig, aus den jeweiligen Zielen abgeleitete **Kennzahlen** der strategischen Erfolgskontrolle festzulegen, andererseits aber auch hinsichtlich der **Ist-Werte** der Kennzahlen entsprechende **Informationen** zu beschaffen, um diese Werte in der Folge den festgelegten Soll-Werten gegenüberstellen zu können.

## 3.4.1.1 Festlegung von Kennzahlen

Kennzahlen stellen Größen dar, durch die zahlenmäßig erfassbare Tatbestände in einer konzentrierten Form beschrieben werden. Sie verdichten somit quantifizierbare Informationen. Entscheidend ist, dass Kennzahlen grundsätzlich erst durch **Vergleiche** – wie etwa im Fall der Gegenüberstellung von Soll- und Ist-Werten – Aussagekraft erlangen (*Reinecke* 2004, S. 69 ff.).

Ausgehend von der Differenzierung der strategischen Marketingziele in eine potenzialbezogene, eine markterfolgsbezogene und eine wirtschaftliche Ebene ist es notwendig, Kennzahlen der strategischen Erfolgskontrolle auf eben diesen Ebenen anzusiedeln. Tabelle 3-22 zeigt entsprechende exemplarische Kennzahlen.

Über Einzelkennzahlen wie die in Tabelle 3-22 hinaus lassen sich auch **Kennzahlensysteme** zur strategischen Erfolgskontrolle heranziehen. Diese Systeme stellen eine geordnete Gesamtheit von Kennzahlen dar, die aus den Marketingzielen abgeleitet werden, um deren Erfüllungsgrad zu messen. Damit Kennzahlensysteme die strategische Erfolgskontrolle wirksam unterstützen, müssen diese den in Tabelle 3-23 dargestellten Anforderungen Rechnung tragen.

Das in Abbildung 3-35 dargestellte **DuPont-Kennzahlensystem** stellt ein Beispiel für einen Ansatz dar, der zur Operationalisierung der Spitzenkennzahl des Return on Investment (ROI) verschiedene sachlogisch strukturierte wirtschaftliche Kennzahlen heranzieht. Die Tatsache, dass dieses Kennzahlensystem sich an rein wirtschaftlichen Größen orientiert, macht allerdings deutlich, dass es nur einen **spezifischen Teilbereich** der strategischen Erfolgskontrolle abdeckt (vgl. auch *Meffert et al.* 2008, S. 800). Darüber hinaus stellt sich die Frage, wie bei einer funktionalen Sicht auf das Marketing marketingspezifische Kapital- und Vermögensgrößen verursachungsgerecht ermittelt werden können. Insofern scheint das DuPont-Schema aus Marketingsicht vor allem dann geeignet, wenn sich die strategische Erfolgskontrolle auf eigenständige Geschäftsbereiche wie beispielsweise Verkaufsniederlassungen bezieht (*Reinecke/Janz* 2007, S. 348).

**Tab. 3-22:** Exemplarische Kennzahlen der strategischen Erfolgskontrolle (in Anlehnung an *Homburg/Krohmer* 2009, S. 1170)

| Potenzialbezogene Kennzahlen | Markterfolgsbezogene Kennzahlen | Wirtschaftliche Kennzahlen |
|---|---|---|
| • Bekanntheitsgrad des Anbieters<br>• Produktmarkenbekanntheit<br>• Qualitätsimage des Leistungsangebots<br>• Preisimage des Anbieters<br>• Kundenzufriedenheit | • Anzahl der Gesamtkunden<br>• Anzahl der Neukunden<br>• Wiederkaufrate<br>• Kundenrückgewinnungsquote<br>• Marktanteil einer Leistung im Gesamtmarkt bzw. in Marktsegmenten<br>• Erzieltes Preisniveau | • Umsatz bezogen auf Leistungen/Leistungsgruppen bzw. Kunden/Kundengruppen<br>• Gewinn bezogen auf Leistungen/Leistungsgruppen bzw. Kunden/Kundengruppen<br>• Deckungsbeiträge bezogen auf Leistungen/Leistungsgruppen bzw. Kunden/Kundengruppen<br>• Umsatzrendite<br>• Marketingkosten |

**Tab. 3-23:** Anforderungen an Kennzahlensysteme (in Anlehnung an *Reinecke* 2004, S. 77)

| Ein nützliches Kennzahlensystem ist ... | |
|---|---|
| ... **problem-gerecht** | • Kennzahlen entsprechen zeitlich und sachlich dem verfolgten Ziel als Diagnoseinstrument<br>• Richtiger Informationsgrad (Aggregationsgrad, Aktualität, Periodizität)<br>• Angemessene Informationsqualität<br>• Robustheit (Schutz vor Manipulation) |
| ... **konsistent** | • Korrekter Ursache-Wirkungszusammenhang<br>• Widerspruchsfreiheit<br>• Ausgewogenheit<br>• Eindeutige Operationalisierung der jeweiligen Größen |
| ... **flexibel** | • Dynamisierbarkeit des Systems, Anpassbarkeit an Veränderungen (Möglichkeit, Kennzahlen zu ergänzen und zu eliminieren)<br>• Integrationsmöglichkeit externer Daten<br>• Modularität |
| ... **benutzer- und organisationsgerecht** | • Kompatibilität mit Organisationskultur<br>• Wahrgenommene Nützlichkeit des Systems für die Benutzer (subjektiver Sinngehalt, Informationsgehalt)<br>• Standardisierung<br>• Transparenz, Kompaktheit |
| ... **wirtschaftlich** | • Aufwand der Datenerhebung und -verarbeitung<br>• Automatisierung, Grad der Unterstützung durch Informationstechnologien |

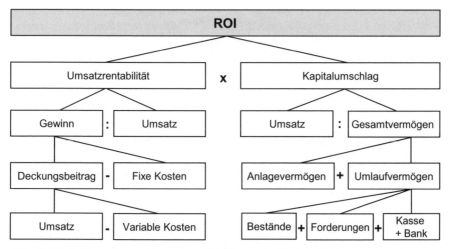

**Abb. 3-35:** DuPont-Kennzahlensystem (*Meffert et al.* 2008, S. 800)

Im Gegensatz zum DuPont-Schema kombiniert die bereits in Kap. 3.1.2.1 im Kontext der unternehmensinternen Strategiekommunikation erwähnte **Balanced Scorecard** (*Kaplan/Norton* 1996; *Gaubinger* 2006, S. 289 ff.; *Meffert et al.* 2008, S. 800 f.; *Benkenstein/Uhrich* 2009, S. 224 f.) nicht nur wirtschaftliche und damit monetär-quantitative, sondern zusätzlich weitere quantitative und insbesondere auch qualitative Größen zu einem Kennzahlensystem. Somit ist dieser Ansatz in der Lage, **alle Ebenen** der strategischen Erfolgskontrolle (potenzialbezogen, markterfolgsbezogen und wirtschaftlich) zu erfassen. Die Balanced Scorecard geht allerdings über einen rein marketingbezogenen Ansatz der strategischen Erfolgskontrolle hinaus und stellt ein **umfassendes Konzept zur Planung, Steuerung und Kontrolle von Aktivitäten des Gesamtunternehmens** dar. In diesem Kontext wird vorgeschlagen, vier einander wechselseitig beeinflussende **Standardperspektiven** (vgl. Abbildung 3-36) zu berücksichtigen, die einen erheblichen Teil der erfolgsrelevanten Bereiche eines Unternehmens abdecken.

Hinsichtlich der zur Operationalisierung der Ziele innerhalb der vier Perspektiven der Balanced Scorecard notwendigen Kennzahlen, welche damit auch den Soll-Ist-Vergleichen im Rahmen der strategischen Erfolgskontrolle zugrunde liegen, schlagen *Kaplan/Norton* (1996, S. 44) die folgenden „generischen" Größen vor:

*   **Finanzperspektive:** Return on Investment (ROI), Wertschöpfung;
*   **Kundenperspektive:** Kundenzufriedenheit, Kundenbindung, Marktanteil, Kundenanteil;
*   **Interne Prozessperspektive:** Qualität, Reaktionszeit, Kosten, Einführung neuer Produkte;
*   **Lern- und Entwicklungsperspektive:** Mitarbeiterzufriedenheit, Verfügbarkeit von Informationssystemen.

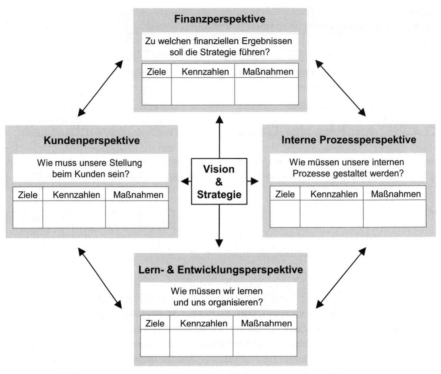

**Abb. 3-36:** Aufbau der Balanced Scorecard (in Anlehnung an *Gaubinger* 2006, S. 290)

## 3.4.1.2 Informationsbeschaffung

Zur Informationsbeschaffung für die Ist-Werte der festgelegten Kennzahlen der strategischen Erfolgskontrolle kann auf verschiedene **Informationsquellen** zurückgegriffen werden.

Eine erste wichtige Informationsquelle stellt die **Finanzbuchhaltung** dar. Der Vorteil von Daten aus der Finanzbuchhaltung liegt in deren Exaktheit und Vollständigkeit. Als nachteilig kann sich jedoch ihr Vergangenheitsbezug erweisen. Aus der Finanzbuchhaltung lassen sich etwa die Ist-Werte für Umsätze, Absatzzahlen, Gewinne und Aufwendungen ermitteln (*Gaubinger* 2006, S. 283). Auch die **Kostenrechnung**, und hier insbesondere die **Deckungsbeitragsrechnung**, bildet eine wichtige Informationsquelle zur Ermittlung der Ist-Werte von Kennzahlen der strategischen Erfolgskontrolle. So können in diesem Zusammenhang Informationen zu den gesamten Marketingkosten, den Kosten spezifischer Marketinginstrumente und den erzielten Deckungsbeiträgen gewonnen werden (*Gaubinger* 2006, S. 284). Werden die Ist-Werte von Deckungsbeiträgen nicht auf der Produkt- bzw. Leistungsebene, sondern auf der Ebene von einzelnen Kunden, Kundensegmenten, Verkaufsregionen, Vertriebswegen oder Aufträgen benötigt, stellt die **Absatzsegmentrechnung** die geeignete Informationsquelle dar (*Jenner* 2003, S. 190; *Homburg/Krohmer* 2009, S. 1161 ff.). Nicht zuletzt aber bilden **Kundendatenbanken** die Ist-Werte zahlreicher markterfolgsbezogener Kennzahlen der strategischen Erfolgskontrolle ab.

Zur Informationsbeschaffung für die strategische Erfolgskontrolle reichen allerdings die bisher genannten **unternehmensinternen** Informationsquellen nicht aus. Vielmehr ist es notwendig, auch auf **unternehmensexterne** Quellen zurückzugreifen. Von zentraler Bedeutung ist in diesem Zusammenhang die **Marktforschung**, durch welche sich insbesondere die Ist-Werte potenzialbezogener Kennzahlen der strategischen Erfolgskontrolle ermitteln lassen.

## 3.4.2 Analyse der Ursachen von Zielabweichungen

Werden auf Basis von Soll-Ist-Vergleichen negative Abweichungen von den festgelegten strategischen Marketingzielen identifiziert, so müssen die entsprechenden Ursachen analysiert werden.

In diesem Zusammenhang kommen zum einen **unternehmensinterne Ursachen** in Frage. Diese können auf der Ebene sämtlicher Teilprozesse der Steuerung der Werttreiber und der Wertrealisierung liegen, wobei das ergebnisbezogene Controlling der jeweiligen Teilprozesse wie bereits erwähnt eine wichtige Diagnosefunktion erfüllt. Allerdings können auch Fehler im Zuge der Definition der strategischen Wertbasis oder eine mangelnde Informationsversorgung die Ursache negativer Zielabweichungen sein.

Darüber hinaus ist es aber auch möglich, dass negative Zielabweichungen einen **unternehmensexternen Ursprung** haben. So könnten beispielsweise Veränderungen im wirtschaftlichen Umfeld eines Unternehmens oder Reaktionen von Mitbewerbern auf gesetzte Marketingmaßnahmen für das Verfehlen der festgelegten strategischen Marketingziele verantwortlich sein.

## 3.4.3 Maßnahmenableitung

Die gewonnenen Erkenntnisse zu den Ursachen negativer Zielabweichungen bilden den Ausgangspunkt der Ableitung entsprechender Maßnahmen. In diesem Zusammenhang ist es notwendig, dass ein Anbieter flexibel reagiert, da nur eine **kontinuierliche Anpassung** der für Zielabweichungen ursächlichen Elemente des Prozesses des wertbasierten Business-to-Business-Marketing dessen Effektivität und Effizienz sichert.

Die abgeleiteten Maßnahmen können zum einen auf eine bessere Zielerreichung abstellen und umfassen in diesem Fall insbesondere Anpassungen von Marketingaktivitäten auf der **Prozessebene** (z. B. Verbesserung der Koordination zwischen Prozessverantwortlichen), der **inhaltlichen Ebene** (z. B. Neuausrichtung des Leistungsprogramms), der **Umsetzungsebene** (z. B. effizienterer Einsatz von Ressourcen), der **Informationsebene** (z. B. genauere Informationen zu den Kunden) und der **organisationalen Ebene** (z. B. Reorganisation des Vertriebsaußendiensts). Andererseits kann es aber auch notwendig sein, die festgelegten **Marketingziele per se zu revidieren**, etwa wenn diese von vornherein unrealistisch waren oder aber vor dem Hintergrund der jeweiligen wirtschaftlichen Rahmenbedingungen nicht mehr erreichbar sind.

## 3.4.4  Zusammenfassung

Im Mittelpunkt der den Prozess des wertbasierten Business-to-Business-Marketing abschließenden strategischen Erfolgskontrolle stehen Soll-Ist-Vergleiche, durch die ermittelt wird, ob hinsichtlich der im Zuge der Festlegung der marketingstrategischen Grundausrichtung definierten strategischen Marketingziele negative **Zielabweichungen** auftreten. Um diese Vergleiche durchführen zu können, ist es einerseits notwendig, aus den jeweiligen Zielen abgeleitete **Kennzahlen** der strategischen Erfolgskontrolle festzulegen. Neben Einzelkennzahlen kommen in diesem Zusammenhang auch Kennzahlensysteme in Frage. Zum anderen aber gilt es, mit Blick auf die Ist-Werte der festgelegten Kennzahlen entsprechende **Informationen** zu beschaffen, um diese Werte in der Folge den jeweiligen Soll-Werten gegenüberstellen zu können. Zur Informationsbeschaffung muss dabei sowohl auf unternehmensinterne Informationsquellen (Finanzbuchhaltung, Kostenrechnung, Absatzsegmentrechnung, Kundendatenbanken) als auch auf unternehmensexterne Quellen (hier insbesondere die Marktforschung) zurückgegriffen werden.

Im Fall von negativen Zielabweichungen ist eine unternehmensinterne und -externe **Ursachenanalyse** durchzuführen, welche die Basis für die **Ableitung von Maßnahmen** bildet. Letztere können darin bestehen, dass Marketingaktivitäten angepasst werden, um eine bessere Zielerreichung zu gewährleisten, oder aber die definierten Marketingziele revidiert werden.

# 4 Wertbasiertes Business-to-Business-Marketing: Die Schlüsselelemente

In Kap. 1.1 wurde konstatiert, dass sich die Bedeutungszunahme des Business-to-Business-Marketing in einer wachsenden Zahl einschlägiger Lehrbücher niedergeschlagen hat. Dass dieses Buch dennoch geschrieben wurde, liegt darin begründet, dass der Fokus auf **Schlüsselelemente des Marketing** gelenkt werden sollte, die in der Unternehmenspraxis vielfach zu wenig beachtet werden und sich daher als Stolpersteine auf dem Weg zum Marketing- und damit auch Unternehmenserfolg erweisen können. Im Rückspiegel betrachtet, lässt sich die Quintessenz der Ausführungen zum wertbasierten Business-to-Business-Marketing wie folgt formulieren:

- **Kundennutzen, Preis und Kosten als Werttreiber:** Ein Anbieter ist nur dann überlebensfähig, wenn er seinen Kunden durch eine adäquate Steuerung von Kundennutzen und Preis gegenüber der Konkurrenz einen Mehrwert stiftet. Diese Wertstiftung für den Kunden darf aber nicht im Sinne eines „Nachläufer-Marketing" zum Selbstzweck werden, sondern dient letztlich allein und einzig als Mittel zum Zweck der Generierung eines größtmöglichen Werts für den Anbieter selbst. Dazu ist es notwendig, dass dieser seine Kosten entsprechend steuert und den Preis in dem Sinne regulierend einsetzt, dass dem Kunden gerade so viel Wert bleibt, dass er sich nicht für die Leistungen der Konkurrenz entscheidet. Das **erste Schlüsselelement** des wertbasierten Business-to-Business-Marketing liegt somit darin, dass nicht nur der kundenseitige, sondern auch der anbieterseitige Wert in den Fokus rückt.
- **Kundennutzen als mehrdimensionales Konzept:** Angesichts der Austauschbarkeit vieler Produkte führt die Gleichsetzung von Kundennutzen mit dem unmittelbar durch ein Produkt gestifteten Nutzen auf direktem Weg zu nach unten gerichteten Preisspiralen – und damit zur kunden-, nicht aber anbieterseitigen Wertmaximierung. Das **zweite Schlüsselelement** des wertbasierten Business-to-Business-Marketing lautet daher, den Kundennutzen als mehrdimensionales Konzept zu verstehen. Nur so lässt sich über das Produkt hinaus ein überlegener Kundennutzen schaffen, der wiederum die Voraussetzung dafür ist, den Werttreiber des Preises selbst in der Hand zu haben.
- **Prozessorientierung:** Ein schlüssiges Auftreten gegenüber dem Kunden lässt sich nicht durch eine willkürliche Aneinanderreihung von Maßnahmen, sondern nur durch koordinierte Prozesse erreichen. Solche Prozesse sichern nicht nur die Effektivität (Wertstiftung für den Kunden), sondern auch die Effizienz des Marketing (Wertschaffung für den Anbieter). Das **dritte Schlüsselelement** des wertbasierten Business-to-Business-Marketing besteht somit in der prozessorientierten Strukturierung von Marketingaktivitäten.
- **Systematische Informationsversorgung:** Prozesse funktionieren nur dann reibungslos, wenn zum richtigen Zeitpunkt Informationen in der richtigen Qualität und

Menge zur Verfügung stehen. Ein informationsorientiertes Controlling, das einerseits Prozesse steuert und andererseits deren Erfolg aufzeigt, stellt daher das **vierte Schlüsselelement** des wertbasierten Business-to-Business-Marketing dar. Der Aspekt der Erfolgskontrolle ist dabei insofern von zentraler Bedeutung, als sich das Marketing nur dann nicht selbst in Frage stellt, wenn es den Nachweis für den eigenen Erfolg erbringt – und der liegt nicht in der Wertstiftung für den Kunden, sondern in der Wertschaffung für den Anbieter.

# Literaturverzeichnis

ALBACH, H. (1988): Kosten, Transaktionen und externe Effekte im betrieblichen Rechnungswesen, in: Zeitschrift für Betriebswirtschaft, 58 Jg., S. 1143–1170.

ALLERT, R./FLIESS, S. (1998): Blueprinting – eine Methode zur Analyse und Gestaltung von Prozessen, in: KLEINALTENKAMP, M./EHRET, M. (Hrsg.): Prozeßmanagement im Technischen Vertrieb: Neue Konzepte und erprobte Beispiele für das Business-to-Business-Marketing, Berlin, S. 193–212.

ANDERSON, J. C./JAIN, D. C./CHINTAGUNTA, P. K. (1993): Customer value assessment in business markets: A state-of-practice study, in: Journal of Business-to-Business Marketing, Vol. 1, No. 1, S. 3–29.

ANDERSON, J. C./NARUS, J. A./NARAYANDAS, D. (2009): Business market management: Understanding, creating, and delivering value, 3rd ed., Upper Saddle River.

ARBEITSKREIS „MARKETING IN DER INVESTITIONSGÜTER-INDUSTRIE" DER SCHMALENBACH- GESELLSCHAFT (1975): Systems Selling, in: Zeitschrift für betriebswirtschaftliche Forschung, 27. Jg., Nr. 12, S. 757–773.

ARIES, L. A. (2001): Unternehmenserfolg durch professionellen Vertrieb: Von der Verkaufsoptimierung zum CRM, 2. Auflage, Wiesbaden.

ARNAOUT, A. (2001): Target Costing in der deutschen Unternehmenspraxis: Eine empirische Untersuchung, München.

ARNETT, D. B./MACY, B. A., WILCOX, J. B. (2005): The role of core selling teams in supplier-buyer relationships, in: Journal of Personal Selling and Sales Management, Vol. 25, No. 1, S. 27–42.

ARORA, N./ALLENBY, G. M. (1999): Measuring the influence of individual preference structure in group decision making, in: Journal of Marketing Research, Vol. 36, Nr. 4, S. 476–487.

AUFDERHEIDE, D./BACKHAUS, K. (1995): Institutionenökonomische Fundierung des Marketing: Der Geschäftstypenansatz, in: KAAS. K. P. (Hrsg.): Kontrakte, Geschäftsbeziehungen, Netzwerke – Marketing und Neue Institutionenökonomik, Düsseldorf, S. 43–60.

BACHARACH, S. B./LAWLER, E. J. (1980): Power and politics in organizations: The social psychology of conflict, coalitions, and bargaining, San Fancisco.

BACKHAUS, K. (1982): Investitionsgüter-Marketing, München.

BACKHAUS, K. (1990): Investitionsgütermarketing, 2. Auflage, München.

BACKHAUS, K. (1992): Investitionsgüter-Marketing – Theorieloses Konzept mit Allgemeinheitsanspruch? in: Zeitschrift für betriebswirtschaftliche Forschung, 44. Jg., Nr. 9, S. 771–791.

BACKHAUS, K. (2003): Industriegütermarketing, 7. Auflage, München.

BACKHAUS, K./AUFDERHEIDE, D./SPÄTH, G. M. (1994): Marketing für Systemtechnologien, Stuttgart.

BACKHAUS, K./BAUMEISTER, C./KOCH, M./MÜHLFELD, K. (2008): Kundenbindung im Industriegütermarketing, in: BRUHN, M./HOMBURG, C. (Hrsg.): Handbuch Kundenbindungsmanagement: Strategien und Instrumente für ein erfolgreiches CRM, 6. Auflage, Wiesbaden, S. 215–248.

BACKHAUS, K./BONUS, T./SABEL, T. (2004): Industriegütermarketing im Spiegel der internationalen Lehrbuchliteratur, in: BACKHAUS, K./VOETH, M. (Hrsg.): Handbuch Industriegütermarketing: Strategien – Instrumente – Anwendungen, Wiesbaden, S. 23–46.

BACKHAUS, K./BRZOSKA, L. (2004): Conjoint-analytische Präferenzmessung zur Prognose von Preisreaktionen: Eine empirische Analyse der externen Validität, in: Die Betriebswirtschaft, 64. Jg., Nr. 1, S. 39–57.

BACKHAUS, K./BÜSCHKEN, J. (1996): What do we know about business-to-business interactions? – A synopsis of empirical research on buyer-seller interactions, in: GEMÜNDEN, H. G./RITTER, T./ WALTER, A. (eds.): Proceedings of the 12th international conference on industrial marketing and purchasing, Vol. 1, Karlsruhe, S. 37–79.

BACKHAUS, K./ERICHSON, B./PLINKE, W./WEIBER, R. (2011): Multivariate Analysemethoden: Eine anwendungsorientierte Einführung, 13. Auflage, Berlin.

BACKHAUS, K./GÜNTER, B. (1976): A phase-differentiated interaction approach to industrial marketing decisions, in: Industrial Marketing Management, Vol. 5, S. 255–270.

BACKHAUS, K./MELL, B./SABEL, T. (2007): Business-to-business marketing textbooks: A comparative review, in: Journal of Business-to-Business Marketing, Vol. 14, No. 4, S. 11–65.

BACKHAUS, K./SCHNEIDER, H. (2009): Strategisches Marketing, 2. Auflage, Stuttgart.

BACKHAUS, K./VOETH, M. (2004): Besonderheiten des Industriegütermarketing, in: BACKHAUS, K./ VOETH, M. (Hrsg.): Handbuch Industriegütermarketing: Strategien – Instrumente – Anwendungen, Wiesbaden, S. 3–22.

BACKHAUS, K./VOETH, M. (2010): Industriegütermarketing, 9. Auflage, München.

BAKER, J./PARASURAMAN, A./GREWAL, D./VOSS, G. B. (2002): The influence of multiple store environment cues on perceived merchandise value and patronage intentions, in: Journal of Marketing, Vol. 66, No. 2, S. 120–141.

BARISCH, S. (2011): Optimierung von Verhandlungsteams: Der Einflussfaktor Hierarchie, Wiesbaden.

BARTSCH, A. (2005): Lieferantenwert: Auswirkungen der Eigenschaften von Lieferanten auf Nutzen und Aufwand bei industriellen Kunden, Wiesbaden.

BARZILAI, J./LOOTSMA, F. A. (1997): Power relations and group aggregation in the multiplicative AHP and SMART, in: Journal of Multi-Criteria Decision Analysis, Vol. 6, S. 155–165.

BAUER, H. H./STOKBURGER, G./HAMMERSCHMIDT, M. (2006): Marketing Performance: Messen – Analysieren – Optimieren, Wiesbaden.

BAUSBACK, N. (2007): Positionierung von Business-to-Business-Marken: Konzeption und empirische Analyse zur Rolle von Rationalität und Emotionalität, Wiesbaden.

BECKER, J. (2006): Marketing-Konzeption: Grundlagen des ziel-strategischen und operativen Marketing-Managements, 8. Auflage, München.

BELZ, C./BIEGER, T. (2004): Kundenvorteile für Unternehmenserfolge, in: BELZ, C./BIEGER, T. (Hrsg.): Customer Value: Kundenvorteile schaffen Unternehmensvorteile, Frankfurt, S. 37–142.

BENKENSTEIN, M./UHRICH, S. (2009): Strategisches Marketing: Ein wettbewerbsorientierter Ansatz, 3. Auflage, Stuttgart.

BEREKOVEN, L./ECKERT, W./ELLENRIEDER, P. (2006): Marktforschung: Methodische Grundlagen und praktische Anwendung, 11. Auflage, Wiesbaden.

BEUTIN, N. (2000): Kundennutzen in industriellen Geschäftsbeziehungen, Wiesbaden.

BLYTHE, J./ZIMMERMAN, A. (2005): Business to business marketing management: A global perspective, North Yorkshire.

BÖCKER, F. (1986): Präferenzforschung als Mittel marktorientierter Unternehmensführung, in: Zeitschrift für betriebswirtschaftliche Forschung, 38. Jg., Nr. 7/8, S. 543–574.

BÖCKER, T./THOMAS. L. (1983): Der Einfluss von Kindern auf die Produktpräferenzen ihrer Mütter, in: Marketing – ZFP, 5. Jg., Nr. 4, S. 245–252.

BONOMA, T. V. (1982): Major sales: Who really does the buying? in: Harvard Business Review, Vol. 60, No. 3, S. 111–119.

BOSSERT, W./STEHLING, F. (1990): Theorie kollektiver Entscheidungen: Eine Einführung, Berlin.

BRINKMANN, J. (2006): Buying Center-Analyse auf der Basis von Vertriebsinformationen, Wiesbaden.

BRINKMANN, J./VOETH, M. (2007): An analysis of buying center decisions through the salesforce, in: Industrial Marketing Management, Vol. 36, No. 7, S. 998–1009.

BRISTOR, J. M. (1993): Influence strategies in organizational buying: The importance of connections to the right people in the right places, in: Journal of Business-to-Business Marketing, Vol. 1, No. 1, S. 63–99.

BRISTOR, J. M./RYAN M. J. (1987): The buying center is dead, long live the buying center, in: WALLENDORF, M./ANDERSON, P. (eds.): Advances in consumer research, Vol. 14, Provo, S. 255–258.

BRUHN, M. (1999): Internes Marketing als Forschungsgebiet der Marketingwissenschaft: Eine Einführung in die theoretischen und praktischen Probleme, in: BRUHN, M. (Hrsg.): Internes Marketing: Integration der Kunden- und Mitarbeiterorientierung; Grundlagen – Implementierung – Praxisbeispiele, 2. Auflage, Wiesbaden, S. 15–44.

BRUHN, M. (2001): Relationship Marketing: Das Management von Kundenbeziehungen, München.

BRUHN, M. (2004): Kommunikationspolitik für Industriegüter, in: BACKHAUS, K./VOETH, M. (Hrsg.): Handbuch Industriegütermarketing: Strategien – Instrumente – Anwendungen, Wiesbaden, S. 697–722.

BRUHN, M. (2005a): Kommunikationspolitik, 3. Auflage, München.

BRUHN, M. (2005b): Unternehmens- und Marketingkommunikation. Handbuch für ein integriertes Kommunikationsmanagement, München.

BRUHN, M. (2009): Marketing: Grundlagen für Studium und Praxis, 9. Auflage, Wiesbaden.

BRUHN, M. (2011): Unternehmens- und Marketingkommunikation. Handbuch für ein integriertes Kommunikationsmanagement, 2. Auflage, München.

BUSCH, R./FUCHS, W./UNGER, F. (2008): Integriertes Marketing: Strategie – Organisation – Instrumente, 4. Auflage, Wiesbaden.

BÜSCHKEN, J. (1994): Multipersonale Kaufentscheidungen, Wiesbaden.

BÜSCHKEN, J./VOETH, M./WEIBER, R. (2007): Aktuelle und zukünftige Forschungslinien für das Industriegütermarketing, in: BÜSCHKEN, J./VOETH, M./WEIBER, R. (Hrsg.): Innovationen für das Industriegütermarketing, Stuttgart, S. 3–20.

BÜSCHKEN, J./VON THADEN, C. (2002): Produktvariation, -differenzierung und -diversifikation, in: ALBERS, S./HERMANN, A. (Hrsg.): Handbuch Produktmanagement: Strategieentwicklung – Produktplanung – Organisation – Kontrolle, 2. Auflage, Wiesbaden, S. 593–613.

BÜTTGEN, M. (2006): Kundenorientiertes Kostenmanagement bei beteiligungsintensiven Dienstleistungen, in: BRUHN, M./STAUSS, B. (Hrsg.): Dienstleistungscontrolling: Forum Dienstleistungsmanagement, S. 369–394.

CASPAR, M./HECKER, A./SABEL, T. (2002): Markenrelevanz in der Unternehmensführung: Messung, Erklärung und empirische Befunde für B2B-Märkte, Arbeitspapier Nr. 4 der MCM/McKinsey-Reihe zur Markenpolitik, Universität Münster, Münster.

CETIN, K./DIERER, D./LEITNER, J. (2011): Methoden zur Analyse von Buying Centern für den Verkauf, Seminararbeit am Institut für Handel, Absatz und Marketing der Johannes Kepler Universität, Linz.

CHACOUR, S./ULAGA, W. (1998): Customer value audit in business markets: The case of a chemicals supplier in international markets, Arbeitspapier, EDHEC Graduate School of Management, Lille Cedex.

CHURCHILL, G. A./PETER, P. (1998): Marketing: Creating Value for Customers, 2nd ed., Boston.

CIBIS, C./NIEMAND, S. (1993): Planung und Steuerung funktioneller Dienstleistungen mit Target Costing – dargestellt am Beispiel der IBM Deutschland GmbH, in: HORVÁTH, P. (Hrsg.): Target Costing: Marktorientierte Zielkosten in der deutschen Praxis, Stuttgart, S. 191–228.

COENENBERG, A. G. (2003): Kostenrechnung und Kostenanalyse, 5. Auflage, Stuttgart.

CORFMAN, K. P./LEHMANN, D. R. (1987): Models of cooperative group decision-making and relative influence: An experimental investigation of family purchase decisions, in: Journal of Consumer Research, Vol. 14 (June), S. 1–13.

CORNELSEN, J. (2000): Kundenwertanalysen im Beziehungsmarketing: Theoretische Grundlagen und Ergebnisse einer empirischen Studie im Automobilbereich, Nürnberg.

CROTT, H. (1979): Soziale Interaktion und Gruppenprozesse, Berlin.

CROW, L. E./LINDQUIST, J. D. (1985): Impact of organizational and buyer characteristics on the buying center, in: Industrial Marketing Management, Vol. 14, Nr. 1, S. 49–58.

CUNNINGHAM, I. C./GREEN, R. T. (1974): Purchasing roles in the U.S. family 1955 and 1973, in: Journal of Marketing, Vol. 38, Nr. 3, S. 61–64.

DADZIE, K. Q./JOHNSTON, W. J./DADZIE, E. W./YOO, B. (1999): Influence in the organizational buying center and logistics automation technology adoption, in: Journal of Business & Industrial Marketing, Vol. 14, No. 5/6, S. 433–444.

DAVIS, H. L. (1970): Dimensions of marital roles in consumer decision making, in: Journal of Marketing Research, Vol. 7, No. 2, S. 168–177.

DAVIS, H. L. (1976): Decision making within the household, in: Journal of Consumer Research, Vol. 2, No. 4, S. 241–260.

DAWES, P. L./LEE, D. Y./DOWLING, G. R. (1998): Information control and influence in emergent buying centers, in: Journal of Marketing, Vol. 62, No. 3, S. 55–68.

DELLAERT, B. G./PRODIGALIDAD, M./LOUVIERE, J. J. (1998): Family members' projections of each other's preference and influence: A two-stage conjoint approach, in: Marketing Letters, Vol. 9, No. 2, S. 135–145.

DESHPANDÉ, R./FARLEY, J. U./WEBSTER, F. E. , JR. (1993): Corporate culture, customer orientation, and innovativeness in japanese firms: A quadrad analysis, in: Journal of Marketing, Vol. 57, No. 1, S. 23–37.

DILLER, H. (2000): Preispolitik, 3. Auflage, Stuttgart.

DILLER, H. (2001): Buying Center, in: DILLER, H. (Hrsg.): Vahlens Großes Marketinglexikon, 2. Auflage, München, S. 200–202.

DILLER, H. (2008): Preispolitik, 4. Auflage, Stuttgart.

DILLER, H./FÜRST, A./IVENS, B. (2011): Grundprinzipien des Marketing, 3. Auflage, Nürnberg.

DILLER, H./HAAS, A./IVENS, B. (2005): Verkauf und Kundenmanagement: Eine prozessorientierte Konzeption, Stuttgart.

DISSELKAMP, M. (2005): Innovationsmanagement: Instrumente und Methoden zur Umsetzung im Unternehmen, Wiesbaden.

DOYLE, P. (2008): Value-based marketing: Marketing strategies for corporate growth and shareholder value, 2nd ed., Chichester.

DOYLE, P./WOODSIDE, A. G./MICHELL, P. (1979): Organizational buying in new task and rebuy situations, in: Industrial Marketing Management, Vol. 8, No. 1, S. 7–11.

ECKARDT, G. H. (2010): Business-to-Business-Marketing: Eine Einführung für Studium und Beruf, Stuttgart.

EGGERT, A. (2006): Die zwei Perspektiven des Kundenwerts: Darstellung und Versuch einer Integration, in: GÜNTER, B./HELM, S. (Hrsg.): Kundenwert: Grundlagen – Innovative Konzepte – Praktische Umsetzungen, 3. Auflage, Wiesbaden, S. 41–59.

EHRET, M. (1998): Nutzungsprozesse im Business-to-Business-Marketing: Anforderungen an die Entwicklung der Prozeßkompetenz von Business-to-Business-Anbietern, in: KLEINALTENKAMP, M./EHRET, M. (Hrsg.): Prozeßmanagement im Technischen Vertrieb: Neue Konzepte und erprobte Beispiele für das Business-to-Business-Marketing, Berlin, S. 35–69.

ENGELHARDT, W. H./GÜNTER, B. (1981): Investitionsgüter-Marketing: Anlagen, Einzelaggregate, Teile, Roh- und Einsatzstoffe, Energieträger, Stuttgart.

ENGELHARDT, W. H./KLEINALTENKAMP, M./RECKENFELDERBÄUMER, M. (1993): Leistungsbündel als Absatzobjekte: Ein Ansatz zur Überwindung der Dichotomie von Sach- und Dienstleistungen, in: Zeitschrift für betriebswirtschaftliche Forschung, 45. Jg., Nr. 5, S. 395–426.

ENGELS, W. (1962): Betriebswirtschaftliche Bewertungslehre im Licht der Entscheidungstheorie, Köln.

ESCH, F.-R. (1992): Positionierungsstrategien – konstituierender Erfolgsfaktor für Handelsunternehmen, in: Thexis, 9. Jg., Nr. 4, S. 9–15.

ESCH, F.-R./HERRMANN, A./SATTLER, H. (2011): Marketing: Eine managementorientierte Einführung, 3. Auflage, München.

ESCH, F.-R./LEVERMANN, T. (1995): Positionierung als Grundlage des strategischen Kundenmanagements, in: Thexis, 12. Jg., Nr. 3, S. 8–16.

EVERSHEIM, W./SESTERHENN, M./FRANK, A./REUTER, U. (1999): Target Costing im Maschinen- und Anlagenbau am Beispiel der Druckmaschinenindustrie, in: Kostenrechnungspraxis, 43. Jg., Nr. 6, S. 345–351.

FILIATRAULT, P./RITCHIE, J. R. B. (1980): Joint purchasing decisions: A comparison of influence structure in family and couple decision-making units, in: Journal of Consumer Research, Vol. 7, No. 2, S. 131–140.

FILL, C. (1999): Marketing-Kommunikation, München.

FISCHER, J. O. (2008): Kostenbewusstes Konstruieren: Praxisbewährte Methoden und Informationssysteme für den Konstruktionsprozess, Berlin.

FLIESS, S. (2000): Industrielles Kaufverhalten, in: KLEINALTENKAMP, M./PLINKE, W. (Hrsg.): Technischer Vertrieb: Grundlagen des Business-to-Business-Marketing, 2. Auflage, Berlin, S. 251–370.

FLIESS, S. (2009): Dienstleistungsmanagement: Kundenintegration gestalten und steuern, Wiesbaden.

FLIK, M./HEERING, C./KAMPF, H./STAENGEL, D. (1998): Neugestaltung des Entwicklungsprozesses bei einem Automobilzulieferer: Prozeßorientierte Reorganisation, Quality Function Deployment und Target Costing, in: Zeitschrift für betriebswirtschaftliche Forschung, 50. Jg., Nr. 3, S. 289–305.

FOMBRUN, C. J. (1983): Attributions of power across a social network, in: Human Relations, Vol. 36, No. 6, S. 251–369.

FORD, H. (1923): My life and work, New York.

FOSCHT, T./SWOBODA, B. (2011): Käuferverhalten: Grundlagen – Perspektiven – Anwendungen, 4. Auflage, Wiesbaden.

FREIDANK, C.-C. (2008): Kostenrechnung: Grundlagen des innerbetrieblichen Rechnungswesens und Konzepte des Kostenmanagements, 8. Auflage, München.

FRENCH, J. R. P./RAVEN, B. (1959): The bases of social power, in: CARTWRIGHT, D. (ed.): Studies in social power, Ann Arbor, S. 150–167.

FRETER, H. (2008): Markt- und Kundensegmentierung: Kundenorientierte Markterfassung und -bearbeitung, 2. Auflage, Stuttgart.

FRIEGE, C. (1995): Preispolitik für Leistungsverbunde im Business-to-Business-Marketing, Wiesbaden.

FRITZ, W. (2004): Internet-Marketing und Electronic Commerce. Grundlagen – Rahmenbedingungen – Instrumente, 3. Auflage, Wiesbaden.

GALE, B. T. (1994): Managing customer value: Creating quality and service that customers can see, New York.

GÄRTNER, A./RIEGLER-KLINGER, C. (2009): Strukturierung von Kundennutzen: Ein Beitrag zur Umsetzung eines wertorientierten Marketingansatzes in der voestalpine AG Division Stahl, Diplomarbeit an der Johannes Kepler Universität, Linz.

GASSENHEIMER, J. B./HOUSTON, F. S./DAVIS, J. C. (1998): The role of economic value, social value and perceptions of fairness in interorganizational relationship retention decisions, in: Journal of the Academy of Marketing Science, Vol. 26, No. 4, S. 322–337.

GASSMANN, O./SUTTER, P. (2008): Praxiswissen Innovationsmanagement: Von der Idee zum Markterfolg, München.

GAUBINGER, K. (2006): Grundlagen des Marketing-Controllings, in: WERANI, T./GAUBINGER, K./KINDERMANN, H. (Hrsg.): Praxisorientiertes Business-to-Business-Marketing: Grundlagen und Fallstudien aus Unternehmen, Wiesbaden, S. 279–293.

GAUBINGER, K. (2009): Marketingmanagement – Aufgaben entlang des Produktlebenszyklus, in: GAUBINGER, K./WERANI, T./RABL, M. (Hrsg.): Praxisorientiertes Innovations- und Produktmanagement: Grundlagen und Fallstudien aus B-to-B-Märkten, Wiesbaden, S. 303–316.

GIRKINGER, W./GAUBINGER, K. (2009): Target Costing, in: GAUBINGER, K./WERANI, T./RABL, M. (Hrsg.): Praxisorientiertes Innovations- und Produktmanagement: Grundlagen und Fallstudien aus B-to-B-Märkten, Wiesbaden, S. 143–154.

GODEFROID, P. (1996): Perceived Value Pricing als Herausforderung für das Business Marketing, in: VDI Berichte, Nr. 1305, S. 397–410.

GODEFROID, P. (2003): Business-to-Business-Marketing, 3. Auflage, Ludwigshafen.

GÖTZE, U. (2010): Kostenrechnung und Kostenmanagement, 5. Auflage, Heidelberg.

GÖTZENBRUCKER, G. (2005): Soziale Netzwerke in Unternehmen: Potenziale computergestützter Kommunikation in Arbeitsprozessen, Wiesbaden.

GREEN, P. E./SRINIVASAN, V. (1978): Conjoint analysis in consumer research: Issues and outlook, in: Journal of Consumer Research, Vol. 5 (September), S. 103–123.

GRISAFFE, D. B./KUMAR, A. (1998): Antecedents and consequences of customer value: Testing an expanded framework, Arbeitspapier No. 107, Marketing Science Institute, Cambridge.

GUSTAFSSON, A./HERRMANN, A./HUBER, F. (2000): Conjoint analysis as an instrument of market research practice, in: GUSTAFSSON, A./HERRMANN, A./HUBER, F. (eds.): Conjoint measurement: Methods and applications, Berlin, S. 5–45.

GUTSCHE, J. (1995): Produktpräferenzanalyse: Ein modelltheoretisches und methodisches Konzept zur Marktsimulation mittels Präferenzerfassungsmodellen, Berlin.

GWINNER, K. P./GREMLER, D. D./BITNER, M. J. (1998): Relational benefits in service industries: The customer's perspective, in: Journal of the Academy of Marketing Science, Vol. 26, No. 2, S. 101–114.

HÄDER, M. (2009): Delphi-Befragungen: Ein Arbeitsbuch, 2. Auflage, Wiesbaden.

HAEDRICH, G./TOMCZAK, T. (1996): Produktpolitik, Stuttgart.

HAHN, C. (1997): Conjoint- und Discrete Choice-Analyse als Verfahren zur Abbildung von Präferenzstrukturen und Produktauswahlentscheidungen: Ein theoretischer und computergestützter empirischer Vergleich, Münster.

HALLER, S. (2005): Dienstleistungsmanagement: Grundlagen – Konzepte – Instrumente, 3. Auflage, Wiesbaden.

HANNA, N./DODGE, R. H. (1995): Pricing: Policies and procedures, London.

HAUSCHILDT, J./CHAKRABARTI, A. K. (1988): Arbeitsteilung im Innovationsmanagement, in: Zeitschrift für Organisation, 57. Jg. Nr. 6, S. 378–388.

HAUSCHILDT, J./SALOMO, S. (2011): Innovationsmanagement, 5. Auflage, München.

HEINONEN, K. (2004): Reconceptualizing customer perceived value: The value of time and place, in: Managing Service Quality, Vol. 14, No. 2/3, S. 205–215.

HEMPEL, D. J. (1974): Family buying decisions: A cross cultural perspective, in: Journal of Marketing Research, Vol. 11, No. 3, S. 295–302.

HENNIG-THURAU, T./GWINNER, K. P./GREMLER, D. D. (2000): The rationales of service relationships: Integrating company-oriented and customer-oriented relational benefits, Conference Proceedings of the American Marketing Association, Vol. 13, Chicago, S. 201–202.

HENNIG-THURAU, T./GWINNER, K. P./GREMLER, D. D. (2002): Understanding relationship marketing outcomes: An integration of relational benefits and relationship quality, in: Journal of Service Research, Vol. 4, No. 3, S. 230–247.

HESKETT, J. L./JONES, T. O./LOVEMAN, G. W./SASSER, W. E./SCHLESINGER, L. A. (1994): Putting the service-profit chain to work, in: Harvard Business Review, Vol. 72, Nr. 2, S. 164–174.

HIGGINS, J. M./WIESE, G. G. (1996): Innovationsmanagement: Kreativitätstechniken für den unternehmerischen Erfolg, Berlin.

HINTERHUBER, A. (2006): Pricing und Kundenzufriedenheit, in: HINTERHUBER, H. H./MATZLER, K. (Hrsg.): Kundenorientierte Unternehmensführung: Kundenorientierung – Kundenzufriedenheit – Kundenbindung, 5. Auflage, Wiesbaden, S. 493–509.

HOLBROOK, M. B. (1994): The Nature of customer value: An axiology of services in the consumption experience, in: RUST, R. T./OLIVER, R. L. (eds.): Service quality: New directions in theory and practice, Thousand Oaks, S. 21–71.

HOMBURG, C. (1995): Kundennähe von Industriegüterunternehmen: Konzeption – Erfolgsauswirkungen – Determinanten, Wiesbaden.

HOMBURG, C./BEUTIN, N. (2000): Value-Based Marketing. Die Ausrichtung der Marktbearbeitung am Kundennutzen, Management Know-how-Papier Nr. M049 des Instituts für Marktorientierte Unternehmensführung, Universität Mannheim, Mannheim.

HOMBURG, C./JENSEN, O./SCHUPPAR, B. (2004): Pricing Excellence – Wegweiser für ein professionelles Preismanagement, Management Know-how-Papier Nr. M090 des Instituts für Marktorientierte Unternehmensführung, Universität Mannheim, Mannheim.

HOMBURG, C./JENSEN, O./SCHUPPAR, B. (2005): Preismanagement im B2B-Bereich: Was Pricing Profis anders machen, Management Know-how-Papier Nr. M097 des Instituts für Marktorientierte Unternehmensführung, Universität Mannheim, Mannheim.

HOMBURG, C./KROHMER, H. (2009): Marketingmanagement: Strategie – Instrumente – Umsetzung – Unternehmensführung, 3. Auflage, Wiesbaden.

HOMBURG, C./SCHÄFER. H./SCHNEIDER, J. (2003): Sales Excellence: Vertriebsmanagement mit System, 3. Auflage, Wiesbaden.

HOMBURG, C./TOTZEK, D. (2011): Preismanagement auf B2B-Märkten: Zentrale Entscheidungsfelder und Erfolgsfaktoren, in: HOMBURG, C./TOTZEK, D. (Hrsg.): Preismanagement auf Business-to-Business-Märkten: Preisstrategie – Preisbestimmung – Preisdurchsetzung, Wiesbaden, S. 13–69.

HOMBURG, C./TOTZEK, D./DROLL, M. (2010): All customers are equal, but some are more equal: Should firms prioritize their customers? in: GfK Marketing Intelligence Review, Vol. 2, No. 1, S. 17–25.

HOMBURG, C./WORKMAN, J. P./JENSEN, O. (2002): A configurational perspective on key account management, in: Journal of Marketing, Vol. 66, No. 2, S. 38–60.

HONEYCUTT, E. D./FORD, J. B./SIMINTIRAS, A. C. (2003): Sales management: A global perspective, London.

HORVÁTH, P./NIEMAND, S./WOLBOLD, M. (1993): Target Costing – State of the Art, in: HORVÁTH, P. (Hrsg.): Target Costing: Marktorientierte Zielkosten in der deutschen Praxis, Stuttgart, S. 1–27.

HUNDACKER, S. (2005): Customer Equity Management bei kontinuierlichen Dienstleistungen: Konzeption, Modell und Anwendung, Wiesbaden.

HUTT, M. D./SPEH, T. W. (1998): Business marketing nanagement: A strategic view of industrial and organizational markets, 6th ed., Fort Worth.

HÜTTEL, K. (2008): Marktsegmentierung und Positionierung, in: PEPELS, W. (Hrsg.): B2B-Handbuch General Management: Unternehmen marktorientiert steuern, 2. Auflage, Düsseldorf, S. 99–134.

HÜTTNER, M. (1989): Grundzüge der Marktforschung, 4. Auflage, Berlin.

JAKOB, F. (1993): Target Costing im Anlagenbau – das Beispiel der *LTG Lufttechnische GmbH*, in: HORVÁTH, P. (Hrsg.): Target Costing: Marktorientierte Zielkosten in der deutschen Praxis, Stuttgart, S. 155–190.

JENNER, T. (2003): Marketing-Planung, Stuttgart.

JOHNSTON, W. J./BONOMA, T. V. (1981): The buying center: Structure and interaction patterns, in: Journal of Marketing, Vol. 45 (Summer), S. 143–156.

KAAS, K. P. (1995a): Marketing zwischen Markt und Hierarchie, in: KAAS, K. P. (Hrsg.): Kontrakte, Geschäftsbeziehungen, Netzwerke – Marketing und Neue Institutionenökonomik, Düsseldorf, S. 19–42.

KAAS, K. P. (1995b): Marketing und Neue Institutionenökonomik, in: KAAS, K. P. (Hrsg.): Kontrakte, Geschäftsbeziehungen, Netzwerke – Marketing und Neue Institutionenökonomik, Düsseldorf, S. 1–17.

KAPLAN, R. S./NORTON, D. P. (1996): The balanced scorecard: Translating strategy into action, Boston.

KEININGHAM, T. L./VAVRA, T. G./AKSOY, L./WALLARD, H. (2005): Loyalty myths: Hyped strategies that will put you out of business – and proven tactics that really work, Hoboken.

KERIN, R. A./JAIN, A./HOWARD, D. J. (1992): Store shopping experience and consumer price-quality-value perceptions, in: Journal of Retailing, Vol. 68, No. 4, S. 376–397.

KINDERMANN, H. (2006): Grundlagen des organisationalen Beschaffungsverhaltens, in: WERANI, T./GAUBINGER, K./KINDERMANN, H. (Hrsg.): Praxisorientiertes Business-to-Business-Marketing: Grundlagen und Fallstudien aus Unternehmen, Wiesbaden, S. 19–28.

KLARMANN, M./MILLER, K./HOFSTETTER, R. (2011): Methoden der Preisfindung auf B2B-Märkten, in: HOMBURG, C./TOTZEK, D. (Hrsg.): Preismanagement auf Business-to-Business-Märkten: Preisstrategie – Preisbestimmung – Preisdurchsetzung, Wiesbaden, S. 153–180.

KLEINALTENKAMP, M. (1988): Marketing-Strategien des Produktionsverbindungshandels, in: Thexis, 5. Jg., Nr. 2, S. 38–43.

KLEINALTENKAMP, M. (1994): Typologien von Business-to-Business-Transaktionen – Kritische Würdigung und Weiterentwicklung, in: Marketing – ZFP, 16. Jg., Nr. 2, S. 77–88.

KLEINALTENKAMP, M. (1997): Business-to-Business-Marketing, in: GABLER VERLAG (Hrsg.): Gabler Wirtschafts-Lexikon, Band 1, Wiesbaden, S. 753–762.

KLEINALTENKAMP, M. (2000a): Einführung in das Business-to-Business-Marketing, in: KLEINALTENKAMP, M./PLINKE, W. (Hrsg.): Technischer Vertrieb: Grundlagen des Business-to-Business Marketing, 2. Auflage, Berlin, S. 171–247.

KLEINALTENKAMP, M. (2000b): Marktsegmentierung, in: Kleinaltenkamp, M./PLINKE, W. (Hrsg.): Strategisches Business-to-Business Marketing, Berlin, S. 191–234.

KLEINALTENKAMP, M. (2006): Auswahl von Vertriebswegen, in: KLEINALTENKAMP, M./JACOB, F./PLINKE, W. (Hrsg.): Markt- und Produktmanagement: Die Instrumente des Business-to-Business-Marketing, 2. Auflage, Wiesbaden, S. 321–367.

KLEINALTENKAMP, M./SAAB, S. (2009): Technischer Vertrieb: Eine praxisorientierte Einführung in das Business-to-Business-Marketing, Heidelberg.

KNAPP, P./NOVAK, A. (2006): Effizientes Verhandeln: Konstruktive Verhandlungstechniken in der täglichen Praxis, 2. Auflage, Frankfurt.

KÖHLER, R. (2003): Preis-Controlling, in: DILLER, H./HERRMANN, A. (Hrsg.): Handbuch Preispolitik: Strategien – Planung – Organisation – Umsetzung, Wiesbaden, S. 357–386.

KOHLI, A. K. (1989): Determinants of influence in organizational buying: A contingency approach, in: Journal of Marketing, Vol. 53, No. 3, S. 50–65.

KOHLI, A. K./ZALTMAN, C. (1988): Measuring multiple buying influences, in: Industrial Marketing Management, Vol. 17, No. 3, S. 197–204.

KOSSMANN, J. (2008): Die Implementierung der Preispolitik in Business-to-Business-Unternehmen: Eine prozessorientierte Konzeption, Nürnberg.

KOTLER, P. (1989): Marketing-Management: Analyse, Planung und Kontrolle, 4. Auflage, Stuttgart.

KOTLER, P. (2000): Marketing management: Analysis, planning, implementation and control, 10th ed., Englewood Cliffs.

KOTLER, P./BLIEMEL, F. (2001): Marketing-Management: Analyse, Planung, Umsetzung und Steuerung, 10. Auflage, Stuttgart.

KOTLER, P./KELLER, K. L./BLIEMEL, F. (2007): Marketing-Management. Strategien für wertschaffendes Handeln, 12. Auflage, München.

KREMIN-BUCH, B. (2007): Strategisches Kostenmanagement: Grundlagen und moderne Instrumente, 4. Auflage, Wiesbaden.

KRIECHBAUMER, E./WERANI, T./PREM, C. (2006): Fallstudie Fronius International GmbH: Das Projekt „Teamselling", in: WERANI, T./GAUBINGER, K./KINDERMANN, H. (Hrsg.): Praxisorientiertes Business-to-Business-Marketing: Grundlagen und Fallstudien aus Unternehmen, Wiesbaden, S. 29–39.

KRISHNAMURTHI, L. (1988): Conjoint models of family decision making, in: International Journal of Research in Marketing, Vol. 5, No. 3, S. 185–198.

KROEBER-RIEL, W./WEINBERG, P. (2003): Konsumentenverhalten, 8. Auflage, München.

KRUEGER, R. A. (1994): Focus groups: A practical guide for applied research, 2nd ed., Newbury Park.

KRUMBACH-MOLLENHAUER, P./LEHMENT, T. (2008): Die Praxis des Verkaufs: Vertriebssteuerung, Pre-Sales, Sales, Key-Account-Management, Weinheim.

KUHN, K. (1968): Stand und Aufgaben der betriebswirtschaftlichen Bewertungslehre unter Berücksichtigung der steuerlichen Wertkonventionen, in: Betriebswirtschaftliche Forschung und Praxis, 20. Jg. (Januar), S. 1–23.

KUTSCHKER, M. (1972): Verhandlungen als Elemente eines verhaltenswissenschaftlichen Bezugsrahmens des Investitionsgütermarketing, Dissertation, Universität Mannheim, Mannheim.

LAFORGE, M. C./STONE, L. H. (1989): An analysis of the industrial buying process by means of buying center communications, in: Journal of Business and Industrial Marketing, Vol. 4, No. 1, S. 29–36.

LAI, A. W. (1995): Consumer values, product benefits and customer value, in: Advances in Consumer Research, Vol. 22, No. 5, S. 381–388.

LANCIONI, R. (2005): Pricing issues in industrial marketing, in: Industrial Marketing Management, Vol. 34, No. 2, S. 111–114.

LAPIERRE, J. (2000): Customer-perceived value in industrial contexts, in: Journal of Business & Industrial Marketing, Vol. 15, No. 2/3, S. 122–140.

LAPLACA, P. J./KATRICHIS, J. M. (2009): Relative presence of business-to-business research in the marketing literature, in: Journal of Business-to-Business Marketing, Vol. 16, No. 1/2, S. 1–22.

LEE, C. K. C./MARSHALL, R. (1998): Measuring influence in the family decision making process using an observational method, in: Qualitative Market Research: An International Journal, Vol. 1, No. 2, S. 88–98.

LEWICKI, R. J./HIAM, A./OLANDER, K. W. (1998): Verhandeln mit Strategie: Das große Handbuch der Verhandlungstechniken, St. Gallen.

LILIEN, G. L./WONG, M. A. (1984): An exploratory investigation of the structure of the buying center in the metalworking industry, in: Journal of Marketing Research, Vol. 21 (February), S. 1–12.

LISTL, A. (1998): Target Costing zur Ermittlung der Preisuntergrenze: Entscheidungsorientiertes Kostenmanagement dargestellt am Beispiel der Automobilzulieferindustrie, Frankfurt.

LÖFFELHOLZ, J. (1967): Repetitorium der Betriebswirtschaftslehre, 2. Auflage, Wiesbaden.

LONG, M. M./SCHIFFMAN, L. G. (2000): Consumption values and relationships: Segmenting the market for frequency programs, in: Journal of Consumer Marketing, Vol. 17, No. 3, S. 214–232.

LYNN, S. A. (1987): Identifying buying influences for a professional service: Implications for marketing efforts, in: Industrial Marketing Management, Vol. 16, No. 2, S. 119–130.

MAAS, P./GRAF, A. (2008): Customer value analysis in financial services, in: Journal of Financial Services Marketing, Vol. 13, No. 2, S. 107–120.

MARSHALL, A. (1961): Principles of Economics, Vol. 1, Neudruck der 9. Auflage von 1890, London.

MAYER, R. U. (1984): Produktpositionierung, Köln.

McQUISTON, D. H. (1989): Novelty, complexity, and importance as causal determinants of industrial buyer behaviour, in: Journal of Marketing, Vol. 53, No. 2, S. 66–79.

McQUISTON, D. H./DICKSON, P. R. (1991): The effect of perceived personal consequences on participation and influence in organizational buying, in: Journal of Business Research, Vol. 23, No. 2, S. 159–177.

MEFFERT, H. (1998): Marketing: Grundlagen marktorientierter Unternehmensführung: Konzepte – Instrumente – Praxisbeispiele, 8. Auflage, Wiesbaden.

MEFFERT, H. (2000): Marketing: Grundlagen marktorientierter Unternehmensführung: Konzepte – Instrumente – Praxisbeispiele, 9. Auflage, Wiesbaden.

MEFFERT, H./BURMANN, C./KIRCHGEORG, M. (2008): Marketing: Grundlagen marktorientierter Unternehmensführung: Konzepte – Instrumente – Praxisbeispiele, 10. Auflage, Wiesbaden.

MENGEN, A. (1993): Konzeptgestaltung von Dienstleistungsprodukten: Eine Conjoint-Analyse im Luftfrachtmarkt unter Berücksichtigung der Qualitätsunsicherheit beim Dienstleistungskauf, Stuttgart.

MILLER, K./KROHMER, H. (2011): Ausgewählte Entscheidungsfelder des Preismanagements auf B2B-Märkten, in: HOMBURG, C./TOTZEK, D. (Hrsg.): Preismanagement auf Business-to-Business-Märkten: Preisstrategie – Preisbestimmung – Preisdurchsetzung, Wiesbaden, S. 105–126.

MÜHLEDER, K. (1996): Wertgestaltung – Ein Beitrag zur Gestaltung von Produktinnovationen, in: Journal für Betriebswirtschaft, 46. Jg., Nr. 1, S. 23–35.

MÜHLMEIER, S./WÜBKER, G. (2007): Pricing-Excellence – Ertragspotentiale erschließen, in: Marketing Journal, 40. Jg., Nr. 7/8, S. 18–22.

NAGLE, T. T./HOLDEN, R. K./LARSEN, G. M. (1998): Pricing: Praxis der optimalen Preisfindung, Berlin.

NARAYANDAS, D. (2005): Building loyalty in business markets, in: Harvard Business Review, Vol. 83, No. 9, S. 131–139.

NAUMANN, E./LINCOLN, D. J./McWILLIAMS, R. D. (1984): The purchase of components: Functional areas of influence, in: Industrial Marketing Management, Vol. 13, No. 2, S. 113–122.

NEDESS, C./STALLEICKEN, U. (1998): Target Costing für komplexe Investitionsgüter: Beispiel Handelsschiffbau, in: Controlling, 10. Jg., Nr. 4, S. 202–209.

NIEMAND, S. (1993): Target Costing im Anlagenbau, in: Kostenrechnungspraxis, 37. Jg., Nr. 5, S. 327–332.

NIESCHLAG, R./DICHTL, E./HÖRSCHGEN, H. (1994): Marketing, 17. Auflage, Berlin.

NIKLAS, C. (2002): Mehr Entscheidungssicherheit mit der Nutzwertanalyse, in: ProjektMagazin, Nr. 23, www.projektmagazin.de.

NOBLE, P. M./GRUCA, T. S. (1999): Industrial pricing: Theory and managerial practice, in: Marketing Science, Vol. 18, Nr. 3, S. 435–454.

OBERSTEBRINK. T. (2009): So verkaufen Sie Investitionsgüter: Von der Commodity bis zum Anlagenbau: Wie Sie im harten Wettbewerb neue Kunden gewinnen, Wiesbaden.

PARASURAMAN, A. (1991): Marketing Research, 2th ed., Reading.

PEPELS, W. (2009a): Besonderheiten im Systemgeschäft, in: PEPELS, S. (Hrsg.): B2B-Handbuch Operations Management: Industriegüter erfolgreich verkaufen, 2. Auflage, Düsseldorf, S. 74–84.

PEPELS, W. (2009b): Zuliefer-Geschäft, in: PEPELS, S. (Hrsg.): B2B-Handbuch Operations Management: Industriegüter erfolgreich verkaufen, 2. Auflage, Düsseldorf, S. 103–122.

PETRICK, J. F. (2002): Development of a multi-dimensional scale for measuring the perceived value of a service, in: Journal of Leisure Research, Vol. 34, No. 2, S. 119–134.

PFEFFERKORN, E. J. (2009): Kommunikationscontrolling in Verbindung mit Zielgrößen des Markenwertes: Eine methodische Herangehensweise und Prüfung an einem Fallbeispiel, Wiesbaden.

PFOHL, H. C. (2010): Logistiksysteme: Betriebswirtschaftliche Grundlagen, 8. Auflage, Heidelberg.

PFÖRTSCH, W./SCHMID, M. (2005): B2B-Markenmanagement: Konzepte – Methoden – Fallbeispiele, München.

PICOT, A. (1982): Transaktionskostenansatz in der Organisationstheorie: Stand der Diskussion und Aussagewert, in: Die Betriebswirtschaft. 42. Jg., Nr. 2, S. 267–284.

PLESCHAK, F./SABISCH, H. (1996): Innovationsmanagement, Stuttgart.

PLINKE, W. (1989): Die Geschäftsbeziehung als Investition, in: SPECHT, G./SILBERER, G./ENGELHARDT, W. H. (Hrsg.): Marketing-Schnittstellen: Herausforderungen für das Management, Stuttgart, S. 305–325.

PLINKE, W. (1991): Investitionsgütermarketing, in: Marketing – ZFP, 13. Jg., Nr. 3, S. 172–177.

PLINKE, W. (1992): Ausprägungen der Marktorientierung im Investitionsgüter-Marketing, in: Zeitschrift für betriebswirtschaftliche Forschung, 44. Jg., Nr. 9, S. 830–846.

PLINKE, W. (1997): Grundlagen des Geschäftsbeziehungsmanagements, in: KLEINALTENKAMP, M./ PLINKE, W. (Hrsg.): Geschäftsbeziehungsmanagement, Berlin, S. 1–62.

PLINKE, W. (2000a): Grundkonzeption des industriellen Marketing-Managements, in: KLEINALTENKAMP, M./PLINKE, W. (Hrsg.): Technischer Vertrieb: Grundlagen des Business-to-Business Marketing, 2. Auflage, Berlin, S. 101–169.

PLINKE, W. (2000b): Grundlagen des Marktprozesses, in: KLEINALTENKAMP, M./PLINKE, W. (Hrsg.): Technischer Vertrieb: Grundlagen des Business-to-Business Marketing, 2. Auflage, Berlin, S. 3–98.

PLINKE, W./SÖLLNER, A. (1995): Gestaltung des Leistungsentgelts, in: KLEINALTENKAMP, M./PLINKE, W. (Hrsg.): Technischer Vertrieb: Grundlagen, Berlin, S. 831–921.

POGGENSEE, I. (2009): Verkaufen! Mit System, Handwerk und Leidenschaft zu mehr Vertriebserfolg, Wiesbaden.

PORÁK, V. (2005): Methoden der Erfolgs- und Wertbeitragsmessung von Kommunikation, in: PIWINGER, M./PORÁK, V. (Hrsg.): Kommunikations-Controlling: Kommunikation und Information quantifizieren und finanziell bewerten, Wiesbaden, S. 163–193.

PORTER, M. E. (1990): Wettbewerbsstrategie: Methoden zur Analyse von Branchen und Konkurrenten, 6. Auflage, Frankfurt.

PREM, C. (2009): Nutzenorientierte Preisfindung auf Industriegütermärkten: Entwicklung und Einsatz einer Methode zur Abbildung von Preisbereitschaften bei organisationalen Beschaffungsentscheidungen, Dissertation am Institut für Handel, Absatz und Marketing der Johannes Kepler Universität, Linz.

RABL, M. (2009a): Kreativitätstechniken, in: GAUBINGER, K./WERANI, T./RABL, M. (Hrsg.) : Praxisorientiertes Innovations- und Produktmanagement: Grundlagen und Fallstudien aus B-to-B Märkten, Wiesbaden, S. 75–90.

RABL, M. (2009b): Quality Function Deployment, in: GAUBINGER, K./WERANI, T./RABL, M. (Hrsg.): Praxisorientiertes Innovations- und Produktmanagement: Grundlagen und Fallstudien aus B-to-B-Märkten, Wiesbaden, S. 127–142.

RABL, M./GAUBINGER, K. (2009): Ideengewinnung und -bewertung im Front-End des Innovationsprozesses, in: GAUBINGER, K./WERANI, T./RABL, M. (Hrsg.): Praxisorientiertes Innovations- und Produktmanagement: Grundlagen und Fallstudien aus B-to-B-Märkten, Wiesbaden, S. 59–74.

RAVALD, A./GRÖNROOS, C. (1996): The value concept and relationship marketing, in: European Journal of Marketing, Vol. 30, No. 2, S. 19–30.

RECKENFELDERBÄUMER, M. (1995): Marketing-Accounting im Dienstleistungsbereich: Konzeption eines prozeßkostengestützten Instrumentariums, Wiesbaden.

REICHWALD, R./PILLER, F. (2009): Interaktive Wertschöpfung: Open Innovation, Individualisierung und neue Formen der Arbeitsteilung, 2. Auflage, Wiesbaden.

REINECKE, S. (2004): Marketing Performance Measurement: Empirisches Fundament und Konzeption für ein integriertes Marketingkennzahlensystem, Wiesbaden.

REINECKE, S./HAHN, S. (2003): Preisplanung, in: DILLER, H./HERRMANN, A. (Hrsg.): Handbuch Preispolitik: Strategien – Planung – Organisation – Umsetzung, Wiesbaden, S. 333–355.

REINECKE, S./JANZ, S. (2007): Marketingcontrolling: Sicherstellen von Marketingeffektivität und -effizienz, Stuttgart.

RENTZSCH, H.-P. (2008): Kundenorientiert verkaufen im Technischen Vertrieb: Erfolgreiches Beziehungsmanagement im Business-to-Business, 4. Auflage, Wiesbaden.

REYNOLDS, K. E./BEATTY, S. E. (1999): Customer benefits and company consequences of customer-salesperson relationships in retailing, in: Journal of Retailing, Vol. 75, No. 1, S. 11–32.

REYNOLDS, T. J./OLSON, J. C. (2001): Understanding consumer decision making: The means-end approach to marketing and advertising strategy, New Jersey.

RICHTER, H. P. (2001): Investitionsgütermarketing: Business-to-Business-Marketing von Industrieunternehmen, München.

RIEBEL, P. (1965): Typen der Markt- und Kundenproduktion in produktions- und absatzwirtschaftlicher Sicht, in: Zeitschrift für betriebswirtschaftliche Forschung, 17. Jg., S. 663–685.

ROBINSON, P. J./FARIS, C. W./WIND, Y. (1967): Industrial buying and creative marketing, Boston.

ROEB, T. (1994): Markenwert: Begriff, Berechnung, Bestimmungsfaktoren, Aachen.

ROSS, E. B. (1984): Making money with proactive pricing, in: Harvard Business Review, Vol. 62, Nr. 6, S. 145–155.

RULLKÖTTER, L. (2008): Preismanagement – Ein Sorgenkind? Die wichtigsten Problemfelder und Ursachen im Industriegüterbereich, in: Zeitschrift für Controlling & Management, 52. Jg., Nr. 2, S. 92–98.

SAATY, T. L. (1980): The analytic hierarchy process, New York.

SANDSTEDE, C. (2010): Verhandlungen unter Unsicherheit auf Industriegütermärkten, Wiesbaden.

SCHAUENBURG, J. (1999): Kundennutzenanalyse: Ein neues Verfahren zur Bestimmung und Verbesserung der Wettbewerbsfähigkeit von Investitionsgütern, Frankfurt.

SCHAWEL, C./BILLING, F. (2011): Top 100 Management Tools: Das wichtigste Buch eines Managers, 3. Auflage, Wiesbaden.

SCHEFFLER, H./WÖHLER, K./WELKER, W./SCHMITT, W. (2001): Leistungsanalyse Fachmedien 2001 – Basisstudie der Deutschen Fachpresse, Berlin.

SCHLICKSUPP, H. (2004): Ideenfindung, 6. Auflage, Würzburg.

SCHMELZER, H. J./SESSELMANN, W. (2002): Geschäftsprozessmanagement in der Praxis, 2. Auflage, München.

SCHNEIDER, H. D. (1977): Sozialpsychologie der Machtbeziehungen, Stuttgart.

SCHOPF, J./SAUTER, R./BODE, M. (2010): Marktorientiertes Produktkostenmanagement bei Trumpf, in: GLEICH, R./MICHEL, U./STEGMÜLLER, W./KÄMMLER-BURRAK, A. (Hrsg.): Moderne Kosten- und Ergebnissteuerung: Grundlagen, Praxis und Perspektiven, München, S. 279–296.

SCHRANNER, M. (2003): Der Verhandlungsführer: Ein Führer durch Verhandlungen, bei denen ein Scheitern nicht in Frage kommt, 2. Auflage, München.

SCHUBERT, B. (1991): Entwicklung von Konzepten für Produktinnovationen mittels Conjointanalyse, Stuttgart.

SCHULTE, C. (1992): Logistik-Controlling: Optimierung von Struktur, Produktivität, Wirtschaftlichkeit und Qualität in der Logistik, in: Controlling, Nr. 5, S. 244–254.

SCHULTE-HENKE, C. (2008): Kundenorientiertes Target Costing und Zuliefererintegration für komplexe Produkte: Entwicklung eines Konzepts für die Automobilindustrie, Wiesbaden.

SCHUPPAR, B. (2006): Preismanagement: Konzeption, Umsetzung und Erfolgsauswirkungen im Business-to-Business-Bereich, Wiesbaden.

SCHWEIGER, G./SCHRATTENECKER, G. (2009): Werbung: Eine Einführung, 7. Auflage, Stuttgart.

SCHWEIKL, H. (1985): Computergestützte Präferenzanalyse mit individuell wichtigen Produktmerkmalen, Berlin.

SEBASTIAN, K.-H./MAESSEN, A. (2003): Optionen im strategischen Preismanagement, in: DILLER, H./ HERRMANN, A. (Hrsg.): Handbuch Preispolitik: Strategien – Planung – Organisation – Umsetzung, Wiesbaden, S. 49–68.

SHAPIRO, B. P./JACKSON, B. B. (1978): Industrial pricing to meet customer needs, in: Harvard Business Review, Vol. 56, No. 6, S. 119–127.

SICKEL, C. (2008): Verkaufsfaktor Kundennutzen: Konkreten Bedarf entwickeln, aus Kundensicht argumentieren, maßgeschneiderte Lösungen präsentieren, 4. Auflage, Wiesbaden.

SIECK, H./GOLDMANN, A. (2007): Erfolgreich verkaufen im B2B: Wie Sie Kunden analysieren, Geschäftspotenziale entdecken und Aufträge sichern, Wiesbaden.

SIMON, H. (1995): Preismanagement kompakt: Probleme und Methoden des modernen Pricing, Wiesbaden.

SIMON, H. (2004): Das Elend des Marketing – Realismus statt Träumerei, in: Thexis, 21. Jg., Nr. 2, S. 9–10.

SIMON, H./BILSTEIN, F. F./LUBY, F. (2006): Manage for profit, not for market share: A guide to greater profits in highly contested markets, Boston.

SIMON, H./FASSNACHT, M. (2009): Preismanagement: Strategie – Analyse – Entscheidung – Umsetzung, 3. Auflage, Wiesbaden.

SIROHI, N./MCLAUGHLIN, E. W./WITTINK, D. R. (1998): A model of consumer perceptions and store loyalty intentions for a supermarket retailer, in: Journal of Retailing, Vol. 74, No. 2, S. 223–245.

SPECHT, G. (2004): Distributionsmanagement bei Industriegütern, in: BACKHAUS, K./VOETH, M. (Hrsg.): Handbuch Industriegütermarketing: Strategien – Instrumente – Anwendungen, Wiesbaden, S. 825–862.

STATISTISCHES BUNDESAMT (2012): Fachserie 4, Reihe 4.1.1 – Dez. 2011: Produzierendes Gewerbe – Beschäftigung und Umsatz der Betriebe des Verarbeitenden Gewerbes sowie des Bergbaus und der Gewinnung von Steinen und Erden, Wiesbaden.

STECKEL, J. H. (1985): Mathematical approaches to the study of power in group decision making: A review, in: Advances in consumer research, Vol. 12, No. 1, S. 577–781.

STEINER, W./BAUMGARTNER, B. (2004): Conjointanalyse und Marktsegmentierung, in: Zeitschrift für Betriebswirtschaft, 74. Jg., Nr. 6, S. 611–635.

STEVEN, M./WASMUTH, K. (2008): Anforderungen an ein Kostenmanagement im Service Engineering, in: HIMPEL, F./KALUZA, B./WITTMANN, J. (Hrsg.): Spektrum des Produktions- und Innovationsmanagements: Komplexität und Dynamik im Kontext von Interdependenz und Kooperation, Wiesbaden, S. 267–279.

STROTHMANN, K.-H. (1979): Investitionsgütermarketing, München.

STÜTZEL, W. (1976): Wert und Preis, in: GROCHLA, E./WITTMANN, W. (Hrsg.): Handwörterbuch der Betriebswirtschaft, Bd. 3, 4. Auflage, Stuttgart, S. 4404–4425.

SWEENEY, J./SOUTAR, G. N./JOHNSON, L. (1999): The role of perceived risk in the quality-value relationship: A study in a retail environment, in: Journal of Retailing, Vol. 75, No. 1, S. 77–105.

SZYBILLO, G. J./SOSANIE, A. K./TENENBEIN, A. (1977): Should children be seen but not heard? in: Journal of Advertising Research, Vol. 17, No. 9, S. 7–13.

SZYBILLO, G. J./SOSANIE, A. K./TENENBEIN, A. (1979): Family member influence in household decision making, in: Journal of Consumer Research, Vol. 6, No. 3, S. 312–316.

TEWES, M. (2003): Der Kundenwert im Marketing: Theoretische Hintergründe und Umsetzungsmöglichkeiten einer wert- und marktorientierten Unternehmensführung, Wiesbaden.

THOMAS, L. (1979): Conjoint Measurement als Instrument der Absatzforschung, in: Marketing – ZFP, 1. Jg., Nr. 3, S. 199–211.

THOMAS, R. J. (1982): Correlates of interpersonal purchase influence in organizations, in: Journal of Consumer Research, Vol. 9, No. 2, S. 171–182.

TOMCZAK, T./REINECKE, S./REINECKE, S. (2009): Kundenpotentiale ausschöpfen: Gestaltungsansätze für Kundenbindung in verschiedenen Geschäftstypen, in: HINTERHUBER, H. H./MATZLER, K. (Hrsg.): Kundenorientierte Unternehmensführung: Kundenorientierung – Kundenzufriedenheit – Kundenbindung, 6. Auflage, Wiesbaden, S. 108–132.

TOTZEK, D. (2011): Preisverhalten im Wettbewerb: Eine empirische Untersuchung von Einflussfaktoren und Auswirkungen im Business-to-Business-Kontext, Wiesbaden.

TROMMSDORFF, V. (2002): Produktpositionierung, in: ALBERS, S./HERRMANN, A. (Hrsg.): Handbuch Produktmanagement: Strategieentwicklung – Produktplanung – Organisation – Kontrolle, 2. Auflage, Wiesbaden, S. 359–380.

ULAGA, W./EGGERT, A. (2006): Value-based differentiation in business relationships: Gaining and sustaining key supplier status, in: Journal of Marketing, Vol. 70, No. 1, S. 119–136.

VAHS, D./BURMESTER, R. (2005): Innovationsmanagement: Von der Produktidee zur erfolgreichen Vermarktung, 3. Auflage, Stuttgart.

VENKATESH, R./KOHLI, A. K./ZALTMAN, G. (1995): Influence strategies in buying centers, in: Journal of Marketing, Vol. 59, No. 4, S. 71–82.

VERSHOFEN, W. (1959): Die Marktentnahme als Kernstück der Wirtschaftsforschung, Berlin.

VOETH, M. (2000): Nutzenmessung in der Kaufverhaltensforschung: Die Hierarchische Individualisierte Limit Conjoint-Analyse (HILCA), Wiesbaden.

VOETH, M./BRINKMANN, J. (2004): Abbildung multipersonaler Kaufentscheidungen, in: BACKHAUS, K./VOETH, M. (Hrsg.): Handbuch Industriegütermarketing: Strategien – Instrumente – Anwendungen, Wiesbaden, S. 349–373.

VOETH, M./HAHN, C. (1998): Limit Conjoint-Analyse, in: Marketing – ZFP, 20. Jg., Nr. 2, S. 119–132.

VOETH, M./HERBST, U. (2006): Supply-chain pricing – A new perspective on pricing in industrial markets, in: Industrial Marketing Management, Vol. 35, No. 1, S. 83–90.

VOETH, M./HERBST, U. (2009): Verhandlungsmanagement: Planung, Steuerung und Analyse, Stuttgart.

VOETH, M./HERBST, U. (2011): Preisverhandlungen, in: HOMBURG, C./TOTZEK, D. (Hrsg.): Preismanagement auf Business-to-Business-Märkten: Preisstrategie – Preisbestimmung – Preisdurchsetzung, Wiesbaden, S. 205–235.

VOETH, M./RABE, C. (2004a): Preisverhandlungen, in: BACKHAUS, K./VOETH, M. (Hrsg.): Handbuch Industriegütermarketing: Strategien – Instrumente – Anwendungen, Wiesbaden, S. 1015–1038.

VOETH, M./RABE, C. (2004b): Industriegütermarken, in: BRUHN, M. (Hrsg.): Handbuch Markenführung: Kompendium zum erfolgreichen Markenmanagement; Strategien – Instrumente – Erfahrungen, Band 1, 2. Auflage, Wiesbaden, S. 75–94.

VOETH, M./SCHUMACHER, A. (2003): Ticket-Pricing für die WM 2006: Empfehlungen auf Basis von Informationen zur Zahlungsbereitschaft der deutschen Bevölkerung, Hohenheimer Arbeits- und Projektberichte zum Marketing Nr. 9, Universität Hohenheim, Hohenheim.

VOETH, M./TOBIES, I. (2009): Kommunikation für Industriegüter, in: BRUHN, M./ESCH, F.-R./LANGER, T. (Hrsg.): Handbuch Kommunikation: Grundlagen – Innovative Ansätze – Praktische Umsetzungen, Wiesbaden, S. 1101–1116.

VÖLCKNER, F. (2006): Methoden zur Messung individueller Zahlungsbereitschaften: Ein Überblick zum State of the Art, in: Journal für Betriebswirtschaft, 56. Jg., Nr. 1, S. 33–60.

VON DER GRÜN, K. H./WOLFRUM, B. (1994): Marktforschung in der Investitionsgüterindustrie, in: TOMCZAK, T./REINECKE, S. (Hrsg.): Marktforschung, St. Gallen, S. 182–194.

VON HIPPEL, E. (1986): Lead users: A source of novel product concepts, in: Management Science, Vol. 32, No. 7, S. 791–805.

VON HIPPEL, E. (1988): The sources of innovation, New York.

WALSH, G./KLEE, A./KILIAN, T. (2009): Marketing: Eine Einführung auf der Grundlage von Case Studies, Berlin.

WALTER, A. (1998): Der Beziehungspromotor: Ein personaler Gestaltungsansatz für erfolgreiches Relationship Marketing, Wiesbaden.

WAYLAND, R. E./COLE, P. M. (1997): Customer connections: New strategies for growth, Boston.

WEBER, J. (1998): Einführung in das Controlling, 7. Auflage, Stuttgart.

WEBSTER, F. E. J./WIND, Y. (1972): Organizational buying behaviour, Englewood Cliffs.

WEIBER, R. (2004): Informationsökonomische Fundierung des Industriegütermarketing, in: BACKHAUS, K./VOETH, M. (Hrsg.): Handbuch Industriegütermarketing: Strategien – Instrumente – Anwendungen, Wiesbaden, S. 79–118.

WEIBER, R./ADLER, J. (1995): Informationsökonomisch begründete Typologisierung von Kaufprozessen, in: Zeitschrift für betriebswirtschaftliche Forschung, 47. Jg., Nr. 1, S. 43–65.

WEISENFELD, U. (1989): Die Einflüsse von Verfahrensvariationen und der Art des Kaufentscheidungsprozesses auf die Reliabilität der Ergebnisse bei der Conjoint Analyse, Berlin.

WEIS, C. (2000): Verkauf, 5. Auflage, Ludwigshafen.

WEISS, M. (2006): Wertorientiertes Kostenmanagement: Zur Integration von wertorientierter Unternehmensführung und strategischem Kostenmanagement, Wiesbaden.

WERANI, T. (1998): Der Wert von kooperativen Geschäftsbeziehungen in industriellen Märkten: Bedeutung, Messung und Wirkungen, Linz.

WERANI, T. (2004): Bewertung von Kundenbindungsstrategien in B-to-B-Märkten: Methodik und praktische Anwendung, Wiesbaden.

WERANI, T. (2006): Grundlagen der Identifikation von Geschäftschancen: Marktforschung, in: WERANI, T./GAUBINGER, K./KINDERMANN, H. (Hrsg.): Praxisorientiertes Business-to-Business-Marketing: Grundlagen und Fallstudien aus Unternehmen, Wiesbaden, S. 71–84.

WERANI, T./GAUBINGER, K./KINDERMANN, H. (Hrsg.) (2006): Praxisorientiertes Business-to-Business-Marketing: Grundlagen und Fallstudien aus Unternehmen, Wiesbaden.

WERANI, T./PREM, C. (2006): Grundlagen des geschäftstypenspezifischen Marketing, in: WERANI, T./GAUBINGER, K./KINDERMANN, H. (Hrsg.): Praxisorientiertes Business-to-Business-Marketing: Grundlagen und Fallstudien aus Unternehmen, Wiesbaden, S. 151–210.

WERANI, T./PREM, C. (2009a): Innovations- und Neuproduktstrategien, in: GAUBINGER, K./WERANI, T./RABL, M. (Hrsg.): Praxisorientiertes Innovations- und Produktmanagement: Grundlagen und Fallstudien aus B-to-B-Märkten, Wiesbaden, S. 31–43.

WERANI, T./PREM, C. (2009b): Produktkonzeption, in: GAUBINGER, K./WERANI, T./RABL, M. (Hrsg.): Praxisorientiertes Innovations- und Produktmanagement: Grundlagen und Fallstudien aus B-to-B-Märkten, Wiesbaden, S. 101–114.

WERANI, T./PREM, C. (2009c): Preispolitik, in: GAUBINGER, K./WERANI, T./RABL, M. (Hrsg.): Praxisorientiertes Innovations- und Produktmanagement: Grundlagen und Fallstudien aus B-to-B-Märkten, Wiesbaden, S. 201–216.

WIEGMANN, H.-H. (1977): Modelle zur Preisentscheidung im Marketing, Berlin.

WILDEMANN, H. (2003): Value to the customer – Das Pull Prinzip im Kundenmanagement, in: MATZLER, K./PECHLANER, H./RENZL, B. (Hrsg.): Werte schaffen: Perspektiven einer stakeholderorientierten Unternehmensführung, Wiesbaden, S. 209–228.

WILLIAMSON, O. E. (1985): The economic institutions of capitalism: Firms, markets, relational contracting, New York.

WILTINGER, K. (1998): Preismanagement in der unternehmerischen Praxis: Probleme der organisatorischen Implementierung, Wiesbaden.

WIND, Y. (1976): Preference of relevant others and individual choice models, in: Journal of Consumer Research, Vol. 3, No. 1, S. 50–57.

WIND, Y. J. (1982): Product policy: concepts, methods, and strategy, Reading.

WITTE, E. (1973): Organisation für Innovationsentscheidungen: Das Promotorenmodell, Göttingen.

WITTE, E. (1976): Kraft und Gegenkraft im Entscheidungsprozeß, in: Zeitschrift für Betriebswirtschaft, 46. Jg., Nr. 4/5, S. 319–326.

WITTE, E. (1999): Das Promotoren-Modell, in: HAUSCHILDT, J./GEMÜNDEN, H. G. (Hrsg.): Promotoren: Champions der Innovation, 2. Auflage, Wiesbaden, S. 9–41.

WÖHE, G. (1986): Einführung in die Allgemeine Betriebswirtschaftslehre, 16. Auflage, München.

WOLKE, T. (2007): Risikomanagement, München.

ZAHN, W. (1995): Target Costing bei einem Automobilzulieferer, in: Controlling, 7. Jg., Nr. 3, S. 148–153.

# Stichwortverzeichnis